SEU HORÓSCOPO PESSOAL PARA 2018

JOSEPH
POLANSKY

SEU HORÓSCOPO PESSOAL PARA 2018

Tradução
VALÉRIA PREST

1ª edição

BestSeller
Rio de Janeiro | 2017

CIP-BRASIL. CATALOGAÇÃO NA PUBLICAÇÃO
SINDICATO NACIONAL DOS EDITORES DE LIVROS, RJ

Polansky, Joseph
P816s Seu horóscopo pessoal para 2018 / Joseph Polansky; tradução Valéria Prest. — 1ª ed. — Rio de Janeiro: Best Seller, 2017.

Tradução de: Your personal horoscope for 2018
ISBN 978-85-4650-041-3

1. Astrologia. 2. Horóscopos. I. Prest, Valéria. II. Título.

17-42998 CDD: 133.54
CDU: 133.52

Seu horóscopo pessoal para 2018, de autoria de Joseph Polansky.
Texto revisado conforme o Acordo Ortográfico da Língua Portuguesa.
Primeira edição impressa em agosto de 2017.

Design de capa: Simone Villas-Boas.

Direitos exclusivos de publicação em língua portuguesa para o Brasil adquiridos pela Editora Best Seller Ltda.
Rua Argentina, 171 — 20921-380 — Rio de Janeiro, RJ — Tel.: (21) 2585-2000.

Impresso no Brasil

ISBN 978-85-4650-041-3

SUMÁRIO

AGRADECIMENTOS

Os agradecimentos especiais do autor vão para a Star Data, que encomendou este trabalho. Sem seu auxílio financeiro e técnico este livro não teria sido escrito.

INTRODUÇÃO

Bem-vindo ao complexo e fascinante universo da Astrologia!

Há milênios o movimento dos planetas e de outros corpos celestes instiga as mentes mais argutas de cada geração. A vida não encerra maior desafio ou alegria do que o conhecimento do nosso ser e do universo que habitamos. E a Astrologia revela-se uma chave mestra nesse processo de conhecimento.

Seu horóscopo pessoal para 2018 permite que você, leitor, tenha acesso à milenar sabedoria astrológica. Além de esboçar os traços gerais do seu caráter e as tendências básicas em sua vida, este livro vai ensiná-lo a fazer uso das influências planetárias para aproveitar ao máximo o novo ano.

Os capítulos reservados a cada signo incluem um "Perfil Pessoal", uma análise das "Tendências Gerais" para 2018 e detalhadas "Previsões Mensais", com as influências dos planetas. O "Glossário" da página 11 informa sobre alguns termos astrológicos com os quais, porventura, você não esteja familiarizado.

Outra particularidade bastante útil desta obra é a listagem dos dias "mais benéficos" e "mais tensos", que antecede as "Previsões Mensais" para cada signo. Verifique essa listagem para informar-se sobre os dias, de modo geral, mais favoráveis e os mais auspiciosos para as finanças ou para o amor. Marque-os em seu calendário ou agenda, pois você deverá aproveitá-los bem. Tome nota, também, dos dias mais tensos. Evite marcar reuniões importantes ou tomar decisões de peso tanto nesses dias como naqueles em que planetas importantes no seu horóscopo estiverem *retrógrados* (deslocando-se em aparente marcha a ré no céu zodiacal).

A seção "Tendências Gerais", referente a cada signo, assinala os períodos em que sua vitalidade estará realçada ou debilitada, bem como os momentos em que o relacionamento com colegas de trabalho e entes queridos poderá exigir um esforço maior de sua parte. Se estiver atravessando uma fase difícil, dê uma olhada na cor, no metal, na pedra ou no perfume mencionados na seção do seu "Perfil Pessoal" intitulada "Em um Relance". Usar joias ou acessórios que contenham seu metal ou sua pedra acentuará sua vitalidade; da mesma forma, vestir-se ou decorar seu escritório com tons pertencentes ao seu signo, usar perfumes ou consumir chás feitos com ervas regidas por ele vai ajudá-lo a manter o seu astral alto.

Este livro o auxiliará a conhecer não apenas a si próprio, mas também os que o rodeiam: seus amigos, colegas de trabalho, sócios, cônjuge e filhos. A leitura do "Perfil Pessoal", com previsões mensais para os signos dessas pessoas, irá muni-lo de valiosa compreensão quanto aos sentimentos e ao comportamento delas. Você saberá, por exemplo, quando deve ser mais tolerante, por compreender que elas se encontram mais suscetíveis ou propensas à irritação.

Tenho você, leitor, como meu cliente pessoal. Ao estudar o seu horóscopo solar adquiro um profundo conhecimento do que ocorre em sua vida, de como se sente, daquilo que almeja e dos desafios que terá de enfrentar. Faço, então, o melhor que posso para lhe transmitir cuidadosamente essas diretrizes. Sendo assim, considere este livro a melhor alternativa a uma consulta pessoal com um astrólogo!

Espero sinceramente que *Seu horóscopo pessoal para 2018* melhore a qualidade de sua vida, facilite sua caminhada e ilumine seu caminho, banindo a escuridão e tornando-o mais consciente de sua ligação pessoal com todo o Universo. A Astrologia — quando bem-entendida e sabiamente empregada — constitui grande guia para a compreensão de si mesmo, dos outros e dos fenômenos existenciais. Mas lembre-se sempre de que o uso que fará dessa compreensão depende, antes de tudo, de você.

GLOSSÁRIO DE TERMOS ASTROLÓGICOS

ALÉM-FRONTEIRAS

Os planetas se deslocam pelo Zodíaco obedecendo a diversos ângulos em relação ao Equador celeste (traçando uma projeção imaginária do Equador terrestre em direção ao Universo, obtemos o Equador celeste). O deslocamento do Sol, por este ser a influência hegemônica no Sistema Solar, é utilizado pelos astrólogos como padrão. O Sol nunca se desloca mais de 23 graus ao norte ou ao sul do Equador celeste. Durante o solstício de inverno, ele atinge o grau máximo de declínio em sua órbita, e durante o solstício de verão, o ápice de sua angulação orbital norte. Sempre que um planeta transpõe essa fronteira solar — e ocasionalmente eles o fazem —, diz-se que está "além-fronteiras". Isso significa que o planeta penetra em domínios estranhos, que transcendem os limites determinados pelo Sol, regente do Sistema Solar. O planeta que se acha nessa condição realça e intensifica a própria autoridade, convertendo-se em influência proeminente em um horóscopo.

ASCENDENTE

Vivenciamos as sensações de dia e noite porque a Terra efetua uma rotação completa sobre o próprio eixo a cada 24 horas. Por causa desse movimento de rotação, o Sol, a Lua e os planetas parecem subir e descer no horizonte. O Zodíaco constitui uma faixa fixa (imaginária, mas bastante real em termos espirituais) que envolve a Terra como um cinturão. À medida que a Terra vai girando, os diferentes signos zodiacais dão ao observador a impressão de ascender em um ponto do horizonte. Em um período de 24 horas, todos os signos do Zodíaco percorrem esse ponto do horizonte, cada um em seu devido momento. O signo que ocupa um ponto do horizonte em determinado instante recebe o nome de "Signo Ascendente". O "Ascendente" sintetiza nossa imagem pessoal, corpo e autoconceito — o ego pessoal, em oposição ao eu espiritual, representado pelo signo solar.

ASPECTOS

"Aspectos" são interações angulares entre planetas: a maneira como um planeta estimula ou influencia outro. Se um planeta se encontra em aspecto harmonioso com outro (ou em relação harmoniosa), ele tende a estimular este último de forma positiva e útil. Se o aspecto for tenso, também o estímulo será tenso ou desconfortável, causando perturbações na influência planetária habitual.

CASAS

Existem 12 signos zodiacais e 12 Casas ou âmbitos de vivência. Os 12 signos representam tipos de personalidade e meios pelos quais um dado planeta se expressa. As Casas indicam o âmbito de sua vida em que essa expressão tende a se manifestar para você. Cada Casa abrange uma área de interesse distinta, conforme se observa na lista a seguir. Uma Casa pode adquirir importância ou potencializar-se, convertendo-se em Casa de Poder para você de diversas formas: se contiver o Sol, a Lua ou o regente de seu mapa astral, se contiver mais de um planeta ou sempre que o regente da Casa estiver recebendo estímulos inusitados de outros planetas.

Casa 1: Corpo e Imagem Pessoal (o "Eu")
Casa 2: Finanças, Posses e Dinheiro
Casa 3: Comunicação
Casa 4: Vida Doméstica e Familiar
Casa 5: Divertimento, Lazer, Criatividade, Especulação e Casos Amorosos
Casa 6: Saúde e Trabalho
Casa 7: Amor, Romance, Casamento e Atividades Sociais
Casa 8: Eliminação, Transformação e Bens de Terceiros
Casa 9: Viagens, Educação, Religião e Filosofia
Casa 10: Carreira
Casa 11: Amigos, Atividades em Grupo e Aspirações Íntimas
Casa 12: Sabedoria Espiritual e Caridade

FASES LUNARES

Após o plenilúnio, a Lua começa a diminuir de tamanho (do ponto de vista terreno), até tornar-se invisível a olho nu, quando advém a "Lua Nova". Essa fase lunar é conhecida como "Quarto Minguante".

Após a Lua Nova, a Lua volta a crescer, gradualmente (sob o prisma da Terra), até alcançar seu tamanho máximo na "Lua Cheia". Esse período recebe a denominação de "Quarto Crescente".

CARMA

É a lei de causa e efeito que rege todos os fenômenos no Universo. A situação em que nos achamos deriva do carma gerado pelos atos que praticamos no passado. O Universo constitui um sistema tão equilibrado que qualquer ação, automaticamente, põe forças corretivas em movimento, que recebem a denominação de "carma".

LUNAR

Relativo à Lua.

MOVIMENTO DIRETO

Quando os planetas se deslocam para a frente — como normalmente fazem — pelo céu zodiacal, diz-se que estão em movimento direto.

MOVIMENTO RETRÓGRADO

Os planetas deslocam-se ao redor do Sol em diferentes velocidades. Mercúrio e Vênus movem-se muito mais rápido do que a Terra, ao passo que Marte, Júpiter, Saturno, Urano, Netuno e Plutão deslocam-se mais lentamente. Em decorrência disso, há períodos nos quais os planetas, baseando-se em um referencial terrestre, parecem deslocar-se para trás no Zodíaco por algum tempo. Esse movimento recebe a denominação de "retrógrado" e tende a debilitar a influência normal de determinado planeta.

NATAL

Literalmente, significa "nascimento". Astrologicamente, esse termo é empregado para diferenciar posições planetárias características do instante do nascimento (natal) das progressões planetárias atuais (trânsitos). Por exemplo, o Sol natal, no que diz respeito a você, alude à posição do Sol no instante de seu nascimento; já um trânsito do Sol indica a posição dele em um dado momento, que geralmente não coincide com a posição na hora de seu nascimento.

PLANETAS LENTOS

Os planetas que levam um tempo maior para completar uma volta ao redor do Sol são denominados "planetas lentos". São eles: Júpiter (que permanece cerca de um ano em cada signo), Saturno (que fica dois anos e meio em cada signo), Urano (sete anos), Netuno (14 anos) e Plutão (de 15 a 30 anos). Os planetas lentos assinalam tendências duradouras em uma determinada área da existência e são, por essa razão, importantíssimos para o astrólogo quando ele faz prognósticos de longo prazo. Pelo fato de tais planetas permanecerem tanto tempo em um signo, há períodos no ano em que "os planetas rápidos" se juntam a eles, ativando e aumentando a importância de determinada Casa.

PLANETAS RÁPIDOS

São os corpos que se deslocam rapidamente, a saber: a Lua (permanece em um signo apenas dois dias e meio), Mercúrio (de 20 a 30 dias), o Sol (30 dias), Vênus (aproximadamente um mês) e Marte (cerca de dois meses). Como esses planetas se deslocam velozmente, sua influência se faz sentir a curto prazo. Revelam, pois, as propensões cotidianas em um horóscopo.

QUALIDADES ASTROLÓGICAS

Existem três tipos de qualidades astrológicas: *cardeal*, *fixa* e *mutável*. Cada um dos 12 signos zodiacais se enquadra em uma dessas categorias.

A qualidade cardeal se manifesta como princípio da atividade e iniciativa. Os signos cardeais (Áries, Câncer, Libra e Capricórnio) são excelentes quando se trata de fazer deslanchar um novo projeto.

A qualidade fixa encerra estabilidade, perseverança, tenacidade e perfeccionismo. Os signos fixos (Touro, Leão, Escorpião e Aquário) são excelentes em levar a cabo os empreendimentos.

A qualidade mutável se manifesta como flexibilidade, adaptação e equilíbrio. Os signos mutáveis (Gêmeos, Virgem, Sagitário e Peixes) exibem natureza criativa, porém nem sempre prática.

TRÂNSITO

Alude ao movimento dos planetas em determinado momento. Os astrólogos empregam o termo "trânsito" para estabelecer a diferença entre a posição natal de um planeta no horóscopo e seu deslocamento atual nos céus. Por exemplo: se no dia em que você nasceu Saturno estava no signo de Câncer, em sua Oitava Casa, mas agora está se movendo através de sua Terceira Casa, dizemos que ele está "transitando" por sua Terceira Casa. Os trânsitos constituem algumas das mais importantes ferramentas para os prognósticos astrológicos.

♈

ÁRIES

O CARNEIRO

Nascidos entre 21 de março e 20 de abril

PERFIL PESSOAL

ÁRIES EM UM RELANCE

Elemento: Fogo
Planeta Regente: Marte
Planeta da Carreira: Saturno
Planeta do Amor: Vênus
Planeta das Finanças: Vênus
Planeta do Divertimento, do Lazer, da Criatividade e das Especulações: Sol
Planeta do Lar e da Vida Familiar: Lua
Planeta da Fortuna e da Abundância: Júpiter
Cores: carmim, vermelho, escarlate
Cores que promovem o amor, o romance e a harmonia social: verde, verde-jade
Cor que propicia ganhos: verde
Pedra: ametista
Metais: ferro, aço
Perfume: madressilva
Qualidade: cardeal (= atividade)
Qualidade essencial ao equilíbrio: cautela
Maiores virtudes: energia física abundante, coragem, honestidade, independência, autoconfiança
Necessidade mais profunda: ação
Características a evitar: precipitação, impetuosidade, excesso de agressividade, imprudência

Signos de maior compatibilidade: Leão, Sagitário
Signos de maior incompatibilidade: Câncer, Libra, Capricórnio
Signo mais útil à carreira: Capricórnio
Signo que fornece maior suporte emocional: Câncer
Signo mais prestativo em questões financeiras: Touro
Melhor signo para casamento e associações: Libra
Signo mais útil em projetos criativos: Leão
Melhor signo para sair e se divertir: Leão
Signos mais úteis em assuntos espirituais: Sagitário, Peixes
Melhor dia da semana: terça-feira

COMPREENDENDO A PERSONALIDADE ARIANA

Áries é o ativista zodiacal por excelência. A necessidade que sente de agir beira a compulsão, o que faz com que aqueles que não compreendem a fundo a personalidade ariana empreguem esse termo um tanto forte para descrevê-la. Na realidade, a "ação" constitui o cerne da psicologia ariana, e quanto mais direta, franca e sem rodeios, melhor. Trata-se, sem dúvida, do perfil psicológico perfeito do guerreiro, do pioneiro, do atleta e do gerente.

Os arianos apreciam executar tarefas, e em seu zelo passional muitas vezes perdem de vista as consequências que desencadeiam para si e para os demais. Sim, muitas vezes *tentam* agir com diplomacia e tato, mas a tarefa é demasiado dura para eles. Ao agir assim, sentem-se desonestos ou falsos. É difícil para eles até mesmo compreender a mentalidade do diplomata, do articulador de consensos, do executivo testa de ferro. Como podem essas pessoas perder tanto tempo com reuniões intermináveis, discussões, conversas e negociações, quando há tanto trabalho a ser feito, tantas realizações práticas a serem concluídas? O ariano até consegue entender, desde que lhe seja bem-explicado que as conversas e as negociações — as chamadas concessões sociais — geram ações mais eficazes. O interessante no temperamento do ariano é que ele raramente se torna rancoroso ou mal-intencionado, mesmo quando trava um combate. Os arianos combatem seus oponentes sem ódio. Para eles tudo não passa de um divertimento sadio, de uma grande aventura ou de um jogo.

Quando se veem às voltas com algum problema, muitos dirão: "Bem, analisemos a situação para ver se encontramos uma solução." Mas nunca um ariano, que invariavelmente pensa: "Algo tem de ser feito, logo, mãos à obra!" Naturalmente, nenhuma dessas atitudes isoladas soluciona a questão. Por vezes, a ação imediata se faz necessária, mas em outras situações é importante fazer bom uso do pensamento frio e analítico. Contudo, o ariano tende a errar quase sempre, por ser precipitado.

Os princípios da ação e da reflexão possuem naturezas radicalmente diferentes. A atividade física pressupõe a utilização, em certa medida, de força bruta. A ponderação, por sua vez, requer a imobilidade e a suspensão temporária do uso da força. Não será proveitoso para um atleta ficar considerando qual deve ser o próximo movimento; isso apenas retardaria suas reações. O atleta tem de agir por instinto, de forma instantânea. E é assim que os nativos de Áries tendem a se comportar na vida. São ágeis, tomam decisões instintivamente e sem demora as convertem em ações. Se sua intuição estiver aguçada e em boa sintonia, seus atos serão coroados de poder e êxito. Mas, se estiver malsintonizada, os resultados podem ser desastrosos.

Não pense que isso assusta ou intimida um ariano. Como bom guerreiro, ele sabe que no decorrer do combate pode vir a sofrer um ou outro revés. Todo ariano parece perceber intimamente que, permanecendo fiel à sua própria verdade, arrisca-se a ficar sujeito a mais de um acidente. Isso faz parte das regras do jogo, e ele dispõe de forças para aguentar qualquer contratempo.

Muitos arianos, todavia, são intelectuais brilhantemente criativos. Qualquer que seja a área a que se dediquem, tendem a ser pioneiros, inusitados e francos. Essa categoria de nativo do signo tende a transformar o combate físico em combate de natureza mental ou intelectual. Trata-se de pensadores vigorosos.

De modo geral, a confiança que os arianos nutrem em relação a si mesmos deveria servir de exemplo aos demais signos. É essa confiança básica e ferrenha que lhes permite atravessar, incólumes, situações de grande turbulência. Sua coragem e autoconfiança fazem deles líderes natos, e essa liderança é exercida mais pelo exemplo do que por meio da imposição de controle.

FINANÇAS

Os nativos de Áries são excelentes construtores e corretores imobiliários. O dinheiro em si não é, para eles, tão importante quanto a ação, a aventura e as atividades esportivas. São movidos por forte necessidade de apoiar emocionalmente seus parceiros e de conservar uma boa imagem aos olhos deles. Os arianos funcionam melhor trabalhando por conta própria ou gerindo seu próprio departamento (em se tratando de uma grande empresa). Quanto menos dependerem de ordens superiores, melhor. Também se mostram mais eficientes em trabalhos de campo do que atrás de uma escrivaninha.

São trabalhadores tenazes e dotados de muita resistência física, que podem acumular *grandes* somas de dinheiro quase exclusivamente por causa de sua robustez e abundante energia.

Vênus é seu planeta das Finanças, o que significa que necessitam desenvolver mais a cortesia social a fim de que seu pleno potencial de ganhos se concretize. Apenas executar o serviço — ponto em que os nativos do signo se destacam — não basta. É preciso obter a cooperação alheia. Fregueses, clientes e companheiros de trabalho precisam sentir-se à vontade. É primordial tratar bem as pessoas para que o sucesso ocorra. Quando os arianos desenvolvem essa habilidade — ou contratam alguém para fazê-la por eles —, seu potencial financeiro torna-se ilimitado.

CARREIRA E IMAGEM PÚBLICA

É de se esperar que espíritos pioneiros anseiem por romper com as convenções sociopolíticas vigentes. Mas isso não ocorre com os arianos. Eles são pioneiros dentro dos limites do convencional, no sentido de que preferem iniciar um negócio próprio em um ramo já estabelecido a trabalhar para outra pessoa.

Capricórnio ocupa a cúspide da Décima Casa, da Carreira, do horóscopo solar ariano. Saturno é o planeta que governa o trabalho de suas vidas e suas aspirações profissionais. Isso revela alguns fatos interessantes sobre o temperamento ariano. Primeiramente, para chegar ao auge do potencial de sua carreira eles precisam desenvolver certas qualidades um pouco incomuns à sua natureza básica. Precisam tornar-se melhores administradores e organizadores. Têm de aprender a lidar melhor com detalhes e a vislumbrar seus projetos, bem como a própria carreira, a longo prazo. É impossível superar um ariano na execução de metas imediatas, mas uma carreira se constrói ao longo do tempo. Não é o tipo de meta que se alcance rapidamente!

Alguns arianos enfrentam grande dificuldade em levar um projeto até o fim. Entediam-se com facilidade. E sua constante necessidade de buscar aventuras faz com que prefiram delegar antigos projetos ou tarefas a outras pessoas, para começar algo novo. Os arianos que aprendem a adiar a busca do novo, até que o antigo esteja concluído, alcançam grande sucesso em sua carreira e na vida profissional, em sentido amplo.

De modo geral, os nativos de Áries apreciam que a sociedade os julgue por seus próprios méritos, com base em suas realizações e conquistas efetivas. Elogios recebidos lisonjeiramente soam falsos aos seus ouvidos.

AMOR E RELACIONAMENTOS

No amor e nas associações, os arianos gostam de parceiros gentis, táticos, passivos e diplomáticos — possuidores de charme social e de habilidades que eles próprios não têm. Os parceiros que escolhemos representam, amiúde, uma parcela oculta de nós mesmos — o eu que pessoalmente não conseguimos externar.

Os arianos tendem a partir agressivamente no encalço do que almejam. Costumam mergulhar de cabeça nas relações e no casamento. Isso se mostra particularmente verdadeiro quando tanto Vênus quanto o Sol se encontram em Áries. Se um ariano se encantar por você, não aceitará facilmente um "não" como resposta; tentará minar sua resistência e não desistirá até que você se renda.

Embora os arianos possam ser enervantes ao extremo em um relacionamento — sobretudo se não forem bem-compreendidos pelo cônjuge —, não é por crueldade ou malícia. Ocorre, apenas, que eles são tão independentes e seguros de si que dificilmente conseguem perceber o ponto de vista ou a posição dos outros. É por isso que necessitam de parceiros com transbordante traquejo social.

Entre seus aspectos mais positivos destaca-se a honestidade. Um ariano é alguém com quem se pode contar e cujo posicionamento em relação a você será sempre bem claro. O que lhe falta em diplomacia é compensado em integridade.

VIDA DOMÉSTICA E FAMILIAR

Obviamente, é o ariano quem governa a casa. São os mandachuvas do lar. Mas os nativos do sexo masculino tendem a delegar muitas decisões domésticas à mulher, e as nativas de Áries também apreciam "cantar de galo". Ambos são jeitosos na labuta doméstica. Apreciam famílias numerosas e acreditam na importância do grupo. Os arianos, geralmente, são bons membros de família, embora parem pouco em casa, preferindo perambular por aí.

Considerando sua natureza notoriamente combativa e caprichosa, os nativos do signo revelam-se surpreendentemente suaves, gentis e até vulneráveis ao lidar com os filhos e com o cônjuge. O signo de Áries, regido pela Lua, ocupa a cúspide da Quarta Casa Solar, que é a do Lar e da Família. Sempre que os aspectos com a Lua estiverem harmônicos, produzindo influências favoráveis, o nativo se mostrará terno com a família e buscará sustento e apoio na vida familiar. Os arianos apreciam regressar ao lar, no fim de um dia árduo na batalha da vida, para os braços compreensivos do cônjuge e para o apoio e o amor incondicionais que a família oferece. Sentem que há contendas demais lá fora, e embora adorem participar delas, quando regressam à casa querem apenas desfrutar o conforto e o aconchego domésticos.

ÁRIES
PREVISÃO ANUAL PARA 2018

TENDÊNCIAS GERAIS

Alguns dos principais planetas lentos estão se deslocando em 2018. Eles irão garantir que você não permaneça tão preso ao seu modo de pensar e agir. Saturno mudou de signo no fim de 2017. Muitos de vocês, sobretudo os que nasceram no final do signo de Áries (de 1º a 20 de abril), ainda não sentiram isso. Sentirão mais no próximo ano. Saturno estará em Capricórnio, sua Décima Casa, pelos próximos dois anos. Isso fará de 2018 um ano de grande importância para a carreira. É o tipo do ano em que você será bem-sucedido absolutamente por mérito e nada mais. Por isso, lute pela excelência em tudo o que fizer. Veremos detalhes sobre isso mais à frente.

O outro destaque importante será a saída de Urano do seu signo, onde ele permaneceu pelos últimos sete anos, e sua entrada em Touro. Esse ainda não é o trânsito completo, mas uma amostra, ou alerta, do que está por vir. Após sete anos redefinindo a si mesmo e testando sua imagem, você parece ter definido algo que lhe proporciona resultados. Aprendeu a lidar com mudanças pessoais repentinas. Agora, aprenderá a lidar com mudanças financeiras repentinas. Sua vida financeira está começando a ficar muito estimulante, isto é, bastante ousada, do jeito que você gosta, o que também começará a estabilizar sua vida amorosa. Veremos detalhes sobre isso mais à frente.

Desde outubro de 2017, Júpiter está em Escorpião, sua Oitava Casa, onde permanecerá até 8 de novembro de 2018. Isso indica prosperidade dos parceiros ou da relação amorosa atual. Quase sempre, se trata de uma indicação de herança, mas esperamos que não por causa de um falecimento. Revela boa sorte em questões relacionadas a impostos e a espólio e à capacidade de pagar dívidas, além de favorecer projetos que envolvam transformação pessoal. Para muitos de vocês, dependendo da idade, será um ano de muita atividade sexual. Veremos detalhes sobre isso mais à frente.

Em 8 de novembro, mais para o fim do ano, Júpiter entrará em Sagitário, formando um ótimo aspecto com você, proporcionando mais viagens, mais dinheiro e mais otimismo. Trará boas notícias para aqueles que estiverem tentando ingressar em universidades. Para quem já estiver matriculado, promoverá sucesso nos estudos. No entanto, em primeiro lugar, será necessário fazer o sacrifício de se dedicar para valer e se empenhar pela excelência.

Netuno está na sua Décima Segunda Casa, a da Espiritualidade, há muitos anos e permanecerá nela ainda por bastante tempo. Com isso, a vida espiritual será importante e se desenvolverá. Os arianos que estiverem seguindo um caminho espiritual verão grande progresso em 2018, pois Júpiter em Escorpião está formando ótimos aspectos com Netuno.

Dois planetas importantes do seu mapa — Marte, o senhor do seu horóscopo, e Vênus, seu planeta do Amor e das Finanças — farão uma rara retrogradação neste ano. Ao contrário da maioria dos demais planetas, esses dois só ficam retrógrados uma vez a cada dois anos. Isso afetará você. Marte estará retrógrado de 26 de junho a 27 de agosto; e

Vênus, de 5 de outubro a 16 de novembro. As retrogradações são boas para a avaliação, e não para a ação direta. Falaremos mais sobre isso nas "Previsões Mensais".

Os seus principais interesses neste ano serão: corpo e imagem (de 1º de janeiro a 16 de maio e de 6 de novembro a 31 de dezembro); finanças (de 16 de maio a 6 de novembro); sexo, estudos de ocultismo, transformação e reinvenção pessoal (até 8 de novembro); viagens ao exterior, ensino superior, teologia e filosofia (a partir de 8 de novembro); carreira; espiritualidade.

Os seus caminhos de maior realização em 2018 serão: transformação e reinvenção pessoal (até 8 de novembro); viagens ao exterior, ensino superior, religião, filosofia, teologia (a partir de 8 de novembro); filhos, diversão e criatividade (de 1º de janeiro a 17 de novembro); lar e família (a partir de 17 de novembro).

SAÚDE

(Trata-se de uma perspectiva astrológica sobre a saúde, não de uma visão médica. No passado, essas perspectivas eram idênticas, porém hoje podem ocorrer diferenças. Para obter uma opinião com base em diagnósticos da medicina convencional, consulte seu médico ou um profissional da saúde.)

Embora a saída de Urano do seu signo seja um bom aspecto para a saúde, dois pesos-pesados cósmicos, Saturno e Plutão, ainda estarão em aspecto tenso com você. Por isso, a saúde vai precisar de mais observação. Será necessário prestar mais atenção a ela, mesmo que você não sinta vontade. O fato de a Sexta Casa estar vazia indica que você não está suficientemente atento a isso.

Dois planetas lentos em alinhamento tenso não provocarão doenças por si sós — porém, se você tiver distúrbios de saúde preexistentes, eles passarão a incomodar. Mas quando os planetas rápidos se juntarem ao grupo, aí, sim, você se tornará mais vulnerável. Portanto, os períodos para observação são: de 1º a 20 de janeiro, de 21 de junho a 22 de agosto, de 22 de setembro a 23 de outubro e de 21 a 31 de dezembro. Procure descansar e relaxar o máximo possível nesses períodos. Caso tenha condições, passe mais tempo livre em um spa ou faça mais massagens. Abandone as futilidades (que desperdiçam sua energia) e concentre-se apenas no que é essencial.

Nossos leitores assíduos sabem que muita coisa pode ser feita para melhorar a saúde e impedir o desenvolvimento de problemas. Dê mais atenção às áreas a seguir, que são as mais vulneráveis do seu mapa.

Coração. O coração ganhou importância nos últimos anos e continuará relevante em 2018. Cultive uma fé salutar. Muitos terapeutas espirituais afirmam que a preocupação é a causa dos problemas cardíacos. Substitua a preocupação pela fé.

Cabeça, rosto e couro cabeludo. São sempre importantes para você. Massagens regulares no rosto e no couro cabeludo não apenas fortalecerão essas áreas, como também todo o corpo. Elas contêm pontos de pressão e meridianos que percorrem todo o corpo.

Musculatura. Não é necessário ser Arnold Schwarzenegger para ter um bom tônus muscular. Músculos fracos ou flácidos podem tirar a coluna ou o esqueleto de seu alinhamento correto e causar todo tipo de problema. O que é frequentemente diagnosticado como problema "nas costas" é, na verdade, um problema muscular. Exercícios vigorosos, de acordo com sua fase de vida, são recomendáveis.

Glândulas suprarrenais. São sempre importantes para Áries. O principal é aprender a controlar a raiva e o medo, as duas emoções que estressam essas glândulas.

Intestino delgado. Essa é outra área importante para Áries.

Mercúrio é o seu planeta da Saúde, como nossos leitores assíduos sabem. Ele é um planeta rápido e frequentemente instável. Às vezes, move-se muito velozmente. Outras, bem devagar. Algumas vezes, fica retrógrado. Não é por acaso que as qualidades da flexibilidade e da mutabilidade são atribuídas a Mercúrio. Sua rotina de saúde deverá incorporar esse tipo de flexibilidade.

Como se move com muita rapidez, Mercúrio passará por todos os signos e Casas do seu horóscopo no período de um ano. Por isso, muitas tendências de curto prazo na saúde dependerão de onde Mercúrio estiver e dos aspectos que receberá. Isso será visto em detalhes nas "Previsões Mensais".

Mercúrio ficará retrógrado três vezes neste ano: de 23 de março a 15 de abril; de 26 de julho a 19 de agosto e de 17 de novembro a 6 de dezembro. Nesses períodos, evite fazer grandes mudanças nas rotinas de alimentação e saúde. Serão necessárias mais análises e pesquisas.

LAR E FAMÍLIA

Este não será um ano de especial relevância para o lar e para a família, e sim para a carreira, que terá uma importância muito maior. Sua Quarta Casa ficará basicamente vazia em 2018. Apenas planetas rápidos passarão por ela, temporariamente. Em geral, isso indica ausência de mudanças. Você parece satisfeito com a situação do lar e da família e não terá nenhuma necessidade premente de realizar mudanças importantes, o que, basicamente, é um bom sinal.

Ainda assim, ocorrerão mudanças e transtornos, mas você vai reagir pouco a eles, evitando iniciar alguma coisa nova. Em primeiro lugar, haverá três eclipses solares neste ano, o que é muito incomum. Em geral, são apenas dois. Isso indica momentos dramáticos — acontecimentos capazes de provocar mudanças — na vida dos filhos e enteados. Também causará impacto generalizado nas finanças da família, sobretudo nas finanças do pai, da mãe ou da figura paterna ou materna da sua vida.

Um dos eclipses solares, o de 13 de julho, ocorrerá exatamente na sua Quarta Casa, provocando forte impacto na família. Você precisará ter mais paciência com eles, pois as emoções ficarão intensas.

Dois eclipses lunares (o número habitual) também afetarão o lar e a família. Falaremos mais sobre eles nas "Previsões Mensais".

Será um ano sem mudanças no lar e na família para o pai, a mãe ou a figura paterna ou materna. É provável, porém, que os filhos se mudem, o que deverá trazer felicidade. Se o pai, a mãe ou a figura paterna ou materna estiver doente, surgirão boas notícias na área da saúde perto do fim do ano. Se ele, ou ela, não estiver doente, surgirão boas oportunidades de trabalho a caminho. Netos em idade adequada terão um ano próspero, sobretudo depois de novembro, e poderão se mudar diversas vezes. É o que vem acontecendo com eles há bastante tempo. Eles deverão parecer muito aflitos e inquietos.

Filhos ou netos em idade adequada (ou os que desempenham esse papel na sua vida) poderão estar mais férteis do que o habitual.

Este não será um ano especialmente favorável a serviços pesados de reforma ou reparos. No entanto, o embelezamento superficial da casa poderá obter melhor resultado de 19 de maio a 23 de julho.

O pai, a mãe ou a figura paterna ou materna da sua vida estará se sentindo mais velho do que é e se mostrando excessivamente pessimista. Tudo parecerá ruim. Será preciso animá-lo um pouco. Talvez ele esteja assim por estar assumindo mais reponsabilidades.

DINHEIRO E CARREIRA

Uma nova era financeira está nascendo neste ano em sua vida. Está começando exatamente agora, mas vai continuar por, pelo menos, mais sete anos. A vida financeira está prestes a se tornar MUITO excitante. Ousada, como você gosta.

Urano fará um movimento importante em 16 de maio ao entrar na sua Casa do Dinheiro, onde permanecerá até 8 de novembro. Isso produzirá muitas mudanças financeiras dramáticas, tanto de investimentos quanto de estratégia e pensamento financeiros. Se você tem ficado insatisfeito com a situação das finanças, deve deixar que Urano sacuda um pouco as coisas para que os obstáculos possam ser removidos. O objetivo dele é proporcionar "liberdade financeira", mas isso não poderá acontecer se você se mantiver preso a velhas atitudes.

De modo geral, você tende a correr riscos. A natureza de Áries é superar o medo e desenvolver a coragem. Agora você estará ainda mais assim. E daí se algumas coisas não saírem conforme o planejado? Desde que mantenha uma atitude destemida, você vencerá. Sempre haverá o amanhã.

Os antigos manuais estratégicos sobre finanças — os livros que contêm as regras, a coletânea do conhecimento financeiro dos especialistas — serão descartados neste ano (e no futuro). Você aprenderá o que funciona no seu caso por tentativa, erro e experimentação. Vai explorar novos caminhos. Alguns, como mencionamos, poderão não dar resultados, mas outros darão. Você obterá todo tipo de *insight* para a riqueza que não está relatado em nenhum livro. Esse é um conhecimento que vale a pena ter.

Urano na Casa do Dinheiro indica ganhos por meio do setor da alta tecnologia. Favorece as atividades virtuais e as tecnologias de ponta (algumas ainda não inventadas). É provável que você também gaste mais com tecnologia, mas esse deverá ser um bom investimento.

Urano favorece as *startups*, especialmente as da área de alta tecnologia. Elas são interessantes para se trabalhar, investir ou como empreendimento comercial.

Quando Urano está envolvido nas finanças, qualquer coisa pode acontecer a qualquer instante. As oportunidades poderão surgir no momento mais sombrio, quando você menos esperar. Os ganhos também poderão ser mais instáveis. Os períodos de alta financeira poderão superar seus sonhos mais ousados, mas os de baixa também poderão ser ultrabaixos. Uma boa ideia é reservar dinheiro nos tempos de alta para os períodos de baixa. As variações financeiras poderão ser extremas. É preciso aprender a não temer nem as alturas nem as profundezas. Não espere nada, entretanto, esteja pronto para qualquer coisa.

A carreira, como mencionamos, terá grande relevância neste ano. Ela vem sendo importante há muitos anos, mas agora será ainda mais. A causa disso é a entrada de Saturno na sua Décima Casa. Isso indica a necessidade de assumir mais responsabilidades, o que sempre preocupa. Saturno o colocará sob pressão, porém não será uma pressão punitiva, e sim destinada a instruir e organizar. Sob pressão, a pessoa é forçada a usar ao máximo suas habilidades, a encontrar a melhor e mais eficiente maneira de realizar algo, de revelar o que tem de melhor a oferecer. Em dois anos, quando Saturno já não estiver mais exercendo essa força na sua direção, você descobrirá que é capaz de fazer muito mais do que acreditava.

Essa pressão poderá vir de diversas maneiras. Você poderá ter um chefe ou clientes muito exigentes. Satisfazê-los será um desafio.

Saturno na sua Décima Casa indica a necessidade de mais habilidades de gestão. A boa administração o capacitará a lidar com tudo isso. Muitos de vocês serão colocados em postos gerenciais.

Como mencionamos, 2018 será um ano em que o sucesso virá por puro mérito e por nenhum outro motivo. Isso terá a ver com ser o melhor naquilo que você fizer, sem truques nem atalhos. Você verá os resultados positivos dessa abordagem em 2019 e 2020, quando começará a alçar voos mais altos na carreira.

AMOR E VIDA SOCIAL

2017 foi um ano maravilhoso para o amor e para a vida social. Muitos de vocês se casaram ou conheceram a pessoa amada no ano passado. Em 2018, se mostrarão mais satisfeitos se as coisas se mantiverem como estão. Sua Sétima Casa, a do Amor, não será uma Casa de Poder. Quem está em um relacionamento provavelmente seguirá assim. É grande também a probabilidade de os solteiros permanecerem nessa situação. Não há pressão cósmica para mudanças drásticas.

De modo geral, a saída de Urano do seu signo será positiva para o amor. As pessoas vão achar que você está menos rebelde e mais estável. A maior parte de sua necessidade de liberdade no amor foi saciada nos últimos sete anos e, de algum modo, já "foi eliminada". Você estará mais propenso a se estabilizar.

Vênus, um planeta rápido, é o seu planeta do Amor. É bom que seja ele, pois esse é o seu domínio natural. Em um ano, Vênus vai percorrer todos os signos e Casas do seu horóscopo. Embora as oportunidades românticas possam se dar de diversas maneiras e por ação de muitas pessoas, tudo dependerá de onde Vênus estiver e dos aspectos que receberá. Abordaremos essas tendências de curto prazo com mais detalhes nas "Previsões Mensais".

Vênus fará uma rara retrogradação (uma vez em dois anos), de 5 de outubro a 16 de novembro, por isso, não fique muito aborrecido se um relacionamento atual parecer andar para trás em vez de avançar, ou se parecer vacilante. Este será o momento de rever a vida amorosa e planejar progressos para o futuro. Você poderá colocar seus planos em prática quando Vênus entrar em movimento direto novamente. (Isso também se aplica a questões financeiras.)

Quem estiver em busca do segundo casamento terá oportunidades maravilhosas perto do fim do ano (a partir de 8 de novembro), pois algo sério se desenvolverá no período. Os que estiverem buscando o terceiro casamento terão oportunidades com pessoas envolvidas com suas finanças. A riqueza parece um fator importante para o estímulo amoroso. Uma sociedade poderá se formar entre 16 de maio e 6 de novembro. Para quem estiver em busca do quarto casamento, o ano não trará mudanças.

Os casamentos de filhos e enteados serão testados em 2018. Haverá dois eclipses na sua Casa do Amor. (Isso se aplica a relacionamentos sérios também.) Irmãos ou figuras fraternas da sua vida encontrarão oportunidades amorosas a partir de 8 de novembro. Para os netos (se você os tiver), o ano não trará mudanças na vida social.

AUTOAPRIMORAMENTO

Netuno, o mais espiritual de todos os planetas, e seu planeta Espiritual pessoal, está há alguns anos em Peixes, onde permanecerá por muito tempo. Quando se encontra no seu próprio signo e na sua própria Casa, Netuno é bem mais forte do que o habitual. Por isso, suas necessidades espirituais (seu idealismo) têm estado mais acentuadas nesse período. Júpiter formará ótimos aspectos com Netuno ao longo de todo o ano, até 8 de novembro, promovendo grande desenvolvimento espiritual. A vida onírica ficará mais ativa. A percepção extrassensorial estará mais acentuada. Você vivenciará todos os tipos de "sincronicidades" (coincidências significativas) nesses dias. Seria tentador deixar o mundo de lado e se concentrar apenas nos assuntos espirituais, mas o poder na sua Décima Casa (e especialmente a presença de Saturno nela) o forçará a ser mais "mundano". De algum modo, você precisará ser prático e idealista ao mesmo tempo — deverá conciliar essas duas necessidades, fazer com que cooperem uma com a outra. Adotar a atitude certa com relação à espiritualidade será de grande ajuda. Compreendê-la corretamente é a coisa mais prática que alguém pode fazer. Isso levará (em geral, de forma indireta) a resultados práticos mensuráveis.

Ouvi, há pouco tempo, um apresentador de rádio perguntar com ironia: "A oração consegue tapar buracos de rua?" Ele convidou os ouvintes a comentar o tema. A maioria respondeu que não. Isso mostra apenas falta de compreensão. A oração talvez não tape diretamente um buraco (embora possa fazer isso), mas, com certeza, o enche "indiretamente", criando condições e circunstâncias para que ele seja preenchido de forma natural.

Assim, o Cosmos o convoca a aprender a tornar o poder espiritual algo prático nos assuntos materiais.

Com Urano no seu signo nos últimos sete anos, você teve de lidar com questões de "identidade". Isso é mais importante do que a psicologia. Quase todas as coisas que tomamos por problemas psicológicos são, na verdade, "erros de identificação". Se você adotar a perspectiva correta em relação à identidade, os problemas psicológicos desaparecerão. A esta altura, após sete anos, você entende isso. Agora e pelos próximos sete anos as lições serão financeiras. Trata-se de aprender a se sentir confortável com a insegurança e a mudança financeira, de ser indiferente a isso, de aceitar com equilíbrio as mudanças e, de fato, fazer com que elas o beneficiem. Você tem muito tempo para aprender essas lições, mas é melhor começar a fazer isso agora.

Júpiter, como mencionamos, passará a maior parte do ano na sua Oitava Casa. Isso favorecerá seus esforços no sentido de se reinventar e dar à luz a pessoa que você quer ser: o seu Eu ideal. Talvez seja um trabalho difícil, mas você contará com a ajuda do Cosmos. Para ter mais, você deverá "ser" mais.

PREVISÕES MENSAIS

JANEIRO

Melhores dias: 3, 4, 12, 13, 14, 22, 23, 31
Dias mais tensos: 1º, 2, 8, 9, 15, 16, 29, 30
Melhores dias para o amor: 5, 6, 8, 9, 15, 16, 27, 28
Melhores dias para o dinheiro: 5, 6, 15, 16, 25, 26, 27, 28
Melhores dias para a carreira: 5, 15, 16, 25

Você começará o ano com noventa por cento dos planetas acima do horizonte e com a Décima Casa, a da Carreira, sobrecarregada. Todo o ano de 2018 será intenso para a carreira, mas neste exato momento você estará no mês mais forte de um ano forte. Quase toda a ação em janeiro se dará na Casa da Carreira. A mensagem? Concentre-se na vida profissional, lide adequadamente com ela, e todo o restante entrará nos eixos.

Uma observação: a parte inferior do seu mapa se fortalecerá em quatro ou cinco meses, mas nunca será completamente dominante. Este é um ano para você se concentrar nos objetivos externos.

Você está trabalhando para valer. É bem-sucedido, porém vem conseguindo o sucesso a duras penas, ou seja, por meio do trabalho e do verdadeiro mérito. Sim, conexões sociais terão importância neste mês, sobretudo até o dia 18, mas tudo o que elas podem fazer é abrir portas. No fim, você terá de ser produtivo. Por isso, a saúde exigirá mais atenção em janeiro. Não é o melhor período para a sua saúde. Até o dia 11, fique mais atento ao fígado e às coxas. Após essa data, atenha-se mais às costas, aos joelhos, aos dentes e ossos. (Massagens regulares fortalecerão a coluna lombar.) A coisa mais importante, como sempre, é assegurar-se de descansar o suficiente. A saúde melhorará a partir do dia 20, porém ainda merecerá observação.

Marte, o senhor do seu horóscopo, passará a maior parte do mês na sua Oitava Casa. Isso favorecerá muito os regimes para perda de peso e desintoxicação. Marte viajará com Júpiter entre os dias 4 e 9. Será um ótimo trânsito. Vai proporcionar expansão financeira e, talvez, uma viagem ao exterior. Mulheres na idade adequada estarão muito mais férteis.

Haverá um eclipse lunar no fim do mês, no dia 31. Ocorrerá na sua Quinta Casa e afetará a família e os filhos. Acontecerão mudanças importantes na vida dos filhos e enteados. Os membros da família poderão estar mais temperamentais e provavelmente será necessário fazer reparos na casa. Seja mais paciente com eles. Esse eclipse atingirá lateralmente Vênus, seu planeta do Amor e das Finanças. Não será uma colisão direta, mas algo como um "arranhão". Isso costuma indicar mudanças financeiras significativas (talvez assustem) e a necessidade de uma correção de rumo no amor e nas finanças.

FEVEREIRO

Melhores dias: 9, 10, 19, 27, 28
Dias mais tensos: 4, 5, 11, 12, 25, 26
Melhores dias para o amor: 4, 5, 16, 25, 26
Melhores dias para o dinheiro: 4, 5, 6, 7, 16, 17, 21, 22, 25, 26
Melhores dias para a carreira: 2, 11, 12, 21

Um eclipse solar no dia 15 parece poderoso, pois atingirá não apenas o Sol, mas também Mercúrio e Júpiter. Marte, que estará na sua Nona Casa durante todo o mês, indica necessidade de viagem (e muitos de vocês terão de viajar), o que não será muito recomendável nesse período. (Além do eclipse, Júpiter, seu planeta associado a viagens, vai receber aspectos tensos.) Se não for preciso, não viaje. Se for, evite o período do eclipse e reserve mais tempo para ir e para voltar de seu destino.

O eclipse solar ocorrerá na sua Décima Primeira Casa, a dos Amigos, por isso, as amizades poderão ser testadas. Provavelmente, o teste não será por falha em seu relacionamento, e sim por momentos dramáticos que poderão acontecer na vida de seus amigos. Filhos (e enteados) de idade adequada passarão por testes em seus relacionamentos amorosos. Filhos solteiros poderão decidir se casar nos próximos seis meses. Dirija com mais cuidado nesse período. Equipamentos de comunicação e de alta tecnologia apresentarão problemas agora. Alguns deles precisão ser trocados ou consertados. Atualize seus programas antivírus e contra hackers e faça cópias de segurança de todos os seus arquivos importantes. A tecnologia é maravilhosa — um sonho — quando funciona como deveria, mas quando isso não acontece, meu Deus, é um horror! É como se a vida parasse.

A saúde e a energia vão estar melhores do que no mês passado, mas o eclipse poderá causar um susto à saúde ou provocar a necessidade de mudança de sua rotina de saúde — uma alteração importante. A situação no trabalho ficará instável por enquanto.

Em relação ao amor e ao dinheiro, as coisas irão bem até o dia 11, porém, após essa data, você terá de trabalhar mais duramente para obter ganhos. Talvez não vá gostar do que terá de fazer para isso. É como se você não pudesse se incomodar. Se fizer um esforço extra, deverá prosperar. Vênus estará na sua posição mais poderosa a partir do dia 11: o signo de Peixes. Isso indica grande poder de ganhos (e magnetismo social). A intuição financeira é importante e, felizmente, deverá estar forte.

O amor estará em posições espirituais a partir do dia 11. Será idealista e terno. O amor atual (ou a pessoa que você conhecer) tende a estar mais sensível, mais suscetível a mágoas, por isso, tenha cuidado com a linguagem corporal e o tom de voz.

MARÇO

Melhores dias: 8, 9, 18, 19, 26, 27

Dias mais tensos: 3, 4, 10, 11, 12, 24, 25, 31

Melhores dias para o amor: 3, 4, 8, 18, 19, 26, 27, 31

Melhores dias para o dinheiro: 6, 7, 8, 15, 16, 17, 18, 19, 20, 21, 24, 25, 26, 27

Melhores dias para a carreira: 1º, 10, 11, 12, 20, 29

A primavera é a estação dos começos. Em termos astrológicos, é a melhor época do ano para iniciar novos projetos e lançar produtos. Este ano será melhor do que o normal. O impulso planetário será predominantemente direto. Entre os dias 20 (primeiro dia da primavera) e 23, noventa por cento dos planetas estarão em movimento direto; portanto, esses três dias serão os melhores para dar início a um projeto. (Além disso, a Lua estará Crescente, outro ponto a favor.) No entanto, se você não conseguir aproveitar esses três dias, o período de 20 a 29 também será bom (oitenta por cento dos planetas estarão em movimento direto).

A carreira continuará ativa, sobretudo a partir do dia 17, mas este será um mês predominantemente espiritual, uma época para o crescimento interno, boa para você se concentrar em meditação, estudos espirituais e ações de caridade e nutrir seu "eu interno". Quem já está nesse caminho alcançará avanços espirituais.

Da mesma forma, a indicação é de que março será muito próspero. Vênus, seu planeta das Finanças, cruzará seu Ascendente e entrará na Primeira Casa no dia 6. Isso trará sorte financeira inesperada e boas oportunidades. Você parecerá rico, terá essa imagem. Será assim que as pessoas o verão. Será uma sensação maravilhosa a de ser "possuído" pelo dinheiro, e não o contrário.

Vai haver felicidade também na vida amorosa. Vênus tem uma função dupla em seu horóscopo: é o planeta do Amor *e* o das Finanças. Por isso, o amor o perseguirá, assim como o dinheiro. A pessoa do seu relacionamento — seja o cônjuge, o parceiro ou o interesse amoroso atual — ficará mais atenciosa e propensa a agradar. Ela estará inteiramente do seu lado.

Uma indicação de sucesso na carreira ocorrerá no dia 17, quando Marte cruzar seu Meio do Céu. Você estará acima de todos em seu meio. Será reconhecido por quem você é e por suas conquistas. As pessoas o olharão com admiração.

Este será um mês muito agitado e rápido, sobretudo a partir do dia 20. Felizmente, porém, você terá energia para lidar com isso. Até o dia 6, a saúde poderá ser melhorada, por meio de massagens nos pés ou de técnicas de terapia espiritual. Após o dia 6, serão recomendáveis massagens no couro cabeludo e exercícios físicos.

ABRIL

Melhores dias: 4, 5, 6, 14, 15, 23, 24
Dias mais tensos: 1º, 7, 8, 21, 22, 27, 28
Melhores dias para o amor: 1º, 7, 8, 16, 17, 27, 28
Melhores dias para o dinheiro: 2, 3, 7, 8, 12, 13, 16, 17, 21, 22, 27, 29, 30
Melhores dias para a carreira: 7, 8, 16, 25

No dia 20 de março, o poder planetário se encontrava em sua posição oriental máxima e você estava em seu período de maior independência. Isso continuará em abril. Com a Primeira Casa tão forte, você seguirá seu caminho na vida (apenas as responsabilidades da carreira o limitarão agora). Se houver necessidade de mudanças — caso as condições não sejam de seu agrado —, então modifique as coisas, faça com que se tornem boas. Você tem poder para isso. Se deixar para mais tarde, neste ano, será mais difícil.

Em março você atingiu também um dos seus picos anuais de prazer pessoal, que se estenderá até o dia 20 deste mês. Será um período para explorar (e satisfazer) todos os prazeres do corpo. Também será ótimo para colocar o corpo e a imagem em forma, do jeito que você quer que eles fiquem.

Em 2018, o pico de prazer pessoal será diferente dos anos anteriores. Sim, você vai querer se divertir e satisfazer o corpo, mas desejará, também, ser bem-sucedido. A carreira irá puxá-lo para um lado enquanto as necessidades de descontração o puxarão para o outro. Com um pouco de criatividade, conseguirá lidar com as duas coisas. Não há regras para isso. Cada pessoa encontra sua própria solução.

No mês passado, o poder planetário começou a mudar abaixo do horizonte. A metade inferior do horóscopo (o lado da noite) estará com toda a força que apresentará neste ano — quarenta por cento (e, algumas vezes, cinquenta por cento) dos planetas estarão ali. A metade superior continuará predominante. Por isso, você ainda precisa se concentrar na carreira, contudo, poderá dedicar um pouco mais de tempo ao lar, à família e ao seu bem-estar emocional. Isso não será uma grande prioridade em 2018, porém não pode ser completamente ignorado. Às vezes, as pessoas necessitam dormir menos, mas continuam precisando dormir "um pouco".

Abril também será um mês próspero. No dia 20, o Sol entrará na sua Casa do Dinheiro, onde permanecerá até o fim do mês. Você estará em um período de grandes ganhos financeiros. Haverá sorte nas especulações (mas, por favor, não use o dinheiro do aluguel nem o da alimentação nisso), e o dinheiro será obtido de maneira agradável. Você desfrutará de sua riqueza. Os filhos, dependendo da idade que tenham e da fase em que estejam, ou prestarão apoio material ou o inspirarão a ganhar mais. Outra indicação financeira positiva será a presença de Vênus na Casa do Dinheiro até o dia 24. A avaliação financeira estará boa, conservadora (embora você deva se precaver de gastos excessivos nos dias 17 e 18).

Os solteiros encontrarão oportunidades no amor enquanto estiverem perseguindo seus objetivos financeiros normais e, talvez, com as pessoas envolvidas em suas finanças.

MAIO

Melhores dias: 2, 3, 11, 12, 13, 20, 21, 29, 30
Dias mais tensos: 4, 5, 18, 19, 24, 25, 31
Melhores dias para o amor: 7, 8, 17, 24, 25, 26
Melhores dias para o dinheiro: 7, 8, 9, 10, 14, 15, 17, 18, 19, 26, 27
Melhores dias para a carreira: 4, 5, 14, 22, 31

Vênus passará a maior parte do mês, entre os dias 6 e 31, "fora dos limites". Isso indica que nas finanças e no amor você ficará fora do seu ambiente normal, fora do seu meio. Vai pensar de maneira pouco ortodoxa, o que, provavelmente, levará à melhor solução, pois era a própria ortodoxia que estava causando o problema.

Até o dia 21, você certamente permanecerá em um pico financeiro anual, portanto, estará em um período de grandes ganhos. A Lua Cheia do dia 15 ocorrerá na Casa do Dinheiro, tornando essa data excelente para as finanças. O mais importante, porém, é que isso trará clareza à vida financeira à medida que o mês for avançando até junho. As informações de que você precisa para tomar a decisão certa estão caminhando na sua direção e chegarão de modo natural.

Urano, como mencionamos, fará um movimento significativo ao entrar na Casa do Dinheiro no dia 16, promovendo empolgação e mudança. Esse trânsito será apenas um prenúncio do que está por vir, e beneficiará atividades virtuais. Seu planeta das Finanças permanecerá na Terceira Casa até o dia 19, favorecendo vendas, marketing e atividades publicitárias e de relações públicas. As pessoas precisam conhecer seu produto ou serviço, e o bom uso da mídia pode ser lucrativo. No dia 19, Vênus vai entrar na sua Quarta Casa, uma indicação de ganhos por meio da família e de conexões familiares. O apoio familiar será bom (e mútuo), enquanto a intuição financeira será forte. Com Vênus em oposição a Saturno entre os dias 25 e 27, os ganhos poderão ser adiados por alguns dias, mas esse será um problema de curto prazo. As demoras tornarão o resultado final muito melhor.

Marte, o senhor do seu horóscopo, passou os últimos dois meses na sua Décima Casa. Você tem tido muito sucesso e agora está preparado para ser mais sociável. Embora continue focado na carreira, terá uma abordagem mais social em relação a ela. Tem ajudado os amigos e, provavelmente, tornou-se mais popular.

Os solteiros vão encontrar o amor na vizinhança, mas não nos locais que costumam frequentar. Oportunidades amorosas surgirão em ambientes educacionais, como escolas, bibliotecas, livrarias e palestras. Você se sentirá atraído por bons comunicadores, ou pessoas boas de papo. Nesse período, apreciará indivíduos "inteligentes". Mais à frente, após o dia 19, desejará intimidade emocional, ou compartilhar emoções. O amor se tornará uma questão de "humor", e o desafio será ficar com o humor certo e fazer com que o parceiro também fique.

JUNHO

Melhores dias: 8, 9, 16, 17, 25,26
Dias mais tensos: 1º, 2, 14, 15, 20, 21, 22, 28, 29
Melhores dias para o amor: 6, 7, 16, 20, 21, 22, 23, 24
Melhores dias para o dinheiro: 5, 6, 7, 10, 11, 14, 15, 16, 23, 24
Melhores dias para a carreira: 1º, 2, 10, 18, 28, 29

Você está na meia-noite do seu ano, por isso, deveria dormir e deixar que as forças internas atuassem. Mas seu trabalho é importante e você continua interrompendo seu sono para se concentrar nele. Metaforicamente, esta é a situação: embora seja tarde da noite, você continua se levantando.

Neste mês, você estará diante de um dos clássicos desafios que muitas pessoas enfrentam, a única diferença é que será mais dramático. O lar e a família serão importantes, assim como a carreira e as atividades externas. Cada um deles reivindicará sua atenção. Você não poderá ignorá-los. De um modo ou de outro, terá de lidar com ambos. Agora, com um, depois, com o outro. Não será fácil.

A atividade retrógrada aumentará neste mês. Até o dia 26, cinquenta por cento dos planetas estarão em movimento retrógrado — perto do máximo para o ano. (O máximo em 2018 ocorrerá de 7 a 19 de agosto, quando sessenta por cento dos planetas estarão em retrogradação.) O ritmo da vida ficará lento. Para o ariano, que é voltado para a ação, a frustração será o maior desafio. Você é um puro-sangue, feito para correr, mas, agora, será obrigado a caminhar (e, às vezes, a andar para trás). Tudo parecerá tremendamente lento. O lado bom disso é aprender a ter paciência. Faça o que for possível a cada dia e depois deixe para lá.

A saúde e a energia serão mais do que uma questão a partir do dia 21. Certifique-se de dormir o suficiente. Até o dia 12, melhore a saúde por meio de massagens nos braços e nos ombros. Entre os dias 12 e 29, adote uma alimentação correta e mantenha as emoções harmônicas e construtivas. Após o dia 29, dê mais atenção ao coração.

O amor continuará perto de casa até o dia 14. Certifique-se de manter o humor certo. Maus humores arruinarão momentos românticos e complicarão a vida amorosa. Haverá mais socialização no lar e com a família até o dia 14. Não se surpreenda se uma antiga paixão (ou alguém que faça você se lembrar dela) reaparecer. No dia 1º e no dia 2, haverá uma oportunidade romântica com alguém espiritualizado.

A vontade de viajar será muito forte nesses dias, mas evite, se não for necessário. Embora Júpiter esteja recebendo bons aspectos, ele está retrógrado. Caso você tenha de viajar, reserve mais tempo para ir e voltar ao seu destino. Reserve as passagens, e faça o que for necessário para se proteger de atrasos e falhas.

JULHO

Melhores dias: 5, 6, 14, 15, 22, 23, 24
Dias mais tensos: 12, 13, 18, 19, 25, 26
Melhores dias para o amor: 5, 6, 16, 18, 19, 25, 26
Melhores dias para o dinheiro: 1º, 5, 6, 7, 8, 12, 13, 16, 20, 21, 25, 26, 27, 28, 29
Melhores dias para a carreira: 7, 8, 16, 25, 26

Marte, o senhor do seu horóscopo, passará a maior parte do mês (a partir do dia 9) "fora dos limites". Isso indica que você ficará fora de seu meio habitual e vivenciará um período aventureiro, fazendo novos amigos e, talvez, envolvendo-se com grupos e atividades de grupo que fogem à norma. Além da aventura e da sensação de "estar pronto para qualquer coisa", haverá dois eclipses neste mês.

O eclipse solar do dia 13 de julho ocorrerá na sua Quarta Casa. Todos os arianos sentirão o eclipse, porém aqueles nascidos no final do signo (entre 8 e 15 de abril) sentirão mais. Até o dia 22, vocês precisarão ser mais cautelosos, de forma geral, mas principalmente em torno do período do eclipse. Parece que ele será muito forte, provocando dramas familiares e reformulações. Os membros da família estarão mais temperamentais e passando por eventos que poderão mudar suas vidas. Provavelmente, como nossos leitores assíduos sabem, será necessário fazer reparos na casa. Falhas ocultas tenderão a vir à tona sob a influência do eclipse. O pai, a mãe ou a figura paterna ou materna terá seu casamento testado. Filhos e enteados tomarão decisões capazes de mudar a vida deles (algumas poderão ser totalmente normais, mas para eles serão drásticas). Eles também deverão ter mais cautela. As finanças da família — especialmente as do pai, da mãe ou da figura paterna ou materna — precisarão de correção. Plutão sofrerá o impacto desse eclipse, por isso, você poderá se ver envolvido em experiências de quase morte. A morte (normalmente em um nível psicológico) o tocará de alguma forma.

O eclipse lunar do dia 27 também causará impacto no lar e na família, assim como fazem todos os eclipses lunares. Esse eclipse ocorrerá na sua Décima Primeira Casa, a dos Amigos, por isso, ocorrerão momentos dramáticos, e talvez crises, na vida dos amigos. Amizades serão testadas, assim como computadores e equipamentos tecnológicos, que, provavelmente, necessitarão de reparos ou substituição. Você também será fortemente afetado por esse eclipse, pois Marte sofrerá o impacto dele. Sendo assim, tenha cautela e evite situações perigosas ou tensas. Passe mais tempo em casa, com tranquilidade. O impacto sobre Marte indica sua necessidade de se redefinir, de redefinir o que pensa de si mesmo e do que deseja que as pessoas pensem a seu respeito. Esse processo levará seis meses, e tal redefinição é algo basicamente saudável. Como estamos mudando continuamente, deveríamos estar sempre nos redefinindo, mas, nesse caso em particular, será algo meio imposto. Os eventos deflagrados pelo eclipse é que o forçarão a entrar nesse processo.

AGOSTO

Melhores dias: 1º, 2, 3, 10, 11, 19, 20, 29, 30
Dias mais tensos: 8, 9, 14, 15, 21, 22
Melhores dias para o amor: 5, 14, 15, 24, 25
Melhores dias para o dinheiro: 4, 5, 8, 9, 14, 15, 16, 17, 24, 25, 26, 27, 31
Melhores dias para a carreira: 4, 12, 21, 22, 31

Assim que você achar que as perturbações dos eclipses do mês passado terminaram, haverá mais um: o terceiro eclipse solar de 2018, que o deixará alerta. É útil entender que os eclipses não são "punições" (embora possam parecer isso). A função cósmica deles é eliminar as obstruções ao seu caminho na vida, os entraves ao seu bem. E eles costumam fazer um bom trabalho nesse sentido. Também é útil saber que esse será o último eclipse do ano.

Marte continuará "fora dos limites" por todo o mês. Por isso, você ainda permanecerá fora do seu ambiente normal, em um território desconhecido. Sendo assim, a aventura continua.

Esse eclipse solar do dia 11 ocorrerá na sua Quinta Casa e será de maior impacto para filhos e enteados. Qualquer mudança que não tenha sido feita em julho será realizada agora (e nos próximos seis meses). Esse eclipse terá efeitos mais suaves sobre você do que os anteriores. A saúde e a energia estarão muito melhores de modo geral, e nenhum outro planeta importante será afetado por ele. Mas não custa nada ser mais cauteloso nesses períodos, e isso vale em dobro para filhos e enteados. Como mencionamos, muitas das mudanças na vida deles são normais e fazem parte do crescimento. Em alguns casos, eles terão seu despertar sexual; em outros, irão para a escola ou universidade. Contudo, para eles, esses são eventos que mudam suas vidas. Qualquer que seja o evento — e existe uma grande diversidade de cenários —, isso fará com que eles se redefinam, que mudem sua imagem e o conceito que têm de si mesmos, que modifiquem seu guarda-roupa (nos próximos seis meses) e o modo como se apresentam aos outros. Aqueles de vocês que seguem uma vida criativa, alterarão sua criatividade, fazendo correções de rumo nessa área.

O solstício de Vênus ocorrerá neste mês, entre os dias 5 e 7, quando esse planeta fará uma pausa em seu movimento latitudinal e, em seguida, tomará outra direção. Isso indica uma pausa na sua vida amorosa e na financeira e, depois, uma mudança de rumo. Não há nada a temer, pois o curso a tomar ficará muito claro.

No dia 22, o Sol entrará na sua Sexta Casa, promovendo um ótimo período financeiro para seus filhos (e enteados). Para você, isso indica foco na saúde e no trabalho. Um momento favorável para quem estiver em busca de emprego.

SETEMBRO

Melhores dias: 7, 15, 16, 25, 26
Dias mais tensos: 4, 5, 11, 12, 17, 18, 19
Melhores dias para o amor: 2, 3, 11, 12, 13, 22, 23
Melhores dias para o dinheiro: 1º, 2, 3, 4, 5, 13, 14, 22, 23, 24, 27, 28
Melhores dias para a carreira: 1º, 8, 9, 17, 18, 19, 27

O poder planetário estará agora em sua posição ocidental máxima para o ano. Por isso, as energias planetárias (os planetas rápidos) estarão se afastando de você e se aproximando das outras pessoas. Você ainda terá muita independência pessoal, mas o setor social, o ocidental, estará mais dominante do que o comum. Portanto, este é o momento de procurar se adaptar mais às condições ao seu redor, pois não é um período especialmente favorável à realização de mudanças, o que ocorrerá mais à frente neste ano. Esta é uma época para você cultivar suas habilidades sociais. O carisma o levará mais longe do que esforços pessoais.

Sua Sexta Casa continuará forte até o dia 22, por isso, será uma boa época para realizar todas aquelas tarefas entediantes que exigem atenção a detalhes e que precisam ser cumpridas. Você terá mais energia para elas. Será, também, um bom período para seus filhos e enteados, assim como para contratar pessoas ou encontrar um emprego, qualquer que seja a necessidade.

No dia 22, o Sol entrará na sua Sétima Casa, a do Amor, e você atingirá um pico anual de amor e vida social. Com isso, a vida amorosa e social estará mais ativa. Os solteiros vão namorar mais e estarão mais no clima para o amor. (Isto significa noventa por cento do romance: estar no clima, ou estar interessado.) Quem já tem um relacionamento vai se sentir mais romântico.

As finanças estarão boas neste mês e ficarão ainda melhores em outubro. No dia 9, Vênus entrará na sua Oitava Casa, onde permanecerá até o fim do mês. Vênus se aproximará cada vez mais de Júpiter, por isso, os ganhos vão se expandir. As oportunidades estão vindo. A presença do seu planeta das Finanças na Oitava Casa indica a necessidade de fazer com que outras pessoas prosperem, colocando o interesse delas à frente dos seus. Pela lei cármica, isso fará com que sua própria abundância chegue até você. Ter Vênus na sua Oitava Casa (e em Escorpião) será bom para fazer ou quitar dívidas (dependendo da sua necessidade), favorecerá a saúde financeira por eliminar despesas desnecessárias e redundâncias e será benéfico para avaliar seus pertences e se livrar das coisas que você não usa. Limpe os armários e permita a entrada do bem maior. Essa posição indica também boa cooperação financeira com o cônjuge, parceiro ou interesse amoroso atual. A intuição financeira estará excelente neste mês. Preste atenção em seus sonhos e fique alerta aos sinais da natureza na vida diária.

OUTUBRO

Melhores dias: 4, 5, 12, 13, 14, 22, 23, 31
Dias mais tensos: 2, 3, 8, 9, 15, 16, 29, 30
Melhores dias para o amor: 2, 3, 8, 9, 10, 11, 20, 21, 29, 30
Melhores dias para o dinheiro: 2, 3, 10, 11, 20, 21, 25, 26, 29, 30
Melhores dias para a carreira: 6, 15, 16, 24, 25

Você continuará no centro de um pico anual de amor e vida social até o dia 23, porém o amor ficará muito mais complicado agora. Vênus, seu planeta do Amor, entrará em movimento retrógado no dia 5 e permanecerá assim até 16 de novembro. Por isso, a confiança social não será o que deveria ser. Você sairá mais, no entanto, não parecerá certo em relação ao que deseja. Relacionamentos existentes poderão dar a impressão de estar andando para trás em vez de avançar. Não será um bom momento para tomar decisões importantes, seja em um sentido ou em outro. Este será um período para fazer uma avaliação dessa área e adquirir clareza mental e emocional. Observe de que modo as coisas podem ser melhoradas, e quando Vênus começar a avançar novamente, no próximo mês, você poderá colocar seus planos em ação. Isso também valerá para as finanças. Evite grandes compras ou investimentos a partir do dia 5. Mantenha a vida financeira sob análise, pois o pensamento financeiro não será realista neste exato momento, mas isso vai mudar no próximo mês.

A saúde e a energia não estarão em seus padrões normais até o dia 23, por isso, como sempre, o principal é descansar o suficiente. Um alto nível de energia é a primeira defesa contra doenças. Melhore a saúde seguindo as indicações mencionadas na "Previsão Anual". Até o dia 10, você poderá acrescentar massagens nos quadris à sua rotina de saúde. Uma desintoxicação do fígado com ervas também será benéfica. Após o dia 10, regimes de desintoxicação serão mais eficazes. A moderação sexual será igualmente importante (em especial entre os dias 28 e 30). Felizmente, a saúde e a energia vão melhorar a partir do dia 23.

Nas finanças, assim como no mês passado, será bom manter em mente os interesses financeiros de outras pessoas, e até mesmo colocá-los à frente dos seus. Será bom "desintoxicar-se" das posses, livrar-se do que é inútil.

Mercúrio vai entrar na sua Décima Casa no dia 10, e o Sol o seguirá, no dia 23. Vênus e Júpiter já estão nela. Assim, essa será uma Casa forte a partir do dia 23. Suas finanças poderão estar em um ritmo lento, mas o cônjuge, o parceiro ou o interesse amoroso atual vai compensar a deficiência. Ele ou ela estará vivendo um mês maravilhoso para as finanças (e o ano inteiro tem sido bom). Embora o seu planeta das Finanças esteja retrógrado, este será um ótimo período para o planejamento de impostos e de espólio (se você estiver na idade adequada). Isso não significa que você tenha de finalizar alguma coisa, mas apenas começar a pesquisar e fazer planos. A eficiência quanto aos impostos parece ser muito importante no nível financeiro neste ano.

NOVEMBRO

Melhores dias: 1º, 9, 10, 19, 20, 27, 28
Dias mais tensos: 4, 5, 11, 12, 25, 26
Melhores dias para o amor: 4, 5, 14, 15, 23, 24
Melhores dias para o dinheiro: 4, 5, 8, 14, 15, 19, 21, 22, 23, 24, 27
Melhores dias para a carreira: 2, 10, 11, 12, 21

Em 22 de setembro, os planetas rápidos se deslocaram da metade inferior do seu horóscopo para a metade superior. Por isso, oitenta por cento (e em metade do mês, noventa por cento) dos planetas estarão na metade superior — o setor da carreira e da conquista externa. Isso é um percentual altíssimo. A carreira vem sendo o foco principal desde aquela época, e a tendência se mantém. Você estará em um período de muito sucesso agora (e ainda mais no próximo mês). Fazer o certo será muito mais importante do que se sentir certo. Você estará em harmonia quando atingir seus objetivos externos. Terá os aspectos de alguém que está muito voltado para a carreira nestes dias. Se, para avançar na vida profissional, for necessário fazer com que a família se mude, causando transtornos no lar, você fará isso. (Provavelmente, haverá um preço a pagar no futuro próximo, mas você parece não se importar.)

A saúde e a energia estarão muito melhores do que no mês passado. Poderiam até ficar melhores, mas Saturno não sairá de Capricórnio antes de um ano mais ou menos. De qualquer modo, estarão no ápice para o ano. Você poderá melhorar a saúde ainda mais se der mais atenção às coxas e ao fígado. Massagens nas coxas fortalecerão não apenas o fígado, como também a coluna lombar.

Júpiter tem estado na sua Oitava Casa o ano todo. No dia 8, ele fará um movimento significativo e entrará na sua Nona Casa. Será um trânsito feliz para você. Para começar, proporcionará prosperidade para o próximo ano. Trará também sucesso para seus filhos e enteados. A carreira vai continuar sendo importante, e você ainda irá trabalhar duro, mas encontrará tempo para brincar, para se divertir. Há viagens para o exterior em seu futuro. Os arianos que estão na universidade serão bem-sucedidos nos estudos. Os que estão tentando entrar para a universidade também terão sucesso. Se você estiver envolvido com questões judiciais, elas trarão boa sorte.

Vênus entrará em movimento direto no dia 16, por isso, tanto a vida amorosa quanto a financeira começarão a ficar mais claras, e as avaliações social e financeira melhorarão. Vênus passará o mês na sua Sétima Casa, a do Amor, e com isso serão firmadas sociedades ou empreendimentos conjuntos. Seu traquejo social será útil não apenas em termos românticos, mas também a nível financeiro. Os amigos parecerão solidários. Quem você conhece talvez seja mais importante do que quanto você tem.

DEZEMBRO

Melhores dias: 6, 7, 16, 17, 25, 26
Dias mais tensos: 2, 3, 9, 10, 23, 24, 29, 30
Melhores dias para o amor: 2, 3, 14, 15, 23, 24, 29, 30
Melhores dias para o dinheiro: 2, 3, 6, 14, 15, 16, 18, 19, 23, 24, 26
Melhores dias para a carreira: 8, 9, 10, 18, 27

Em 16 de novembro, Marte entrou na sua Décima Segunda Casa, a da Espiritualidade, onde permanecerá pelo resto deste mês. Por isso, você terá fortes interesses espirituais agora, mais do que o habitual. Exercícios do tipo espiritual, como a ioga, serão muito benéficos neste momento. Marte estará em conjunção com Netuno entre os dias 5 e 7, e, então, você poderá esperar por sonhos reveladores e avanços do tipo espiritual. Haverá um encontro com um guru ou com alguém que tenha a figura de guru em sua vida.

Para os arianos que estiverem em busca de emprego, surgirão boas notícias entre os dias 20 e 22. Poderá haver viagem envolvida nesse emprego. Se tiver havido problemas de saúde, boas notícias também chegarão nesse momento.

Urano voltou para o seu signo no dia 6 do mês passado. Para quem nasceu no final do signo de Áries (entre 19 e 20 de abril), isso indica importantes mudanças na vida de filhos e enteados, mas as finanças se tornarão um pouco menos frenéticas. Isso será, como mencionamos, uma situação de curta duração. Urano retornará para sua Casa do Dinheiro no próximo ano, onde vai permanecer por muitos anos. As finanças estarão bem neste mês. Vênus estará em movimento direto e, no dia 2, entrará em sua Oitava Casa. Haverá cooperação financeira entre você e seu cônjuge, parceiro ou interesse amoroso atual. Se você tiver boas ideias, este será o momento de atrair investidores. Será o período de enriquecer outras pessoas e com o dinheiro de outras pessoas. Também será uma época favorável para contrair ou quitar dívidas, de acordo com sua necessidade. Um bom planejamento dos impostos agora também valerá a pena.

Neste momento, o amor terá a ver com erotismo. O magnetismo sexual importará mais do que qualquer outra coisa. O amor vai ser intenso e passional. Os problemas poderão surgir do excesso de algo que normalmente seria bom, como o ciúme. O amor e as oportunidades sociais poderão acontecer em funerais, velórios e serviços memoriais (isso pode ser mórbido para a maioria das pessoas, mas neste mês não será).

No dia 21, o Sol cruzará seu Meio do Céu e entrará na sua Décima Casa, a da Carreira, e você atingirá um pico profissional. Há muitos meses, o foco vem sendo a carreira, mas agora será ainda mais. Seu desafio no momento é tornar isso mais agradável, ou seja, divertir-se enquanto persegue os objetivos profissionais. Uma viagem ao exterior neste mês não seria surpresa.

♉

TOURO

O TOURO

Nascidos entre 21 de abril e 20 de maio

PERFIL PESSOAL

TOURO EM UM RELANCE

Elemento: Terra
Planeta Regente: Vênus
  Planeta da Carreira: Urano
  Planeta do Amor: Plutão
  Planeta das Finanças: Mercúrio
  Planeta do Lar e da Vida Familiar: Sol
  Planeta da Fortuna e da Abundância: Júpiter
Cores: tons terrosos, verde, amarelo e alaranjado
Cores que promovem o amor, o romance e a harmonia social: violeta, púrpura
Cores que propiciam ganhos: amarelo, amarelo-ouro
Pedras: coral, esmeralda
Metal: cobre
Perfumes: amêndoa, rosa, baunilha, violeta
Qualidade: fixa (= estabilidade)
Qualidade essencial ao equilíbrio: flexibilidade
Maiores virtudes: resistência, lealdade, paciência, estabilidade, boa disposição
Necessidades mais profundas: conforto, segurança material, riqueza
Características a evitar: rigidez, teimosia, tendência à possessividade e ao materialismo
Signos de maior compatibilidade: Virgem, Capricórnio

Signos de maior incompatibilidade: Leão, Escorpião, Aquário
Signo mais útil à carreira: Aquário
Signo que fornece maior suporte emocional: Leão
Signo mais prestativo em questões financeiras: Gêmeos
Melhor signo para casamento e associações: Escorpião
Signo mais útil em projetos criativos: Virgem
Melhor signo para sair e se divertir: Virgem
Signos mais úteis em assuntos espirituais: Áries, Capricórnio
Melhor dia da semana: sexta-feira

COMPREENDENDO A PERSONALIDADE TAURINA

Touro é o mais terreno dos signos de Terra. Se compreendermos que a Terra, mais que um elemento físico, é também uma atitude psicológica bem-definida, fica mais fácil compreender os taurinos.

Os taurinos dispõem do mesmo potencial para a ação que os arianos. Mas para os taurinos a ação não se justifica por si mesma. Ela tem de ser produtiva, prática e produzir riquezas. Se um taurino não perceber valor prático em uma ação, não moverá um dedo para executá-la.

O forte dos taurinos é o dom de tornar realidade suas próprias ideias e as dos demais. Em geral, não são muito criativos, mas conseguem aperfeiçoar as ideias alheias, conferindo-lhes maior praticidade e utilidade. O mesmo se aplica aos projetos; não são bons em iniciá-los, mas, tendo se envolvido em algum, o concluem. Eles sempre acabam o que começam. Gostam de ir até o fim, e só não o farão se alguma calamidade inevitável ocorrer.

Muitos julgam os taurinos como excessivamente teimosos, conservadores, fixos e inamovíveis. É compreensível, pois eles não apreciam alterações nem em seu hábitat nem em sua rotina. Também detestam mudar de opinião! Por outro lado, é justamente essa sua maior virtude. O eixo de uma roda não pode ficar oscilando o tempo todo. Deve ser fixo, estável. Os taurinos são o eixo dos círculos sociais e dos céus. Sem a sua estabilidade e famigerada teimosia, a roda do mundo (e também a dos negócios) não giraria.

Os taurinos amam a rotina. E a rotina, quando boa, possui muitas virtudes. Trata-se de uma maneira fixa, e idealmente perfeita, de lidar com as situações. A espontaneidade pode originar erros, que causam grande desconforto e intranquilidade, algo inaceitável para um taurino. Mexer no conforto e na segurança de um nativo de Touro é receita infalível para irritá-lo e encolerizá-lo.

Enquanto os arianos adoram a velocidade, os taurinos apreciam a calma. Pensam devagar. Mas não caia no erro de julgá-los beócios, pois são bastante inteligentes. É que gostam de ruminar bem as ideias, ponderá-las antes de decidir. Só aceitam uma ideia ou tomam uma decisão depois de muita reflexão. Demoram para se aborrecer, mas, se forem provocados, não fique por perto!

FINANÇAS

Os nativos de Touro são bastante conscienciosos financeiramente. A riqueza ocupa em suas vidas um lugar mais importante do que para os nativos de outros signos. Ela significa conforto e segurança, que se traduzem em estabilidade. Outros signos sentem-se ricos em virtude de suas ideias, seus talentos ou suas habilidades, mas os taurinos só conseguem apreciar claramente as riquezas que podem ver ou tocar. Sua filosofia de vida os leva a crer que o talento nada vale se não se converter em casas, móveis, carros e férias em locais aprazíveis.

É pelas razões acima que os taurinos brilham na corretagem imobiliária e no agronegócio. Parecem destinados a possuir terras. Adoram sentir a ligação com elas. A fartura material começa na agricultura, com o arar do solo. Possuir um lote de terra corresponde à mais antiga forma de riqueza, e os taurinos insistem em conservar essa tradição primeva.

É na busca da riqueza que os nativos do signo desenvolvem sua capacidade intelectual e seus dons de comunicação de forma mais acentuada. É em razão dessa busca, e por necessidade de negociar, que aprendem a desenvolver um pouco de flexibilidade. São também esses processos que lhes ensinam o valor prático do intelecto, para que possam de fato chegar a admirá-lo. Não fosse pela busca da riqueza e do conforto material, é possível que os taurinos jamais despertassem para o intelecto.

Embora alguns taurinos sejam muito sortudos e costumem ganhar com frequência em jogos e apostas, isso só ocorre quando outros fatores no horóscopo os predispõem a agir dessa forma, que não condiz com sua natureza essencial, pois não têm o jogo no sangue. São trabalhadores que apreciam conseguir o que ganham por meio do próprio esforço. O seu conservadorismo nato faz com que abominem riscos desnecessários nas finanças e nas demais áreas de suas vidas.

CARREIRA E IMAGEM PÚBLICA

Por serem essencialmente práticos e simples, os taurinos encaram com admiração a originalidade, a inventividade e a ausência de convencionalismo. Apreciam que seus chefes sejam criativos e originais, uma vez que se regozijam em aperfeiçoar as ideias deles. Admiram os que exibem ampla consciência sociopolítica e sentem que, um dia (quando desfrutarem de todo o conforto e da segurança de que necessitam), também se envolverão com essas questões cruciais.

Nos negócios, os nativos de Touro podem ser muito espertos, o que os torna valiosíssimos para os empregadores. Nunca demonstram preguiça, gostam de trabalhar e de obter bons resultados. Não toleram assumir riscos desnecessários e se dão bem em posições de comando e autoridade, o que faz deles bons gerentes e supervisores. Sua capacidade de gerenciamento é reforçada por seu talento natural para a organização e para lidar com detalhes, para não falar de sua paciência e constância. Conforme mencionado, em virtude de sua forte conexão com a terra, também se saem bem na agricultura e em atividades correlatas.

De modo geral, os taurinos perseguem mais o dinheiro e a capacidade de ganhá-lo em abundância do que o prestígio e o reconhecimento público. Preferem uma posição com uma remuneração mais alta, embora menos prestigiosa, a um cargo pomposo com salário reduzido. Os nativos de outros signos nem sempre pensam dessa forma, mas os taurinos nem sequer hesitam, sobretudo se inexistirem elementos em seu mapa astral que atenuem essa característica. Só se disporão a perseguir o prestígio e a glória se lhes for mostrado que terão impacto direto e imediato no bolso.

AMOR E RELACIONAMENTOS

No amor, os taurinos gostam de possuir e manter. São do tipo que adora casar. Apreciam envolvimentos e compromissos, desde que os termos da relação sejam claramente definidos. Detalhe fundamental: os taurinos gostam de ser fiéis a um único amante, e esperam a mesma fidelidade. Quando isso não ocorre, seu mundo desaba. Quando apaixonados, são leais, mas também intensamente possessivos. São capazes de grandes ataques de ciúme quando magoados.

Em um relacionamento, um nativo de Touro se compraz com o essencial. Se você estiver envolvido romanticamente com alguém do signo, não precisa gastar muito ou fazer agrados o tempo todo à pessoa amada. Bastará lhe dar amor, comida e abrigo confortável, e o ente amado ficará muito contente por permanecer em casa e desfrutar de sua companhia. E será leal a você por toda a vida. Faça com que um taurino se sinta confortável e, principalmente, seguro na relação e raramente terá problemas.

No amor, tendem a cometer o erro de tentar controlar os parceiros, o que costuma ocasionar mágoas para ambos os lados. O raciocínio por trás dessa forma de agir é simples: o taurino sente-se um pouco dono do ser amado e, em todos os setores de sua vida, procura modificar as coisas no sentido de aumentar seu próprio conforto geral e segurança. O raciocínio é acertadíssimo no tocante a objetos materiais e inanimados. Mas é perigoso querer fazer o mesmo com as pessoas. Por isso, é preciso que você, taurino, tenha extremo cuidado e atenção.

VIDA DOMÉSTICA E FAMILIAR

A família e a casa são vitais para os taurinos. Eles adoram filhos. Também apreciam um lar confortável e até um pouco glamouroso, pois, às vezes, gostam de se exibir. Tendem a comprar móveis de madeira maciça, pesados, geralmente da melhor qualidade possível. Agem assim porque gostam de sentir consistência em seu meio ambiente. A casa não é apenas seu lar, mas também seu nicho de criatividade e lazer. O lar de um nativo de Touro é seu castelo. Se pudesse escolher livremente, ele optaria por uma casa no campo em vez de uma residência na cidade. Quando isso não é possível, por causa do trabalho, gosta de passar fins de semana no campo, e ao se aposentar procura áreas rurais onde possa estar mais próximo da terra.

Em casa, o taurino é como um esquilo silvestre: o senhor da toca. Trata-se de um anfitrião do tipo mão aberta, que aprecia fazer com que seus convidados experimentem a mesma satisfação e segurança que ele sente em seu próprio lar. Se você for convidado para jantar na casa de um taurino, espere boa comida e muita diversão. Esteja preparado para visitar os aposentos um a um e para ouvir o "dono do castelo" discorrer satisfeito, e com um pouquinho de exibicionismo e orgulho, sobre suas posses.

Eles gostam de crianças, mas geralmente são severos com elas. Tendem a tratá-las — como fazem com quase tudo na vida — como propriedades pessoais. O aspecto bom disso é que os filhos serão sempre bem-cuidados e bem-supervisionados. E terão satisfeitas todas as necessidades materiais de que carecem para se desenvolver adequadamente. O lado negativo é que os nativos de Touro tendem a ser muito repressivos com os filhos. Ai do filho que ousar perturbar a rotina diária que um pai (ou mãe) taurino adora cumprir! Estará arrumando uma grande encrenca com ele (ou ela).

TOURO
PREVISÃO ANUAL PARA 2018

TENDÊNCIAS GERAIS

Às vezes, a melhor maneira de sair da rotina não é quebrá-la aos poucos, e sim implodi-la de uma vez. Quando a explosão terminar, seu caminho estará livre. É isso que vai ter início (e é apenas o começo) em 16 de maio deste ano, quando Urano entrar no seu signo e permanecer lá até 6 de novembro. Será um trânsito monumental que você sentirá pelos próximos sete anos. Para quem nasceu no início do signo de Touro (de 21 a 22 de abril), esse trânsito será mais sentido em 2018, mas todos os taurinos o sentirão nos próximos anos.

O outro grande destaque será a vida amorosa, que andou bem no ano passado, mas que vai ficar ainda melhor em 2018. Júpiter estará firmemente posicionado na sua Sétima Casa, a do Amor, por quase todo o ano — até 8 de novembro. Para os solteiros, isso trará romance e relacionamentos sérios. Veremos detalhes sobre isso mais à frente.

Júpiter entrará na sua Oitava Casa em 8 de novembro, trazendo prosperidade para o cônjuge ou interesse amoroso atual. Ele, ou ela, atingirá um pico de prosperidade que se estenderá até 2019. Isso também será benéfico para o pagamento de dívidas e para atrair investidores. Veremos detalhes sobre esse assunto mais à frente.

No ano passado, Saturno entrou na sua Nona Casa, onde vai permanecer pelos próximos dois anos. Será, basicamente, um bom trânsito, pois Saturno formará aspectos positivos com você, que ficará mais disciplinado e organizado. Para os estudantes (de nível universitário) será um trânsito difícil, pois indica a necessidade de mais trabalho, mais esforço e mais disciplina nos estudos. Você não poderá fazer corpo mole em 2018. Será desafiador também para aqueles envolvidos em questões judiciais. Prepare-se para muitos atrasos e contratempos.

Plutão está na sua Nona Casa há muitos anos e vai manter-se nela por muitos mais, indicando uma desintoxicação em sua vida religiosa e filosófica. Será um processo longo. Velhas crenças, aquelas que não são adequadas à mente, serão esvaziadas para que um sistema de crenças mais realista possa se estabelecer.

Netuno está na sua Décima Primeira Casa há muitos anos e continuará nela por muito mais tempo. Assim como Plutão, ele é um planeta lento, o que espiritualiza suas amizades. Você vai atrair mais amigos espiritualizados e talvez se envolva com organizações espiritualistas.

Os seus principais interesses neste ano serão: o corpo e a imagem (de 16 de maio a 6 de novembro); amor e romance (até 8 de novembro); sexo, estudos de ocultismo e reinvenção pessoal (a partir de 8 de novembro); religião, filosofia, ensino superior e viagem internacional; amizades, grupos e atividades de grupo; espiritualidade (de 1º de janeiro a 16 de maio e a partir de 6 de novembro).

Os seus caminhos de maior realização neste ano serão: o lar e a família (até 17 de novembro); amor, romance e atividades sociais (até 8 de novembro); sexo, estudos de ocultismo e transformação pessoal (a partir de 8 de novembro); comunicação e interesses intelectuais (a partir de 17 de novembro).

SAÚDE

(Trata-se de uma perspectiva astrológica sobre a saúde, não de uma visão médica. No passado, essas perspectivas eram idênticas, porém hoje podem ocorrer diferenças. Para obter uma opinião com base em diagnósticos da medicina convencional, consulte seu médico ou um profissional da saúde.)

A saúde e a energia deverão estar excelentes neste ano. Haverá apenas um planeta lento, Júpiter, em alinhamento tenso com você. Os outros, em sua maioria, formarão aspectos harmoniosos. Por isso, se houver doenças preexistentes, você deverá ouvir boas notícias em relação a elas. É provável que se abrandem ou até sejam eliminadas agora.

A ausência de planetas na sua Sexta Casa também é um bom sinal, pois você não precisará se concentrar na saúde, uma vez que ela não sofrerá grandes problemas. Por que fazer algo drástico quando não há nada errado? Você terá uma boa saúde garantida praticamente o ano todo.

No dia 8 de novembro, até mesmo Júpiter sairá de seu aspecto tenso, fazendo com que a saúde fique ainda melhor.

Certamente, haverá períodos ao longo do ano em que a saúde e a energia não estarão tão boas quanto o usual, mas serão condições temporárias, causadas por trânsitos, e não tendências para o ano. Quando eles terminarem, a saúde e a energia normais voltarão.

No entanto, por mais que a saúde esteja boa, você poderá melhorá-la ainda mais. Dê mais atenção às áreas a seguir, que são as mais vulneráveis para Touro.

Pescoço e garganta. São sempre importantes para os taurinos. Massagens regulares no pescoço são sempre positivas, pois as tensões tendem a se acumular nessa região, e precisam ser liberadas. A terapia craniossacral também é benéfica para o pescoço.

Rins e quadris. Essas áreas são igualmente importantes para os taurinos. Os quadris (assim como as nádegas) deverão receber massagens regulares. Isso não apenas os fortalecerá, como também melhorará a postura geral. Uma desintoxicação dos rins com ervas poderá ser benéfica caso você se sinta indisposto.

Vênus, seu planeta da Saúde, é um planeta rápido e vai percorrer todos os signos e Casas de seu horóscopo neste ano. Por isso, poderão ocorrer muitas tendências de curto prazo na saúde que dependerão da posição de Vênus e dos aspectos que receberá. Em alguns meses, você poderá responder melhor a uma terapia e, em outros meses, a outra. Isso será visto em mais detalhes nas "Previsões Mensais".

Urano, como mencionamos, entrará no seu signo em 16 de maio. Em relação à saúde, esse trânsito indica "experimentação" com o corpo. Haverá uma tendência a "testar os limites" corporais. Isso será uma coisa maravilhosa, considerando quanto de nossas limitações são autoimpostas ou herdadas, portanto, será bom romper esses limites. Por outro lado, esses testes deverão ser realizados de modo atento e consciente, e não com temeridade. Disciplinas como ioga, tai chi ou artes marciais serão benéficas, pois são meios seguros para testar os limites do corpo.

Neste ano, Urano fará apenas uma incursão passageira por seu signo. Mas em 2019, e pelos próximos sete anos mais ou menos, você terá o trânsito completo, e essas tendências serão muito mais fortes.

Vênus, seu planeta da Saúde, ficará retrógrado em 2018, algo que só ocorre uma vez a cada dois anos, sendo, portanto, um fenômeno relativamente raro. Por esse motivo, de 5 de outubro a 16 de novembro, evite fazer mudanças importantes na alimentação ou na rotina de saúde. Com certeza, será necessário analisar esse assunto mais atentamente.

LAR E FAMÍLIA

Sua Quarta Casa não será uma Casa de Poder neste ano. Por isso, o Cosmos não o pressionará a fazer mudanças dramáticas nessa área, que tende a permanecer inalterada. Há uma sensação de satisfação com o estado atual das coisas. Você terá mais liberdade nos assuntos relativos ao lar e à família, mas não se interessará por eles.

Apesar disso, haverá mudanças e momentos dramáticos no círculo familiar neste ano. Provavelmente, não será você que dará início a essas questões, mas reagirá a elas.

Neste ano ocorrerão três eclipses solares, normalmente só há dois. Como o Sol é o seu planeta da Família, o horóscopo prevê mais turbulência do que o habitual. Dois eclipses — um solar e um lunar — acontecerão exatamente na sua Quarta Casa, a do Lar e da Família, reforçando a sensação de "reformulações" e "drama" que estamos observando.

Vamos analisar os eclipses em mais detalhes nas "Previsões Mensais". De modo geral, será aconselhável ter mais paciência com os membros da família (e com o pai, a mãe ou a figura paterna ou materna), pois eles tenderão a estar mais temperamentais. É provável que a vida emocional (assim como a vida onírica) fique mais instável também.

Talvez o pai, a mãe ou a figura paterna ou materna se mude, reforme a casa atual ou compre outra casa. Provavelmente, isso trará felicidade e boa sorte. Uma dessas pessoas parecerá não só muito dedicada a você, como também muito focada em você, o que será uma faca de dois gumes: haverá mais apoio, mas talvez também mais controle.

Irmãos ou figuras fraternas podem ter se mudado entre 2015 e 2016, e neste ano as coisas permanecerão sem alterações para eles.

É provável que filhos e enteados se mudem após 8 de novembro e talvez no próximo ano. Poderá ser uma mudança feliz. Netos de idade adequada talvez tenham se mudado diversas vezes nos últimos anos, e essa tendência continuará neste ano. O desejo deles de viajar parece estar terminando e eles estarão mais preparados para se estabelecer em 2019.

Embora você talvez precise fazer reparos na casa neste ano, grandes reformas não deverão ser realizadas. (Você terá liberdade para fazê-las, mas não por necessidade premente.) No entanto, caso esteja redecorando ou embelezando a casa — ou comprando obras de arte para o lar —, o período favorável será de 13 de junho a 23 de agosto.

O pai, a mãe ou a figura paterna ou materna precisará cuidar mais da saúde. Será adequado adotar uma rotina de saúde diária disciplinada. Ele ou ela deverá dar mais atenção às seguintes áreas: coluna, joelhos, dentes, ossos, intestino, bexiga e órgãos sexuais. Também poderá haver recomendação de cirurgia para essa pessoa.

Irmãos ou figuras fraternas terão maravilhosas oportunidades de emprego neste ano. Se eles passaram por problemas de saúde, terão boas notícias nessa área.

DINHEIRO E CARREIRA

O dinheiro e o bem-estar financeiro são sempre importantes para Touro, porém, neste ano, serão menos do que o usual. Interpreto isso como algo positivo. As finanças estão relativamente estáveis ou satisfatórias, e você não sentirá necessidade premente de fazer uma grande mudança. A Casa do Dinheiro não será uma Casa de Poder neste ano, pois estará basicamente vazia e apenas planetas rápidos passarão por ela, de forma breve. Por isso, de modo geral, as finanças se manterão como no ano passado.

Seu planeta das Finanças, Mercúrio, é, com a Lua, o mais rápido e o mais instável dos planetas. Às vezes, ele se move ultrarrápido (passando por três signos e Casas em um mês). Outras, fica lento. Algumas vezes, se move para trás. O fato de Mercúrio ser seu planeta das Finanças indica que, embora tenda a se ater ao seu modo de pensar e agir, você é muito flexível quando se trata de dinheiro, podendo mudar de opinião e atitude num piscar de olhos.

Mas a natureza instável de Mercúrio indica que haverá muitas tendências financeiras de curto prazo, e todas vão depender da posição desse planeta em determinado momento, de sua velocidade e dos aspectos que ele vai receber. Falaremos mais sobre isso nas "Previsões Mensais".

Mercúrio entrará em movimento retrógado três vezes neste ano (isso é o usual — nos últimos dois anos, ele entrou em retrogradação quatro vezes ao ano). Esses serão momentos para se analisar a vida financeira (objetivos e planejamento). Serão ótimos períodos para pesquisa e estudo, mas não tão bons para a realização de compras ou movimentações financeiras importantes. Mercúrio ficará retrógrado de 23 de março a 15 de abril, de 26 de julho a 19 de agosto e de 17 de novembro a 6 de dezembro.

A verdadeira atividade neste ano se dará na carreira. Nessa área, as mudanças serão muitas e positivas. Além disso, você vai preferir o status e o prestígio ao mero dinheiro. De certa forma, seu sentimento será o seguinte: "Se eu for bem-sucedido, se tiver status, o dinheiro acabará chegando."

Haverá dois eclipses na sua Décima Casa neste ano: um eclipse solar em 15 de fevereiro e um eclipse lunar em 27 de julho, o que indica reformulações na sua empresa ou área de atuação. A estratégia e o pensamento sobre a carreira vão mudar. Muitos obstáculos (aquilo que você considerava obstáculos) serão removidos, porém, mais importante do que isso é o fato de que Urano entrará no seu signo em 16 de maio. Isso revela a ajuda e o apoio dos seus "superiores" (chefes e figuras de autoridade), o que favorecerá a carreira. É uma indicação de que as oportunidades profissionais começarão a procurá-lo, e não o contrário. As ofertas surgirão enquanto você estiver seguindo sua vida normalmente.

A presença de Urano na sua Primeira Casa fará com que as pessoas o vejam como alguém de sucesso, e essa será sua imagem, sua persona. Você se vestirá e se apresentará de acordo com esse papel, e isso o deixará em sintonia com as vibrações do sucesso.

Sua apresentação pessoal e sua conduta como um todo serão fatores muito importantes para a carreira.

A presença de Urano em Áries pelos últimos sete anos deixou a carreira altamente instável, sempre com um sentimento de insegurança. Em Touro, Urano é mais estável, mais persistente, menos inconstante.

AMOR E VIDA SOCIAL

Como mencionamos, este será um ano maravilhoso para o amor e a vida social. Para alguns taurinos, será o melhor de todos os anos. Para outros, estará "no topo", entre os melhores. Grande parte disso dependerá da sua idade. Júpiter passará o ano na sua Sétima Casa, a do Amor. As tensões sobre o seu planeta do Amor, Plutão, estão praticamente no fim. Se você estiver solteiro, este será um ano para encontrar alguém especial. Muitas vezes, esse trânsito indica casamento, literalmente, mas nem sempre. Outras vezes, aponta um relacionamento que é "como um casamento".

Todos vocês vão se socializar mais e farão novas e significativas amizades. A formação de sociedades comerciais também é frequente durante esse trânsito.

Apesar de todos esses acontecimentos positivos, haverá algumas complicações (e elas afetarão especialmente quem nasceu no início do signo, entre 21 e 23 de abril). A presença de Urano no seu signo não é o melhor aspecto para relacionamentos sérios, em que há compromisso. Sua tendência será querer liberdade pessoal absoluta. E vai ser difícil abrir mão disso. Você vai querer fazer o que estiver a fim de fazer e na hora que quiser. Um relacionamento sério, por definição, supõe uma limitação da liberdade pessoal. É preciso sacrificá-la para que se possam explorar outros tipos de liberdade — a liberdade de intimidade com o outro, a liberdade de descobrir a família etc. Estar muito voltado para si mesmo poderá não acabar com o romance, mas poderá pôr fim a relacionamentos sérios. Quem estiver envolvido romanticamente com um taurino precisará dar-lhe o máximo possível de espaço e liberdade, desde que isso não seja destrutivo.

Sendo assim, é muito provável que haja romance neste ano — as oportunidades certamente existirão —, mas será que isso levará a casamento ou compromisso? Essa é a pergunta de 1 milhão de dólares.

Plutão, o regente geral do Sexo, é o seu planeta do Amor. Júpiter, o verdadeiro regente do Sexo, estará na sua Casa do Amor. Isso revela muitas mensagens. Para você (e para a pessoa com quem você estiver envolvido), o magnetismo sexual parecerá a coisa mais importante. Parecerá "ser tudo". Embora não haja dúvidas quanto à sua importância, não podemos confundir magnetismo sexual com o amor verdadeiro, e ninguém pode construir uma relação sólida apenas com base nele. Será preciso mais do que isso.

Júpiter na sua Sétima Casa indica atração por estrangeiros e por pessoas religiosas ou de elevado nível de instrução. Você será atraído pelo tipo "mentor". (Muitas das pessoas que você conhecer se mostrarão ansiosas por ser a figura do mentor.) Isso também indica atração por riqueza. Na verdade, as pessoas que você conhecerá parecerão prósperas, ou pessoas com dinheiro.

Haverá oportunidades românticas no seu local de adoração, em eventos religiosos e educacionais ou no exterior.

Professores e sacerdotes que fazem parte da sua vida, assim como pessoas em seu local de adoração, vão gostar de bancar o cupido.

AUTOAPRIMORAMENTO

A rápida parada de Urano na sua Primeira Casa é apenas um aperitivo do que está por vir, um anúncio. Muitas mudanças ocorrerão em sua vida, grande parte delas de modo súbito. Nada que você poderá prever. E há uma lição cármica nisso, e muito importante. Os taurinos são conservadores, gostam de rotina, de previsibilidade, não se dão bem com muitas mudanças. Agora, porém, o Cosmos está impondo isso a vocês, e não se enganem: é para o seu bem. Portanto, nesse caso, a lição é fazer da mudança uma amiga. Aceitá-la e adaptar-se a ela. Há algo muito empolgante nisso tudo: qualquer coisa pode acontecer a qualquer momento. As rotinas, por mais confortáveis que sejam, não duram. O que importa neste momento é ser flexível e desapegado. Se você compreender isso, tudo será mais fácil no futuro próximo.

Urano é o seu planeta da Carreira. Os aspectos materiais da sua vida profissional foram apresentados, porém a Décima Casa tem um significado mais profundo do que apenas o aspecto material da carreira. A espiritualidade representa a finalidade da sua alma, sua missão espiritual nesta vida. Isso se tornará ainda mais importante nos próximos anos. A mensagem do horóscopo é que seu corpo e sua imagem são, basicamente, sua missão. Você está sendo chamado a criar e personificar o "Corpo Divino" (o corpo como ele foi criado para ser), ou a Ideia Divina do seu corpo. Isso é a perfeição quando entendemos corretamente. E não se trata apenas do corpo, mas também da sua personalidade externa. Você está sendo chamado a aperfeiçoá-la, a torná-la o que ela foi concebida para ser.

Urano dará início a uma longa tendência de "autorredefinição". Você vai se redefinir constantemente, mudando sua imagem e seu visual, fazendo upgrades assim como faz com o computador. Toda vez que os considerar "perfeitos", uma nova ideia surgirá, e você os mudará.

Você não será mais o "taurino chato e conservador", e sim alguém empolgante, fascinante e divertido. Sua presença será magnética, carismática.

Há anos, Plutão vem desintoxicando seus sistemas de crenças, sua filosofia de vida. Todas as pessoas, consciente ou inconscientemente, têm esses sistemas. É uma área da vida muito mais importante (embora menos popular) do que a psicologia. Sua filosofia pessoal moldará sua psicologia. Muitas mudanças ocorreram em seus sistemas de crenças ao longo dos anos, e agora, Saturno na sua Nona Casa vai testar suas novas crenças. Elas vão passar pela "terapia da realidade". As mudanças que você fez foram reais? São verdadeiras? Conseguirão se sustentar diante dos acontecimentos da vida? Você descobrirá isso nos próximos dois anos. Algumas se manterão, enquanto outras precisarão ser substituídas, modificadas ou inteiramente descartadas.

Saturno na sua Nona Casa favorece o que chamamos de "religião antiga", ou religião tradicional. Tem estado na moda descartá-la, zombar dela em alguns grupos. Mas o motivo pelo qual essas religiões têm durado tanto tempo é que debaixo da bagagem humana estão verdades espirituais muito profundas, que deverão ser compreendidas e assimiladas agora. Uma vez que você absorva a essência, poderá descartar os adornos externos. Contudo, em primeiro lugar, é necessário ter a essência.

PREVISÕES MENSAIS

JANEIRO

Melhores dias: 5, 6, 15, 16, 25, 26
Dias mais tensos: 3, 4, 10, 11, 17, 18, 31
Melhores dias para o amor: 5, 6, 10, 11, 15, 16, 25, 26, 27, 28
Melhores dias para o dinheiro: 1º, 2, 3, 4, 10, 11, 15, 16, 20, 21, 25, 26, 27, 28, 29, 30
Melhores dias para a carreira: 4, 13, 14, 17, 18, 19, 23, 24, 31

Você estará em uma situação interessante neste período. Começará o ano com noventa por cento (e metade do mês com cem por cento) dos planetas acima do horizonte. A metade superior do seu mapa — o "lado do dia" — estará lotada de planetas, enquanto a metade inferior estará vazia. Apenas a Lua passará pelo "lado da noite" do seu mapa entre os dias 3 e 9 e entre os dias 25 e 31. Isso indica que, neste ano, você será uma pessoa muito mais voltada para o "dia", para a carreira, concentrada na conquista externa. O lar, a família e os assuntos emocionais ficarão em segundo plano. Isso também é uma indicação de que a parte inferior do horóscopo, mesmo no seu ponto mais intenso, nunca será dominante. Você está em um ano forte para a carreira, e este mês será igualmente intenso para essa área. Se as pessoas o acusarem de ser "voltado para a carreira", apenas acene humildemente com a cabeça e diga: "Está escrito nas estrelas."

Um eclipse lunar no dia 31 forçará você, ainda que brevemente, a prestar mais atenção no lar e na família. Ele ocorrerá na sua Quarta Casa, a do Lar e da Família, e criará momentos dramáticos na vida de familiares, sobretudo do pai, da mãe ou da figura paterna ou materna. Será necessário fazer reparos na casa, e você não conseguirá evitar isso. Esse eclipse será forte, então, seja cauteloso. Ele testará carros e equipamentos de comunicação. Em muitos casos, será preciso consertar ou substituir esses bens. Irmãos e/ou figuras fraternas vivenciarão momentos dramáticos que vão mudar suas vidas. Como Vênus sofrerá o impacto desse eclipse (não diretamente, mas "de lado"), a rotina de saúde mudará nos próximos meses. Você levará alguns sustos com a saúde, no entanto, ela parece bem e, provavelmente, serão apenas sustos mesmo. Poderão surgir transtornos no seu bairro e também com vizinhos. Se você tem funcionários, haverá instabilidade com eles.

O interessante é que esse eclipse ocorrerá em meio a um pico profissional anual, uma das suas fases de maior sucesso (e em que será mais exigido). Portanto, será uma distração em relação à carreira. Felizmente, a família (em sua maior parte) apoiará seus objetivos profissionais, pois os verá como um "projeto da família", e não apenas seu, pessoal.

A vida amorosa irá bem neste mês. Entre os dias 8 e 10, Vênus viajará com seu planeta do Amor, Plutão. Para os solteiros, isso poderá ser uma significativa oportunidade romântica. Além disso, Júpiter estará na sua Sétima Casa. O amor sério está no ar.

FEVEREIRO

Melhores dias: 2, 3, 11, 12, 21, 22
Dias mais tensos: 6, 7, 14, 15, 27, 28
Melhores dias para o amor: 2, 3, 4, 5, 6, 7, 11, 12, 16, 21, 22, 25, 26
Melhores dias para o dinheiro: 2, 3, 6, 7, 11, 12, 16, 17, 21, 22, 23, 24, 25, 26
Melhores dias para a carreira: 10, 14, 15, 19, 20, 28

Muitas das tendências abordadas no mês passado continuarão vigorando em fevereiro. Você ainda estará em um pico profissional anual e parecerá muito bem-sucedido. No dia 18 de janeiro, Vênus, o senhor do seu horóscopo, cruzou o Meio do Céu e entrou na sua Décima Casa, a da Carreira, indicando sucesso e ascensão. As pessoas vão admirá-lo. Você estará no comando (ou desejará estar) e "por cima". Contudo, outro eclipse desviará sua atenção, e ele também parece forte. Será um eclipse solar, no dia 15, que ocorrerá na sua Casa da Carreira.

De modo geral, você precisará pegar mais leve até o dia 18, mas especialmente durante o período do eclipse, que afetará a família, sobretudo o pai, a mãe ou uma figura paterna ou materna. Haverá momentos dramáticos na vida deles, e o lar poderá necessitar de mais atenção, com a revelação de falhas que estavam ocultas. Ocorrerão reformulações na sua empresa ou na sua área de atuação. Talvez o governo modifique a lei, provocando alterações nas regras do jogo. Seus chefes e "superiores" passarão por dramas pessoais. No fim, todas essas coisas beneficiarão sua carreira. Obstruções ao seu progresso serão afastadas. No entanto, enquanto isso estiver acontecendo, haverá um sentimento normal de insegurança. Uma correção no rumo da carreira será bastante adequada neste momento.

Esse eclipse será forte de outras maneiras também. Ele causará impacto em Mercúrio, seu planeta das Finanças, por isso, ocorrerão problemas financeiros — algo que forçará uma correção de rumo na sua estratégia e no seu pensamento financeiros. Um amor poderá ser testado. Filhos e enteados precisarão se redefinir. Júpiter, o senhor da sua Oitava Casa, também será afetado, e, assim, poderão acontecer experiências de quase morte, problemas com autoridades fiscais ou questões judiciais. Durante esse tipo de eclipse, é frequente as pessoas sonharem com morte, mas isso serve apenas para ajudá-las a aceitá-lo.

A saúde e a energia vão melhorar a partir do dia 18, e até lá se certifique de descansar o suficiente. Melhore a saúde seguindo as indicações mencionadas na "Previsão Anual". Até o dia 11, dê mais atenção aos tornozelos e panturrilhas e massageie-os regularmente. Após o dia 11, cuide mais dos pés, que também serão beneficiados com massagens. A presença de Vênus em Peixes, a partir do dia 11, favorecerá terapias espirituais. Se você se sentir indisposto, procure um terapeuta espiritual.

MARÇO

Melhores dias: 1º, 2, 10, 11, 12, 20, 21, 29, 30
Dias mais tensos: 6, 7, 13, 14, 26, 27
Melhores dias para o amor: 1º, 2, 6, 7, 8, 10, 11, 12, 18, 19, 20, 21, 26, 27, 29, 30
Melhores dias para o dinheiro: 6, 7, 8, 15, 16, 17, 18, 19, 22, 23, 24, 25, 26, 27
Melhores dias para a carreira: 9, 13, 14, 18, 19, 27

A carreira ainda será muito importante, e assim continuará durante todo o ano. Março, porém, vai ser um mês mais espiritual, com muitos planetas no signo espiritual de Peixes. Quarenta por cento e, às vezes, cinquenta por cento dos planetas estarão nele ou passando por ele.

Isso indica envolvimento com grupos espirituais ou o favorecimento de pessoas espiritualizadas. A conexão espiritual parecerá significativa nesse período. (Não podemos esquecer que Netuno está na sua Décima Primeira Casa há muitos anos.)

A ênfase na espiritualidade aumentará após o dia 20, quando sua Décima Segunda Casa se tornará poderosíssima. O desafio neste mês será conciliar os valores espirituais com os valores do mundo, algo não muito fácil de fazer. Sua abordagem da carreira será mais espiritual, enquanto sua abordagem espiritual será mais material e prática.

A saúde e a energia estarão excelentes em março. Somente um planeta lento estará em alinhamento tenso. Todos os planetas rápidos (com exceção da Lua em algumas ocasiões) estarão em harmonia com você ou não o afetarão. Desde que você não desperdice toda essa energia extra, ela irá proporcionar sucesso e prosperidade. Você poderá melhorar ainda mais a saúde dando atenção aos pés (até o dia 6) e à cabeça e, depois disso, ao rosto e ao couro cabeludo. Massagens no couro cabeludo fortalecerão não apenas o cérebro e a cabeça, como também todo o corpo.

Mercúrio, seu planeta das Finanças, passará a maior parte do mês na Décima Segunda Casa (a partir do dia 6). Isso indica a importância da intuição (e a sua é boa), além da necessidade (e da habilidade) de acessar fontes de suprimento sobrenaturais. Será um momento para o "dinheiro que chega por milagre", e não para o dinheiro obtido naturalmente. Mercúrio ficará retrógrado no dia 23, por isso, finalize compras ou investimentos importantes antes dessa data. Após o dia 23, será o momento de fazer uma avaliação das finanças.

Este será um bom mês para o amor, mas após o dia 20 ele se tornará mais desafiador, e você terá de se dedicar mais ao seu relacionamento atual. Haverá desentendimentos (passageiros) com a pessoa amada. No próximo mês, a harmonia será restaurada.

O poder planetário estará se aproximando de sua posição oriental máxima neste mês. Em abril, ele ficará ainda mais forte. Agora é o momento de fazer as mudanças necessárias. Você terá total apoio cósmico. (Quando temos apoio cósmico, não nos preocupamos com o que as pessoas pensam.) A independência pessoal estará incomumente forte.

ABRIL

Melhores dias: 7, 8, 16, 17, 25, 26
Dias mais tensos: 2, 3, 9, 10, 11, 23, 24, 29
Melhores dias para o amor: 2, 3, 7, 8, 16, 17, 25, 26, 27, 29
Melhores dias para o dinheiro: 2, 3, 4, 5, 6, 12, 13, 14, 15, 18, 19, 21, 22, 23, 24, 29, 30
Melhores dias para a carreira: 6, 9, 10, 15, 24

Este será um mês feliz e de sucesso, Touro, aproveite! A saúde e a energia estarão extraordinárias. Mais energia proporciona mais felicidade. (Uma boa definição de depressão, astrologicamente falando, é "falta de energia".) Com mais energia, os horizontes se expandem. Coisas que eram consideradas impossíveis, e que você pode ter tirado da cabeça, serão agora altamente possíveis.

O poder planetário estará na sua posição ocidental máxima, que, como sabem nossos leitores assíduos, é o setor do Eu. O poder planetário — a maior parte do universo — vai estar do seu lado, apoiando você e sua felicidade pessoal. Como mencionamos no mês passado, esse será o momento de fazer as mudanças que precisam ser feitas. As condições que o incomodam serão muito mutáveis agora, por isso, não há necessidade de sofrer nem de se comprometer. A iniciativa pessoal será importante, assim como as habilidades pessoais. Nunca podemos ser desrespeitosos com as pessoas, mas, nesse momento, você não dependerá delas. Será a hora de fazer as coisas do seu jeito, de ter a vida como você quer. Se você criar com sabedoria, o próximo ano vai ser mais confortável. Caso cometa erros, aprenderá com eles nos próximos seis meses e, quando o novo período de independência chegar, você realizará as mudanças adequadas.

A espiritualidade continuará importante até o dia 20. Os avanços espirituais que acontecerem mudarão para melhor tanto a situação financeira quanto a profissional. Até mesmo a situação da família vai melhorar por causa disso. Se o pai e a mãe ou as figuras paterna e materna não estiverem se entendendo bem, haverá mais união entre os dias 17 e 19. Esse será um período de sucesso e felicidade na carreira também.

Vênus passará a maior parte do mês no seu signo (até o dia 24), proporcionando beleza e glamour à sua imagem. Será um dos melhores períodos para adquirir roupas e acessórios, uma vez que seu bom gosto estará em alta. (É provável que essas coisas cheguem a você espontaneamente.) Surgirão também boas oportunidades profissionais. Não haverá motivo para nenhum taurino estar desempregado agora.

O Sol entrará no seu signo no dia 20, o que também vai melhorar sua aparência pessoal. Você terá, agora, um "carisma digno de celebridade", brilho nos olhos e graça no andar. A melhora na vida amorosa não será surpresa. A única complicação no amor será a retrogradação de Plutão no dia 22, que se estenderá por muitos meses. Isso não impedirá o amor, mas vai desacelerar um pouco as coisas, e elas deverão entrar em um ritmo mais lento. Deixe o amor se desenvolver como ele quiser.

MAIO

Melhores dias: 4, 5, 14, 15, 22, 23, 31
Dias mais tensos: 7, 8, 20, 21, 26, 27, 28
Melhores dias para o amor: 4, 5, 7, 8, 14, 15, 17, 22, 23, 26, 27, 28
Melhores dias para o dinheiro: 2, 3, 9, 10, 13, 14, 16, 17, 18, 19, 22, 23, 26, 27, 31
Melhores dias para a carreira: 4, 7, 8, 14, 22, 31

Outro mês feliz e de sucesso, com apenas alguns desafios para fazer com que as coisas continuem interessantes. (Muita felicidade pode acabar sendo entediante após um tempo.)

No dia 20 de abril, quando o Sol entrou na sua Primeira Casa, você atingiu um dos seus picos anuais de prazer pessoal. Será um ótimo momento para mimar o corpo e desfrutar de todos os prazeres dos cinco sentidos. Também será bom para manter o corpo e a imagem em forma. O Cosmos apoiará essas atividades.

O apoio da família será igualmente benéfico neste momento, e ela parecerá dedicada a você.

Mercúrio, agora em movimento direto, cruzará seu Ascendente e entrará na sua Primeira Casa no dia 13. Isso vai lhe proporcionar sorte inesperada. Você usará roupas mais caras e exibirá uma imagem de riqueza. As oportunidades financeiras vão procurá-lo. Você contará com a ajuda financeira das pessoas ricas de sua vida.

A principal notícia, e nós a mencionamos na "Previsão Anual", será o monumental movimento de entrada de Urano no seu signo no dia 16. Os taurinos tendem a se ater ao seu modo de pensar e agir. Mas esses dias terminaram (especialmente para quem nasceu no início do signo). Agora, mudanças repentinas e dramáticas poderão acontecer a qualquer momento e em qualquer lugar. Nesse período, isso talvez envolva a carreira. Surgirão boas oportunidades profissionais, capazes de subverter inteiramente sua situação.

No dia 21, o Sol entrará na sua Casa do Dinheiro e você atingirá um pico financeiro anual. Vênus ficará na Casa do Dinheiro até o dia 19, o que também favorecerá as finanças. Mercúrio entrará nela no dia 30. Portanto, este mês será próspero — os taurinos estarão no Paraíso.

Marte cruzará o Meio do Céu no dia 16 e entrará na sua Casa da Carreira. Isso indica uma atividade profissional frenética. Talvez haja revelações desagradáveis sobre sua empresa ou sobre sua área de atuação, e será preciso trabalhar mais. Talvez você precise se defender de concorrentes, o que o deixará alerta.

O dinheiro será proveniente de seu esforço pessoal, de seu trabalho, de sua família, de conexões familiares, de boas vendas e de marketing. Um Mercúrio muito veloz (esse planeta passará por três signos e Casas neste mês) indica confiança financeira e progresso rápido.

Haverá felicidade no amor, mas Plutão continuará retrógrado, por isso, não será preciso apressar nada. (Júpiter na sua Sétima Casa também estará retrógrado, reforçando o que acabamos de dizer.)

JUNHO

Melhores dias: 1º, 2, 10, 11, 18, 19, 28, 29
Dias mais tensos: 3, 4, 16, 17, 23, 24, 30
Melhores dias para o amor: 1º, 2, 6, 7, 10, 11, 16, 18, 19, 23, 24, 28, 29
Melhores dias para o dinheiro: 3, 4, 5, 6, 7, 12, 13, 14, 15, 23, 24
Melhores dias para a carreira: 1º, 3, 4, 10, 18, 28, 30

A atividade retrógrada aumentará em junho. No fim deste mês (dia 26), cinquenta por cento dos planetas estarão retrógrados, perto do máximo para o ano. O ritmo da vida vai se desacelerar consideravelmente. Haverá muitos atrasos e problemas no mundo. A nível psicológico, será útil compreender o que está acontecendo. Além disso, como bônus, aprenderemos a ter paciência.

Você continuará em um dos seus picos financeiros anuais. As coisas poderão estar lentas no mundo, mas seus ganhos vão entrar como deveriam. No dia 21, objetivos financeiros de curto prazo serão atingidos e você poderá se concentrar em outras coisas, como o seu desenvolvimento intelectual. Será um ótimo período para fazer cursos sobre assuntos de seu interesse. Se você for especialista em determinada área, será um bom momento para ensinar outras pessoas, transferir seu conhecimento. Vendas e marketing sempre serão importantes no nível financeiro, sobretudo até o dia 29.

Vênus formará ótimos aspectos com Netuno nos dias 1º e 2, o que trará alguém espiritualizado para sua vida. Sua intuição estará aguçada, e a vida onírica, ativa. Entre os dias 4 e 6, enquanto Vênus fizer oposição a Plutão, ocorrerão breves conflitos com a pessoa amada, mas eles passarão. Vocês apenas verão as coisas de perspectivas opostas.

A saúde e a energia estarão, basicamente, boas neste mês. Tome cuidado com o excesso de trabalho. Com Marte na sua Décima Casa, a atividade profissional estará frenética. Melhore a saúde por meio de uma alimentação correta e da tranquilidade emocional até o dia 14. Após essa data, dê mais atenção ao coração. Terapias de calor (o bom e velho banho de sol) terão poder curativo a partir do dia 14.

As finanças, como mencionamos, estarão boas de modo geral, mas nos dias 15 e 16 ocorrerão desafios ou atrasos. Em 22 e 23, poderão surgir discordâncias financeiras com a pessoa amada.

Vênus, o senhor do seu horóscopo, estará "fora dos limites" do dia 1º ao dia 7, por isso, você ficará fora de seu ambiente habitual. Isso também poderá ser causado por seu trabalho.

Urano permanecerá na sua Primeira Casa e bem próximo do seu Ascendente; por esse motivo, um grande número de taurinos vai vivenciar mudanças e empolgação. Muitos de vocês estarão mudando a imagem pessoal, fazendo experimentações com ela. Continuarão a atualizá-la da mesma maneira como algumas pessoas atualizam seus softwares. Será um processo constante.

JULHO

Melhores dias: 7, 8, 16, 17, 25, 26
Dias mais tensos: 1º, 14, 15, 20, 21, 27, 28, 29
Melhores dias para o amor: 5, 6, 7, 8, 16, 17, 20, 21, 25, 26
Melhores dias para o dinheiro: 1º, 5, 6, 10, 11, 12, 13, 14, 15, 20, 21, 22, 23, 24, 27, 28, 29
Melhores dias para a carreira: 1º, 7, 16, 25, 27, 28, 29

Persevere, apesar das dificuldades. Embora algumas pessoas possam chamar essa atitude de teimosia, ela é uma das mais importantes virtudes de Touro. Você tem a habilidade inata para conquistar o sucesso naquilo em que outras pessoas desistem facilmente. Essa virtude, porém, às vezes, é um vício. Outras vezes, você se mantém muito preso ao seu modo de pensar e agir, e precisa de uma correção de rumo. Urano está na sua Primeira Casa e dois fortes eclipses o tirarão da rotina neste mês. Muitos de vocês viram o começo, ou um prenúncio, disso no mês passado.

Os dois eclipses — o solar, no dia 15 , e o lunar, no dia 27 — serão fortes para você, tenha muita cautela nesses momentos. O eclipse solar do dia 15 , além de causar impacto no seu planeta do Lar e da Família, que é o Sol, ocorrerá no signo de Câncer, o regente geral da família. Assim, haverá mais dramas familiares. Poderão surgir lembranças de eventos passados que foram explosivos. O pai, a mãe ou uma figura paterna ou materna terá de tomar decisões capazes de mudar a própria vida. Problemas ocultos no lar poderão vir à luz para que você possa lidar com eles. A situação da família não é o que parecia ser, e o eclipse revelará isso. O eclipse solar ocorrerá na sua Terceira Casa, por isso, irmãos ou figuras fraternas serão afetados. Eles vivenciarão dramas pessoais e financeiros. Carros e equipamentos de comunicação serão testados e, provavelmente, vai ser necessário substituí-los ou consertá-los. Estudantes que ainda não estão na universidade poderão mudar de escola ou modificar seus planos educacionais. Haverá problemas na escola deles. Plutão, seu planeta do Amor, será afetado, e com isso um relacionamento atual vai ser posto à prova. Ressentimentos reprimidos tenderão a vir à tona e será preciso lidar com eles. Seja mais paciente com a pessoa amada nesse período.

O eclipse lunar do dia 27 também causará impacto no lar e na família, pois a Lua, o planeta que sofrerá o eclipse, é o regente geral dessa área. Irmãos e figuras fraternas serão, mais uma vez, afetados, o que forçará importantes mudanças pessoais. Carros e equipamentos de comunicação serão novamente testados. Esse eclipse vai acontecer na sua Décima Casa, promovendo correções de rumo na careira. As regras do jogo vão mudar. Esse eclipse vai causar impacto na outra figura paterna ou materna da sua vida. É provável que haja dramas com chefes, pessoas mais velhas ou indivíduos envolvidos em sua carreira. O eclipse provocará impacto também em Marte, o senhor da sua Décima Segunda Casa, e por isso ocorrerão reformulações em uma organização espiritual ou de caridade com a qual você esteja envolvido. Surgirão momentos dramáticos na vida de gurus. A vida onírica provavelmente estará hiperativa, mas não muito confiável, então, não a valorize tanto.

AGOSTO

Melhores dias: 4, 5, 12, 13, 21, 22, 31
Dias mais tensos: 10, 11, 16, 17, 24, 25
Melhores dias para o amor: 4, 5, 12, 13, 14, 15, 16, 17, 21, 22, 24, 25, 31
Melhores dias para o dinheiro: 1º, 2, 3, 6, 7, 8, 9, 10, 11, 16, 17, 19, 20, 26, 27, 29, 30
Melhores dias para a carreira: 4, 12, 21, 24, 25, 31

A turbulência do mês passado ainda não terminou. Outro eclipse, o terceiro deste ano, no dia 11, será quase que um repeteco dos eclipses de julho (as coisas nunca se repetem de maneira exata, mas os temas dos eclipses serão similares). Ele acontecerá na sua Quarta Casa, a do Lar e da Família, e o planeta que sofrerá o eclipse, o Sol, é o senhor da sua Quarta Casa. Com isso, haverá mais dramas familiares e, talvez, mais necessidade de trabalho no lar físico. (Os problemas ali ocultos são mais numerosos do que você imagina.)

De qualquer forma, mantenha-se mais cauteloso até o dia 22 (este não será o melhor mês para a sua saúde), e, sobretudo, nos dias próximos ao eclipse.

É meia-noite em seu ano (simbolicamente falando), ainda assim você parece completamente acordado — gostaria de dormir, mas precisa se concentrar nas atividades do dia, o que é uma situação curiosa. Talvez se sinta privado do sono.

Melhore a saúde descansando o suficiente. Além disso, dê mais atenção à alimentação e ao intestino delgado até o dia 7 e, após essa data, aos rins e quadris. Massagens regulares fortalecerão não apenas os rins, como também a coluna lombar. Seu planeta da Saúde, Vênus, passará a maior parte do mês em Libra, que é o seu próprio signo, e isso é um bom presságio para a saúde. Vênus fica forte nesse signo, o que também pode indicar a necessidade de uma vida social saudável, uma vida conjugal saudável. Se houver problemas nessas áreas, resolva-os o mais rápido possível.

Seu planeta das Finanças, Mercúrio, ficará retrógrado até o dia 19, portanto, evite grandes compras e investimentos nesse período. Após essa data, haverá mais clareza e será mais seguro fazer isso. Mercúrio vai passar o mês na sua Quarta Casa. Por isso (o que não é surpresa), você gastará mais com a casa e a família e talvez receba deles também. Alguns de vocês ganharão dinheiro sem sair de casa. A família e as conexões familiares vão desempenhar um papel importantíssimo na vida financeira neste mês.

Marte, seu planeta Espiritual, estará “fora dos limites” durante todo o mês (isso começou em julho). Por esse motivo, na vida espiritual você se encontrará fora do seu ambiente normal. Esse é um aspecto de alguém que viajará para um lugar distante em uma peregrinação espiritual, mas também pode mostrar que a pessoa vai explorar outros tipos de espiritualidade no próprio lugar onde está.

SETEMBRO

Melhores dias: 1º, 9, 17, 18, 19, 27, 28
Dias mais tensos: 7, 13, 14, 20, 21
Melhores dias para o amor: 1º, 2, 3, 9, 10, 13, 14, 18, 19, 22, 23, 27, 28
Melhores dias para o dinheiro: 2, 3, 4, 5, 9, 13, 14, 18, 19, 22, 23, 24, 29, 30
Melhores dias para a carreira: 1º, 8, 9, 17, 20, 21, 27

Agora que a agitação causada pelos eclipses já passou, você poderá aproveitar mais a vida. Sua Quinta Casa continuará muito forte até o dia 22, portanto, você vai atingir um dos seus picos anuais de prazer pessoal, quando será bom programar mais atividades de lazer e diversão.

A saúde e a energia vão estar bem melhores do que no mês passado. Caso tenha enfrentado problemas de saúde em agosto, você ouvirá boas notícias nessa área agora. Continue a dar mais atenção aos rins e quadris até o dia 9 e, após essa data, concentre-se no intestino, na bexiga e nos órgãos sexuais. Regimes de desintoxicação serão poderosos até o dia 9, e uma desintoxicação intestinal com ervas poderá ser benéfica caso você se sinta indisposto.

O mês será favorável também para as finanças. Mercúrio vai se movimentar velozmente, e o progresso financeiro ocorrerá rápido. Você irá avançar em diversos assuntos. O período do dia 6 ao dia 22 será particularmente benéfico. Mercúrio estará na sua Quinta Casa mostrando que o dinheiro será obtido de maneira feliz. O ato de ganhar dinheiro será agradável (e nem sempre podemos dizer isso). Haverá sorte nas especulações. E o principal: você vai aproveitar sua riqueza, gastando-a com atividades divertidas. Filhos e enteados serão importantes em termos financeiros. Às vezes, sobretudo se forem jovens, motivarão você a ganhar mais. Em outros casos, terão ideias ou insights lucrativos. Se os filhos forem mais velhos, poderão prestar apoio financeiro de modo mais concreto.

Sua Sexta Casa, a da Saúde e do Trabalho, vai ficar forte a partir do dia 22. Isso indica alto profissionalismo, algo de que você precisa neste exato momento em que Marte estará retornando para a sua Décima Casa, a da Carreira. As exigências profissionais serão muito fortes, mas você estará à altura delas. Quem estiver em busca de emprego deverá ser bem-sucedido nesse período (e no próximo mês também).

No dia 22 de julho, o poder planetário passou do Leste para o Oeste. Do setor do "Eu" para o setor dos "outros". Agora, está se aproximando de sua posição ocidental máxima. Isso significa que o poder planetário estará mais concentrado nos outros, que estará fluindo na direção deles e se distanciando de você. É assim que deve ser. Vênus, o senhor do seu horóscopo, entrará na sua Sétima Casa no dia 9 e ficará nela pelo resto do mês. Você vai tirar umas férias (muito necessárias) de si mesmo e ficará mais preocupado com as outras pessoas. Colocará os interesses delas à frente dos seus. Você se sente bem quando cuida dos outros, o que tenderá a torná-lo popular. Portanto, o amor irá bem.

OUTUBRO

Melhores dias: 6, 7, 15, 16, 25, 26
Dias mais tensos: 4, 5, 10, 11, 17, 18, 19, 31
Melhores dias para o amor: 2, 3, 6, 7, 10, 11, 15, 16, 20, 21, 25, 26, 29, 30
Melhores dias para o dinheiro: 1º, 2, 3, 9, 10, 11, 20, 21, 27, 28, 29, 30
Melhores dias para a carreira: 6, 15, 17, 18, 24, 25

O amor será o grande destaque neste mês, porém, continuará um pouco complicado. Por um lado, Plutão, seu planeta do Amor, finalmente voltará a entrar em movimento direto após muitos meses de retrogradação (isso vai acontecer no dia 20). Júpiter, na sua Sétima Casa, está em movimento direto. No dia 23, o Sol entrará na sua Sétima Casa, dando início a um pico anual de amor e vida social. Assim, o amor estará no ar para os solteiros nesses dias. Só haverá um problema: Vênus, o planeta do Amor e senhor do seu horóscopo, ficará retrógrado no dia 5. Portanto, o amor acontecerá, mas você se distanciará dele, talvez querendo esperar para ver, talvez sendo mais cauteloso. As oportunidades amorosas, no entanto, surgirão. O julgamento social vai melhorar.

A saúde estará boa neste mês e você vai ficar atento a ela. Sua Sexta Casa continuará muito forte até o dia 2, mas, após essa data, a saúde precisará de mais atenção. Não haverá grandes problemas, será somente a energia que não estará em seu patamar usual. Por isso, como sempre, não deixe de descansar o bastante. Melhore a saúde das formas mencionadas na "Previsão Anual" e nas previsões de setembro. Regimes de desintoxicação serão excelentes, e uma desintoxicação intestinal poderá ser benéfica. O sexo seguro e a moderação sexual vão ser importantes.

A carreira tem tido destaque ao longo de todo o ano, mas a partir do dia 23 ela se tornará mais do que um foco de atenção. Após essa data, noventa por cento dos planetas estarão acima do horizonte, e Marte continuará na sua Décima Casa. A atividade profissional estará frenética e você vai precisar ser mais agressivo nessa área.

As finanças estarão bem neste mês, porém mais fortes a partir do dia 10. Outubro acabará sendo próspero. Até o dia 10, o dinheiro chegará por meio do seu trabalho, da forma tradicional, e as conexões sociais serão importantes durante todo o mês. No dia 10, Mercúrio entrará em

Escorpião, sua Sétima Casa, e vai viajar com o Sol. Isso indica bom apoio da família e dos amigos. Entre os dias 28 e 30, Mercúrio viajará com Júpiter, trazendo um ótimo dia de pagamento. Isso mostra boa cooperação financeira com o cônjuge, parceiro ou interesse amoroso atual. As dívidas vão ser pagas com facilidade. Será um período positivo para entrar em contato com investidores se você tiver boas ideias. Surgirá uma oportunidade de sociedade ou de empreendimento conjunto.

NOVEMBRO

Melhores dias: 2, 3, 11, 12, 21, 22, 29, 30
Dias mais tensos: 1º, 6, 7, 8, 14, 15, 27, 28
Melhores dias para o amor: 2, 3, 4, 5, 6, 7, 8, 11, 12, 14, 15, 21, 22, 23, 24, 29, 30
Melhores dias para o dinheiro: 1º, 8, 9, 10, 19, 20, 23, 24, 27, 28
Melhores dias para a carreira: 2, 10, 14, 15, 20, 28

O cônjuge, parceiro ou interesse amoroso atual vem tendo um excelente ano financeiro, mas este mês será ainda melhor. No dia 8, Júpiter entrará na Casa do Dinheiro dessa pessoa, um sinal clássico de prosperidade. No dia 22, será o Sol a entrar na Casa do Dinheiro dessa pessoa, e ela atingirá um pico financeiro anual. Você deverá estar pessoalmente muito envolvido nisso.

A entrada de Júpiter na sua Oitava Casa indica a importância da eficiência fiscal. Um bom planejamento fiscal desempenhará importante papel em seu resultado financeiro. Será excelente também para pagar dívidas, refinanciá-las em condições mais favoráveis ou contraí-las — tudo dependerá da sua necessidade. De modo geral, isso indica herança, mas, felizmente, não precisa envolver morte. Você poderá lucrar com espólios ou ser indicado para administrar um espólio.

Até o dia 22, você ainda estará em meio a um pico anual de amor e vida social. No entanto, Vênus continuará retrógrado até o dia 16 e, por isso, embora as oportunidades amorosas se mantenham, você provavelmente ficará hesitante e se afastará delas. Isso começará a mudar após o dia 16. A Lua Nova do dia 7 vai clarear os assuntos amorosos à medida que o mês for avançando. Todas as informações de que você vai precisar irão chegar ao longo do mês, sem nenhum esforço. Você terá todas as informações necessárias para tomar a decisão certa.

Mercúrio, seu planeta das Finanças, passará o mês em Sagitário, sua Oitava Casa. Isso indica envolvimento com a renda do cônjuge, parceiro ou interesse amoroso atual. Mostra também a necessidade de um bom planejamento fiscal e de seguros. Para quem estiver com a idade adequada, favorecerá o planejamento de espólio. Mercúrio estará "fora dos limites" entre os dias 4 e 20, uma indicação de que você estará fora de seu ambiente normal na busca por ganhos. Às vezes, isso revela um ponto crucial: você não alcançará seus objetivos a não ser que pense "de maneira pouco ortodoxa". Mercúrio ficará retrógrado no dia 17, por isso, tente concluir compras e decisões de investimento importantes antes dessa data. O Sol vai viajar com Júpiter entre os dias 24 e 28, proporcionando um ótimo dia de pagamento para você e para seu pai, sua mãe ou uma figura paterna ou materna. Essa pessoa provavelmente estará mais generosa com você nesse período.

A vida profissional vai continuar importante, mas um pouco menos frenética neste mês. Marte sairá da sua Décima Casa no dia 16.

A incursão de Urano por seu signo terminará no dia 6. Ele voltará a ficar no signo de Áries pelos próximos dois meses, mas fez seu trabalho, entregou a mensagem — grandes mudanças acontecerão a partir do próximo ano.

DEZEMBRO

Melhores dias: 9, 10, 18, 19, 27, 28
Dias mais tensos: 4, 5, 11, 12, 25, 26, 31
Melhores dias para o amor: 2, 3, 4, 5, 9, 10, 14, 15, 18, 19, 23, 24, 27, 28, 31
Melhores dias para o dinheiro: 4, 5, 6, 13, 16, 21, 22, 23, 24, 26
Melhores dias para a carreira: 7, 11, 12, 17, 26

Embora você não esteja em um pico anual de amor e vida social, a vida amorosa deverá ser ativa e positiva neste mês. Vênus estará agora em movimento direto e vai passar quase todo o mês na sua Sétima Casa, a do Amor. Plutão, seu planeta do Amor, também estará em movimento direto. Desse modo, a confiança e o julgamento social serão bons. A presença de Vênus na sua Sétima Casa indica muita popularidade social.

Você vai querer ajudar amigos e a pessoa amada, e colocará os interesses deles à frente dos seus. Estará muito dedicado ao relacionamento atual, o que tenderá a torná-lo popular. Boas habilidades sociais (e você as tem agora) serão importantes não somente no amor, mas também nas finanças. Mercúrio também estará na sua Sétima Casa até o dia 13.

Mercúrio entrará em movimento direto no dia 6, e com isso seu julgamento financeiro, que é naturalmente ótimo, retornará, favorecendo as finanças. No dia 13, Mercúrio entrará na sua Oitava Casa mais uma vez. Como mencionamos, isso será benéfico para o planejamento fiscal e de espólio (para os que tiverem a idade apropriada), para pagar ou fazer dívidas (de acordo com a necessidade) e para se concentrar no bem-estar financeiro de outras pessoas. Será bom, também, para atrair dinheiro para seus projetos, tanto de investidores quanto de crédito.

Os taurinos tendem a ser acumuladores. Estão sempre guardando coisas. Este será um bom mês para fazer uma "desintoxicação" dos bens, para livrar-se das coisas que você não usa ou das quais não precisa. O critério deverá ser o uso: mantenha o que você utiliza e venda ou dê para a caridade aquilo que você não usa. Coisas em excesso obstruem o sistema interno. É preciso abrir espaço para o que é novo e melhor e que quer chegar.

No dia 21, o Sol entrará na sua Nona Casa e começará a viajar com o senhor dessa Casa. Isso indica viagem ao exterior — você será atraído por terras estrangeiras. Passar os feriados de fim do ano no exterior parecerá uma boa ideia. Isso também será bom para alunos de nível universitário, que deverão estar mais disciplinados e concentrados nos estudos.

Marte, seu planeta espiritual, viajará com Netuno entre os dias 5 e 7. Observe seus sonhos nesse período, pois deverão ser significativos. Você poderá sentir esse aspecto antes mesmo do dia 5. Ele trará avanços espirituais e surgirão mais amigos espiritualizados.

II

GÊMEOS

OS GÊMEOS

Nascidos entre 21 de maio e 20 de junho

PERFIL PESSOAL

GÊMEOS EM UM RELANCE

Elemento: Ar
Planeta Regente: Mercúrio
    Planeta da Carreira: Netuno
    Planeta da Saúde: Plutão
    Planeta do Amor: Júpiter
    Planeta das Finanças: Lua
Cores: azul, amarelo, amarelo-ouro
Cor que promove o amor, o romance e a harmonia social: azul-celeste
Cores que propiciam ganhos: cinza, prateado
Pedras: ágata, água-marinha
Metal: mercúrio
Perfumes: alfazema, lilás, lírio-do-vale, estoraque (benjoim)
Qualidade: mutável (= flexibilidade)
Qualidades essenciais ao equilíbrio: profundidade de pensamento, pouca superficialidade
Maiores virtudes: grande habilidade comunicativa, pensamento ágil, rápida capacidade de aprendizagem
Necessidade mais profunda: comunicação
Características a evitar: tendência a fofocas e a magoar os outros com palavras ásperas, superficialidade, uso da oratória para desinformar ou desviar de assuntos
Signos de maior compatibilidade: Libra, Aquário

Signos de maior incompatibilidade: Virgem, Sagitário, Peixes
Signo mais útil à carreira: Peixes
Signo que fornece maior suporte emocional: Virgem
Signo mais prestativo em questões financeiras: Câncer
Melhor signo para casamento e associações: Sagitário
Signo mais útil em projetos criativos: Libra
Melhor signo para sair e se divertir: Libra
Signo mais útil em assuntos espirituais: Touro, Aquário
Melhor dia da semana: quarta-feira

COMPREENDENDO A PERSONALIDADE GEMINIANA

O signo de Gêmeos representa para a sociedade o que o sistema nervoso representa para o organismo. Não produz informações novas, mas constitui um transmissor vital entre os estímulos gerados pelos sentidos e pelo cérebro e vice-versa. O sistema nervoso não julga ou pondera esses impulsos; tal função é atribuição do cérebro ou dos instintos. Ele apenas transmite informações, e o faz com perfeição.

Essa analogia deve fornecer uma ideia do papel dos geminianos na sociedade. Eles são os comunicadores e transmissores de mensagens. Para um geminiano, o teor da verdade de uma mensagem é irrelevante; ele apenas transmite o que vê, ouve ou lê; apregoa o que os livros escolares ensinam e o que lhe é passado por seus superiores. Assim, os nativos de Gêmeos são capazes de espalhar os maiores disparates, bem como de trazer luz e verdade a um tema. Eles tendem, por vezes, a ser inescrupulosos em suas comunicações e podem usar esse poder para o bem ou para o mal. É por isso que Gêmeos é considerado um signo de dualidade.

A habilidade para se comunicar com facilidade faz dos geminianos excelentes professores, escritores e profissionais da mídia. Nesse aspecto, são ajudados pelo fato de que Mercúrio, o planeta regente dos nativos do signo, rege também essas atividades.

Os geminianos possuem o dom da eloquência. E que eloquência! Podem falar sobre qualquer tema, a qualquer hora e em qualquer lugar. Nada é mais divertido para eles do que uma boa conversa, sobretudo se com ela aprenderem algo novo. Eles adoram aprender e ensinar. Privar um geminiano de conversas, livros e revistas é uma punição extremamente cruel.

Os geminianos costumam ser excelentes alunos e são bem-sucedidos nos estudos. Suas mentes armazenam vasto arsenal de informação, que inclui histórias, anedotas, trivialidades, curiosidades, fatos e estatísticas. Dessa forma, conseguem sustentar qualquer disputa intelectual a que se disponham. São assombrosos como debatedores, e quando envolvidos em política, oradores imbatíveis.

A eloquência de Gêmeos é tão impressionante que, mesmo quando os nativos do signo não têm a menor ideia do que estão falando, dão a impressão de que são especialistas no assunto. É impossível não se deixar ofuscar por seu brilhantismo.

FINANÇAS

Os geminianos tendem a se preocupar mais com a riqueza do aprendizado e das ideias do que com a riqueza material propriamente dita. Brilham em profissões ligadas à escrita, à didática, ao comércio e ao jornalismo. Nem todas essas profissões pagam bem! Mas sacrificar necessidades intelectuais por dinheiro é inconcebível para um geminiano. Ele sempre tenta conciliar os dois.

Câncer ocupa a Segunda Casa Solar geminiana (Finanças), o que indica que você, de Gêmeos, pode ganhar dinheiro extra de forma harmoniosa e natural, por meio de investimentos em restaurantes, hotéis, imóveis e pousadas. Em virtude de sua habilidade verbal, você adora situações de barganha e negociação, principalmente quando há dinheiro envolvido.

A Lua, que rege a Segunda Casa Solar de Gêmeos, é o corpo sideral mais rápido do Zodíaco; percorre todos os signos e as Casas zodiacais a cada 28 dias. Nenhum outro astro ou planeta se equipara à Lua em capacidade de mudança rápida. A análise da Lua e de seus fenômenos nos ajuda a compreender melhor a postura financeira dos nativos deste signo. Ao lidar com finanças, eles são versáteis e flexíveis. Ganham dinheiro de diversas formas, e suas necessidades e atitudes financeiras parecem flutuar diariamente. O mesmo acontece com sua maneira de encarar o dinheiro: entusiasmam-se com ele em alguns momentos e, em outros, parecem não lhe dar a mínima importância.

Para o geminiano, as metas financeiras e o dinheiro são vistos como mera forma de sustento para constituir uma família; fora isso, têm pouco valor.

A Lua, regente das Finanças de Gêmeos, também envia outra importante mensagem para os geminianos: para concretizar plenamente seu potencial financeiro, eles precisam aprender a desenvolver profunda compreensão do aspecto emocional da vida. Necessitam combinar sua espantosa capacidade de raciocínio lógico com a compreensão da psicologia humana. Os sentimentos possuem lógica própria. É uma lição que os geminianos têm de aprender e aplicar na área das finanças.

CARREIRA E IMAGEM PÚBLICA

Os geminianos intuem que foram agraciados com o dom da comunicação e que esse é um poder capaz de produzir grande bem ou terrível mal-estar. Anseiam por colocar esse dom a serviço de ideais transcendentes e elevados. Sua principal meta consiste em comunicar verdades eternas e prová-las por meio da lógica. Respeitam poetas, artistas, músicos e místicos, por terem conseguido transcender o intelecto. Encantam-se com a vida dos santos e mártires. Para um geminiano, a transmissão da verdade, seja ela de caráter científico, histórico ou revelador, constitui a mais elevada das possibilidades de realização. Aqueles que conseguem transcender o intelecto assumem o papel de líderes naturais para eles, que têm perfeita consciência disso.

O signo de Peixes ocupa a Décima Casa Solar de Gêmeos, da Carreira. Netuno, o planeta da espiritualidade e do altruísmo, é o planeta da Carreira para os nativos do signo. Para que um geminiano se realize profissionalmente é preciso, portanto, que desenvolva seu lado transcendente, espiritual e altruísta. Ele precisa compreender o vasto panorama cósmico e a maneira como a evolução humana flui, sua origem e seu destino. Somente então sua potência intelectual encontrará seu legítimo lugar, e ele poderá tornar-se "mensageiro dos deuses". Os geminianos precisam aprender a cultivar a inspiração, que não é algo que se origina *no* intelecto, mas *por meio* dele. Esse procedimento só tende a enriquecer e a fortalecer a mente geminiana.

AMOR E RELACIONAMENTOS

A tagarelice e o brilhantismo naturais dos geminianos refletem-se em sua vida amorosa e social. Uma boa conversa ou um bom bate-papo pode ser o interessante prelúdio de um novo romance. O único problema que enfrentam no amor é que seu intelecto é demasiado frio e apático para despertar ardor no outro. As emoções chegam a perturbar os nativos do signo, e seus(suas) companheiros(as) se queixam disso. Quem estiver apaixonado(a) por alguém do signo deve compreender por que isso ocorre. Os geminianos evitam paixões profundas porque elas interferem em sua habilidade de raciocínio e comunicação. Se eles parecerem frios para você, que é nativo de outro signo, compreenda que se trata da própria natureza deles.

Não obstante, os geminianos precisam entender que falar de amor é diferente de sentir o amor em toda a sua radiância e retribuí-lo. Falar sobre o amor não os levará a lugar algum. Precisam senti-lo e agir de acordo com isso. Esse sentimento pertence aos domínios do coração, não do intelecto. Se você deseja saber como um geminiano se sente em relação ao amor, não ouça o que ele diz; observe como ele age. Os geminianos tendem a ser bastante generosos com aqueles a quem amam.

Os nativos de Gêmeos apreciam companheiros refinados, educados e viajados. Se o consorte for mais rico do que eles, melhor ainda. Se você se apaixonou por um geminiano, é melhor ser um ótimo ouvinte.

O relacionamento ideal para um geminiano é o de natureza mental. É claro que ele também aprecia os aspectos emocionais e físicos de uma relação, mas se a comunhão intelectual não se fizer presente, ele sofrerá muito com essa ausência.

VIDA DOMÉSTICA E FAMILIAR

No lar, os geminianos se mostram incrivelmente organizados e meticulosos. Esperam que o cônjuge e os filhos mantenham o padrão ideal que eles mesmos seguem. Quando isso não ocorre, eles se lamentam e criticam, mas são bons membros de família e gostam de servi-la de maneira prática e útil.

O lar de um geminiano é confortável e aprazível. Ele gosta de receber convidados e é um ótimo anfitrião. Os nativos de Gêmeos também são bons em reparos, consertos e melhorias no lar. Nisso são impulsionados por sua necessidade de permanecer ativos e ocupados com algo que apreciem. Eles possuem muitos *hobbies* e passatempos, que os mantêm ocupados quando ficam sozinhos em casa.

Os geminianos compreendem as crianças e se dão muito bem com elas — em parte porque eles também são muito jovens de espírito. Como grandes comunicadores, sabem explicar as coisas aos mais moços e, assim, ganham seu respeito, seu amor e sua confiança. Encorajam os filhos a serem criativos e falantes, como eles próprios.

GÊMEOS
PREVISÃO ANUAL PARA 2018

TENDÊNCIAS GERAIS

Os planetas lentos e mais importantes mudarão de signo neste ano, e isso indica alterações de rumo em sua própria vida. Nada será estabelecido neste momento, pois tudo estará sujeito a mudanças.

Júpiter passará a maior parte do ano na sua Sexta Casa, o que é uma informação positiva em relação à saúde. Se tiver havido problemas nessa área, você receberá boas notícias a respeito deles. Isso também mostra que ótimas oportunidades de trabalho surgirão em seu caminho, e elas poderão ocorrer na empresa em que você está empregado agora ou em outra. E essas oportunidades serão prósperas. Abordaremos esse assunto em detalhes mais adiante.

Júpiter, seu planeta do Amor, entrará na sua Sétima Casa, a do Amor, em 8 de novembro, perto do fim do ano, indicando felicidade no amor e uma vida amorosa fora de série. O próximo ano também será bom. Falaremos em detalhes sobre isso mais à frente.

Saturno entrou na sua Oitava Casa no fim de 2017, e muitos geminianos ainda não sentiram essa influência, mas neste ano a sentirão. Ela indica a necessidade de controlar o desejo e a atividade sexual — a qualidade será preferível à quantidade. O cônjuge, parceiro ou interesse amoroso atual vai ser forçado a reorganizar sua vida financeira. Essa pessoa assumirá novos encargos financeiros.

Plutão vem se mantendo na sua Oitava Casa há muitos anos e ficará nela por muitos anos mais. Como Plutão é seu planeta da Saúde, isso indica tendência a cirurgias, o que já pode ter acontecido. De qualquer modo, regimes de desintoxicação poderão ser utilizados. Veremos detalhes sobre isso mais à frente.

Urano, o planeta da mudança e da experimentação, fará uma incursão na sua Décima Segunda Casa, a da Espiritualidade, de 16 de maio a 6 de novembro. No próximo ano, ele virá para permanecer por um longo tempo. Por isso, muitos de vocês vão mudar seus caminhos espirituais nos anos que estão por vir, adotando uma abordagem mais científica. Um grande número de geminianos mudará de professores e de ensinamentos nos próximos sete anos — o que provavelmente ocorrerá muitas vezes. Veremos detalhes sobre esse assunto mais adiante.

Netuno, seu planeta da Carreira e o mais espiritual e idealista de todos os planetas, está na sua Décima Casa, a da Carreira, há alguns anos, e permanecerá nela por muitos anos ainda (ele é um planeta que se move lentamente). Dessa forma, o idealismo será importante na vida profissional. Ele favorece carreiras do tipo espiritual. Detalharemos esse assunto mais à frente.

Os seus principais interesses neste ano serão: saúde e trabalho (até 8 de novembro); amor e romance (a partir de 8 de novembro), sexo, estudos de ocultismo e transformação pessoal; carreira; amigos, grupos e atividades de grupo (de 1º de janeiro a 16 de maio e de 6 de novembro a 31 de dezembro); espiritualidade (de 16 de maio a 6 de novembro).

Os seus caminhos de maior realização em 2018 serão: comunicação e interesses intelectuais (até 17 de novembro); finanças (a partir de 17 de novembro); saúde e trabalho (até 8 de novembro); amor e romance (a partir de 8 de novembro).

SAÚDE

(Trata-se de uma perspectiva astrológica sobre a saúde, não de uma visão médica. No passado, essas perspectivas eram idênticas, porém hoje podem ocorrer diferenças. Para obter uma opinião com base em diagnósticos da medicina convencional, consulte seu médico ou um profissional da saúde.)

A saúde estará boa neste ano, como mencionamos. Na maior parte de 2018 (até 8 de novembro), apenas um planeta estará em alinhamento tenso com você: Netuno. Após essa data, Júpiter entrará em Sagitário, formando um alinhamento tenso. Os planetas lentos estarão, em sua maioria, em alinhamento harmonioso com você, ou não o afetarão. Portanto, de modo geral, a energia estará boa. Com certeza, algumas vezes a saúde e a energia exigirão mais cuidados do que o usual (e abordaremos isso nas "Previsões Mensais"), mas serão ocorrências temporárias, causadas pelos planetas rápidos, não representando a tendência para o ano. Quando esses planetas se afastarem, a saúde e a energia voltarão ao normal.

Outro sinal positivo para a saúde é a presença de Júpiter na sua Sexta Casa, como mencionamos. Isso indica "boa sorte" em questões de saúde. Com esse tipo de trânsito, podem ser encontradas curas para problemas considerados incuráveis. Remédios e terapias tendem a ser eficazes. A compreensão da saúde e da doença é ampliada.

Como nossos leitores assíduos sabem, embora a saúde esteja boa, é possível melhorá-la ainda mais. Dê mais atenção às áreas indicadas a seguir, que são vulneráveis em seu horóscopo. Na maior parte do tempo, os problemas poderão, de fato, ser prevenidos. No entanto, mesmo nos casos em que não possam ser totalmente evitados, será possível amenizá-los em larga medida. Eles não precisam ser devastadores.

Pulmões, braços, ombros e sistema respiratório. São sempre importantes para os geminianos. Massagens regulares nos braços e nos ombros são sempre recomendáveis. A tensão tende a se concentrar nos ombros, e precisa ser liberada.

Fígado e coxas. Essas áreas só se tornaram importantes a partir de outubro do ano passado, quando Júpiter entrou na sua Sexta Casa, e se manterão relevantes até 8 de novembro deste ano. As coxas deverão ser massageadas com frequência. A massagem fortalecerá não apenas o fígado, mas também a coluna lombar, que terá grande importância neste momento. Se você estiver se sentindo indisposto, uma desintoxicação do fígado com ervas poderá ser a solução.

Cólon, bexiga e órgãos sexuais. São sempre relevantes para você. Sexo seguro e moderação sexual são sempre importantes. Se você tem negligenciado isso, é provável que Saturno, na sua Oitava Casa, reforce essa questão. Caso esteja se sentindo indisposto, uma desintoxicação intestinal com ervas poderá ser benéfica. Muitos terapeutas naturais afirmam que todas as doenças têm origem no cólon, por isso, é essencial mantê-lo limpo.

Coluna, joelhos, dentes, pele e alinhamento do esqueleto. Ganharam importância apenas a partir de dezembro de 2008, quando Plutão entrou em Capricórnio. Essas áreas continuarão a ser importantes por muitos anos. Massagens regulares nas costas (e nos joelhos) serão benéficas, assim como consultas frequentes a um quiroprático ou osteopata. As vértebras precisam ser mantidas no alinhamento certo. Terapias como a Técnica Alexander, Rolfing ou Feldenkrais poderão ser benéficas. Pilates e ioga são excelentes para a coluna. Proteja mais os joelhos quando se exercitar. Caso se exponha ao sol, use um bom protetor solar. Também será aconselhável fazer check-ups dentários com regularidade.

Há outra questão a ser considerada na saúde. Júpiter, seu planeta do Amor, estará na sua Sexta Casa. Portanto, boa saúde para você (especialmente neste ano) significa vida social saudável — uma vida amorosa ou um casamento saudável. Se houver problemas nessas áreas, isso poderá afetar sua saúde física. Portanto, se surgirem problemas (esperamos que não), restaure a harmonia na vida amorosa e social o mais rápido possível. Assim que você fizer isso, os problemas de saúde desaparecerão.

LAR E FAMÍLIA

Sua Quarta Casa não estará tão forte neste ano — não como uma Casa de Poder. Somente planetas rápidos transitarão por ela, e brevemente. Os poderes planetários não estão empurrando você para esse setor de forma alguma. Eles proporcionarão grande liberdade para que você ajuste essa área como quiser, mas isso não despertará seu interesse. Outras coisas serão mais importantes neste momento. A tendência será manter tudo como está. Você parecerá, basicamente, contente com as coisas do jeito como elas estão.

Mercúrio, o senhor do seu mapa, é também seu planeta da Família. Isso indica que a família é importante para você e, talvez, parte da sua identidade. Muitas vezes, leva tempo para forjar sua própria identidade como um indivíduo à parte dentro do grupo familiar.

Como nossos leitores assíduos sabem, Mercúrio é um planeta rápido e frequentemente instável. (Essa não é uma boa descrição para Gêmeos?) Às vezes, move-se velozmente com grande confiança. Outras, devagar e com cautela. Algumas vezes, fica retrógrado. Ele é a materialização da "flexibilidade", um traço geminiano. No período de um ano, Mercúrio passará por todos os signos e Casas do seu horóscopo. Assim, muitas tendências de curto prazo no lar e na família dependerão de onde ele estiver e dos aspectos que receberá. Abordaremos esse assunto mais detalhadamente nas "Previsões Mensais".

Este não será um ano especialmente bom para realizar grandes reformas na casa. No entanto, se você for redecorar (fazer uma nova pintura ou reorganizar as coisas), dois períodos favoráveis serão de 10 de julho a 7 de agosto e de 23 de agosto a 22 de setembro. Também serão momentos propícios para comprar móveis e objetos de decoração novos.

Irmãos e figuras fraternas provavelmente vão se mudar, reformar a casa ou comprar mais uma residência neste ano. Terão boa sorte na aquisição ou venda de uma casa, e seus casamentos serão testados. Filhos e enteados vão prosperar em 2018, mas sua vida doméstica seguirá inalterada. O pai, a mãe ou uma figura paterna ou materna deverá se mudar ou fazer uma reforma na casa a partir de 8 de novembro, e isso poderá ocorrer no próximo ano também. Netos (se você os tiver) provavelmente irão se mudar — talvez diversas vezes neste ano e nos próximos. Eles parecerão muito inconstantes.

O pai e a mãe ou as figuras paterna e materna da sua vida vão realizar, ambos, mudanças importantes na sua rotina de saúde. Talvez um susto em relação à saúde os force a isso. A situação deles no trabalho deverá ficar instável e, caso sejam empregadores, haverá rotatividade de pessoal.

DINHEIRO E CARREIRA

A Casa do Dinheiro não estará particularmente ativa para você neste ano. Não será uma Casa de Poder. Apenas planetas rápidos transitarão por ela, e muito brevemente. As finanças não serão uma grande preocupação. Você parecerá mais interessado nas finanças de outras pessoas do que nas suas, o que, de modo geral, é algo positivo. Você deverá ficar satisfeito com as coisas do jeito como elas estão e não terá necessidade de realizar mudanças drásticas. Apesar disso, acho que você terminará o ano mais rico. No dia 17 de novembro, o nodo norte da Lua entrará na Casa do Dinheiro e vai permanecer nela até o fim do ano (e em 2019 também). O nodo norte tende a indicar "excesso", e nas finanças isso é uma coisa boa. É melhor mais do que menos.

Se houver problemas financeiros, é muito provável que eles decorram da falta de atenção. Você terá de forçar a si mesmo a prestar atenção nessa área.

Dito isso, vemos importantes alterações, mudanças e correções de rumo neste ano. Mais do que o comum. Acontecerão dois eclipses lunares (o número habitual), e isso sempre causa impacto nas finanças. Além disso, haverá um eclipse solar em 13 de julho, que ocorrerá na sua Casa do Dinheiro, provocando uma mudança financeira dramática. Provavelmente, você não dará início a essa mudança, mas, de certa forma, reagirá aos efeitos causados pelo eclipse. Trataremos disso em detalhes nas "Previsões Mensais".

A Lua, o mais rápido e instável dos planetas (ainda mais do que Mercúrio) é o seu planeta das Finanças. Enquanto Mercúrio passa por todos os signos e Casas do seu horóscopo no período de um ano, a Lua faz isso a cada mês. Além disso, ela é muito instável. Às vezes, é Crescente. Outras, Minguante. Algumas vezes, está perto da Terra. Em outras ocasiões, está distante. Assim, haverá diversas tendências financeiras de curto prazo, dependendo de onde a Lua estiver e dos aspectos que receberá. Abordaremos mais detalhadamente esse assunto nas "Previsões Mensais".

Você estará mais ambicioso do que o normal nesse momento. Os planetas lentos estarão, em sua maioria, na parte superior do seu mapa. Até o dia 8 de novembro, TODOS os planetas lentos estarão lá. A metade inferior do seu mapa (o setor do lar e da família nunca alcançará o poder da metade superior). Sua Décima Casa ficará forte o ano todo, enquanto sua Quarta Casa será forte por apenas dois meses mais ou menos. Júpiter vai formar ótimos aspectos com seu planeta da Carreira quase o ano inteiro. Por isso, você terá sucesso, ascenderá no status e na vida profissional. Amigos e conexões sociais vão lhe proporcionar bom apoio na carreira. Quem estiver em um relacionamento receberá apoio do cônjuge, parceiro ou interesse amoroso atual. Vocês estarão se socializando com pessoas que podem ajudar em sua carreira. Neste ano, será bom participar das festas e reuniões certas, seja como convidado, seja como anfitrião.

Embora suas habilidades profissionais sejam muito importantes, neste ano as habilidades sociais, a habilidade de se dar com as pessoas —

de despertar a simpatia delas — deverão prevalecer. Entre duas pessoas com habilidades profissionais equivalentes, quem ganhará a promoção será aquela com mais capacidade de despertar simpatia.

Também será positivo, e isso vem sendo uma tendência há anos, envolver-se em causas altruístas ou caritativas. Talvez você receba mais reconhecimento por suas atividades espirituais do que por suas atividades profissionais.

Júpiter na sua Sexta Casa, a do Trabalho, indica que seu alto profissionalismo vai ser notado por seus "superiores", o que será um fator importante no seu sucesso. "Ore devotadamente, mas martele vigorosamente", diz o sábio.

AMOR E VIDA SOCIAL

Este será um ano maravilhoso para o amor e para a vida social, como mencionamos. O próximo ano será ainda melhor. Portanto, você estará em um ciclo muito feliz e ativo neste período.

Júpiter, seu planeta do Amor, passará a maior parte de 2018 na sua Sexta Casa. Com isso, o local de trabalho não será apenas um local de trabalho, mas também um centro social. Muitos de vocês receberão ótimas oportunidades de emprego neste ano, e as condições sociais do trabalho desempenharão importante papel em suas escolhas. A atmosfera e as oportunidades sociais poderão falar mais alto do que o salário.

Para os solteiros, isso indica oportunidades românticas com colegas de trabalho ou em eventos da empresa. Também indica atração por profissionais da saúde e por pessoas envolvidas com a sua saúde.

Júpiter estará na sua Sexta Casa, formando ótimos aspectos com seu planeta da Carreira ao longo de quase todo o ano. Portanto, boa parte da sua socialização parece relacionada ao trabalho. Isso também indica uma atração por pessoas com poder e prestígio, indivíduos que estão acima de você na hierarquia profissional. Você será atraído por pessoas que possam ajudá-lo na carreira e, provavelmente, se dará bem com elas.

Algumas vezes, esse aspecto indica que o pai, a mãe, chefes e figuras de autoridade apoiarão seus objetivos sociais e deverão bancar o cupido. É provável que eles desempenhem um papel importante e positivo na sua vida social e amorosa.

A verdadeira diversão romântica começará em 8 de novembro, quando seu planeta do Amor entrar na sua Sétima Casa, a do Amor. Isso frequentemente indica casamento ou relacionamentos que são "como casamento", relacionamentos "de compromisso".

Com esse aspecto, você vai perceber que está indo a mais casamentos também. Estará no ar. De modo geral, participará de mais festas e reuniões. Além disso, fará mais amizades, e significativas.

Você sempre tem atração por estrangeiros e por pessoas religiosas e muito instruídas. Quando Júpiter entrar em seu próprio signo de Sagitário, em novembro, essas atrações serão ainda mais fortes. O local de trabalho deixará de ser o centro social. Agora, o centro social será o local de adoração, a universidade ou outros países.

A vida social também irá se expandir para os que estão no segundo casamento ou em busca dele. Aqueles que estão casados ou em um relacionamento sério terão sua relação testada ao longo do ano — haverá dois eclipses na Casa do segundo casamento. Oportunidades de romance surgirão em ambientes espirituais — encontros de oração, leituras ou workshops espirituais ou de meditação, eventos de caridade. Você parece necessitar de um relacionamento mais espiritualizado.

Aqueles que estiverem no terceiro casamento ou em busca dele vivenciaram muita instabilidade no amor nos últimos sete anos. Essas coisas vão se acalmar agora. O casamento ainda não será recomendável. O próximo ano será melhor do que 2018.

AUTOAPRIMORAMENTO

Netuno, como mencionamos, está na sua Décima Casa, a da Carreira, há muitos anos. Por isso, muitas das tendências que descrevemos nos últimos anos ainda estarão valendo. O trânsito de um planeta lento não é realmente um "evento", é um "processo".

Portanto, você esteve, e ainda está, no processo de espiritualização da carreira. Está imbuído de grande idealismo. Ser meramente bem-sucedido no sentido material não é o suficiente para você. Seu trabalho, sua carreira, tem que ser algo significativo, que enalteça toda a humanidade. Isso favorece atividades profissionais em instituições de caridade e em fundações e organizações não lucrativas. Contudo, existem outras opções também. É frequente vermos pessoas com esse tipo de aspecto envolvidas em profissões materiais — ou carreiras de natureza mundana —, mas que se encontram altamente engajadas em atividades caritativas. E essas pessoas são mais conhecidas por essas atividades do que por sua profissão material.

Mas há outra maneira de interpretar isso, e ela se encaixa em muitos casos. Sua prática espiritual, seu crescimento espiritual, se tornará a carreira — o trabalho, a missão da sua vida. Isso parece impraticável e improvável como profissão. Ainda assim, poderá ser muito poderoso. Um avanço espiritual (talvez quando você estiver sentado meditando) terá o poder de mudar não apenas sua vida, mas a da sua família, da comunidade, do país e, até mesmo, do mundo, no fim das contas.

Muitas das grandes transformações globais que vemos hoje começaram dessa forma.

A espiritualidade vai se tornar muito importante de outra forma também. Urano entrará na sua Décima Segunda Casa, a da Espiritualidade, em 16 de maio, e ficará nela por um longo tempo: os próximos sete anos. Isso indica mudanças dramáticas na sua prática espiritual, interesses e professores. Muitas regras — os "tu não deves" — serão descartadas e você aprenderá a espiritualidade por meio de tentativa, erro e experimentação. Isso favorecerá abordagens mais científicas e racionais, como a Jnana ioga, as ciências herméticas e a cabala, em oposição às abordagens místicas tradicionais. Existe uma profunda ciência da espiritualidade (e parte dela está sendo descoberta por cientistas e médicos laicos). E este é o momento de explorar isso. Urano é o regente da Astrologia, por isso, o lado esotérico e filosófico da Astrologia poderia ser outro caminho viável.

PREVISÕES MENSAIS

JANEIRO

Melhores dias: 8, 9, 17, 18, 19, 27, 28
Dias mais tensos: 5, 6, 12, 13, 14, 20, 21
Melhores dias para o amor: 1º, 2, 5, 6, 10, 11, 12, 13, 14, 15, 16, 20, 21, 27, 28, 29, 30
Melhores dias para o dinheiro: 1º, 2, 5, 6, 10, 11, 15, 16, 20, 21, 27, 28, 29, 30
Melhores dias para a carreira: 1º, 2, 10, 11, 20, 21, 29, 30

Você começará o ano com a maioria dos planetas na metade Oeste do seu mapa, que é o setor social. Até mesmo o senhor do seu horóscopo, Mercúrio, vai estar no Oeste. Isso indica a necessidade de "seguir o fluxo" — deixar que as pessoas ajam do jeito delas (desde que não seja destrutivo) — para alcançar seus objetivos por meio do consenso, e não pela ação direta. Neste momento, você estará vivendo nas condições que criou no passado. Tente se virar o melhor que puder. Em alguns meses, o poder planetário se modificará e vai ser mais fácil realizar as mudanças necessárias.

Seu pico anual de amor e vida social ocorreu no mês passado, mas este mês ainda será muito social. Mercúrio estará na sua Sétima Casa, a do Amor, até o dia 11, uma indicação de que você será proativo no amor, indo atrás daquilo que quer, em vez de ficar esperando o telefone tocar. Isso também é sinal de mais popularidade. Você vai querer ajudar os amigos e a pessoa amada. Os interesses deles virão à frente dos seus. Você se dedicará a eles, e isso trará popularidade.

A saúde estará melhor do que no mês passado, e será possível melhorá-la ainda mais seguindo as indicações mencionadas na "Previsão Anual". Será um bom mês para realizar regimes de desintoxicação ou de perda de peso. Uma Oitava Casa forte até o dia 20 favorecerá projetos que envolvam reinvenção ou transformação pessoal. Há coisas em nossa vida que podem estar necessitando de "ressurreição", talvez seja um relacionamento, um projeto criativo ou um empreendimento conjunto. Este será um bom mês para fazer com que isso aconteça.

Um eclipse lunar no dia 31 poderá afetá-lo com força. Ele ocorrerá na sua Terceira Casa, promovendo momentos dramáticos na vida de irmãos, figuras fraternas ou vizinhos. Alunos abaixo do nível universitário poderão realizar mudanças importantes nos planos educacionais e talvez haja problemas na sua escola. Todo eclipse lunar causa impacto nas suas finanças, uma vez que a Lua é o seu planeta das Finanças. Por isso, serão necessárias correções de rumo na vida financeira. Os eventos provocados pelo eclipse mostrarão o que será preciso fazer. Carros e equipamentos de comunicação serão testados e necessitarão de substituição ou de conserto.

Os dias de Lua Cheia e de Lua Nova são sempre positivos para você em termos financeiros. A Lua Cheia dos dias 1º e 2 parece especialmente benéfica, uma vez que a Lua estará em seu perigeu (ponto da órbita em que ela fica mais próxima da Terra). De modo geral, a Lua Crescente é melhor para as finanças do que a Lua Minguante. Assim, os períodos que trarão mais entusiasmo e poder financeiro serão os dias 1º e 2 e do dia 17 ao dia 31.

FEVEREIRO

Melhores dias: 4, 5, 14, 15, 23, 24
Dias mais tensos: 2, 3, 9, 10, 16, 17
Melhores dias para o amor: 4, 5, 6, 7, 9, 10, 16, 17, 25, 26
Melhores dias para o dinheiro: 6, 7, 14, 15, 16, 17, 25, 26
Melhores dias para a carreira: 6, 7, 16, 17, 25, 26

Um eclipse solar no dia 15 causará empolgação e mudança. Apesar disso, fevereiro deverá ser um mês de prosperidade e sucesso.

O eclipse acontecerá na sua Nona Casa, causando impacto em questões judiciais. Assuntos pendentes sofrerão uma guinada dramática. Neste mês, terras estrangeiras atrairão você, que estará ávido por viajar. Contudo, evite viagens ao exterior no período do eclipse. Alunos de nível universitário serão forçados a alterar seus planos educacionais, algumas vezes mudando de universidade ou de curso. Em alguns casos, talvez não consigam entrar para a universidade que desejam, mas talvez obtenham sucesso com outra universidade (e, quem sabe, até melhor). Esse eclipse terá impacto em Mercúrio, o senhor do seu horóscopo, e em Júpiter, seu planeta do Amor. Por esse motivo, haverá dramas pessoais e amorosos. De qualquer modo, o amor estará problemático em fevereiro, pois Marte passará o mês na sua Sétima Casa. O eclipse não ajudará nos problemas. Talvez você tenha se envolvido em conflitos de poder com a pessoa amada, e o eclipse poderá trazer isso à tona. Um bom relacionamento sobreviverá, porém as coisas ficarão tensas. O impacto sobre Mercúrio será, de fato, saudável, pois você será forçado a se redefinir: esclarecer quem você é e o tipo de imagem que deseja mostrar.

Você verá mudanças nessa área pelos próximos seis meses mais ou menos. Todo eclipse solar afeta irmãos, figuras fraternas e vizinhos. Haverá momentos dramáticos na vida deles. Os eclipses solares também testam carros e equipamentos de comunicação. Você viu isso em janeiro e verá neste mês também. As mudanças que não aconteceram no mês passado ocorrerão agora.

No dia 18, tanto o Sol quanto Mercúrio, ambos planetas benéficos, cruzarão seu Meio do Céu e entrarão na sua Décima Casa. Você atingirá um pico profissional anual e será muito bem-sucedido: estará no comando, no topo, assumindo responsabilidades. Haverá mais reconhecimento por quem você é e por suas habilidades profissionais. Sua aparência física e sua facilidade de comunicação vão desempenhar um papel importante no avanço da carreira.

A saúde estará boa, mas precisará de mais atenção após o dia 18. Cinquenta por cento dos planetas (às vezes, sessenta por cento) vão estar em aspecto tenso com você. Por isso, se houver qualquer ponto vulnerável (genético ou de outra natureza), existe grande probabilidade de que ele se manifeste. Portanto, o primeiro passo é garantir que você descanse o suficiente. Depois, melhore a saúde seguindo as indicações mencionadas na "Previsão Anual."

MARÇO

Melhores dias: 3, 4, 13, 14, 22, 23, 31
Dias mais tensos: 1º, 2, 8, 9, 15, 16, 17, 29, 30
Melhores dias para o amor: 6, 7, 8, 9, 15, 16, 17, 18, 19, 24, 25, 26, 27
Melhores dias para o dinheiro: 6, 7, 15, 16, 17, 24, 25, 26
Melhores dias para a carreira: 6, 7, 15, 16, 17, 24, 25

Você ainda estará em meio a um pico profissional anual até o dia 20. Os planetas que se encontram na sua Casa da Carreira são benéficos, ou amistosos, e de grande ajuda. Isso é uma indicação de sucesso, pois você conta com muito apoio cósmico. O Universo deseja seu êxito. Por volta do dia 20, quando os objetivos de curto prazo forem alcançados, sua atenção se voltará para a vida social: amigos, grupos e atividades de grupo. Marte vai permanecer na sua Sétima Casa até o dia 17, criando alguns atritos e, talvez, disputas de poder. Apesar disso, seu planeta do Amor receberá aspectos benéficos, e você deverá ficar basicamente em harmonia com a pessoa amada.

Júpiter, seu planeta do Amor, entrará em retrogradação no dia 9, e Mercúrio, o senhor do seu horóscopo, no dia 23. Isso complicará o amor de alguma maneira. Tanto você quanto a pessoa amada parecerão hesitantes e sem direção. Não terão posições antagônicas ou algo assim (Marte deixará sua Sétima Casa no dia 17), porém estarão sem opinião própria.

A saúde ainda precisará de atenção até o dia 20, mas vai melhorar. Você ficará mais forte a cada dia. No dia 6, Mercúrio e Vênus entrarão em um aspecto harmonioso com você. No dia 17, Marte sairá de seu aspecto tenso e, no dia 20, o Sol começará a formar aspectos harmoniosos. No início do mês, continue a melhorar a saúde seguindo as indicações mencionadas na "Previsão Anual". Por volta do dia 20, você deverá estar de volta ao normal.

As finanças não serão uma grande questão nesse período. A Casa do Dinheiro estará vazia, o que é, basicamente, um bom sinal, e indica um mês sem alterações. Não haverá necessidade de fazer mudanças significativas para prestar grande atenção nessa área. A carreira será muito mais importante do que as finanças. Ainda assim, a prosperidade deverá ser maior do que no mês passado. Em primeiro lugar, teremos duas Luas Cheias neste mês (a segunda é chamada de "Lua Azul", uma raridade, e é a origem da expressão inglesa "Once in a blue moon", ou "Só na Lua Azul", que corresponderia à nossa expressão "Uma vez na vida, outra na morte"). As Luas Cheias indicam dias benéficos para as finanças. O dia 26 será uma data especialmente favorável às finanças, pois a Lua estará em seu perigeu (ponto da órbita em que ela fica mais próxima da Terra). Ela estará mais forte a seu favor. De modo geral, o período da Lua Crescente — entre os dias 17 e 31 — será melhor do que o do dia 2 ao 16. Você sentirá mais entusiasmo pelos assuntos financeiros.

ABRIL

Melhores dias: 1º, 9, 10, 11, 18, 19, 27, 28
Dias mais tensos: 4, 5, 6, 12, 13, 25, 26
Melhores dias para o amor: 2, 3, 4, 5, 6, 7, 8, 12, 13, 16, 17, 21, 22, 27, 29, 30
Melhores dias para o dinheiro: 2, 3, 4, 5, 12, 13, 14, 15, 16, 21, 22, 25, 29, 30
Melhores dias para a carreira: 2, 3, 12, 13, 21, 22, 29, 30

No dia 18 de fevereiro, houve uma mudança decisiva do poder planetário da metade ocidental (o setor social) para o independente setor oriental (o setor do Eu). A mudança está se aproximando de seu ponto máximo (o que acontecerá nos próximos dois meses). Este será o momento de desenvolver a iniciativa pessoal e as habilidades pessoais. São elas que importam agora. É maravilhoso ser popular, mas toda pessoa precisa ter também um centro forte, um âmago forte, uma sólida compreensão de quem ela é. Este será o momento de desenvolver isso. Do que você gosta? Quais são as condições para você ser feliz? Qual é a sua opinião sobre política ou sobre o mundo? Não importa o que os outros pensam nem se suas opiniões são populares ou não. Isso é você, e isso é maravilhoso. É o momento de ser o seu Eu autêntico. Como a independência pessoal estará muito forte agora, faça as mudanças necessárias nas suas condições. Molde-as de acordo com o seu gosto pessoal. Você tem o poder e o apoio planetário. Sua felicidade depende de você.

A saúde estará miraculosamente boa. Haverá apenas um planeta lento em alinhamento tenso. Todos os outros estarão em harmonia ou não irão afetá-lo. Talvez a redução das exigências da carreira tenha algo a ver com isso. Vênus entrará no seu signo no dia 24. Para as mulheres de idade apropriada, esse trânsito indica aumento da fertilidade. De modo geral, ele deixará a vida mais divertida. Você ficará com um espírito mais brincalhão. Vênus no seu signo realça a aparência pessoal, proporcionando mais encanto e charme à sua presença como um todo. Seu envolvimento com crianças aumentará e, talvez, você mesmo aja um pouco mais como criança. Será um bom período para comprar roupas e acessórios, pois seu bom gosto estará em alta. No caso dos homens solteiros, isso atrairá mulheres jovens para seu ambiente pessoal. No caso das mulheres, isso indica uma aparência mais bela e encantadora.

Seu planeta do Amor ainda estará retrógrado, e continuará assim por mais alguns meses. Portanto, não há necessidade de apressar o amor nem de tomar decisões importantes de um jeito ou de outro. Deixe o amor se desenvolver como ele quiser.

Sua Décima Segunda Casa, a da Espiritualidade, ficará poderosa a partir do dia 20, o que favorecerá buscas espirituais, como meditação, estudos espirituais, estudo de escrituras sagradas e atos de caridade. Será um momento para o crescimento espiritual.

MAIO

Melhores dias: 7, 8, 16, 17, 24, 25
Dias mais tensos: 2, 3, 9, 10, 22, 23, 29, 30
Melhores dias para o amor: 2, 3, 7, 8, 9, 10, 17, 18, 19, 26, 27, 29, 30
Melhores dias para o dinheiro: 4, 5, 9, 10, 14, 15, 18, 19, 24, 26, 27
Melhores dias para a carreira: 9, 10, 18, 19, 26, 27

Este será um mês próspero, Gêmeos. Aproveite!

A saúde estava boa no mês passado e ficará ainda melhor agora (Marte vai entrar em um alinhamento harmonioso com você a partir do dia 16). Com mais energia, mais possibilidades se abrirão para você. Coisas que pareciam além do seu alcance até poucos meses atrás serão agora altamente viáveis. Se quiser, você poderá melhorar ainda mais a saúde seguindo as indicações mencionadas na "Previsão Anual".

As oportunidades de trabalho vêm sendo boas ao longo de todo o ano, e especialmente agora. A única questão nessa área será a necessidade de pesquisar mais. Faça mais perguntas, solucione todas as dúvidas. As coisas não são o que parecem ser.

Você ainda estará em um período espiritual muito forte até o dia 21. Por isso, será bom se concentrar no lado interno da sua vida e no seu crescimento interno. Quando a espiritualidade está em ordem, as outras áreas da vida tendem a entrar nos eixos.

Urano vai fazer um movimento importante ao ingressar na sua Décima Segunda Casa no dia 16 — uma indicação de mudanças espirituais iminentes. Você vai mudar de professores, de interesses e de prática nos próximos anos, e talvez diversas vezes. Adotará uma abordagem mais científica nessa área e estará mais aberto a experiências. Aprenderá por tentativa e erro.

Vênus continuará na sua Primeira Casa até o dia 19 (consulte os comentários que fizemos sobre isso no mês passado). No dia 19, Vênus entrará na sua Casa do Dinheiro e trará prosperidade extra. Proporcionará sorte em especulações, especialmente no dia 31, e prosperidade para filhos e enteados. Eles também deverão prestar mais apoio (e há muitas maneiras de fazerem isso, dependendo da sua idade e da fase em que estiverem na vida). O dinheiro será ganho de modo agradável. O dia 17, quando ocorrerá o perigeu da Lua (ponto da sua órbita em que ela estará mais próxima da Terra), deverá ser favorável às finanças. A Lua Nova no dia 15 e a Lua Cheia no dia 29 tornarão essas datas poderosas para as finanças. De modo geral, os ganhos serão mais expressivos entre os dias 15 e 29, uma vez que a Lua estará na fase Crescente antes do dia 15. A Lua Crescente confere mais entusiasmo e poder à habilidade de ganhar.

O Sol entrará no seu signo no dia 21, e um dos seus picos anuais de prazer pessoal terá início. Você parecerá e se sentirá ótimo!

JUNHO

Melhores dias: 3, 4, 12, 13, 20, 21, 22, 30
Dias mais tensos: 5, 6, 7, 18, 19, 25, 26
Melhores dias para o amor: 5, 6, 7, 14, 15, 16, 23, 24, 25, 26
Melhores dias para o dinheiro: 3, 4, 5, 6, 7, 12, 13, 14, 15, 23, 24
Melhores dias para a carreira: 5, 6, 7, 14, 15, 23, 24

Assim como ocorreu em maio, neste mês, o poder planetário estará na sua posição oriental máxima para o ano, por isso, você se encontrará em seu período de maior independência. Se não fez as mudanças que precisavam ser realizadas — mudanças que enfatizam sua independência —, agora é a hora. Mais à frente, quando os planetas se deslocarem no sentido ocidental, será mais difícil implementá-las. Em momentos como este, compreendemos que o Cosmos se importa com nossa felicidade e tem um interesse pessoal por ela. Ele se preocupará até mesmo com o que aparentemente são "pequenas coisas", como o fato de você ter a imagem, as roupas e os acessórios certos. No dia 22, quando o Sol entrar na sua Casa do Dinheiro, você verá que ele se importa com suas finanças e quer sua riqueza. (A única ressalva é que você deverá permitir que as coisas sigam à maneira delas e não à sua maneira. De algum modo, você deverá ficar de lado e deixar que "afluência" seja afluência.)

A carreira continuará a ser importante nesse momento, pois você ainda tem muitos planetas na parte superior do seu mapa, mas desde o mês passado a parte inferior do seu horóscopo se fortaleceu. Será a hora de dar mais atenção a si mesmo, a sua família e a seu bem-estar emocional. Será o momento, também, de se divertir e se mimar um pouco. Vai ser bom levar seu corpo e sua imagem para onde você quiser estar.

A presença do Sol em seu próprio signo desde o mês passado expandirá a mente e as habilidades de comunicação (que são sempre positivas). Seu carisma será digno de celebridade. Você brilhará, e o sexo oposto perceberá isso. Como diz o ditado: "Você é a imagem que deseja enviar", e como você é mais do que isso, sua mensagem vai ser claramente entendida.

As finanças não têm sido um assunto importante neste ano, mas neste mês, serão. Vênus está na sua Casa do Dinheiro desde 19 de maio e ficará nela até o dia 14 deste mês. Nos dias 1º e 2, formará ótimos aspectos tanto com Júpiter quanto com Netuno, proporcionando sorte para as especulações, talvez um aumento de salário (oficial ou não) e grande intuição financeira. No dia 12, Mercúrio entrará na sua Casa do Dinheiro, indicando forte interesse pessoal nas finanças (o que representa noventa por cento da luta — conseguimos aquilo em que nos concentramos). No dia 22, o Sol entrará na sua Casa do Dinheiro. Você estará em um pico financeiro anual, e vai haver prosperidade. O apoio familiar também deverá ser bom. Entre os dias 19 e 21, Mercúrio fará ótimos aspectos com Júpiter e Netuno, indicando um belo dia de pagamento. Isso será excelente também para a carreira: você vai contar com seus "superiores". Além disso, será um período romântico feliz.

JULHO

Melhores dias: 1º, 10, 11, 18, 19, 27, 28, 29
Dias mais tensos: 3, 4, 16, 17, 22, 23, 24, 30, 31
Melhores dias para o amor: 1º, 5, 6, 12, 13, 16, 20, 21, 22, 23, 24, 25, 26, 27, 28, 29
Melhores dias para o dinheiro: 1º, 3, 4, 12, 13, 20, 21, 22, 27, 28, 29
Melhores dias para a carreira: 3, 4, 12, 13, 20, 21, 30, 31

Este será um mês feliz e próspero, mas dois eclipses vão assegurar que as coisas nunca fiquem monótonas. Eles vão mantê-lo alerta.

O eclipse solar do dia 15 acontecerá na sua Casa do Dinheiro, indicando necessidade de correção de rumo nas finanças. Como os eventos do eclipse irão mostrar, sua estratégia e seu pensamento financeiros não têm sido realistas. Às vezes, esse tipo de eclipse causa despesas inesperadas, forçando a mudança. As mudanças que você fará serão boas, mas, de modo geral, não serão agradáveis enquanto estiverem em andamento. Todo eclipse solar afeta irmãos, figuras fraternas e vizinhos. Eles passarão por momentos dramáticos. Os irmãos terão de se redefinir. Carros e equipamentos de comunicação serão testados e, provavelmente, precisarão ser consertados ou substituídos. Plutão, seu planeta da Saúde, sofrerá o impacto desse eclipse, por isso, importantes modificações ocorrerão na sua rotina de saúde. De modo geral, as pessoas trocam de médico ou de terapeuta.

Às vezes, há um susto em relação à saúde. No entanto, sua saúde estará boa nesse período, e é provável que seja somente um susto mesmo. Ouça outras opiniões. Provavelmente, mudanças vão ocorrer no trabalho, porém, não se preocupe, pois suas perspectivas profissionais para este ano são impressionantes. Pode ser que ocorram mudanças nas condições do emprego. Se você tiver funcionários, haverá instabilidade com eles. Dirija de maneira mais defensiva nesses dias.

O eclipse lunar do dia 27 acontecerá na sua Nona Casa, portanto, evite viagens ao exterior nessa data. Se tiver de fazer isso, programe a viagem para antes ou depois do eclipse. Estudantes de nível universitário (ou estudantes que desejam entrar para a universidade) vão realizar mudanças significativas em seus planos educacionais. Poderão mudar de escola ou de curso. As finanças também serão afetadas pelo eclipse. O planeta eclipsado, a Lua, é o seu planeta das Finanças. Não há dúvidas de que seu pensamento financeiro não vem sendo realista e precisa de uma boa correção de rumo. As mudanças financeiras que você fizer agora irão estabelecer a direção para a prosperidade futura. Esse eclipse causará impacto tanto em Marte quanto em Urano, por isso, haverá momentos dramáticos na vida de amigos — dramas capazes de provocar grandes mudanças. Além disso, seus equipamentos e aparelhos de alta tecnologia serão testados. Faça cópias de segurança de arquivos importantes e atualize seus programas antivírus e contra hackers. Já constatei, por experiência própria, que os movimentos do Universo definitivamente afetam equipamentos mecânicos sensíveis. A única pergunta é como. O *modus operandi* ainda não é certo.

AGOSTO

Melhores dias: 6, 7, 14, 15, 24, 25
Dias mais tensos: 12, 13, 19, 20, 26, 27
Melhores dias para o amor: 5, 8, 9, 14, 15, 16, 17, 19, 20, 24, 25, 26, 27
Melhores dias para o dinheiro: 2, 3, 8, 9, 10, 11, 16, 17, 20, 26, 27, 31
Melhores dias para a carreira: 8, 9, 16, 17, 26, 27

Você achou que a influência dos eclipses tivesse acabado no mês passado, mas ainda não. Resta um, o terceiro eclipse solar do ano, no dia 11. De muitas maneiras, ele será um espelho do anterior, o do dia 15 de julho, porém, ainda mais intenso. Ele ocorrerá na sua Terceira Casa e vai afetar o senhor dessa Casa — será um forte eclipse de Terceira Casa. Portanto, dirija de forma mais cautelosa e defensiva nesse período. Se não for necessário dirigir, é melhor não fazê-lo. Se for, seja mais cuidadoso. Carros e equipamentos de comunicação serão testados mais uma vez. O Universo quer apenas o melhor para você, qualquer coisa menos do que isso será descartada. Novamente, haverá momentos dramáticos na vida de irmãos, figuras fraternas e vizinhos. Poderão ocorrer transtornos na vizinhança (uma nova obra etc.). Estudantes abaixo do nível universitário sentirão o impacto e poderão mudar seus planos educacionais. Poderão ocorrer reformulações (perturbações) na escola que eles frequentam.

Este mês, apesar do eclipse, deverá ser de felicidade. Sua Terceira Casa, a da Comunicação e dos Interesses Intelectuais, que é a sua Casa favorita, estará muito forte. As faculdades mentais, sempre boas, estarão ainda com mais força agora. Os alunos vão aprender mais rápido, e as informações serão bem assimiladas.

A saúde estará basicamente boa, mas necessitará de mais observação após o dia 22. Não haverá nada sério nessa área, apenas uma redução da energia normal. (Em geral, isso não é sentido, pois é muito sutil, porém pode deixar a pessoa suscetível a invasões oportunistas.) Melhore a saúde por meio das indicações mencionadas na "Previsão Anual".

O poder planetário (os planetas rápidos) estará agora energizando a metade inferior do seu mapa. Assim, esse será o momento de direcionar um pouco de energia e atenção para o lar, a família e os interesses emocionais. Será a hora de obter mais "bem-estar emocional". A carreira continuará importante, pois a metade superior do mapa mantém-se forte. Portanto, você não vai ignorá-la completamente, mas dedique-se também a criar uma vida familiar estável. Este será o maior desafio: ser bem-sucedido na vida profissional e em casa.

As finanças não deverão ter grande destaque neste mês. A Lua Cheia do dia 26 trará um dia intenso para as finanças, assim como o dia 10, quando ocorrerá o perigeu da Lua (ponto da órbita em que ela fica mais próxima da Terra). O período entre os dias 11 e 26, em que a Lua estará Crescente, tenderá a ser mais forte do que o da Lua Minguante (entre os dias 1º e 9) e do que o do dia 26 ao dia 31.

SETEMBRO

Melhores dias: 2, 3, 11, 12, 20, 21, 29, 30
Dias mais tensos: 9, 15, 16, 22, 23, 24
Melhores dias para o amor: 2, 3, 4, 5, 13, 14, 15, 16, 22, 23, 24
Melhores dias para o dinheiro: 1º, 4, 5, 9, 13, 14, 18, 19, 22, 23, 24, 29
Melhores dias para a carreira: 4, 5, 13, 14, 22, 23, 24

Com Netuno, seu planeta da Carreira, retrógrado desde 18 de junho e com sua Quarta Casa muito forte agora, os assuntos profissionais necessitarão de tempo para se resolver, e você poderá se concentrar no lar e na família. Embora as questões da carreira pareçam nebulosas, as exigências sobre você continuarão fortes.

O poder na Quarta Casa, como sabem nossos leitores assíduos, significa mais do que o lar e a família. Ele envolve terapêuticas cósmicas. Muitos problemas têm origem no corpo da memória. Traumas antigos, não resolvidos, poderão ser deflagrados ou reestimulados. Eventos desafiadores ocorridos na juventude suscitaram declarações poderosas (e usualmente negativas) que foram feitas e esquecidas. Ainda assim, essas declarações (comandos, se você quiser) continuam agindo e, muitas vezes, impedindo o progresso. Portanto, quando a Quarta Casa está forte, a natureza traz velhas lembranças para que elas possam ser observadas com base no seu nível atual de entendimento. O que aterroriza uma criança de 3 anos apenas provoca risos em um adulto. Não se trata tanto de reescrever a história, pois os fatos já ocorreram, mas de "reinterpretá-la", de observar os eventos de um ponto de vista diferente, e, espera-se, mais saudável. Isso faz toda a diferença do mundo para o nosso bem-estar emocional. Lembranças aparentemente aleatórias irão aflorar, no entanto, elas não serão aleatórias, pois terão importância para sua vida "aqui e agora". Olhe para elas e para os sentimentos que despertam em você. Apenas olhe, e essas memórias perderão qualquer poder que tiveram sobre você.

Este também será um bom mês para os que fazem terapia psicológica. Haverá mais progresso.

A Lua Nova no dia 9 vai esclarecer tanto os assuntos emocionais quanto a situação familiar à medida que o mês for avançando. As informações de que você precisa lhe chegarão de modo natural e normal, com pouco estresse de sua parte.

A saúde ainda precisa de atenção até o dia 22, e haverá uma grande melhora logo em seguida. Nesse meio tempo, como sempre, dormir bem é essencial. Melhore a saúde seguindo as indicações mencionadas na "Previsão Anual".

Este será um mês excelente para quem está em busca de emprego, sobretudo até o dia 22. O Sol em Virgem favorece o trabalho, e Plutão, seu planeta do Trabalho, receberá bons aspectos até o dia 22. (Os dias 10, 11, 15 e 16 serão especialmente bons para quem está procurando emprego.)

OUTUBRO

Melhores dias: 1º, 8, 9, 17, 18, 19, 27, 28
Dias mais tensos: 6, 7, 12, 13, 14, 20, 21
Melhores dias para o amor: 2, 3, 10, 11, 12, 13, 14, 20, 21, 29, 30
Melhores dias para o dinheiro: 1º, 2, 3, 8, 9, 10, 11, 18, 19, 20, 21, 29, 30
Melhores dias para a carreira: 2, 3, 10, 11, 20, 21, 29, 30

No dia 22 do mês passado, você atingiu um dos seus picos anuais de prazer pessoal. Não se trata apenas de se divertir, o que acontecerá, mas de recarregar as baterias para que o trabalho futuro prossiga melhor. Se você aproveitar esse período, encontrará novas ideias e um novo entusiasmo para trabalhar após o dia 23. Esse será um bom momento (até o dia 23) para explorar a criatividade pessoal, especialmente a escrita.

No dia 16 de setembro, o poder planetário passou do setor oriental, independente (o setor do EU) para o setor ocidental, social (o setor dos outros). Setenta por cento e, algumas vezes, oitenta por cento dos planetas vão estar no Oeste, e isso continuará por alguns meses. A independência pessoal ficará fraca, mas o Cosmos compensará você de outras maneiras. Você será forçado a desenvolver (e a confiar em) suas habilidades sociais , isto é, a capacidade de conseguir a cooperação das pessoas. O poder planetário estará fluindo em direção aos outros agora, e não na sua direção. O seu caminho não será, provavelmente, o melhor nesse momento. Deixe que as pessoas ajam do jeito delas, desde que isso não seja destrutivo. Adapte-se a condições desagradáveis o máximo que puder. Anote o que precisa ser mudado. Quando o poder planetário se deslocar na direção do seu setor (a metade oriental do mapa), você será capaz de realizar as mudanças, e elas acontecerão com mais facilidade.

A presença de Urano na sua Décima Segunda Casa, a da Espiritualidade, desde maio, está causando muita agitação na sua vida espiritual. Você tem feito (especialmente quem nasceu no início do signo de Gêmeos) todo tipo de mudanças na sua prática e nos seus interesses. Mas agora, com seu planeta Espiritual (Vênus) entrando em movimento retrógrado no dia 5, é melhor estudar mais as coisas antes de realizar mudanças importantes. (Todos os planetas envolvidos na sua espiritualidade estarão retrógrados neste mês: Netuno, o regente geral da Espiritualidade, e Urano, o ocupante da sua Décima Segunda Casa.) Os sonhos e as intuições necessitarão de mais verificação neste mês. Eles vão estar acurados, porém o significado não será o que você pensa.

A retrogradação de Vênus (que é rara, pois acontece somente a cada dois anos) afetará seus filhos e enteados. Embora eles estejam prosperando neste ano (e sobretudo neste mês), parece que lhes falta direção pessoal. Eles não estarão certos do que realmente querem ou de quais deveriam ser seus objetivos pessoais.

NOVEMBRO

Melhores dias: 4, 5, 14, 15, 23, 24
Dias mais tensos: 2, 3, 9, 10, 16, 17, 29, 30
Melhores dias para o amor: 4, 5, 8, 9, 10, 14, 15, 19, 23, 24, 27
Melhores dias para o dinheiro: 6, 7, 8, 16, 17, 19, 25, 26, 27
Melhores dias para a carreira: 6, 7, 8, 16, 17, 25, 26

O amor e o romance serão o grande destaque deste mês. Para quem já estiver em um relacionamento, haverá mais atividade social (e ela trará mais felicidade). Quem ainda não estiver se relacionando conhecerá, com certeza, candidatos interessantes. Júpiter, seu planeta do Amor, entrará na sua Sétima Casa, a do Amor, no dia 8. Assim, ele estará em seu próprio signo e Casa — e será forte tanto em termos celestiais quanto terrenos. Será poderosíssimo em seu favor. Por isso, seu encanto, ou magnetismo, social estará incomumente forte. Será como se você tivesse tomado a "pílula da paixão", ou a poção do amor. As pessoas serão atraídas por você.

Um grande número de geminianos se casará nos próximos 12 meses (talvez não neste mês, mas no ano que está por vir). Muitos de vocês se envolverão em relacionamentos que são "como" o casamento, porém sem as formalidades. Poderão se formar também sociedades comerciais. No dia 22, o Sol se juntará a Júpiter na sua Sétima Casa, e você atingirá um pico anual de amor e vida social. Para alguns de vocês (e isso dependerá em grande parte da sua idade), será o pico mais importante da sua vida. Para outros, será um dos mais expressivos picos de amor.

Mercúrio, o senhor do seu horóscopo, passará o mês na sua Sétima Casa também. Isso contribuirá para sua popularidade. Você ajudará os outros, e especialmente a pessoa amada. Estenderá a mão para as pessoas e adotará uma abordagem proativa em relação ao amor. O mês inteiro será positivo para o amor, mas os melhores períodos serão entre os dias 24 e 28 (o Sol viajará com Júpiter) e entre os dias 29 e 30 (Mercúrio viajará com Júpiter).

A vida social ficará ativa, mas o mesmo acontecerá com a carreira, e será um desafio conciliar as duas. Marte cruzará seu Meio do Céu no dia 16 e entrará na sua Décima Casa, a da Carreira. Os amigos serão bem-sucedidos e irão ajudá-lo. Seu conhecimento tecnológico desempenhará um papel muito importante a partir do dia 16. A mudança planetária da metade inferior para a metade superior do seu horóscopo também é uma indicação de que o foco estará na carreira. Você trabalhará duro, mas será recompensado. Haverá sucesso.

O dia 7, de Lua Nova, e o dia 23, de Lua Cheia, serão poderosos para as finanças, especialmente este último. O dia 26, quando a Lua estará em seu perigeu (ponto da órbita em que ela fica mais próxima da Terra), também será muito positivo para as finanças. (Ela estará no perigeu em sua Casa do Dinheiro.)

DEZEMBRO

Melhores dias: 2, 3, 11, 12, 21, 22, 29, 30
Dias mais tensos: 6, 7, 14, 15, 27, 28
Melhores dias para o amor: 2, 3, 6, 7, 14, 15, 16, 23, 24, 26
Melhores dias para o dinheiro: 6, 7, 16, 17, 23, 24, 26, 27
Melhores dias para a carreira: 4, 5, 14, 15, 23, 24, 31

Muitas das tendências que indicamos para o mês passado continuam em ação agora. O amor e a carreira serão os focos principais.

Marte ainda está na sua Décima Casa, a da Carreira. Seu planeta da Carreira, Júpiter, entrou em movimento direto em 25 de novembro. Há clareza mental na sua carreira e no caminho da carreira. Ela vai começar a avançar de novo. Marte viajará com Netuno neste mês, e entre os dias 5 e 7 estarão juntos. Isso indica, como mencionamos no mês passado, muita atividade na vida profissional. O sucesso virá de uma abordagem ousada e mais agressiva. Netuno sozinho pode ser muito passivo, mas Marte o incitará a agir. Isso também mostra o sucesso e a ajuda de amigos. Atividades virtuais e conhecimento tecnológico impulsionarão a carreira. Chefes, o pai, a mãe (ou figuras paternas ou maternas), terão um excelente mês para as finanças. O setor em que você atua irá bem neste mês, e Vênus dará um incentivo à sua vida profissional nos dias 20 e 21, quando formará ótimos aspectos com Netuno. Filhos e enteados vão alcançar o sucesso, além de apoiarem sua carreira. Um atrativo para o público jovem será útil à sua atividade profissional.

A saúde ficou mais delicada a partir de 22 de novembro, e também precisará de mais observação até o dia 21 deste mês. Por isso, repouse o suficiente, e não se canse excessivamente. Melhore a saúde seguindo as indicações mencionadas na "Previsão Anual". A boa notícia é que sua Sexta Casa, a da Saúde, estará mais forte do que o comum neste mês. Mercúrio ficará nela até o dia 13 e Vênus estará nela a partir do dia 2. Isso indica que você prestará atenção nessa área.

A vida amorosa continuará brilhando. Você permanecerá em um pico anual de amor e vida social até o dia 21. Mercúrio, um planeta muito importante em seu mapa, o senhor do seu horóscopo, entrará (desta vez em movimento direto) na sua Sétima Casa, a do Amor, no dia 13.

Alguém que você pode ter conhecido no mês passado e de quem talvez tenha se afastado vai ter uma nova chance. Isso favorecerá a popularidade e a boa sorte no amor.

Os feriados de fim de ano tendem a ser um período social em todo o mundo, mas para você serão mais ainda, muito mais do que os feriados anteriores.

♋

CÂNCER

O CARANGUEJO

Nascidos entre 21 de junho e 20 de julho

PERFIL PESSOAL

CÂNCER EM UM RELANCE

Elemento: Água
Planeta Regente: Lua
Planeta da Carreira: Marte
Planeta da Saúde: Júpiter
Planeta do Amor: Saturno
Planeta das Finanças: Sol
Planeta do Divertimento e dos Jogos: Plutão
Planeta do Lar e da Vida Familiar: Vênus
Cores: azul, castanho-escuro, prata
Cores que promovem o amor, o romance e a harmonia social: preto, índigo
Cores que propiciam ganhos: dourado, alaranjado
Pedras: pedra da lua, pérola
Metal: prata
Perfumes: jasmim, sândalo
Qualidade: cardeal (= atividade)
Qualidade essencial ao equilíbrio: controle das variações de humor
Maiores virtudes: sensibilidade emocional, tenacidade, capacidade de cuidar
Necessidade mais profunda: harmonia no lar e na vida familiar
Características a evitar: hipersensibilidade, estados depressivos
Signos de maior compatibilidade: Escorpião, Peixes
Signos de maior incompatibilidade: Áries, Libra, Capricórnio

Signo mais útil à carreira: Áries
Signo que fornece maior suporte emocional: Libra
Signo mais prestativo em questões financeiras: Leão
Melhor signo para casamento e associações: Capricórnio
Signo mais útil em projetos criativos: Escorpião
Melhor signo para sair e se divertir: Escorpião
Signos mais úteis em assuntos espirituais: Gêmeos, Peixes
Melhor dia da semana: segunda-feira

COMPREENDENDO A PERSONALIDADE CANCERIANA

No signo de Câncer, o céu parece empenhado em desenvolver o lado emocional do Universo. Se pudéssemos resumir o canceriano em uma única palavra, seria *sentimento*. No que Áries tende a errar pelo excesso de ação, Touro pela inércia e Gêmeos pela frieza mental, Câncer erra por demasiada emotividade.

Os cancerianos parecem desconfiar da lógica. Talvez com razão. Para eles, não basta que um projeto ou argumento tenha aparência lógica; eles têm de *sentir* isso. Se não *sentirem* claramente que está tudo bem, rejeitarão a proposta ou se irritarão com ela. A frase "Siga seu coração" deve ter sido cunhada por um canceriano, pois descreve precisamente a atitude do nativo deste signo diante da vida.

A capacidade de sentir constitui um método mais direto de conhecimento do que a capacidade de pensar. O pensar nunca toca o objeto de sua análise, ao passo que o sentimento sempre encontra o alvo em questão e nos faz vivenciá-lo. A intuição emocional é quase um sexto sentido da raça humana, um sentido de natureza psíquica. E, tendo em vista que muitas das realidades com as quais deparamos são pungentes e até destrutivas, não é de surpreender que os cancerianos optem por erguer barreiras de defesa, que funcionam como carapaças para proteger sua natureza sensível e vulnerável. Para os cancerianos, é pura e simplesmente uma questão de bom senso.

Quando um nativo de Câncer se acha na presença de desconhecidos ou em um ambiente hostil, entra na carapaça, onde se sente protegido. As outras pessoas se queixam disso, mas é preciso questionar seus motivos. Por que essa proteção as incomoda tanto? Acaso gostariam de feri-lo e sentem-se frustradas por não poderem fazê-lo? Afinal, se as intenções forem louváveis, não haverá o que recear: basta um pouco de paciência e a carapaça se abrirá — o estranho será aceito como parte do círculo familiar e da esfera de amizades do canceriano.

Os processos de raciocínio são geralmente analíticos e fracionários. Para pensar com clareza, precisamos fazer distinções, comparações etc. Já o sentimento unifica e integra. Analisar algo com clareza equivale a distanciar-se dele. Sentir é aproximar-se. Tendo aceitado você como amigo, um canceriano não o renegará jamais. Você terá que fazer muito mal para chegar a perder a amizade de um canceriano. E, ao se relacionar com nativos do signo, você jamais conseguirá se desligar totalmente deles. Eles sempre procuram conservar algum tipo de laço, mesmo nas circunstâncias mais extremas.

FINANÇAS

Os nativos de Câncer intuem profundamente como os demais se sentem em relação a algo e por que o fazem. Essa faculdade representa um dom valiosíssimo no trabalho e no mundo dos negócios. É claro que também ajuda a formar um lar e a criar uma família. Mas, indubitavelmente, tem grande aplicação nas finanças. Os cancerianos, frequentemente, acumulam grandes fortunas em negócios familiares. Mesmo que não se trate de um negócio em família, eles o tratarão como tal. Se o canceriano trabalhar para alguém, encarará o chefe como figura paternal (ou maternal) e os colegas de trabalho como irmãos e irmãs. Se o canceriano for o patrão, os demais serão tidos como filhos ou apadrinhados. Os cancerianos adoram ser vistos como provedores. Regozijam-se em saber que outras pessoas obtêm sustento direto ou indireto de suas ações. É outra forma de prover.

O fato de Leão ocupar a cúspide da Segunda Casa Solar de Câncer, das Finanças, faz dos cancerianos jogadores sortudos, com grandes possibilidades de êxito em transações imobiliárias, hoteleiras e gastronômicas. Estâncias, spas e casas noturnas também lhes proporcionam bons lucros. Eles se sentem atraídos por propriedades próximas à água, e embora tendam ao convencionalismo, gostam, por vezes, de tirar seu sustento de atividades glamourosas.

O Sol, regente das finanças de Câncer, acena com importante mensagem para os nativos. Em questões financeiras, eles devem procurar ser menos "de lua"; mais estáveis e fixos. Para se dar bem no mundo dos negócios, não podem deixar o humor oscilar a seu bel-prazer — estar hoje aqui e amanhã ali. Precisam desenvolver o amor-próprio e valorizar-se para realizar seu pleno potencial financeiro.

CARREIRA E IMAGEM PÚBLICA

Áries rege a Décima Casa (da Carreira) dos nativos de Câncer, indicando que eles anseiam por ter o próprio negócio, por se mostrarem mais ativos em público e na política e por serem mais independentes. Responsabilidades familiares, o medo de magoar os outros ou de se ferir amiúde os inibem de atingir essas metas. Mas isso é, no fundo, o que gostariam de fazer.

Os cancerianos apreciam que seus chefes e líderes concedam liberdade, mas que também saibam se impor quando necessário. Sabem como lidar com essas características em um superior. Eles esperam que seus líderes se comportem como guerreiros e que lutem sempre por seus liderados.

Quando ocupam posições de chefia, os cancerianos atuam como verdadeiros senhores feudais, dispostos a travar qualquer batalha em defesa dos vassalos sob sua proteção. É claro que as batalhas que travam não são só em autodefesa, mas em defesa daqueles por quem se sentem responsáveis. Se não possui esse instinto de luta, esse pioneirismo e essa independência, o nativo de Câncer encontra grande dificuldade em atingir suas metas profissionais mais elevadas, pois sua capacidade de liderança fica cerceada.

Por serem tão paternais, os cancerianos apreciam trabalhar com crianças, e são excelentes professores e educadores.

AMOR E RELACIONAMENTOS

Os cancerianos, da mesma forma que os taurinos, gostam de relacionamentos sérios. Funcionam melhor quando a relação é claramente definida e cada uma das partes conhece bem seu papel. Quando se casam, é para toda a vida. São extremamente fiéis ao ser amado. Mas existe um segredinho que a maioria dos cancerianos oculta a sete chaves: tendem a encarar os compromissos e o consórcio afetivo como uma obrigação ou dever. Entram neles porque desconhecem outra forma de criar a família que desejam. A união para eles é apenas um caminho, um meio para se atingir uma finalidade, não um fim em si. A legítima finalidade para eles é a família.

Se estiver apaixonado por um nativo de Câncer, você terá de lidar suavemente com os sentimentos dele. Você, que não é do signo, levará um bom tempo para conhecer a delicada sensibilidade e suscetibilidade dos cancerianos. O menor clima de negatividade os perturba. O seu tom de voz, sua mais leve irritação, um olhar ou uma expressão mais severa podem revelar-se motivo de profunda tristeza para eles. Registram os mínimos gestos e reagem intensamente a eles. Pode ser duro habituar-se de início, mas não desista de seu amor canceriano. São grandes companheiros depois que você passa a conhecê-los e aprende a lidar com eles. É importante entender que os cancerianos reagem não tanto ao que você diz, mas à maneira como você se sente no momento.

VIDA DOMÉSTICA E FAMILIAR

É nesse terreno que os cancerianos dão tudo de si. O ambiente doméstico e familiar por eles criado é como uma primorosa joia personalizada. Esforçam-se por desenvolver coisas belas que sobrevivam aos seus próprios criadores. E frequentemente o conseguem.

Os cancerianos sentem-se muito ligados à família, aos parentes e, sobretudo, às mães. Esses elos perduram por toda a vida e amadurecem à medida que eles envelhecem. Orgulham-se muito dos familiares bem-sucedidos e são bastante apegados aos bens herdados e às recordações familiares. Os cancerianos adoram crianças e gostam de provê-las com tudo aquilo que desejam e de que necessitam. Essa natureza nutriz e sensível os torna excelentes pais — sobretudo a mulher canceriana, que encarna o arquétipo da mãe zodiacal por excelência.

A postura dos pais cancerianos em relação aos filhos é sempre do tipo "certos ou errados, são meus filhos". A dedicação incondicional a eles está sempre na ordem do dia. Aliás, não importa o que um membro da família faça, os cancerianos sempre acabam perdoando-o; afinal, "somos uma família", argumentam eles. A preservação da instituição e da tradição familiar é uma das principais razões existenciais dos cancerianos. Nesse ponto, eles têm muitas lições a nos ensinar.

Por serem tão voltados para a família, seus lares se revelam sempre impecavelmente limpos, organizados e confortáveis. Apreciam mobiliário antigo, mas não dispensam os confortos da modernidade. Os cancerianos adoram hospedar, receber parentes e amigos e organizar festas. São excelentes anfitriões.

CÂNCER
PREVISÃO ANUAL PARA 2018

TENDÊNCIAS GERAIS

A melhor descrição para este ano é "agridoce". Júpiter no signo de Escorpião trará muitos eventos felizes: mais dinheiro, mais diversão na vida, otimismo e criatividade pessoal. Mas a entrada de Saturno em Capricórnio (no fim do ano passado) disse: "Espere um minuto, você tem responsabilidades reais, não pode ficar simplesmente se divertindo." Seu desafio será aproveitar a vida enquanto lida com todas as suas responsabilidades — e poderá haver algumas extras neste ano.

Plutão está na sua Sétima Casa, a do Amor, há dez anos, desde janeiro de 2008. Isso causou uma grande mudança na vida amorosa e social dos cancerianos. Houve muitos divórcios, separações (ou quase divórcios) nesses dez anos. Espiritualmente falando, você está dando à luz a vida social dos seus sonhos, sua vida amorosa e social ideal. Isso sempre envolve a purgação do que é velho e residual.

De modo geral, essas são crenças e atitudes internas, mas muitas vezes elas se manifestam de maneiras externas também. A morte de velhos relacionamentos e o começo de outros. Agora, Saturno entrou na sua Sétima Casa, e esses novos relacionamentos passarão por "testes de resistência ao estresse". Apenas os que forem bons vão sobreviver. Trataremos disso em detalhes mais adiante.

Urano está na sua Décima Casa, a da Carreira, há dez anos. Isso provocou um grande número de mudanças na carreira para muitos de vocês. Em alguns casos, essas mudanças profissionais envolveram o setor em que vocês atuam ou a empresa em que trabalham. Em outros, afetou sua abordagem da carreira. E em outros, ainda, promoveu uma mudança real da profissão — advogados tornaram-se apresentadores de *talk shows*, médicos começaram a escrever blogs ou passaram a trabalhar com negócios virtuais, coisas desse tipo. Urano permanecerá na sua Décima Casa neste ano, mas ficará fora dela de 16 de maio a 6 de novembro. No próximo ano, sairá de lá para sempre. Por isso, haverá mais estabilidade na carreira, uma sensação maior de segurança. Veremos detalhes sobre isso mais à frente.

A entrada de Urano na sua Décima Primeira Casa também colocará muitas amizades à prova. Pelos próximos sete anos, todo o seu círculo social será radicalmente diferente.

Netuno está na sua Nona Casa há alguns anos e permanecerá nela por muitos anos ainda. Isso indica uma espiritualização de suas crenças filosóficas e religiosas. Muitos de vocês irão explorar o lado místico da religião em que foram criados.

No dia 8 de novembro, Júpiter entrará na sua Sexta Casa. Estará, então, no seu próprio signo e na sua própria Casa, por isso, ficará muito poderoso. Isso trará ótimas oportunidades de emprego, muito boas mesmo, além de notícias positivas na área da saúde. Veremos detalhes sobre esse assunto mais adiante.

Os seus principais interesses neste ano serão: diversão, crianças e criatividade (até 8 de novembro); saúde e trabalho (a partir de 8 de novembro); amor e romance; viagens ao exterior, ensino superior e religião; carreira (de 1º de janeiro a 16 de maio e de 6 de novembro a 31 de dezembro).

Os seus caminhos de maior realização neste ano serão: diversão, crianças e criatividade (até 8 de novembro); saúde e trabalho (a partir de 8 de novembro); finanças (até 17 de novembro); corpo, imagem e prazer pessoal (a partir de 17 de novembro).

SAÚDE

(Trata-se de uma perspectiva astrológica sobre a saúde, não de uma visão médica. No passado, essas perspectivas eram idênticas, porém hoje podem ocorrer diferenças. Para obter uma opinião com base em diagnósticos da medicina convencional, consulte seu médico ou um profissional da saúde.)

A saúde precisará de mais observação neste ano. Três poderosos planetas lentos estarão em alinhamento tenso com você. Por esse motivo, a energia geral não estará como deveria, o que o deixará mais vulnerável às coisas. Além disso, haverá momentos neste ano em que planetas rápidos contribuirão para essa tensão, e as vulnerabilidades se tornarão maiores. Isso, por si só, não significa doença, mas apenas que a saúde necessitará de mais trabalho e atenção.

Até o dia 8 de novembro, sua Sexta Casa estará vazia (somente planetas rápidos passarão por ela), por isso, haverá uma tendência à "falta de atenção". Você terá de se forçar a mantê-la.

A boa notícia é que, como nossos leitores assíduos sabem, muito pode ser feito para melhorar a saúde e prevenir o desenvolvimento de problemas. Dê mais atenção às áreas a seguir, que estarão vulneráveis neste ano.

Coração. Ganhou importância desde 2008 e assim permanecerá por muitos anos. Como muitos terapeutas espirituais afirmam que a preocupação (isto é, a falta de fé) é a principal causa dos problemas cardíacos, é bom cultivar a fé.

Estômago. (Para as mulheres, os seios.) Sempre importante para o canceriano. Alimentar-se da maneira certa é sempre uma questão relevante no seu caso (embora não para todos). O que você come é importante e deveria ser analisado por um profissional, mas COMO você come pode ter a mesma importância. O ato de alimentar-se precisa ser elevado, saindo da condição de mero apetite animal para tornar-se um ato de adoração. Abençoe sua comida. Agradeça por ela. Faça preces (em suas palavras) antes e depois das refeições. Coma ao som de uma música bela e suave. Isso mudará as vibrações tanto da comida quanto do seu sistema digestivo. Os alimentos vão ser mais bem-digeridos e você absorverá apenas as melhores e mais altas qualidades daquilo que ingerir.

Fígado e coxas. São também importantes para o canceriano. Júpiter, o regente dessas áreas, é o seu planeta da Saúde. As pernas deverão ser massageadas regularmente. Fazer uma desintoxicação do fígado com ervas periodicamente, sobretudo se você se sentir indisposto, será uma boa ideia.

Cólon, bexiga e órgãos sexuais. Essas áreas só se tornaram importantes a partir do último mês de outubro, e continuarão assim até 8 de novembro. Sexo seguro e moderação sexual serão importantes nesses dias — nada de excesso nem de falta. Ouça o corpo, não a mente. O corpo lhe dirá quando for o bastante. Fazer uma desintoxicação do cólon com ervas, periodicamente, será benéfico.

A presença do seu planeta da Saúde no signo de Escorpião indica tendência à cirurgia. De algum modo, você a verá como uma solução "rápida" para um problema de saúde. Mas tenha em mente que Escorpião também rege a desintoxicação e, muitas vezes, ela produz o mesmo efeito, embora demore um pouco mais. Você reagirá bem à desintoxicação neste ano.

A presença do seu planeta da Saúde na Quinta Casa indica necessidade de se "manter feliz". Fique atento aos seus humores (os cancerianos são muito temperamentais). Evite a depressão como se fosse uma praga. Mantenha as essências criativas fluindo. Um hobby criativo seria divertido e terapêutico neste ano.

LAR E FAMÍLIA

O lar e a família são sempre importantes para você, mas neste ano a intensidade será menor do que a usual. Sua Quarta Casa, a do Lar e da Família, ficará basicamente vazia. Apenas planetas rápidos transitarão por ela, e brevemente.

Muitos de vocês se mudaram ou redecoraram a casa nos últimos dois anos. Seu círculo familiar também se expandiu. Em 2018, você parecerá muito contente nessa área e não terá necessidade de fazer grandes mudanças. As coisas ficarão como estão neste ano.

Os cancerianos de idade adequada ficaram mais férteis do que o usual no ano passado, e essa tendência se manterá agora. Uma gravidez não seria surpresa.

Neste ano, seu foco estará mais nos filhos (ou enteados), e não em outros membros da família. Você se dará bem com eles. É provável que tragam grande alegria e felicidade, além de parecerem muito prósperos, vivendo em um padrão mais alto do que o usual. Também poderão estar propensos a viajar e serão felizes nas viagens.

Não é provável que haja grandes reformas ou reparos neste ano (embora planetas rápidos e seu horóscopo pessoal, traçado para você, possam modificar isso). No entanto, se você estiver fazendo uma nova pintura ou reposicionando os móveis, dois bons períodos para embelezar a casa serão de 7 de agosto a 9 de setembro e de 16 de novembro a 2 de dezembro. Esses serão também momentos positivos para a compra de objetos decorativos para o lar.

Seu planeta do Lar e da Família, Vênus, é muito rápido. No período de um ano ele passará por todos os setores do seu horóscopo. Por isso, surgirão várias tendências de curto prazo em relação ao lar e à família, dependendo de onde Vênus estiver e dos aspectos que receberá. Veremos mais detalhes sobre isso nas "Previsões Mensais".

Vênus fará uma de suas raras retrogradações neste ano (uma a cada dois anos) no período de 5 de outubro a 16 de novembro. Não será o momento para decisões familiares importantes nem para grandes despesas no lar, mas para revisão e para observar o que poderá ser melhorado. Você poderá colocar seus planos em ação quando Vênus entrar em movimento direto no dia 16 de novembro.

O pai, a mãe ou a figura paterna ou materna da sua vida passou por muitas mudanças pessoais nos últimos sete anos, mas agora as coisas vão começar a se estabilizar um pouco para essa pessoa. O outro componente do casal terá um ano de grande prosperidade e é provável que seja generoso com você. Ele ou ela poderá passar por mudanças no trabalho neste ano. Dificilmente esse casal mudará de residência, pois ocorrerão muitos atrasos e dificuldades. Como mencionamos, filhos e enteados vão prosperar, contudo, não é provável que se mudem. Irmãos ou figuras fraternas poderão se mudar ou reformar a casa a partir de 8 de novembro. Isso poderá acontecer no próximo ano também. Para os netos (se você os tiver), o ano não trará mudanças na área da família.

DINHEIRO E CARREIRA

Este ano deverá ser muito próspero. Júpiter fará ótimos aspectos com você, por isso, haverá expansão financeira, oportunidades felizes, aquilo que o mundo chama de "boa sorte" (o que é somente a aplicação das leis espirituais). Haverá sorte em especulações e, provavelmente, não seria ruim investir quantias modestas em algum tipo de especulação (mas, por favor, não use o dinheiro do aluguel nem o da alimentação nisso, e também não aja de forma automática, apenas por intuição). As especulações estarão favorecidas, porém o Cosmos tem muitas maneiras de fazê-lo prosperar.

Haverá muitas guinadas financeiras dramáticas e correções de rumo neste ano, mais do que o comum. Teremos três eclipses solares em 2018, quando usualmente são apenas dois. E como o Sol é o seu planeta das Finanças, isso indica mudanças e momentos dramáticos. Além disso, dois eclipses — um solar e um lunar — ocorrerão na sua Casa do Dinheiro. Portanto, quatro dos cinco eclipses causarão impacto nas finanças. Sinto que você poderá subestimar os ganhos e precisará mudar a estratégia.

Se houver uma fraqueza financeira neste ano, será pela ausência quase total de planetas na sua Casa do Dinheiro. Somente planetas rápidos transitarão por ela, e brevemente. De modo geral, isso indica satisfação com os ganhos do jeito como eles estão. De certa forma, você vai considerar a prosperidade garantida e não sentirá necessidade de se concentrar demais nessa área. No entanto, se surgirem problemas financeiros, a causa poderá ser a falta de atenção.

Os ótimos aspectos de Júpiter com o seu Sol Natal sugerem ganhos por meio do trabalho. O seu trabalho criará a boa sorte. E isso pode indicar também ganhos provenientes do campo da saúde.

Júpiter na sua Quinta Casa indica que filhos ou enteados serão importantes em termos financeiros. Muitas vezes, eles serão a força motivadora para o sucesso financeiro. Outras vezes, aparecerão com ideias ou inspirações. Se estiverem na idade adequada, poderão também prestar apoio físico ou material.

Júpiter na sua Quinta Casa também pode indicar ganhos provenientes de setores voltados para o público jovem: música, entretenimento, esportes ou empresas que abastecem esses setores.

Urano está na sua Décima Casa, a da Carreira, há sete anos, e permanecerá nela durante parte deste ano. Você passou por muitas mudanças profissionais nos últimos sete anos. Em alguns casos, isso envolveu sua área de atuação ou sua profissão. Em outros, envolveu sua empresa. Algumas vezes, você, de fato, muda de profissão e escolhe algo totalmente diferente. Essa incerteza na carreira vai começar a se reduzir agora. Ainda não será eliminada por completo, mas no próximo ano terá terminado. Haverá mais estabilidade e segurança nessa área.

Urano na sua Décima Casa favorece os trabalhos do tipo freelance — que oferecem bastante liberdade e mudanças. As áreas de mídias eletrônicas e de redes sociais serão favorecidas. Os únicos problemas com esse tipo de carreira com muita "liberdade" são a insegurança e a incerteza. Aprender a viver com isso foi uma de suas maiores lições nos últimos sete anos.

Haverá muitas oportunidades de trabalhos temporários, dependendo de onde Marte, seu planeta da Carreira, estiver e dos aspectos que receberá. Esse assunto será abordado mais detalhadamente nas "Previsões Mensais".

AMOR E VIDA SOCIAL

O amor e a vida social serão desafiadores neste ano. Mas os desafios poderão trazer muitas recompensas se você lidar adequadamente com eles.

Saturno, como mencionamos, estará na sua Sétima Casa, a do Amor, pelos próximos dois anos. Isso não é propício para o casamento nem para o amor sério ou formalizado. Ainda que você encontre "alguém especial", não será recomendável que se case. Aproveite o relacionamento pelo que ele é. O próximo ano poderá ser um momento melhor para se casar.

Como mencionamos, se você é casado ou está em um relacionamento sério, essa relação será testada neste ano. Isso não costuma ser agradável, mas tem alguns pontos positivos. Nunca sabemos se o amor é verdadeiro durante os bons tempos, quando tudo é idílico. Só descobrimos isso nas épocas difíceis. Se o seu casamento ou relacionamento conseguir passar pelo estresse dos próximos dois anos, ele provavelmente sobreviverá a qualquer coisa.

Saturno é o seu planeta do Amor. Por isso, de modo geral, você tende a ser conservador no casamento e nos relacionamentos. Mas, agora que Saturno está no seu próprio signo e na sua própria Casa, ele será mais "saturnino" do que o comum. Você será capaz de ser mais conservador do que o habitual. E isso se aplicará ao cônjuge, ao parceiro ou às pessoas com quem se envolva.

Os solteiros tenderão a preferir pessoas mais velhas e estabelecidas. Figuras corporativas, empresariais. Haverá um sentimento de praticidade no amor (você sempre tem esse sentimento, mas, agora, muito mais). Você deverá gravitar em direção ao bom provedor, a pessoas ambiciosas, a quem poderá ajudá-lo na carreira. O problema, nesse caso, é que "relacionamentos por conveniência" serão mais prováveis do que relacionamentos por amor verdadeiro.

O cônjuge, parceiro ou amor atual parecerá sério demais neste ano. Frio, indiferente, distante. Será como se o elemento paixão estivesse ausente. Essa chama deverá ser acesa artificialmente. Vocês dois terão de trabalhar nisso. Ambos deverão exercitar a prática — e façam disso um projeto — de enviar amor e afeto para os outros.

Para os solteiros, haverá menos namoros e festas neste ano. O Cosmos os convidará a ser mais seletivos a respeito dessas coisas em 2018. Haverá necessidade de se concentrar mais na qualidade do que na quantidade. Você vai namorar menos, mas os relacionamentos serão de melhor qualidade.

Muitas vezes, esse aspecto causa decepções sociais. Talvez suas expectativas fossem muito altas. Talvez você tenha sido ingênuo. Não olhe para isso como decepção, mas como uma "revelação do Divino". A verdade machuca às vezes, porém é melhor do que viver uma mentira.

Quem estiver no segundo casamento ou em busca dele terá mais facilidade com esse relacionamento. Para os solteiros, o romance estará à espera, mas não haverá necessidade de apressar um casamento. Os que estiverem no terceiro casamento ou em busca dele também terão o relacionamento colocado à prova. Se você estiver solteiro, é melhor não se casar. Os aspectos, no seu caso, são para um relacionamento sério, não para o casamento.

AUTOAPRIMORAMENTO

Como mencionamos, Saturno na sua Sétima Casa traz desafios ao amor e à vida social. Essa área está sendo reorganizada e se tornando mais estável. Mas isso é um processo, não um evento. Saturno vai reorganizar — e testar — suas atitudes amorosas atuais, suas noções sobre o que, de fato, é o amor. Saturno, quando se envolve com o amor, muitas vezes faz com que a pessoa se torne "descrente" no amor, pelo menos no amor que é idealizado na nossa cultua. A pessoa, de algum modo, sente o seguinte: "O amor é uma ilusão, de qualquer jeito, então, eu também devo ser prático em relação a ele." Esse foi o conceito em muitas culturas por milhares de anos, e ainda prevalece em várias partes do mundo. Casamentos eram arranjados pelos pais, que, presumivelmente, tinham mais clareza mental do que os filhos. A química entre duas pessoas raramente era uma questão. O casamento era prático, criava laços financeiros ou diplomáticos entre as famílias. Era, muitas vezes, um instrumento do Estado, nunca tinha a ver com "realização pessoal". O pensamento era que uma pessoa pode aprender a amar qualquer um, portanto, pode muito bem aprender a amar alguém que seja útil ao Estado ou à fortuna das famílias. Quase todos os casamentos eram por conveniência.

Esse conceito foi amplamente abandonado no mundo ocidental; ainda assim, quando o analisamos, vemos que HÁ algo muito espiritual nessa atitude. Uma pessoa PODE aprender a amar qualquer um — com prática e paciência. Espiritualmente falando, é apenas uma escolha que alguém faz, uma escolha momento a momento. Talvez a química não seja o que deveria ser. Talvez os hábitos e manias sejam irritantes. Apesar disso, como sabe todo aquele que medita, essas coisas não são obstruções para o amor. O amor espiritual está acima de toda e qualquer condição humana. Ele não depende de "objetos". É uma força espiritual que qualquer pessoa pode explorar. Ele flui, sem distinção, para todas as partes da vida: o bom, o mau, o feio. Esse amor pode não aprovar certas ações — ele não encobre faltas —, mas ama, apesar delas.

Aprender esse tipo de amor será de grande ajuda nos próximos dois anos. A meditação irá auxiliá-lo.

Há outra lição que Saturno ensina sobre o amor — e ela não é popular, de forma nenhuma, mas é válida. O dever e o amor são, de modo geral, vistos como opostos, como atitudes antagônicas. O dever é entendido como algo que envolve disciplina, controle das emoções, esforço e empenho. O amor, por outro lado, é entendido como algo que não requer esforço. Mesmo assim, o dever cumprido de maneira amorosa é, talvez, a forma mais elevada de amor. Uma pessoa que ama outra de verdade sempre cumprirá seu dever para com a outra.

Como mencionamos, Saturno na sua Sétima Casa tenderá a provocar decepções, não apenas no amor, mas com amigos também. Talvez suas expectativas sejam muito altas. Talvez o cônjuge ou o amigo esteja enfrentando um drama pessoal. Talvez essas pessoas nunca tenham sido quem você pensava que elas fossem. Não importa. Este será um ano para praticar a arte do perdão. Não é sábio (nem saudável) guardar ressentimentos. Você precisará de toda ajuda que conseguir obter em seus relacionamentos, e o perdão será de grande ajuda.

O verdadeiro perdão jamais tem a ver com "encobrir falhas". Não podemos ocultar as coisas. As pessoas fizeram o que fizeram. Ainda assim, as perdoamos. O verdadeiro perdão acontece quando conseguimos nos colocar no lugar delas e entender por que agiram daquela forma. Muitas vezes, alcançamos a compreensão de que, se estivéssemos naquela situação, talvez tivéssemos agido da mesma maneira.

Por fim, alguns relacionamentos não sobreviverão ao estresse que está por vir. A dissolução também traz lições. Nessa situação, você terá uma escolha: poderá maximizar ou minimizar a negatividade. A dissolução sempre desperta negatividade. A questão é: você quer maximizá-la ou minimizá-la? É melhor minimizar sempre que possível. Infelizmente, muitas pessoas escolhem a primeira alternativa.

PREVISÕES MENSAIS

JANEIRO

Melhores dias: 1º, 2, 10, 11, 20, 21, 29, 30
Dias mais tensos: 8, 9, 15, 16, 22, 23
Melhores dias para o amor: 5, 6, 15, 16, 25, 27, 28
Melhores dias para o dinheiro: 1º, 2, 3, 4, 5, 6, 10, 11, 15, 16, 20, 21, 27, 28, 29, 30, 31
Melhores dias para a carreira: 1º, 2, 10, 11, 20, 21, 22, 23

Saturno na sua Sétima Casa indica que este será um ano de atividade social reduzida, mas neste mês haverá um pouco mais. Você estará em meio a um pico anual de amor e vida social. Grande parte dessa socialização deverá estar mais relacionada a negócios, não a romance. Sociedades ou empreendimentos conjuntos poderão se formar — as oportunidades surgirão.

No dia 21 do mês passado, a metade superior do seu horóscopo tornou-se dominante, e ficará ainda mais após o dia 11, quando Mercúrio passará da metade inferior para a metade superior. Com isso, você entrará no seu período da carreira. Ainda não estará no pico, o que acontecerá dentro de poucos meses, no entanto, o foco estará mais nessa área. O lar e a família ficarão menos importantes. Você será mais útil para sua família sendo bem-sucedido no mundo.

A saúde necessitará de mais atenção neste mês, especialmente até o dia 20. Sessenta por cento dos planetas (e, algumas vezes, setenta por cento) estarão em alinhamento tenso com você. Portanto, descanse o suficiente. As dores poderão não ser tão sérias quanto parecem, mas apenas a consequência natural da baixa de energia. Quando a energia cai, doenças preexistentes podem começar a se manifestar. Melhore a saúde seguindo as indicações mencionadas na "Previsão Anual". A cura espiritual será poderosa até o dia 11. Após o dia 27, dê mais atenção à cabeça, ao rosto e ao couro cabeludo. A terapia craniossacral poderá ser uma boa ideia. O mais importante é manter a energia em alta. Você perceberá uma grande melhora após o dia 20, porém, a saúde continuará precisando de observação.

Um eclipse lunar no dia 31 ocorrerá na sua Casa do Dinheiro. Isso indica a necessidade de repensar sua estratégia e seu planejamento financeiro. Os eventos do eclipse vão lhe mostrar onde você está pisando fora da linha. Todo eclipse lunar tem um efeito especialmente forte sobre você, pois a Lua é o senhor do seu horóscopo. Por isso, pegue leve nesse período, passe mais tempo com tranquilidade em casa. Você vai se redefinir, mudar sua imagem e seu autoconceito nos próximos meses. Será algo saudável a fazer, mas, como há um eclipse envolvido, isso será imposto a você.

No dia 20, o planeta das Finanças entrará em Aquário, sua Oitava Casa. Isso será bom para pagar (ou fazer) dívidas, para o planejamento de impostos e de espólio e para fazer seguro (ou recebê-lo). Se você tiver boas ideias, será um momento positivo para atrair investidores para seus projetos.

FEVEREIRO

Melhores dias: 6, 7, 16, 17, 25, 26
Dias mais tensos: 4, 5, 11, 12, 19
Melhores dias para o amor: 2, 4, 5, 11, 12, 16, 21, 25, 26
Melhores dias para o dinheiro: 4, 5, 6, 7, 14, 15, 16, 17, 25, 26, 27, 28
Melhores dias para a carreira: 9, 10, 19, 20, 27, 28

As finanças não têm sido uma grande questão em sua vida neste ano (nem foram no ano passado). Talvez você não tenha prestado muita atenção nessa área. Por isso, será forçado pelos eclipses (o do mês passado e o que está por vir no dia 15) a prestar mais atenção e a fazer as mudanças necessárias. É tentador deixar a vida financeira no "piloto automático", mas, algumas vezes, a intervenção humana é necessária.

O eclipse solar do 15 ocorrerá na sua Oitava Casa. Isso afetará não só suas finanças, mas também as do cônjuge, parceiro ou amor atual. Se você estiver envolvido em sociedades, isso também se aplicará a elas. Vocês dois precisarão fazer correções de rumo na vida financeira. O pensamento e a estratégia financeira não têm sido realistas, como os eventos do eclipse irão indicar. A conexão com a Oitava Casa frequentemente indica proximidade da morte (ou medo da morte). Nesse caso, ela envolve "proximidade da morte" financeira, e não da morte física. Esse eclipse também causará impacto em Mercúrio e Júpiter, por isso, mudanças no trabalho poderão estar em andamento. As condições do ambiente de trabalho mudarão. Sua saúde estará boa neste mês, porém o impacto sobre Júpiter poderá provocar um susto nessa área. Isso promoverá, nos próximos meses, mudanças dramáticas na sua rotina de saúde. Se você emprega pessoas, haverá instabilidade no ambiente de trabalho e dramas na vida dos funcionários. O impacto sobre Mercúrio testará carros e equipamentos de comunicação — você deveria dirigir com mais atenção, ou mais defensivamente, nesse período. Caso não precise dirigir, não dirija. Como Mercúrio rege a sua Décima Segunda Casa, a da Espiritualidade, poderão ocorrer reformulações e distúrbios em uma organização espiritual ou de caridade à qual você pertença. Momentos dramáticos ocorrerão na vida de gurus ou de figuras dessa natureza em sua vida.

Evite especulações nos dias 9 e 10 e seja cauteloso com o excesso de gastos. O casamento não será recomendável neste ano, mas a vida amorosa vai melhorar a partir do dia 18. Você ainda precisará ir devagar no amor e ser mais seletivo com relação a namoros e festas.

A saúde estará boa neste mês e ficará ainda melhor após o dia 18. Haverá muita água no horóscopo a partir do dia 18: cinquenta por cento (e, às vezes, sessenta por cento) dos planetas serão de água. Isso será agradável para você, no entanto, observe seu humor. Terapias que utilizam água serão boas o ano todo, mas especialmente neste mês.

MARÇO

Melhores dias: 6, 7, 15, 16, 17, 24, 25
Dias mais tensos: 3, 4, 10, 11, 12, 18, 19, 31
Melhores dias para o amor: 1º, 8, 10, 11, 12, 18, 19, 20, 26, 27, 29
Melhores dias para o dinheiro: 6, 7, 15, 16, 17, 24, 25, 26, 27
Melhores dias para a carreira: 8, 9, 18, 19, 20, 29, 30

Este será um mês de prosperidade e sucesso, canceriano. Aproveite!

No dia 18 do mês passado, a sua Nona Casa, considerada a mais feliz, tornou-se muito forte, e assim será até o dia 20. A presença do planeta das Finanças (o Sol) na Nona Casa indica prosperidade. Aumento da riqueza. Empresas estrangeiras, investimentos estrangeiros e estrangeiros em geral vão desempenhar um papel muito importante nos ganhos. A presença do planeta das Finanças no signo espiritual de Peixes até o dia 18 indica "dinheiro milagroso", e não "dinheiro natural". Mostra a habilidade de acessar as fontes sobrenaturais de provisão, além de uma boa intuição financeira.

O poder na Nona Casa indica boa sorte para estudantes de nível universitário. Se você estiver envolvido em questões judiciais, também haverá boa sorte nessa área. Terras estrangeiras irão atraí-lo — as viagens estarão no ar. Os planetas vão favorecer as viagens por mar, e não por ar ou terra. Um cruzeiro parecerá interessante.

Com o nodo norte da Lua na sua Casa do Dinheiro, seu problema poderá ser ter muito dinheiro, e não pouco. O nodo norte tende a excesso. Mas esse é um ótimo problema para se ter.

No dia 20, o Sol cruzará seu meio do Céu e entrará na sua Décima Casa, a da Carreira. Quarenta por cento dos planetas estarão nela, uma alta porcentagem. A vida profissional irá bem. Você será bem-sucedido, e também poderá haver aumentos de salário (oficiais ou não). Você estará nas graças dos seus "superiores". Sua boa reputação profissional será importante financeiramente, por isso, preserve-a. Seu planeta da Carreira, Marte, entrará na sua Sétima Casa, a do Amor, no dia 17, e, assim, você avançará na carreira por meios sociais. Frequente as festas e reuniões certas — talvez você possa oferecê-las também.

A saúde precisará de mais atenção a partir do dia 20. Muitos planetas estarão em alinhamento tenso com você. Certifique-se de descansar o suficiente e tente não trabalhar em excesso. Faça pausas. Melhore a saúde seguindo as indicações mencionadas na "Previsão Anual". Até o dia 17 (com Marte na sua Sexta Casa), massagens no couro cabeludo e na face serão benéficas. Um bom tônus muscular será importante também.

ABRIL

Melhores dias: 2, 3, 12, 13, 21, 22, 29
Dias mais tensos: 1º, 7, 8, 14, 15, 27, 28
Melhores dias para o amor: 7, 8, 16, 17, 25, 27
Melhores dias para o dinheiro: 2, 3, 4, 5, 12, 13, 14, 15, 16, 21, 22, 23, 24, 25, 29, 30
Melhores dias para a carreira: 7, 8, 14, 15, 16, 17, 25, 26

Muitas das tendências que descrevemos no mês passado permanecerão em vigor na maior parte deste mês. A carreira será o grande destaque em abril. Você ainda estará nas graças dos seus "superiores" e sua reputação profissional continuará desempenhando um papel nos ganhos.

O lar e a família são sempre importantes para você, mas, agora, um pouco menos. Seu sucesso no mundo será a melhor forma de ajudar sua família nesse período.

O planeta das Finanças, o Sol, viajará com Urano entre os dias 17 e 19 (e você conseguirá sentir isso até mais cedo). Isso indica uma perturbação financeira repentina, talvez uma despesa inesperada ou uma mudança que exija ação. A boa notícia é que ela será de curta duração. Muito frequentemente, a despesa inesperada é compensada por uma entrada de dinheiro também inesperada. No dia 20, com o ingresso do Sol na sua Décima Primeira Casa, o mundo virtual e da alta tecnologia se tornará importante. Esse será um bom trânsito financeiro, pois o Sol estará no conservador Touro — o julgamento financeiro será sólido. Será muito bom envolver-se com grupos e organizações após o dia 20. Vai ser divertido e ajudará o resultado financeiro. É muito provável que você gaste mais com computadores e aparelhos tecnológicos.

O amor tem sido estressante desde 17 de março. Marte entrou na Sétima Casa e passará o mês nela. Isso poderá desencadear lutas pelo poder no amor, o que nunca é saudável. Além disso, poderá levar a relacionamentos por conveniência, e não por amor verdadeiro. (Com Saturno na sua Sétima Casa o ano todo, essa tendência ocorrerá de qualquer modo, mas, agora, se fortalecerá.) A boa notícia é que sua vida profissional avançará por meios sociais, como mencionamos no mês passado. Você terá o dom de conhecer exatamente as pessoas certas para ajudá-lo na carreira. Assim como em março, muito da sua socialização estará relacionada à vida profissional (ou a pessoas envolvidas na sua carreira).

A saúde ainda precisará de atenção neste mês, sobretudo até o dia 20. A boa notícia é que ela vai melhorar em relação ao mês passado. Melhore a saúde seguindo as indicações mencionadas na "Previsão Anual". Mais importante: faça o melhor que puder para manter sua energia em alta. A saúde vai melhorar ainda mais após o dia 20, porém continuará necessitando de observação (colisões planetárias pesadas em Capricórnio, Marte, Plutão e Saturno não são poderes que devemos menosprezar).

MAIO

Melhores dias: 9, 10, 18, 19, 26, 27, 28
Dias mais tensos: 4, 5, 11, 12, 13, 24, 25, 31
Melhores dias para o amor: 4, 5, 7, 8, 14, 17, 22, 26, 31
Melhores dias para o dinheiro: 4, 5, 9, 10, 14, 15, 18, 19, 20, 21, 24, 26, 27
Melhores dias para a carreira: 4, 5, 11, 12, 13, 15, 16, 24

No dia 20 de março, o poder planetário começou a mudar do Oeste (o setor social) do seu mapa para o Leste (o setor independente). Isso representa uma mudança psicológica em você. O poder planetário se move na sua direção, ele o apoia, e por causa disso você estará mais independente do que o usual. Seu espírito estará mais para "eu posso". O setor social (o ocidental) continuará muito forte — cinquenta por cento e, às vezes, sessenta por cento dos planetas, estarão nele —, portanto, as outras pessoas e seus interesses ainda serão importantes, mas um pouco menos agora. Esse será, então, o momento de fazer aquelas mudanças que precisam ser feitas. Será a hora de assumir a responsabilidade por sua própria felicidade. Você terá alguns poucos meses de independência elevada pela frente. Se esperar muito — até que os planetas comecem a se afastar de você —, as mudanças ainda poderão ser realizadas, porém com mais dificuldade.

As finanças deverão ir bem neste mês. Se houver fraqueza nessa área, será a ausência de planetas na sua Casa do Dinheiro, uma indicação de que você pode não estar prestando atenção suficiente nas finanças. Se surgirem desafios financeiros, comece a ficar mais atento. Conseguimos aquilo em que nos concentramos. No dia 1º, seu planeta das Finanças fará ótimos aspectos com Saturno. Isso indica boa cooperação financeira com o cônjuge, parceiro ou amor atual. Os amigos, de modo geral, deverão ser de grande ajuda. Nos dias 11 e 12, o Sol fará ótimos aspectos com Plutão, o que emite algumas mensagens. Haverá mais sorte nas especulações. Filhos e enteados irão lhe prestar mais apoio financeiro — pessoas mais jovens, de modo geral, lhe darão mais apoio. Provavelmente, você gastará mais com seus filhos também, mas eles poderão inspirar ganhos. No dia 21, o Sol entrará na sua Décima Segunda Casa, a da Espiritualidade, indicando boa intuição financeira. Este será um período para pesquisar mais profundamente as dimensões espirituais da riqueza. O horóscopo estará dizendo que, se você estiver no caminho certo, espiritualmente, as finanças e a família entrarão nos eixos.

Vênus entrará no seu signo no dia 19, e esse será um aspecto feliz. Sua aparência vai ficar melhor. Haverá mais encanto e glamour na sua imagem. Os membros da família deverão estar muito dedicados a você. O amor continuará complicado, mas o problema não será a sua aparência.

Vênus passará a maior parte do mês "fora dos limites" — do dia 6 ao dia 31. Por isso, o membros da família estarão fora de seu ambiente normal. Eles irão buscar soluções em lugares distantes ou desconhecidos.

JUNHO

Melhores dias: 5, 6, 7, 14, 15, 23, 24
Dias mais tensos: 1º, 2, 8, 9, 20, 21, 22, 28, 29
Melhores dias para o amor: 1º, 2, 6, 7, 10, 16, 18, 23, 24, 28, 29
Melhores dias para o dinheiro: 3, 4, 5, 6, 7, 12, 13, 14, 15, 16, 17, 23, 24
Melhores dias para a carreira: 3, 4, 8, 9, 12, 13, 20, 21, 22, 30

Este será um mês feliz. Não perfeito, mas, basicamente, feliz. O poder planetário se encontrará agora (sobretudo após o dia 21) na sua posição oriental máxima. Você estará em um período de independência máxima neste ano. Houve momentos em sua vida em que você foi mais independente, mas em 2018 o setor ocidental (o setor social) do seu mapa ainda se manterá forte. Será o tipo de mês em que você precisará conciliar os seus interesses com os interesses das pessoas. Seus desejos pessoais serão fortes, porém, as exigências sociais também serão. Ainda assim, se as condições necessitarem de mudança, esta será a hora de realizá-las.

Este será um mês de prosperidade. Nos dias 1º e 2, Vênus fará belos aspectos com Júpiter e Netuno (haverá um Grande Trígono, um aspecto muito positivo exatamente nesse momento). A família como um todo vai prosperar, em especial o pai, a mãe ou uma figura paterna ou materna. Ele ou ela será mais generoso com você. O apoio da família será bom durante todo o mês. Seu planeta das Finanças ficará na sua Décima Segunda Casa até o dia 21, o que, mais uma vez, enfatiza a intuição financeira. A intuição é, eminentemente, lógica, mas, de modo geral, nós não vemos isso na hora, apenas quando olhamos para trás. No dia 21, o Sol vai cruzar o seu Ascendente e entrar na sua Primeira Casa, formando um aspecto financeiro muito benéfico. Oportunidades financeiras inesperadas chegarão a você. Elas o buscarão. Você terá a aparência de uma pessoa rica nesse período e os outros o verão assim, "cheio da grana". Além de estar no seu próprio signo, o seu planeta das Finanças será parte de um Grande Trígono de Água, um aspecto raro e auspicioso. As finanças fluirão suavemente e você terá o melhor dos cenários.

Assim como no mês passado, a vida amorosa poderia estar melhor, mas a aparência pessoal não será o problema nesse caso. Você e a pessoa amada verão as coisas de perspectivas diferentes. A tendência é a separação (você viverá sua vida e ela viverá a dela). Ainda que não ocorra separação física, haverá separação emocional. O desafio de vocês dois será solucionar suas diferenças. Respeitem-nas e resolvam-nas. Às vezes, o caminho de um será o melhor; às vezes, será o do outro. As duas perspectivas serão válidas. Na Astrologia, os opostos são sempre os melhores parceiros para o casamento (se não se matarem antes).

JULHO

Melhores dias: 3, 4, 12, 13, 20, 21, 30, 31
Dias mais tensos: 5, 6, 18, 19, 25, 26
Melhores dias para o amor: 5, 6, 7, 8, 16, 25, 26
Melhores dias para o dinheiro: 1º, 3, 4, 12, 13, 14, 15, 20, 21, 22, 27, 28, 29
Melhores dias para a carreira: 1º, 5, 6, 10, 11, 18, 19, 27, 28, 29

As finanças não têm sido uma grande questão em 2018. Na maior parte do ano, a Casa do Dinheiro esteve basicamente vazia. Você parece satisfeito com as coisas do jeito como elas estão. Mas no dia 19 do mês passado, com a entrada de Vênus nessa Casa, ela começou a ficar poderosa, e no dia 29 foi a vez de Mercúrio ingressar ali. Neste mês, a Casa do Dinheiro ficará ainda mais forte, com o ingresso do Sol no dia 22. Junho foi próspero, e este mês será ainda mais. O foco estará majoritariamente nas finanças, e isso fará toda a diferença do mundo.

A presença de Vênus na Casa do Dinheiro desde 19 de junho indica gastos com o lar e com a família, o que não surpreende. Mostra, também, bom apoio da família e o relevante papel que as conexões familiares desempenharão nos ganhos. Vênus sairá da Casa do Dinheiro no dia 10. Mercúrio passará o mês inteiro nessa Casa, uma indicação de boa intuição financeira. Isso favorecerá as compras, as vendas e os negócios comerciais em geral. Boas iniciativas em vendas, marketing e relações públicas serão importantes em qualquer coisa que você faça. A entrada do Sol na Casa do Dinheiro também será maravilhosa. Ele estará no seu próprio signo e na sua própria Casa, e ficará mais poderoso do que o usual. Isso beneficiará especulações e setores voltados para o público jovem — como entretenimento, música etc. —, além de setores mais conservadores, como empresas ligadas à geração e distribuição de energia e a ouro.

Marte, seu planeta da Carreira, passará a maior parte do mês "fora dos limites" (a partir do dia 9). Isso indica que as atividades profissionais vão puxá-lo para um território desconhecido, fora do seu ambiente normal.

Dois eclipses irão agitar as coisas e mantê-las interessantes neste mês. O eclipse solar do dia 13 ocorrerá no seu próprio signo. Pegue leve nesse período. Assim como acontece em todo eclipse solar, será necessário corrigir o rumo das finanças. Os eventos do eclipse irão lhe mostrar o que fazer. O eclipse no seu signo indica a necessidade de redefinição de si mesmo: de sua imagem e de seu conceito pessoal.

O eclipse lunar do dia 27 acontecerá na sua Oitava Casa e também causará impacto em sua imagem e em seu conceito pessoal. Será, definitivamente, o momento de refletir sobre si mesmo e decidir que imagem você deseja projetar no mundo. O eclipse afetará Marte, por isso, acontecerão mudanças e reformulações na carreira. Isso poderá trazer ótimas oportunidades de emprego. Cirurgias poderão ser recomendadas para você, para seus chefes ou para a figura paterna ou materna de sua vida.

AGOSTO

Melhores dias: 8, 9, 16, 17, 26, 27
Dias mais tensos: 1º, 2, 3, 14, 15, 21, 22, 29, 30
Melhores dias para o amor: 4, 5, 12, 14, 15, 21, 22, 24, 25, 31
Melhores dias para o dinheiro: 2, 3, 8, 9, 10, 11, 16, 17, 20, 26, 27, 31
Melhores dias para a carreira: 1º, 2, 3, 6, 13, 22, 29, 30

Marte, seu planeta da Carreira, estará não apenas retrógrado, mas "fora dos limites" neste mês. Isso sugere que você estará em um território desconhecido, estranho, sentindo-se sem confiança e sem direção, o que é muito compreensível. Este será o momento de obter o máximo possível de clareza mental. A solução dos problemas da carreira demandará tempo. Enquanto isso, você poderá se concentrar mais no lar, na família e no seu bem-estar emocional. No dia 21, o poder planetário se mudou para a parte inferior do seu horóscopo e agora estará se aproximando do nadir (o ponto mais baixo), o que acontecerá em alguns meses. A vida profissional será importante ao longo de todo o ano, porém, será possível direcionar um pouco de atenção para o lar e para a família.

Você continuará em meio a um pico financeiro anual neste mês. O foco estará nas finanças, como deveria estar. Será um período próspero. Mercúrio passará o mês na sua Casa do Dinheiro, indicando, como em julho, que boas iniciativas em vendas, marketing, publicidade e relações públicas serão importantes em qualquer coisa que você faça. Será preciso divulgar seu produto ou serviço. Veremos isso neste mês (e em setembro também). No dia 22, o planeta das Finanças entrará na sua Terceira Casa, revelando essas mesmas coisas. Compras, vendas, negócios comerciais e vendas a varejo também serão caminhos para o lucro. Provavelmente, em agosto você gastará mais com livros e revistas (com educação).

Um eclipse solar no dia 11 ocorrerá na sua Casa do Dinheiro, sugerindo a necessidade de mais correções de rumo na vida financeira. A estratégia e o pensamento financeiros não têm sido realistas, como mostrarão os eventos do eclipse, mas a boa notícia é que você conseguirá fazer as mudanças necessárias. Esse eclipse também afetará as pessoas ricas que fazem parte da sua vida. Elas passarão por momentos dramáticos, provavelmente do tipo capaz de mudar suas vidas. Às vezes, esse tipo de eclipse promove reformulações na sua conta bancária ou de corretagem.

A saúde e a energia estarão razoáveis neste mês. Tenha em mente, no entanto, que após o dia 13 (quando Marte voltará para Capricórnio) haverá três planetas poderosos em alinhamento tenso com você. Portanto, ouça o seu corpo. Mantenha-se consciente dele. Se estiver cansado, descanse. Melhore a saúde seguindo as indicações mencionadas na "Previsão Mensal".

O amor continuará muito estressante.

SETEMBRO

Melhores dias: 4, 5, 13, 14, 22, 23, 24
Dias mais tensos: 11, 12, 17, 18, 19, 25, 26
Melhores dias para o amor: 1º, 2, 3, 8, 9, 13, 17, 18, 19, 22, 23, 27
Melhores dias para o dinheiro: 1º, 4, 5, 7, 9, 13, 14, 18, 19, 22, 23, 24, 29
Melhores dias para a carreira: 1º, 10, 11, 20, 21, 25, 26, 29, 30

As finanças começarão a ter menos importância neste mês. No dia 6, Mercúrio deixará a Casa do Dinheiro, e ela ficará basicamente vazia. (Apenas a Lua a visitará, no dia 7.) Por isso, objetivos financeiros de curto prazo serão atingidos em certa medida, e você não precisará prestar mais tanta atenção nessa área. Seu planeta das Finanças estará na sua Terceira Casa até o dia 22. Portanto, como vimos nos últimos dois meses com relação às iniciativas em vendas, marketing e publicidade, será vital divulgar seu produto ou serviço. Isso também favorecerá compras, vendas, negócios comerciais e vendas a varejo. No dia 22, o planeta das Finanças entrará na sua Quarta Casa, a do Lar e da Família, e por esse motivo seus gastos se darão mais nesse setor. Você também poderá receber mais da família. Em alguns casos, as pessoas poderão trabalhar mais em casa. Em outros, a família ou as conexões familiares proporcionarão oportunidade ou apoio financeiro. Algumas vezes, a família poderá inspirar ganhos por meio de ideias e conselhos. Outras, as pessoas ganharão por meio de setores voltados para o lar.

A saúde necessitará de mais observação após o dia 22. Como sempre, e isso é o principal, repouse o suficiente (tenha um descanso de qualidade). Concentre-se mais no que é realmente essencial em sua vida e abra mão de trivialidades. Melhore a saúde seguindo as indicações mencionadas na "Previsão Anual".

O seu planeta da Carreira, Marte, continuará "fora dos limites" até o dia 24, mas você parecerá adaptado ao seu ambiente estranho. Agora, Marte estará em movimento direto. Haverá mais confiança e orientação na vida profissional.

Neste mês você enfrentará um conflito clássico que muitas pessoas encaram, a única diferença é que com você será mais dramático. A sua Quarta Casa, a do Lar e da Família, estará forte, porém, as exigências da carreira também serão intensas. De algum modo, você terá de atender as duas áreas. Seu trabalho será obter sucesso em casa e na profissão.

A família como um todo prosperou neste ano. Os filhos e os enteados, também. Muito em breve, seus objetivos financeiros (pelo menos os de curto prazo) serão atingidos e eles partirão em busca de outros interesses.

Marte sairá da sua Sétima Casa no dia 11. As coisas deverão melhorar um pouco no amor; ainda assim, será necessário muito trabalho nessa área.

OUTUBRO

Melhores dias: 2, 3, 10, 11, 20, 21, 29, 30
Dias mais tensos: 8, 9, 15, 16, 22, 23
Melhores dias para o amor: 2, 3, 6, 10, 11, 15, 16, 20, 21, 24, 25, 29, 30
Melhores dias para o dinheiro: 1º, 2, 3, 4, 5, 8, 9, 10, 11, 18, 19, 20, 21, 29, 30, 31
Melhores dias para a carreira: 1º, 8, 9, 17, 18, 19, 22, 23, 27, 28

Este será um mês próspero e feliz. Aproveite!

Até o dia 22, sua Quarta Casa, a do Lar e da Família, que é a sua favorita, continuará poderosa. O Cosmos o impele a se concentrar naquilo que você mais ama. Será como no mês passado, embora você tenha tido que dividir seu tempo com as exigências da vida profissional, que permanecem muito fortes. O seu planeta da Carreira está na Oitava Casa desde 11 de setembro e ficará nela pelo resto deste mês. Muitas vezes, isso traz experiências de "quase morte" na carreira. Transformações. Por outro lado, indica um foco muito intenso e direcionado, o que geralmente leva ao sucesso.

Com Júpiter na sua Quinta Casa ao longo de 2018, você está tendo um ano divertido. Mas neste mês, especialmente após o dia 23, a diversão será ainda maior. A entrada do Sol na sua Quinta Casa no dia 23 dará início a um pico anual de prazer pessoal. A criatividade pessoal esteve forte o ano todo, e agora estará ainda mais. Haverá mais envolvimento com filhos e enteados. E aqueles que estiverem na idade apropriada talvez gerem filhos nesse período.

A prosperidade aumentará a partir do dia 23. Até essa data, você precisará trabalhar duro para obter ganhos, para atingir seus objetivos financeiros. Após o dia 23, porém, isso acontecerá com mais facilidade e de maneiras mais felizes.

O planeta das Finanças na Quinta Casa favorece especulações e operações de risco. O dinheiro será ganho e gasto com facilidade. Você gastará mais com filhos (ou enteados), mas eles também poderão ser inspirações financeiras. Se estiverem na idade adequada, eles provavelmente proporcionarão apoio ou oportunidade. O bom dessa posição é que a pessoa aproveita o dinheiro que possui. Ela gasta com atividades divertidas. O planeta das Finanças na Quinta Casa tem a ver apenas com dinheiro obtido de maneira agradável. As oportunidades financeiras surgirão enquanto você estiver no cinema, em um resort ou em uma festa, isto é, enquanto estiver se divertindo. Evite especulações nos dias 11 e 12. Entre os dias 23 e 25, haverá uma perturbação financeira de curta duração. Talvez você precise fazer algumas mudanças.

A saúde e a energia estarão expressivamente melhores a partir do dia 22. Enquanto isso, melhore a saúde seguindo as indicações mencionadas na "Previsão Anual".

NOVEMBRO

Melhores dias: 6, 7, 8, 16, 17, 25, 26
Dias mais tensos: 4, 5, 11, 12, 19, 20
Melhores dias para o amor: 2, 4, 5, 10, 11, 12, 14, 15, 21, 23, 24
Melhores dias para o dinheiro: 1º, 6, 7, 8, 16, 17, 19, 27, 28
Melhores dias para a carreira: 4, 5, 15, 16, 19, 20, 25, 26

Este será um mês cheio de acontecimentos. Urano retornará para a sua Casa da Carreira no dia 6, desencadeando mais mudanças na vida profissional. Mas, a essa altura, após sete anos disso, você saberá como lidar com essas situações. E mais importante: Júpiter, seu planeta da Saúde, entrará em Sagitário, a sua Sexta Casa, no dia 8. Isso indica mudanças de emprego. O trabalho poderá ficar menos divertido. O lado positivo é que você terá maravilhosas oportunidades de emprego nos próximos 12 meses. Suas perspectivas na carreira estão, de fato, brilhantes.

Você ainda estará em meio a um pico anual de prazer pessoal até o dia 22. Até lá, seu forte desejo por lazer terá sido saciado e você estará com vontade de trabalhar. Este será um bom período (a partir do dia 22) para realizar todos esses trabalhos rotineiros, entediantes e cheios de detalhes que você vem adiando. Não lhe faltarão energia e motivação para executá-los. A entrada de Júpiter na sua Sexta Casa promoverá mudanças na rotina de saúde também. O fígado e as coxas, sempre importantes para você, serão ainda mais. Não haverá grande necessidade de se concentrar no cólon, na bexiga e nos órgãos sexuais agora. Alguns de vocês poderão obter benefícios com médicos ou tratamentos estrangeiros. E alguns vão querer viajar para o exterior para se tratar. A presença de Júpiter na sua Sexta Casa (e no seu próprio signo e na sua própria Casa) é positiva para a saúde. Nessa posição, ele será mais forte a seu favor do que foi em 2017.

O poder planetário estará agora quase que totalmente no setor ocidental do seu mapa. Tem sido assim desde setembro, mas, agora, ele vai se aproximar de seu máximo. Será a hora de desenvolver as habilidades sociais. O momento de realizar as coisas por meio do consenso, e não pela ação direta. Deixe que as pessoas ajam à maneira delas, desde que isso não seja destrutivo. A capacidade de despertar simpatia será mais importante financeiramente e na vida profissional do que as habilidades pessoais. Se você estiver se dando bem com os outros, as finanças e a vida profissional entrarão nos eixos.

O seu planeta das Finanças permanecerá na Quinta Casa, a do "dinheiro feliz", até o dia 22. Portanto, tenha em mente nossa discussão do mês passado sobre isso. No dia 22, ele entrará na sua Sexta Casa, indicando dinheiro proveniente do trabalho e do serviço produtivo. Provavelmente, você gastará mais com a saúde e assuntos relacionados com a saúde nesse período, mas também terá oportunidade de ganhar com essas coisas. Filhos e enteados prosperaram no ano passado, e este mês será especialmente forte para eles.

DEZEMBRO

Melhores dias: 4, 5, 14, 15, 23, 24, 31
Dias mais tensos: 2, 3, 9, 10, 16, 17, 29, 30
Melhores dias para o amor: 2, 3, 8, 9, 10, 14, 15, 18, 23, 24, 27
Melhores dias para o dinheiro: 6, 7, 16, 17, 25, 26, 27
Melhores dias para a carreira: 4, 5, 14, 15, 16, 17, 23, 24, 31

O seu planeta da Carreira vem fazendo ótimos aspectos com você desde 16 de novembro, e essa tendência se manterá neste mês. Você continuará se relacionando bem com chefes, pessoas mais velhas, pai, mãe e figuras paternas ou maternas. Os "superiores" da sua vida parecerão gentilmente à sua disposição. Acontecimentos felizes na carreira estarão em curso. Talvez seja necessário viajar para o exterior a trabalho (provavelmente entre os dias 5 e 7). A carreira será favorecida por sua disposição de viajar.

A sua Quinta Casa, a da Diversão, estará forte, assim como a sua Sexta Casa, a do Trabalho. Por isso, você vai trabalhar duro e se divertir a valer.

O dinheiro virá, assim como no mês anterior, por meio do trabalho. (Muitas vezes, haverá trabalho extra ou pagamento por horas extras.) Uma ótima oportunidade de emprego surgirá nos dias 21 e 22. Esses serão também dias excelentes para as finanças. A saúde estará basicamente boa neste mês, mas não deixe que os altos e baixos normais da vida financeira o desanimem. Saúde é saúde e dinheiro é dinheiro. Mantenha-os separados na mente. A saúde necessitará de mais observação após o dia 21. Dê mais atenção ao fígado e às coxas. Massagens regulares nas coxas não apenas fortalecerão o fígado, como também a coluna lombar. Uma desintoxicação do fígado com ervas poderá ser benéfica caso você se sinta indisposto.

No dia 21, seu planeta das Finanças entrará na sua Sétima Casa. Isso indica a importância das conexões sociais para a vida financeira. Quem você conhece será mais importante do que quanto você realmente tem. Muitas vezes, isso indica sociedade ou empreendimento conjunto. Você provavelmente estará muito envolvido financeiramente com o cônjuge, parceiro ou interesse amoroso atual.

Com o poder planetário indo agora ao máximo para o Oeste, a capacidade de despertar simpatia se tornará mais importante para o sucesso do que as habilidades pessoais. Essa capacidade se tornará uma questão nas finanças também. Talvez você não tenha o melhor produto ou serviço, mas se os clientes gostarem de você será o bastante.

No dia 21, você entrará em um pico anual de amor e vida social. Ele provavelmente não poderá ser comparado com os picos dos outros anos, porém será muito ativo. Os solteiros tenderão a namorar mais, embora o romance sério não seja provável. Aproveite as coisas pelo que elas são.

LEÃO

O LEÃO
Nascidos entre 21 de julho e 21 de agosto

PERFIL PESSOAL

LEÃO EM UM RELANCE

Elemento: Fogo
Planeta Regente: Sol
Planeta da Carreira: Vênus
Planeta da Saúde: Saturno
Planeta do Amor: Urano
Planeta das Finanças: Mercúrio
Cores: dourado, alaranjado, vermelho
Cores que promovem o amor, o romance e a harmonia social: preto, índigo, azul-ultramarino
Cores que propiciam ganhos: amarelo, amarelo-ouro
Pedras: âmbar, crisólito, diamante amarelo
Metal: ouro
Perfumes: bergamota, incenso, almíscar, nerol
Qualidade: fixa (= estabilidade)
Qualidade essencial ao equilíbrio: humildade
Maiores virtudes: capacidade de liderança, amor-próprio, autoconfiança, generosidade, criatividade, jovialidade
Necessidades mais profundas: divertimento, elevação espiritual, desejo de se fazer notar
Características a evitar: arrogância, vaidade, autoritarismo
Signos de maior compatibilidade: Áries, Sagitário
Signos de maior incompatibilidade: Touro, Escorpião, Aquário
Signo mais útil à carreira: Touro

Signo que fornece maior suporte emocional: Escorpião
Signo mais prestativo em questões financeiras: Virgem
Melhor signo para casamento e associações: Aquário
Signo mais útil em projetos criativos: Sagitário
Melhor signo para sair e se divertir: Sagitário
Signos mais úteis em assuntos espirituais: Áries, Câncer
Melhor dia da semana: domingo

COMPREENDENDO A PERSONALIDADE LEONINA

Pensou em Leão, pensou em realeza. Assim você compreenderá melhor a personalidade dos leoninos e o porquê de eles agirem como agem. Os leoninos são o que são. É verdade que por motivos variados nem todos expressam essa qualidade de realeza, mas certamente gostariam de fazê-lo.

Um monarca não governa com base no exemplo, como fazem os arianos; tampouco por consenso, como os capricornianos e os aquarianos. Ele o faz por vontade pessoal. Sua vontade é lei. Seus gostos pessoais são logo imitados por todos os súditos. Um grande monarca é, de certa forma, imortal, e é assim que os leoninos desejariam ser.

O fato de você contestar a vontade de um leonino é assunto sério. Ele considerará isso uma afronta pessoal, um insulto; logo fará você saber que a vontade dele encerra autoridade e que desobedecê-la é aviltante e desrespeitoso.

Os leoninos são reis ou rainhas em seus domínios. Os amigos, os subordinados e a família são os leais súditos de confiança, que eles governam com benevolência e por cujos interesses sempre zelam. Dotados de presença majestosa, são poderosos e parecem atrair a atenção em qualquer evento social a que compareçam. Destacam-se porque são astros em seus espaços. Todo leonino sente, à semelhança do Sol, que nasceu para brilhar e governar. Os nativos de Leão pressentem que nasceram com privilégios reais, e a maioria deles alcança, pelo menos até certo ponto, esse status.

O Sol, regente do signo, é sinônimo de saúde e entusiasmo. É difícil pensar no fulgor do Sol e continuar a sentir-se enfermo e deprimido, pois ele é, de certa forma, a antítese da enfermidade e da apatia. Por isso, os leoninos amam a vida e adoram se divertir. Apreciam o teatro, a música e todos os tipos de divertimento. Afinal, são essas atividades que colorem e alegram a existência. Se, mesmo que seja para o bem deles, você tentar privá-los dos prazeres, das boas comidas, das bebidas e dos divertimentos, subtrairá deles a própria vontade de viver, pois consideram que a vida sem alegrias não é vida.

O signo de Leão representa o anseio humano de poder. Mas o poder em si não é bom nem ruim. Somente quando se abusa dele é que ele se torna maligno. Sem a existência de um poder, nem mesmo as coisas boas poderiam se concretizar. Os leoninos compreendem isso e parecem talhados para o comando. São, entre todos os signos do Zodíaco, os que melhor exercem o poder. Capricórnio, outro grande detentor de poder zodiacal, gera e administra extremamente bem, até melhor do que Leão, mas perde para ele em magnanimidade. Leão *adora* exercer o poder, ao passo que Capricórnio encara seu exercício apenas como uma responsabilidade.

FINANÇAS

Os leoninos são excelentes líderes, mas nem sempre são bons administradores. Lidam bem com decisões importantes de ordem geral, mas não gostam de ficar se preocupando com os pormenores de um negócio. Tendo bons gerentes a seu serviço, podem tornar-se executivos fora de série, pois são dotados de visão e de bastante criatividade.

Os leoninos amam a riqueza e os prazeres que ela proporciona. Apreciam a opulência, a pompa e o glamour. Mesmo quando não são ricos, vivem como se fossem. Por isso, tendem a contrair dívidas vultosas que muitas vezes têm dificuldade em saldar.

Os leoninos, assim como os piscianos, são extremamente generosos. Muitas vezes, aspiram à riqueza apenas com o intuito de ajudar economicamente outras pessoas. Na visão de um leonino, a riqueza compra serviços e capacidade de gerenciamento. Serve para gerar empregos para terceiros e para melhorar o bem-estar geral dos que o cercam. Portanto, para um leonino, a riqueza é uma coisa boa e deve ser desfrutada ao máximo. O dinheiro não foi feito para ficar se empoeirando em um velho cofre. Tem de ser posto em uso, precisa circular e ser bem-aproveitado. Não é preciso dizer que os nativos de Leão gastam de forma descuidada, perdulários que são por natureza.

Virgem ocupa a cúspide da Segunda Casa Solar de Leão, do Dinheiro e das Finanças. E, de fato, os leoninos precisam aprender a cultivar alguns traços virginianos — como a capacidade de análise e o discernimento — para lidar com as finanças de forma mais equilibrada. Precisam aprender a ser mais cuidadosos com detalhes financeiros (ou contratar alguém que o faça) e a observar melhor seus gastos. Trocando em miúdos, eles devem administrar melhor o dinheiro. Irritam-se com apertos financeiros, mas essas limitações podem ser decisivamente úteis ao desenvolvimento de seu pleno potencial financeiro.

Os leoninos gostam de saber que seus amigos e suas famílias contam com seu apoio financeiro ou precisam dele. Não se importam — na verdade, até gostam — de emprestar dinheiro, desde que não se sintam explorados. Do alto de seu trono real, os nativos de Leão apreciam dar presentes a seus familiares e amigos e compartilhar a alegria e o bem-estar que esses mimos proporcionam a todos. Adoram investir, e, quando as influências celestes são favoráveis, costumam ter bastante sorte.

CARREIRA E IMAGEM PÚBLICA

Os leoninos gostam de transmitir a impressão de riqueza, pois no mundo de hoje ela quase sempre se traduz em poder. Quando são realmente ricos, adoram morar em mansões nababescas com muitas terras e vários animais.

No trabalho, destacam-se em posições de liderança e autoridade. Exibem excelente capacidade decisória no tocante a questões mais amplas, mas preferem deixar os detalhes para os outros. São, geralmente, respeitados por colegas e subordinados, porque têm o dom de compreender e de se relacionar bem com os que os cercam. Os leoninos sempre almejam o ápice, mesmo quando têm de começar de baixo e trabalhar duro para avançar até o topo. Como seria de esperar de um signo tão carismático, os leoninos estão sempre tentando melhorar sua situação profissional. E o fazem pensando em chegar às posições mais altas.

Por outro lado, os nativos de Leão não apreciam que lhes digam o que fazer, detestam ser mandados. Talvez até seja por isso que aspiram alcançar o topo, onde possam tomar eles mesmos as decisões, sem ter de acatar ordens.

Um leonino nunca duvida do seu sucesso e canaliza toda a sua atenção e o seu esforço para alcançá-lo. Outra característica distintiva deles é que, a exemplo dos monarcas esclarecidos, jamais tentam abusar do poder ou da reputação que chegam a conquistar. Se porventura o fizerem, não terá sido de forma deliberada ou consciente, pois, geralmente, procuram compartilhar a riqueza e fazer com que todos ao seu redor também sejam bem-sucedidos em suas aspirações.

São bons trabalhadores e gostam de ser vistos assim. Contudo, embora deem duro no trabalho e sejam capazes de grandes realizações, não podemos nos esquecer de que, lá no fundo, é de muita diversão que eles gostam.

AMOR E RELACIONAMENTOS

Os leoninos não são tipos muito casadouros. Para eles, os relacionamentos são bons enquanto dão prazer. Quando a relação deixa de ser prazerosa, querem logo acabar com ela. E valorizam muito a liberdade de poder dar o fora quando bem entenderem. Por isso, destacam-se mais pela quantidade de casos amorosos do que pela qualidade dos compromissos. Quando casados, porém, costumam ser fiéis, embora sua tendência seja a de casar-se muitas vezes. Se você se apaixonou por um nativo de Leão, proporcione-lhe muita diversão. Viaje, frequente cassinos, clubes, teatros, discotecas. Saia constantemente para beber e jantar fora com seu amor leonino; custará caro, mas valerá a pena... e você se divertirá muito.

Os nativos deste signo costumam ter vida sentimental bastante ativa e demonstram claramente a afeição. Gostam de conviver com pessoas otimistas e hedonistas — como eles próprios —, mas muitas vezes acabam se envolvendo com pessoas vanguardistas, mais sérias e intelectualizadas do que eles. Os companheiros dos leoninos também exibem maior consciência sociopolítica e espírito libertário do que seus parceiros de Leão. Todavia, se você se casou com alguém deste signo, saiba que dominar o apego do seu amado à liberdade será um desafio para toda a vida — e tome cuidado para que seu amor leonino não domine você primeiro.

Aquário ocupa a cúspide da Sétima Casa de Leão, do Amor. Dessa forma, para atingir um ótimo potencial no amor e na vida social, os leoninos precisam cultivar um pouco a maneira igualitária dos aquarianos de encarar e tratar os demais — o que nem sempre é fácil para o rei Leão, que só consegue se considerar igual a outros reis e rainhas como ele. Mas talvez aí resida a solução para o dilema social dos leoninos, e eles possam permanecer reis entre reis. Afinal, não há nada de errado em ter sangue nobre, desde que se consiga reconhecer também a nobreza nos demais.

VIDA DOMÉSTICA E FAMILIAR

Embora os leoninos sejam ótimos anfitriões e gostem de receber convidados, muitas vezes tudo não passa de um show. Somente uns poucos amigos íntimos chegam a conhecer o lado autêntico da vida diária de um nativo de Leão. Para ele, o lar é um local de conforto, recreação e transformação; um refúgio secreto e privado — um castelo. Os leoninos apreciam gastar dinheiro, exibir-se um pouquinho, entreter e divertir-se. Gostam de adquirir os últimos lançamentos de móveis, roupas e tecnologia doméstica.

Os nativos deste signo são ferozmente leais à família e, naturalmente, esperam o mesmo dela. Amam os filhos com loucura e devem tomar cuidado para não mimá-los demais. Também devem procurar evitar moldar membros da família à sua própria imagem e semelhança. Precisam entender que os outros têm o direito e a necessidade de continuar a ser como são. Nesse sentido, você, leonino, deve tomar o máximo de cuidado para não ser um dominador ou um mandão.

LEÃO
PREVISÃO ANUAL PARA 2018

TENDÊNCIAS GERAIS

Três eclipses solares neste ano vão promover mudanças pessoais dramáticas (mais do que o comum). De modo geral, há apenas dois eclipses, mas em 2018 serão três. Como o Sol é o seu planeta regente, você será bastante afetado nessa área. Dois eclipses — um solar e um lunar — acontecerão no seu próprio signo, o que reforça ainda mais as mudanças que estamos mencionando. Você vai se redefinir e se reinventar mais do que o usual. Os eventos do eclipse costumam impor essa questão. (Veremos mais detalhes a respeito disso nas "Previsões Mensais".)

O destaque principal do ano será a saída de Urano do signo de Áries e a sua entrada em Touro. Isso vai ser o mais importante. Em 2018, esse movimento será uma breve incursão, de 16 de maio a 6 de novembro. No próximo ano, porém, Urano vai entrar em Touro, onde ficará por um longo período: os próximos sete anos. Isso afetará duas áreas importantes para você: a vida amorosa (Urano é o seu planeta do Amor) e a carreira (Touro é a sua Décima Casa Solar). Haverá, também, efeitos sobre a saúde, pois Urano fará aspectos tensos com você. Veremos detalhes sobre isso mais adiante.

Júpiter passará a maior parte do ano na sua Quarta Casa. Frequentemente, isso indica mudança, reforma da casa ou compra de uma casa nova (às vezes, a pessoa não adquire a casa, mas tem acesso a ela). Isso revela felicidade da família. Abordaremos esse assunto em detalhes mais à frente.

Plutão está na sua Sexta Casa há dez anos. Em 2018, Saturno se reunirá com ele ali. Isso promoverá mudanças na rotina de saúde (alguns órgãos ficarão mais vulneráveis) e mais profissionalismo na carreira. Provavelmente, você precisará trabalhar mais neste ano, e a situação profissional poderá ser mais feliz. Você terá de sorrir e se conformar. Falaremos disso em detalhes mais adiante.

Júpiter entrará em Sagitário em 8 de novembro e Urano sairá de seu aspecto tenso em 6 de novembro. Esses planetas poderosos farão aspectos harmoniosos com você. Por isso, a parte final do ano (os dois últimos meses) trará mais felicidade do que os meses anteriores. Júpiter em Sagitário é um aspecto feliz para você, indicando mais diversão na vida, mais criatividade e mais envolvimento com crianças (de maneiras agradáveis).

Netuno está na sua Oitava Casa há muitos anos, e ficará nela por muitos mais. Discutimos isso em anos anteriores, e as tendências continuarão em vigor. Netuno está espiritualizando sua sexualidade e suas atitudes sexuais. A atividade sexual vai ser mais elevada, mais refinada. Será um ano mais de adoração do que de luxúria.

Os seus principais interesses neste ano serão: lar e família (até 8 de novembro); diversão, crianças e criatividade pessoal (a partir de 8 de novembro); saúde e trabalho; sexo, estudos de ocultismo, reinvenção pessoal; viagens ao exterior, religião, ensino superior (até 16 de maio e a partir de 6 de novembro); carreira (de 16 de maio a 6 de novembro).

Os seus caminhos de maior realização neste ano serão: lar e família (até 8 de novembro); diversão, crianças; criatividade pessoal (a partir de 8 de novembro); corpo, imagem e prazer pessoal (até 17 de novembro); espiritualidade (a partir de 17 de novembro).

SAÚDE

(Trata-se de uma perspectiva astrológica sobre a saúde, não de uma visão médica. No passado, essas perspectivas eram idênticas, porém hoje podem ocorrer diferenças. Para obter uma opinião com base em diagnósticos da medicina convencional, consulte seu médico ou um profissional da saúde.)

A saúde, de modo geral, estará boa neste ano. Até 16 de maio, apenas um planeta lento formará um alinhamento tenso com você: Júpiter, e suas tensões não costumam ser sérias. Em 16 de maio, Urano também entrará em um alinhamento tenso. E até o período de 6 a 8 de novembro essas serão as tensões planetárias máximas (dos planetas lentos). Após esse período, Júpiter e Urano formarão alinhamentos harmoniosos com você.

A outra boa notícia é que a sua Sexta Casa, a da Saúde, estará muito forte neste ano. Você prestará atenção nessa área. Não deixará que pequenas coisas se transformem em algo importante. Com Saturno na sua Sexta Casa, você vai parecer mais receptivo a rotinas de saúde diárias e disciplinadas. Deverá estar mais disciplinando em suas atitudes relativas à saúde.

A entrada de Urano em Touro será sentida mais intensamente pelos leoninos nascidos entre 23 e 26 de julho, isto é, os nascidos no início do signo. Muitos de vocês não sentirão isso de maneira muito forte em 2018 (mas também sentirão nos próximos anos).

A saúde estará boa, contudo, você poderá deixá-la ainda melhor, dando mais atenção às áreas a seguir, que são as mais vulneráveis do seu mapa. Isso tenderá a evitar os problemas antes que eles se desenvolvam.

Coração. É uma área sempre importante para você, leonino. Leão rege o coração. O essencial nesse caso é evitar a preocupação e a ansiedade, as duas emoções que estressam o coração.

Coluna, joelhos, dentes, pele e alinhamento do esqueleto. Essas áreas são sempre importantes para o leonino, uma vez que Saturno, o planeta que as rege, é o seu planeta da Saúde. Neste ano (e no próximo), elas se tornarão ainda mais importantes, pois Saturno estará agora na sua Casa da Saúde. Por isso, massagens regulares nas costas e nos joelhos serão muito recomendáveis. Como a saúde da coluna é de grande importância, consultas frequentes a um quiroprático ou osteopata serão uma boa ideia. Terapias como a Técnica Alexander, Feldenkreis ou Rolfing poderão ser benéficas. Ioga e Pilates são excelentes para a coluna e a postura. Também será aconselhável fazer check-ups dentários com regularidade. Caso se exponha ao Sol, use um bom protetor solar. Proteja mais os joelhos quando se exercitar.

Cólon, bexiga e órgãos sexuais. Essas áreas só se tornaram importantes a partir de 2008, quando Plutão entrou na sua Sexta Casa, para ficar por um longo tempo. Elas continuarão a ser importantes por muitos anos ainda. Sexo seguro e moderação sexual (um grande problema para os leoninos) continuarão a ter importância. A tendência dos leoninos é se exceder nessa área. Se você ouvir o seu corpo, e não a sua mente, saberá quando é o bastante. Uma desintoxicação ocasional do cólon com ervas, especialmente quando você se sentir indisposto, poderá ser uma boa ideia.

Como Saturno é o seu planeta da Saúde, você tende a ser conservador nos assuntos dessa área e a se voltar para a medicina ortodoxa. Neste ano, com Saturno na sua própria Casa e no seu próprio signo, essa tendência ficará ainda mais forte. Você provavelmente estaria inclinado a afastar quaisquer tratamentos novos ou experimentais. Talvez você pense em ser um pouco mais flexível em sua abordagem em 2018.

Plutão é o seu planeta do Lar e da Família. A presença dele na sua Sexta Casa indica que, para você, saúde significa um lar e uma vida familiar saudáveis, isto é, harmonia doméstica. Por isso, se surgirem problemas (esperamos que não), estabeleça a harmonia nessa área o mais rápido possível. Além disso, trabalhe para manter a harmonia emocional. O humor deve ser positivo e construtivo.

LAR E FAMÍLIA

O lar e a família se tornaram felizes e importantes a partir de outubro do ano passado. Júpiter entrou na sua Quarta Casa e passará a maior parte do ano nela.

Para os leoninos na idade adequada, isso indica aumento da fertilidade, o que também valerá para o próximo ano.

Como mencionamos, é comum que Júpiter na Quarta Casa indique mudança, reforma ou compra de outra casa. Existem muitos cenários de como isso poderá acontecer, mas o resultado final será uma casa maior e mais confortável. As pessoas também costumam comprar artigos caros para o lar. É "como se" a pessoa tivesse se mudado ou ampliado a casa onde vive.

Isso mostra a prosperidade do pai, da mãe ou de uma figura paterna ou materna e a generosidade dessa pessoa em relação a você. A família como um todo se tornará mais próspera. O valor da sua casa atual aumentará, assim como o de muitos móveis que estão nela. Isso geralmente mostra boa sorte na compra ou na venda de uma casa.

O círculo familiar se expandirá neste ano. De modo geral, isso acontece por meio de casamento ou nascimento. No entanto, às vezes sugere o conhecimento de pessoas que serão "como" família para você, e esse sentimento será recíproco.

Em 2018, Plutão, o seu planeta da Família, completará dez anos na sua Sexta Casa. Portanto, o foco estará muito direcionado para a saúde da família e de seus membros. Grande parte do foco estará em tornar o lar "mais saudável". Algumas vezes, isso indica gastos com a remoção de chumbo, mofo ou outras substâncias prejudiciais (e novas ameaças são sempre encontradas). Outras vezes, revela a compra de equipamentos ou aparelhos de saúde para a casa. Já escrevemos sobre isso em anos anteriores, e essa tendência continuará valendo. Sua casa vai parecer um spa.

Essa posição também indica que você poderá usar o lar como local de trabalho, talvez com a instalação de um escritório em casa ou com a realização de negócios no espaço doméstico.

O ano inteiro será propício a reformas, mas o melhor período parece ser de 1º a 26 de janeiro. Se você for redecorar, reorganizar as coisas ou deixar a casa mais bonita, os melhores períodos serão: de 9 de setembro a

5 de outubro, de 23 de outubro a 22 de novembro e de 2 a 31 de dezembro. Esses também serão bons momentos para a compra de objetos decorativos para o lar, como pinturas e esculturas, entre outros.

É provável que o casamento do pai, da mãe ou de uma figura paterna ou materna fique tenso neste ano e seja colocado rigorosamente à prova. Poderão ser feitos consertos na casa dessas pessoas (haverá dois eclipses na Quarta Casa delas), mas não haverá mudança necessariamente. Filhos e enteados poderão se mudar neste ano. Eles se tornarão mais prósperos a partir de 8 de novembro. Irmãos e figuras fraternas vão prosperar, mas será melhor que não se mudem. Para os netos (se você os tiver), este será um ano sem alterações na área da família.

DINHEIRO E CARREIRA

Como a sua Casa do Dinheiro estará, basicamente, vazia neste ano (apenas planetas rápidos passarão por ela, e brevemente), as finanças não serão uma grande questão para você. Outras coisas serão mais relevantes. De modo geral, isso indica que a situação permanecerá como está. Você parecerá satisfeito com as coisas do jeito como elas estão e não sentirá necessidade de fazer mudanças importantes. Sua liberdade financeira será grande em 2018, haverá muito livre-arbítrio nessa área. Ainda assim, você não se interessará por ela. Não terá paixão financeira. Se ocorrerem problemas financeiros (esperamos que não), essa, provavelmente, será a causa. Você terá de prestar mais atenção a esse setor.

Júpiter na sua Quarta Casa na maior parte do ano mostra sucesso no ramo imobiliário ou em empreendimentos relacionados a imóveis — como marcenaria, paisagismo e design de interiores. Também mostra que haverá chances de sucesso nas indústrias hoteleira e alimentícia. Esse é um assunto que já foi discutido antes. Júpiter na Quarta Casa também mostra forte apoio familiar. Conexões com membros da família trarão boas notícias.

Mercúrio é o seu planeta das Finanças. Ele é veloz e frequentemente instável. E essa poderia ser uma boa descrição da sua vida financeira. Às vezes, ela se move rápido, e você faz um grande progresso. Outras, fica lenta. E, algumas vezes, você sente como se estivesse andando para trás. Isso reflete os movimentos de Mercúrio nos céus. Como nossos leitores assíduos sabem, no período de um ano Mercúrio vai percorrer todos os setores do seu horóscopo. Formará aspectos, positivos ou negativos, com cada um dos planetas do seu mapa. Por isso, muitas tendências financeiras de curto prazo dependerão de onde Mercúrio estiver e dos aspectos que receberá. Trataremos desse assunto em detalhes nas "Previsões Mensais".

O lado bom de você ter Mercúrio como planeta das Finanças é que as oportunidades relativas a dinheiro e ganhos podem ocorrer de muitas maneiras e por meio de diversos tipos de pessoas e atividades.

Mercúrio ficará retrógrado três vezes neste ano. (Um avanço em relação aos últimos dois anos, quando ele ficou retrógrado quatro vezes.) Esses serão períodos para rever a vida financeira e evitar investimentos e compras importantes. O julgamento financeiro estará abaixo do padrão nesses períodos, que ocorrerão de 23 de março a 15 de abril, de 26 de julho a 19 de agosto e de 17 de novembro a 6 de dezembro.

As finanças poderão não ser uma grande questão, mas a carreira será importante. Os que nasceram no início do signo de Leão (entre 23 e 26 de julho) são os que mais sentirão isso. Nos próximos anos, todos os leoninos sentirão. Há indicações de mudanças importantes na carreira, e elas acontecerão de modo repentino e inesperado. Será favorecida a carreira "livre", a vida freelance. Muitos leoninos estão envolvidos com a mídia eletrônica. (Aposto que se fizermos uma pesquisa sobre as figuras da mídia, especialmente no mundo do entretenimento, vamos encontrar um número desproporcional de leoninos ou de pessoas com forte presença do signo de Leão em seu horóscopo.) Haverá, também, muitas mudanças em sua empresa e em sua área de atuação. Eu não ficaria surpreso se você mudasse de carreira ou o caminho da sua carreira nos próximos sete anos.

Urano é o seu planeta do Amor. Sua posição próxima ao Meio do Céu — de 16 de maio a 6 de novembro — indica que o encanto social dos leoninos talvez venha a ter mais relevância que (ou, pelo menos, tanta relevância quanto) as suas habilidades profissionais. A capacidade de despertar simpatia se tornará um fator. Portanto, cultive-a. Será importante frequentar, ou talvez organizar, o tipo certo de festas e reuniões. Você fará mais progressos em ambientes sociais do que das maneiras convencionais.

O cônjuge, parceiro ou interesse amoroso atual deverá ser muito bem-sucedido neste ano e talvez abra portas para você. Isso também valerá para amigos e conexões sociais.

AMOR E VIDA SOCIAL

Embora a sua Sétima Casa esteja vazia neste ano, com certeza veremos muitas mudanças e reformulações no amor. Em primeiro lugar, haverá dois eclipses na sua Sétima Casa: um eclipse solar em 15 de fevereiro e um eclipse lunar em 27 de julho. Eles irão testar os relacionamentos atuais. Os que forem bons, isto é, os que forem saudáveis de modo geral tenderão a sobreviver a essas coisas e poderão até melhorar. Mas os que forem imperfeitos por natureza tenderão a se dissolver. No entanto, mais importante do que os eclipses será a mudança do seu planeta do Amor de Áries para Touro. Trata-se não apenas do deslocamento de um importante planeta lento, como também de uma mudança extremamente profunda nas suas atitudes e necessidades amorosas. Isso será algo mais difícil de lidar.

Urano (o seu planeta do Amor) esteve em Áries pelos últimos sete anos. Por isso, você vinha sendo aquele tipo de pessoa que "se apaixona à primeira vista". Sua tendência era se atirar nos relacionamentos rapidamente, e muitas vezes você pagou o preço por isso. Você era atraído pela "empolgação" do amor, pela aventura, pela conquista. Era capaz de se apaixonar e se desinteressar bem rapidamente. Mas, agora, (e isso será apenas o começo), o seu planeta do Amor entrou no conservador Touro, e você desejará mais estabilidade. Vai querer algo que dure. Vai querer "confiabilidade e constância" da pessoa amada. Haverá uma mudança completa da psicologia. (Como mencionamos, os nascidos no início do signo de Leão — entre 23 e 26 de julho — sentirão isso com mais intensidade neste ano.)

E como Urano vai ficar pairando em torno do seu Meio do Céu — a cúspide da sua Décima Casa, a da Carreira —, você será atraído por pessoas da "alta-roda". Pessoas que já são bem-sucedidas. Pessoas de status e prestígio. A riqueza também será um atrativo (muito mais do que nos últimos sete anos).

A riqueza e o poder serão estimulantes neste período (especialmente entre 16 de maio e 6 de novembro).

Você encontrará o amor e oportunidades românticas com pessoas envolvidas na sua carreira enquanto estiver perseguindo objetivos profissionais. Frequentemente, isso indica "romance no trabalho". Um relacionamento com um chefe ou "superior" da sua empresa, da área em que você atua ou da sua profissão.

Você vai querer alguém que apoie e possa ajudar em sua carreira e sua vida profissional. E encontrará o que deseja em 2018 ou nos próximos anos.

Embora haja muitas mudanças no amor e na vida social, sinto que você terá sucesso no amor. Urano será o planeta mais "elevado" no mapa. O amor estará no topo das suas prioridades. Haverá grande foco nessa área, e isso significa noventa por cento do sucesso. Pela lei espiritual, sempre conseguimos aquilo em que nos concentramos, seja isso bom, ruim ou neutro.

Essa posição também pode significar que o amor vai ser, de fato, a carreira. Sua missão será realmente sua vida amorosa — o seu casamento e os seus amigos —, e você deverá ajudá-los.

Urano na sua Décima Casa indica que você vai interagir socialmente com gente poderosa e da alta-roda, ou "pessoas da elite", como são chamadas. Grande parte da sua vida social estará relacionada à carreira e aos negócios.

AUTOAPRIMORAMENTO

A presença de Júpiter na sua Quarta Casa significa muito mais do que apenas lar e família, sobre os quais já discutimos. Na ciência esotérica, a mente subconsciente, muitas vezes chamada de a "mente mais profunda", é considerada o verdadeiro lar de uma pessoa. Vivemos nela e nas condições que ela criou para nós (por meio de nossos comandos conscientes ou inconscientes). Ela é o repositório de tudo o que já nos aconteceu, não apenas nesta vida, mas também em vidas passadas. Essa mente é um gigante silencioso e adormecido, capaz de todos os tipos de feitos sobrenaturais, mas sempre sob o controle da mente consciente. Se houver desafios na vida ou condições indesejáveis, essa mente precisa ser compreendida.

Este será um ano para obter esse entendimento mais profundo. Portanto, aqueles que estiverem em terapias convencionais deverão alcançar grandes progressos neste ano. No entanto, mesmo que não estejam fazendo nenhum tipo de terapia formal, vocês experimentarão a "terapêutica da natureza" em 2018.

A maioria das pessoas não está sofrendo de males físicos, financeiros ou sociais. Essas questões são apenas os efeitos colaterais de problemas mais profundos. De modo geral, elas sofrem de "experiências não digeridas ou parcialmente digeridas". Essas coisas aconteceram no passado e foram avaliadas por uma mente jovem e imatura. Conclusões foram tiradas. Julgamentos foram feitos. Muitas vezes, declarações veementes foram pronunciadas — afirmações negativas e destrutivas. E estas, se forem negligenciadas, continuarão a operar na psique (e em nossos problemas) até muito tempo depois de terem sido conscientemente esquecidas. Até mesmo declarações feitas por crianças bem pequenas continuarão a atuar na vida adult, a nível inconsciente.

Júpiter na Quarta Casa é sempre interpretado como "nostalgia", um amor pelo passado. Isso é verdade, mas é também apenas um efeito colateral. A natureza, por meio dos poderes planetários, está trazendo à tona memórias há muito tempo esquecidas. Isso acontece de forma inesperada (aparentemente). Às vezes, as pessoas sonham com acontecimentos do passado ou podem ser encontrar com alguém que as faça recordar um evento antigo. E ainda que isso possa parecer "aleatório" para a mente consciente, essas lembranças são significativas. A natureza está ajudando você a confrontar velhas experiências ainda ativas em sua mente e a olhar para elas a partir de seu estado de consciência atual. Aquilo que, para uma criança, é um trauma aterrador, é visto de modo muito diferente por um adulto. Quando isso é entendido, o trauma antigo perde seu poder e você fica livre para criar novas condições e circunstâncias. O conteúdo emocional já não estará mais ativo.

Não se trata de "reescrever a história". Os fatos ainda serão os fatos. Os acontecimentos ainda serão os acontecimentos. Mas a história vai ser reinterpretada. O significado dos eventos passados mudará. E isso fará toda a diferença do mundo. Em muitos casos, na sua perspectiva atual, você verá alguns traumas antigos como uma grande bênção na sua vida e efetivamente será grato por eles. Aquilo nunca foi o que você pensava que fosse. Era apenas o rígido amor do Cosmos agindo em seu melhor e mais alto interesse. E, assim, a cura acontecerá.

PREVISÕES MENSAIS

JANEIRO

Melhores dias: 3, 4, 12, 13, 14, 22, 23, 31
Dias mais tensos: 10, 11, 17, 18, 25, 26
Melhores dias para o amor: 4, 5, 6, 13, 14, 15, 16, 17, 18, 19, 23, 24, 27, 28, 31
Melhores dias para o dinheiro: 1º, 2, 3, 4, 5, 6, 10, 11, 15, 16, 20, 21, 25, 26, 29, 30
Melhores dias para a carreira: 5, 6, 15, 16, 25, 26, 27, 28

Você começará o ano com TODOS os planetas no setor ocidental (o setor social) do seu horóscopo. Isso é muito incomum. Apenas a Lua (e por apenas metade do mês) visitará o setor oriental. Assim, este não será o momento para disputas de poder pessoais nem para autoafirmação. O poder planetário deste mês é para os outros. Você é naturalmente um tipo de pessoa forte e independente, mas, agora, será um pouco menos. Adapte-se às situações da melhor forma que conseguir. Busque o consenso em tudo o que fizer. Deixe que as pessoas façam as coisas do jeito delas, desde que não seja algo destrutivo. Pare de pensar em si mesmo e ajude os outros. Se fizer isso, janeiro poderá ser um mês feliz. No dia 20, o Sol entrará na sua Sétima Casa, a do Amor, e você atingirá um pico anual de amor e vida social. Sua política de colocar os outros em primeiro lugar o tornará muito popular nesse período. Se você estiver em um relacionamento, parecerá bastante dedicado à pessoa amada. Quem ainda não estiver em um relacionamento terá mais oportunidades românticas a partir do dia 20.

Colocar as outras pessoas em primeiro lugar pode parecer algo virtuoso, mas na perspectiva da Astrologia não é exatamente isso. Trata-se apenas do ciclo em que você está no momento.

O eclipse solar do dia 31 ocorrerá no seu próprio signo. Ele indica a necessidade de redefinir a si mesmo e sua imagem. A necessidade de ser claro sobre quem você é e como quer que os outros o vejam. O planeta eclipsado, a Lua, é o regente da sua Décima Segunda Casa, a da Espiritualidade, por isso, haverá mudanças espirituais em curso. Você mudará de prática, professores ou interesses. Às vezes, isso tem origem em uma revelação interna, em algo bom. Também poderá indicar reformulações em organizações espirituais ou de caridade com as quais você esteja envolvido. Haverá momentos dramáticos com pessoas que desempenham a figura de guru em sua vida. Amigos enfrentarão crises financeiras e serão forçados a realizar mudanças. O cônjuge, o parceiro ou o interesse amoroso atual poderá ter um susto com a saúde, e, provavelmente, ocorrerão mudanças de emprego à frente.

A saúde precisará de mais atenção a partir do dia 20, mas especialmente no período do eclipse. Certifique-se de descansar o suficiente — isso é sempre o mais importante. Depois, melhore a saúde adotando as indicações mencionadas na "Previsão Anual".

FEVEREIRO

Melhores dias: 9, 10, 19, 27, 28
Dias mais tensos: 6, 7, 14, 15, 21, 22
Melhores dias para o amor: 4, 5, 10, 14, 15, 16, 19, 20, 25, 26, 28
Melhores dias para o dinheiro: 2, 3, 4, 5, 6, 7, 14, 15, 16, 17, 25, 26
Melhores dias para a carreira: 4, 5, 16, 21, 22, 25, 26

A saúde ainda precisará de atenção até o dia 18. Um eclipse solar no dia 15 não vai ajudar as coisas e irá afetá-lo intensamente. Pegue leve nesse período. Passe mais tempo em casa, com tranquilidade. Evite situações estressantes.

Esse eclipse ocorrerá na sua Sétima Casa, a do Amor, e testará seu relacionamento atual (e as amizades também). Mágoas há muito reprimidas serão forçadas a vir à tona para que se possa lidar com elas. Poderão acontecer eventos dramáticos na vida da pessoa amada, o que complicará as coisas. Seja mais paciente com essa pessoa e com os amigos nesse período. Bons relacionamentos sobreviverão a essas coisas, mas os que forem imperfeitos estarão em risco.

Todo eclipse solar afeta você a nível pessoal. Isso acontece porque o Sol é um planeta especialmente importante em seu mapa. Ele é o regente do seu horóscopo. E com esse eclipse não será diferente. Ele imporá a necessidade de você redefinir a si mesmo, sua imagem e seu autoconceito. (Nesse sentido, isso será uma repetição do eclipse do mês passado.)

Novos eventos (decorrentes do eclipse) forçarão essa reavaliação. Nos próximos meses, você mudará seu guarda-roupa, seu corte de cabelo e toda a sua apresentação. Esse será um processo que se estenderá por seis meses, até o próximo conjunto de eclipses.

Um eclipse solar na Sétima Casa sempre indica uma mudança iminente no estado civil. Os solteiros provavelmente decidirão se casar. Quem for casado (e estiver em um relacionamento imperfeito) provavelmente se divorciará.

Esse eclipse vai provocar impacto em outros dois planetas: Mercúrio e Júpiter. O impacto em Júpiter indica a necessidade de mudanças financeiras, e isso geralmente acontece em decorrência de algum distúrbio ou crise financeira. Os eventos do eclipse irão mostrar por que sua estratégia e seu pensamento financeiros não têm sido realistas. O impacto em Júpiter afetará filhos e enteados, e será melhor que eles fiquem longe do perigo nesse período. Eles também serão forçados a se redefinir. Esse não será um bom momento para especulações ou viagens. Evite-as se puder.

A saúde e a energia vão melhorar após o dia 18. Enquanto isso, melhore a saúde seguindo as orientações mencionadas na "Previsão Anual".

MARÇO

Melhores dias: 8, 9, 18, 19, 26, 27
Dias mais tensos: 6, 7, 13, 14, 20, 21
Melhores dias para o amor: 8, 9, 13, 14, 18, 19, 26, 27
Melhores dias para o dinheiro: 1º, 2, 6, 7, 8, 15, 16, 17, 18, 19, 24, 25, 26, 27, 29, 30
Melhores dias para a carreira: 8, 18, 19, 20, 21, 26, 27

Sua dedicação aos outros se estenderá à vida financeira também neste mês. Seu presente financeiro será fazer com que outras pessoas enriqueçam. Às vezes, isso supõe apoio material. Outras, aconselhamento. E, algumas vezes, outros tipos de ajuda. Com a sua Oitava Casa muito forte até o dia 20, esse será um bom período para o planejamento fiscal e, se você estiver na idade adequada, beneficiará também o planejamento de espólio.

Este mês favorecerá todo tipo de regime de desintoxicação e também de perda de peso, caso você esteja precisando emagrecer. Será muito positivo, agora, vasculhar os seus pertences e se livrar das coisas que você não usa ou das quais não precisa. Há algo de muito mágico a respeito disso. A pessoa se sente "mais leve", menos sobrecarregada, menos travada. O excesso de coisas está entulhando a mente, assim como o espaço físico. Este será um mês para prosperar por meio da "poda", livrando-se do que é supérfluo e redundante. Uma árvore podada cresce melhor.

No dia 20, a sua Nona Casa ficará muito forte. Isso vai fazer com que sua abordagem psicológica da vida mude inteiramente. Você estará mais despreocupado, mais como o seu Eu leonino normal. Haverá otimismo, viagens e expansão dos horizontes. Estudantes de nível universitário deverão ter um bom mês.

O seu planeta das Finanças, Mercúrio, estará na sua Nona Casa a partir do dia 6. Isso indica aumento de ganhos. Estrangeiros, empresas estrangeiras e investimentos estrangeiros serão um bom apoio. Pessoas desse tipo poderão ser igualmente importantes em sua vida financeira.

Plutão está na sua Sexta Casa há muitos anos. No dia 17, Marte também entrará nessa Casa. Você tem apresentado uma tendência a cirurgia há muitos anos, e agora essa tendência estará ainda mais forte. Se a cirurgia for recomendada, não será surpresa. Algumas vezes, essas coisas são requeridas; outras, não. Tenha em mente que a desintoxicação será poderosa neste mês, e, às vezes, ela apresenta o mesmo resultado que uma cirurgia, embora demore um pouco mais.

A metade superior do seu horóscopo estará dominante agora. Portanto, será o momento de se concentrar mais na carreira e nos objetivos externos. Vênus, seu planeta da Carreira, entrará na sua Sexta Casa no dia 9, o que é um bom aspecto para a vida profissional. Os horizontes da carreira se expandirão. Você estará otimista em relação a essa área. Provavelmente, você fará viagens de trabalho.

ABRIL

Melhores dias: 4, 5, 6, 14, 15, 23, 24
Dias mais tensos: 2, 3, 9, 10, 11, 16, 17, 29
Melhores dias para o amor: 6, 7, 8, 9, 10, 11, 15, 16, 17, 24, 27
Melhores dias para o dinheiro: 2, 3, 4, 5, 6, 12, 13, 14, 15, 21, 22, 23, 24, 25, 26, 29, 30
Melhores dias para a carreira: 7, 8, 16, 17, 27

Este será um mês de felicidade e sucesso, leonino. Aproveite!

Sua Nona Casa ainda estará muito poderosa até o dia 20, o que será muito bom para os leoninos envolvidos com problemas judiciais. Vocês terão grande ajuda cósmica. Alunos de nível universitário serão bem-sucedidos nos estudos. Estudantes que desejam entrar para a universidade receberão boas notícias neste mês. O desejo de viajar também será muito forte agora, mas a conjunção de Marte com Saturno entre os dias 1º e 3 indica atrasos. Provavelmente, será melhor agendar as viagens (e elas parecem relacionadas a negócios) para depois do dia 3.

A vida amorosa brilhará em abril. Urano, o seu planeta do Amor, receberá bons estímulos. O período entre os dias 17 e 19 trará oportunidades românticas (felizes) para os solteiros. Para quem já estiver em um relacionamento, isso indica mais romance na própria relação — haverá "proximidade", ou união, com a pessoa amada. Vocês estarão em sintonia tanto em termos físicos quanto filosóficos. Viagens ao exterior poderão atrair o amor neste mês. Haverá oportunidades românticas na faculdade e em eventos religiosos também.

A vida financeira estará boa, mas o seu planeta das Finanças ficará retrógrado até o dia 15. Isso não interromperá os ganhos, porém vai desacelerar um pouco as coisas. O julgamento financeiro não estará no nível habitual. Evite gastos precipitados, especialmente de artigos caros, até o dia 16. De modo geral, você tende a ser impulsivo nos assuntos financeiros. Gosta de fazer as coisas depressa. E neste mês, com o seu planeta das Finanças em Áries, você estará muito mais inclinado a agir assim. Tente não se deixar atrair pelo "dinheiro fácil". A clareza financeira estará bem melhor a partir do dia 15. Você poderá esperar também por aumento nos ganhos.

Como dissemos, este será um mês de sucesso. Vênus passará todo o mês na sua Décima Casa. Isso indica que seu encanto social, isto é, sua capacidade de despertar simpatia, será importantíssimo. As suas boas ideias e o seu bom papo serão reconhecidos. No dia 20, o Sol cruzará o seu Meio do Céu e entrará na sua Casa da Carreira. Você estará no comando de tudo, que é o seu lugar. As pessoas vão respeitá-lo. Você terá mais destaque. Honras e reconhecimento poderão surgir, tanto por conquistas profissionais quanto por quem você é. A aparência pessoal e a conduta como um todo provavelmente serão importantes na vida profissional. E você se vestirá de acordo.

MAIO

Melhores dias: 2, 3, 11, 12, 13, 20, 21, 29, 30
Dias mais tensos: 7, 8, 14, 15, 26, 27, 28
Melhores dias para o amor: 3, 7, 8, 13, 17, 22, 26, 31
Melhores dias para o dinheiro: 2, 3, 9, 10, 13, 14, 18, 19, 22, 23, 26, 27, 31
Melhores dias para a carreira: 7, 8, 14, 15, 17, 26

Este será um mês de muitos acontecimentos. De muitas mudanças. Para que os seus objetivos sejam alcançados, muitas mudanças têm de ocorrer, e veremos o começo disso agora.

Marte fará aspectos dinâmicos com Urano entre os dias 14 e 18. Evite confrontos e mantenha a calma. As pessoas tendem a reagir demais a esse tipo de aspecto. Provavelmente, também não será uma boa ideia viajar nesse período. Se a viagem for necessária, programe-a para antes ou depois desses dias. A pessoa amada deverá, igualmente, pegar leve nesse período.

Você continua em meio a um pico profissional anual, e é nessa área que o foco deverá estar. Os assuntos relativos ao lar e à família caminharão sozinhos — a família, provavelmente, apoiará sua carreira. Urano vai fazer um importante movimento de entrada na sua Décima Casa no dia 16. Isso promoverá mais mudanças na carreira: em sua empresa e na área em que você atua. Muitos de vocês (sobretudo quem nasceu no início do signo de Leão) poderão partir para outro caminho profissional.

A entrada de Urano na sua Casa da Careira é boa para a vida amorosa, que agora se tornará importante, proeminente, o principal foco da vida. As habilidades sociais são sempre relevantes para a carreira, mas nesse período serão ainda mais. Não deixe de frequentar ou oferecer os tipos certos de reuniões. O cônjuge, o parceiro ou o amor atual também obterá sucesso neste mês e ajudará em sua carreira. Essa pessoa vai estar em uma posição em que poderá fazer isso. As oportunidades no amor surgirão enquanto você estiver em busca de seu caminho profissional e com pessoas envolvidas na sua carreira. Você será atraído por pessoas de poder e prestígio (e vai se encontrar e interagir com esse tipo de gente também).

A saúde precisará de atenção até o dia 21. Como sempre, certifique-se de descansar o suficiente. Melhore a saúde seguindo as indicações mencionadas na "Previsão Anual".

Os ganhos serão expressivos neste mês também. O seu planeta das Finanças estará, agora, em movimento direto. Até o dia 13, ele ficará na sua Nona Casa, a da Expansão. No dia 13, cruzará o seu Meio do Céu e entrará na sua Casa da Carreira. Isso é sempre uma indicação de aumento salarial (oficial ou não). As figuras "superiores" da sua vida vão apoiar os seus objetivos financeiros. A elevação do seu status proporcionará, naturalmente, mais dinheiro.

JUNHO

Melhores dias: 8, 9, 16, 17, 25, 26
Dias mais tensos: 3, 4, 10, 11, 23, 24, 30
Melhores dias para o amor: 1º, 3, 4, 6, 7, 10, 16, 18, 23, 24, 28, 30
Melhores dias para o dinheiro: 3, 4, 5, 6, 7, 14, 15, 18, 19, 23, 24
Melhores dias para a carreira: 6, 7, 10, 11, 16, 23, 24

O poder planetário estará agora no setor Leste (o setor do Eu). O setor Oeste continuará forte (isso é uma tendência para o ano inteiro), mas você estará em um período de maior independência nesses dias. Será mais fácil realizar as mudanças desejadas. Você vai ficar menos dependente do outros (porém, não completamente). O seu desafio será equilibrar os interesses pessoais com os interesses das outras pessoas. De qualquer modo, não poderá se exceder em nenhuma das direções. Às vezes, do seu jeito será melhor. Outras vezes, será da maneira dos outros.

Marte entrou na sua Sétima Casa, a do Amor, em 16 de maio, e ficará nela o mês todo, o que será uma bênção mista. Por um lado, talvez você fique excessivamente agressivo no amor. Extremamente controlador. Por outro lado, isso indica ampliação do círculo social: Marte rege a sua Nona Casa, a da Expansão. Se você conseguir evitar disputas pelo poder com a pessoa amada ou com potenciais parceiros românticos, as coisas deverão ir bem.

Urano ainda estará na sua Décima Casa neste mês e continuará promovendo mudanças inesperadas. Na carreira, qualquer coisa poderá acontecer a qualquer momento. A velha expressão "Não espere nada, mas esteja preparado para tudo" é bem apropriada para esse momento. Vênus fará ótimos aspectos com Júpiter nos dias 1º e 2, o que proporcionará sucesso na profissão — ascensão e reconhecimento. O seu planeta da Carreira estará "fora dos limites" entre os dias 1º e 7, e, por isso, você vai explorar caminhos profissionais fora do seu ambiente normal. Talvez as exigências da carreira o estejam empurrando para fora do seu ambiente normal.

Os ganhos deverão ser bons neste mês. Ocorrerão alguns percalços no caminho, mas, de modo geral, eles serão positivos. Em primeiro lugar, Mercúrio, o seu planeta das Finanças, se moverá bem rapidamente, passando por três signos e Casas do seu horóscopo. Você vai avançar muito e progredirá depressa. Haverá confiança financeira. Até o dia 21, Mercúrio estará em Gêmeos e na sua Décima Primeira Casa. Essa é a Casa dele. Mercúrio vai ficar "em casa", e muito forte, em seu benefício. Isso indica a importância das relações sociais, das atividades virtuais e do mundo da alta tecnologia nos ganhos. No dia 12, Mercúrio entrará na sua Décima Segunda Casa, a da Espiritualidade, por isso, a intuição, e não a lógica, deverá ser a força condutora. Você enfrentará dramas financeiros, talvez atrasos, nos dias 15 e 16 e entre os dias 22 e 23. Mas serão problemas de curta duração. Os dias 19 e 20 trarão ótimos pagamentos, pois Mercúrio estará em trígono com Júpiter. As especulações estarão mais favorecidas nesse período, mas a sorte poderá surgir de outras maneiras também. No dia 29, Mercúrio cruzará seu Ascendente e entrará na sua Primeira Casa, trazendo sorte inesperada e oportunidade. De modo geral, será um mês próspero.

JULHO

Melhores dias: 5, 6, 14, 15, 22, 23, 24
Dias mais tensos: 1º, 7, 8, 20, 21, 27, 28, 29
Melhores dias para o amor: 1º, 5, 6, 7, 16, 25, 26, 27, 28, 29
Melhores dias para o dinheiro: 1º, 5, 6, 12, 13, 14, 15, 16, 17, 20, 21, 22, 23, 24, 27, 28, 29
Melhores dias para a carreira: 5, 6, 7, 8, 16, 25, 26

De modo geral, este será um mês feliz, mas dois eclipses vão agitar as coisas e promover mudanças necessárias. Essas mudanças nem sempre serão agradáveis no curto prazo, porém, no longo prazo, serão benéficas. Os dois eclipses vão afetá-lo intensamente, por isso, pegue leve nesse período.

O eclipse solar do dia 15 ocorrerá na sua Décima Segunda Casa, a da Espiritualidade, o que poderá provocar reformulações, ou distúrbios, em uma organização com a qual você esteja envolvido. Isso talvez promova eventos dramáticos para pessoas que têm a figura de guru em sua vida. Surgirão mudanças em sua rotina espiritual, em seus interesses e práticas. A vida onírica estará mais ativa nesse período, embora não muito significativa. A maior parte dela será composta apenas de chateações psíquicas sem importância, causadas pelo eclipse. O mais importante é que esse eclipse (e haverá outro no próximo mês) imporá uma revisão pessoal, isto é, uma reavaliação, uma redefinição de quem você é, do conceito que tem de si mesmo e da imagem que projeta para os outros. Será importante agora para você redefinir-se para si mesmo, do contrário, as outras pessoas o definirão, e isso não costuma ser agradável. Em seis meses, sua imagem — a sua apresentação para o público, ou seu "visual" — terá mudado, o que estará de acordo com a lei espiritual. Modifique sua maneira de pensar, e sua aparência seguirá o mesmo caminho. Como esse eclipse afetará Plutão, o seu planeta da Família, poderão ocorrer eventos dramáticos na família e talvez haja necessidade de fazer reparos no lar. O pai, a mãe ou uma figura paterna ou materna enfrentará dramas capazes de mudar sua vida. (Isso vai vigorar pelos próximos seis meses.)

O eclipse lunar do dia 27 também será forte. Ele ocorrerá na sua Sétima Casa, a do Amor, e colocará à prova um relacionamento atual ou uma sociedade comercial. Muitas vezes, o teste é provocado por eventos dramáticos na vida dessas pessoas. É comum que roupa suja venha à tona para ser lavada. Relacionamentos bons sobrevivem a essas coisas, e até melhoram. São os relacionamentos imperfeitos que correm perigo. Marte também será afetado por esse eclipse. Por isso, não será inteligente viajar nesse período (além disso, Marte vai ficar retrógrado o mês todo). Estudantes de nível universitário poderão fazer importantes alterações em seus planos educacionais. Em muitos casos, mudarão de faculdade. Um problema judicial (caso você esteja envolvido em algo dessa natureza) começará a dar uma guinada dramática, em uma direção ou em outra. Seu local de adoração sofrerá reformulações.

AGOSTO

Melhores dias: 1º, 2, 3, 10, 11, 19, 20, 29, 30
Dias mais tensos: 4, 5, 16, 17, 24, 25, 31
Melhores dias para o amor: 4, 5, 12, 14, 15, 21, 24, 25, 31
Melhores dias para o dinheiro: 1º, 2, 3, 8, 9, 10, 11, 12, 13, 16, 17, 19, 20, 26, 27, 29, 30
Melhores dias para a carreira: 4, 5, 14, 15, 24, 25, 31

Outro (e raro) eclipse, o terceiro do ano, ocorrerá no dia 11. Todo eclipse solar o afeta com intensidade, mas este será ainda mais forte. Ele ocorrerá no seu signo de Leão. Mais uma vez, você será forçado a se redefinir, a reavaliar a si mesmo e o modo como deseja que as pessoas pensem a seu respeito. Isso promoverá uma mudança de personalidade e imagem. As mudanças que não tiverem sido feitas no mês passado acontecerão agora. Se você não foi cuidadoso com a alimentação, esse tipo de eclipse poderá provocar uma desintoxicação do corpo — não será uma doença, mas parecerá. Será uma limpeza. Coopere. É provável que parceiros e amigos enfrentem crises em seus relacionamentos amorosos nesse momento. Chefes e pessoas mais velhas passarão por dramas familiares. A saúde estará boa neste mês, mas pegue leve alguns dias antes e depois do eclipse.

Desde 22 de julho, você estará no melhor período do ano para mudar condições cansativas. Aproveite isso agora, pois mais à frente será mais difícil. O Sol no seu signo vai lhe proporcionar energia e carisma dignos de celebridade. Sua imagem estará ótima. Você terá vigor e carisma. As finanças também estarão boas, embora em um ritmo mais lento do que o usual. Ocorrerão atrasos e falhas. O seu planeta das Finanças ficará retrógrado até o dia 19. Mercúrio estará sem seu próprio signo. Você vai parecer e se sentir rico. As pessoas o verão assim. O eclipse poderá abalar sua confiança e autoestima, mas no fim desse período sua autoconfiança natural retornará, e, talvez, até mais forte do que antes.

Muitas mudanças ainda estarão ocorrendo na sua carreira, na sua empresa e no setor em que você atua, porém este será o momento de se envolver mais com a família e o lar. O seu bem-estar emocional vai ser importante agora. O solstício de Vênus acontecerá entre os dias 5 e 9. Esse planeta fará uma pausa nos céus (em seu movimento latitudinal) e, em seguida, mudará de direção. É o que vai acontecer na carreira também.

Mercúrio entrará em movimento direto no dia 19. O Sol vai ingressar na sua Casa do Dinheiro no dia 23. Portanto, espere por grande prosperidade a partir do dia 19. Você estará (a partir do dia 23) em um pico financeiro anual.

SETEMBRO

Melhores dias: 7, 15, 16, 25, 26
Dias mais tensos: 1º, 13, 14, 20, 21, 27, 28
Melhores dias para o amor: 1º, 2, 3, 8, 9, 13, 17, 20, 21, 22, 23, 27
Melhores dias para o dinheiro: 4, 5, 9, 13, 14, 18, 19, 22, 23, 24, 29
Melhores dias para a carreira: 1º, 2, 3, 13, 22, 23, 27, 28

Marte está "fora dos limites" desde 9 de julho, e isso continuará pela maior parte do mês — até o dia 24. Assim, alunos de nível universitário vão conduzir os estudos de "maneira pouco ortodoxa", experimentando novos caminhos e novas disciplinas educacionais. A rotina vai parecer chata. E isso também valerá para a sua vida espiritual. Você vai explorar outras religiões e filosofias em busca de respostas que não são encontradas na sua religião original, o que é essencialmente saudável. Muitos de vocês viajarão para lugares exóticos, locais que normalmente não visitariam.

As finanças serão o grande destaque neste mês. Você ainda estará em meio a um pico financeiro anual (até o dia 22). Os ganhos serão substanciais. Você se manterá focado nessa área. A presença do senhor do seu horóscopo na Casa do Dinheiro é sempre um indicador financeiro positivo. O senhor do seu horóscopo é sempre amistoso com você, sempre prestativo. Você gastará consigo mesmo, adotará a imagem da riqueza e, sem dúvida, se "sentirá" mais rico do que o habitual. Provavelmente, ostentará mais. (Os leoninos adoram ostentar.) Mercúrio, o seu planeta das Finanças, estará em movimento direto durante todo o mês e se deslocará com muita velocidade. Isso indica um rápido progresso financeiro. Uma rápida (e, de modo geral, primorosa) capacidade de tomar decisões financeiras. Até o dia 6, Mercúrio permanecerá no seu signo, o que é um sinal financeiro positivo. Ele trará sorte inesperada e oportunidades financeiras, e você não precisará procurar por isso. As pessoas ricas da sua família terão uma disposição favorável em relação a você. No dia 6, Mercúrio entrará na sua Casa do Dinheiro (que é o seu próprio signo e a sua própria Casa), onde ficará poderosíssimo a seu favor. É provável que você gaste mais com a saúde e com produtos para a saúde, mas poderá ganhar com isso também. O julgamento financeiro estará sólido. Será fácil lidar com detalhes financeiros. Até o dia 22, quando Mercúrio e o Sol vão sair da Casa do Dinheiro, objetivos financeiros de curto prazo serão alcançados e você poderá se concentrar em outras coisas, como estudos, leitura, interesses intelectuais e entretenimento.

Vênus, o seu planeta da Carreira, entrará na sua Quarta Casa, a do Lar e da Família, no dia 9. (A maioria dos planetas também estará abaixo da linha do horizonte.) Portanto, a sua missão, a sua carreira, será o Lar e a Família. Às vezes, isso significa dedicar-se à carreira em casa.

A saúde vai estar boa neste mês. Os nascidos no início do signo de Leão (entre os dias 22 e 25) precisarão ser mais cuidadosos com ela. Para o restante dos leoninos, porém, a saúde estará boa de modo geral. Será possível melhorá-la seguindo as indicações mencionadas na "Previsão Anual".

OUTUBRO

Melhores dias: 4, 5, 12, 13, 14, 22, 23, 31
Dias mais tensos: 10, 11, 17, 18, 19, 25, 26
Melhores dias para o amor: 2, 3, 6, 10, 11, 15, 17, 18, 19, 20, 21, 24, 25, 29, 30
Melhores dias para o dinheiro: 1º, 2, 3, 6, 7, 9, 10, 11, 20, 21, 29, 30
Melhores dias para a carreira: 2, 3, 10, 11, 20, 21, 25, 26, 29, 30

O senhor do seu horóscopo estará em Libra até o dia 23, portanto, você terá mais encanto social nesses dias; ainda assim, não parece que isso vai ajudar na vida amorosa. Marte, o planeta da guerra e do conflito, estará na sua Sétima Casa, a do Amor, o mês todo. E, mais à frente, em outubro, o Sol vai fazer oposição ao seu planeta do Amor, Urano. As coisas poderão ir bem no amor, mas isso demandará mais esforço da sua parte (e da parte da pessoa amada). Tente não piorar a situação entrando em disputas de poder com a pessoa amada. Respeite suas diferenças. Você e ela terão pontos de vista opostos neste mês. Se conseguirem superar essas diferenças, as coisas poderão se resolver e o relacionamento ficará mais forte do que antes.

A Quarta Casa, a do Lar e da Família, será de longe a Casa mais forte do seu mapa em outubro. Cinquenta por cento dos planetas ou estarão nela ou passarão por ela. E isso é muita energia. Além disso, o seu planeta da Carreira, Vênus, passará o mês na sua Quarta Casa, enfatizando sua importância. O seu verdadeiro trabalho será o lar e a família, isto é, ajudar a família. Vênus ficará retrógrado no dia 5, enquanto seu planeta da Família vai entrar em movimento direto no dia 2, o que é outra indicação para prestar atenção na família. Os assuntos da carreira se resolverão em um mês ou dois — eles necessitarão de tempo. Assim, você poderá igualmente se concentrar na família.

Com o seu planeta das Finanças (a partir do dia 10) e o seu planeta da Carreira (durante todo o mês) na Quarta Casa, a mensagem do horóscopo será: mantenha-se em harmonia emocional, acerte a situação na família e, assim, as finanças e a carreira entrarão naturalmente nos trilhos.

É provável que as finanças fiquem bem neste mês. Até o dia 10, Mercúrio estará em Libra, a sua Terceira Casa. Isso favorecerá atividades de vendas, marketing e comunicação. Oportunidades financeiras surgirão em sua vizinhança. Isso beneficiará também as vendas a varejo e os negócios comerciais. Os vizinhos poderão desempenhar um papel importante em sua vida financeira. Após o dia 10, Mercúrio entrará na sua Quarta Casa, o que indica apoio familiar e relações familiares. Isso é positivo para os setores de imóveis residenciais, alimentação, hotéis e segmentos voltados para o lar. Beneficia também o trabalho realizado de casa (de um escritório ou de uma empresa em casa).

Este será um bom mês para se mudar ou comprar mais uma casa. Também será um período favorável para embelezar ou redecorar o lar.

Talvez a função principal da Quarta Casa seja restaurar a harmonia emocional (compreender o passado e chegar a um acordo com ele). Quem estiver fazendo algum tipo de terapia convencional alcançará um bom progresso.

NOVEMBRO

Melhores dias: 1º, 9, 10, 19, 20, 27, 28
Dias mais tensos: 6, 7, 8, 14, 15, 21, 22
Melhores dias para o amor: 2, 4, 5, 10, 14, 15, 20, 23, 24, 28
Melhores dias para o dinheiro: 1º, 2, 3, 8, 9, 10, 19, 20, 27, 28, 29, 30
Melhores dias para a carreira: 4, 5, 14, 15, 21, 22, 23, 24

O amor vai ficar cada vez melhor em novembro. A pessoa amada vai ceder e voltará a assumir uma posição de maior harmonia com você. Marte sairá da sua Sétima Casa no dia 16. O amor estará ainda melhor no próximo mês.

A sua Quarta Casa ficará forte até o dia 22. Portanto, continue a se concentrar no lar, na família e no seu bem-estar emocional. Isso lançará as bases para o seu futuro avanço na carreira, que começará no próximo ano. O seu planeta da Carreira ficará retrógrado até o dia 16, por isso, questões nessa área precisarão de mais estudo. Decisões importantes não deverão ser tomadas ainda. Quando Vênus entrar em movimento direto no dia 16, você poderá impulsionar a carreira por meio de boas ações de marketing e comunicação. A presença do planeta da Carreira na Terceira Casa é um bom aspecto para estudantes abaixo do nível universitário. Isso indica foco nos estudos e sucesso. Tirar boas notas e aprender o que é necessário aparentemente será sua missão na vida nesses dias.

Júpiter fará um movimento importante ao entrar na sua Quinta Casa, no dia 8, o que será um trânsito muito feliz. Isso trará não apenas prosperidade pelos próximos 12 meses, mas também diversão, felicidade e criatividade realçada. Leão é um dos signos mais criativos do Zodíaco, e nesse período será ainda mais. De modo geral, essa é uma fase festiva, porém, para você, será ainda mais. E muito mais do que nos anos anteriores.

Leão ama especular. E, agora, esse amor será ainda maior. No dia 22, o Sol entrará na sua Quinta Casa e começará a viajar com Júpiter. Você será atraído por cassinos e casas noturnas.

Mercúrio, o seu planeta das Finanças, passará o mês na sua Quinta Casa. Isso costuma ser um bom sinal para as finanças e indica que o dinheiro será obtido de maneiras agradáveis, enquanto você estiver se divertindo. De modo geral, isso favorece as especulações, mas após o dia 17 Mercúrio ficará retrógrado, complicando as coisas. Se você for fazer especulações (e será difícil que não faça), use apenas metade (ou até mesmo um quarto) do que pretendia usar originalmente. Haverá um excelente dia de pagamento no dia 29 ou 30, quando Mercúrio estará viajando com Júpiter. No entanto, talvez ocorram atrasos.

A saúde estará boa neste mês e ficará ainda melhor após o dia 22. Até lá, melhore-a seguindo as indicações mencionadas na "Previsão Anual".

DEZEMBRO

Melhores dias: 6, 7, 16, 17, 25, 26
Dias mais tensos: 4, 5, 11, 12, 18, 19, 31
Melhores dias para o amor: 2, 3, 7, 11, 12, 14, 15, 17, 23, 24, 26
Melhores dias para o dinheiro: 4, 5, 6, 13, 16, 23, 24, 26, 27, 28
Melhores dias para a carreira: 2, 3, 14, 15, 18, 19, 23, 24

Não é necessário dar sermões aos leoninos sobre a importância de se aproveitar a vida. Eles são professores nesse departamento. Você ainda estará em um pico anual de prazer pessoal até o dia 21. Deixe os bons tempos rolarem! Para os solteiros, o mês estará mais para casos passageiros do que para o romance sério. Contudo, surgirá uma oportunidade séria nos dias 20 e 21. O seu planeta do Amor ainda estará retrógrado, por isso, não haverá necessidade de se precipitar em nada.

Mercúrio, seu planeta das Finanças, entrará em movimento direto no dia 6, e o julgamento financeiro ficará muito melhor então. Até o dia 13, ele ficará na sua Quarta Casa, indicando bom apoio familiar e alguém que sempre gasta com o lar e a família. As relações familiares serão importantes na vida financeira. No dia 13, Mercúrio entrará na sua Quinta Casa, e haverá um repeteco do que aconteceu no mês passado, porém melhor. Em novembro, Mercúrio estava retrógrado. Agora, estará em movimento direto. Isso indica, como em novembro, dinheiro que será obtido de maneiras agradáveis e gasto com coisas alegres. As especulações estarão favorecidas a partir do dia 13 e, sobretudo, entre os dias 20 e 22. Esse período será especialmente bom para as finanças, e você terá ganhos de um modo ou de outro (o Cosmos tem muitas maneiras de fazê-lo prosperar). O principal perigo com a presença do seu planeta das Finanças em Sagitário e na Quinta Casa é exagerar nos gastos. Você pode ficar excessivamente confiante. Por isso, tente se controlar.

A saúde e a energia estarão excelentes neste mês. Quando Júpiter saiu de Escorpião, no mês passado, o último planeta tenso se afastou de você. Apenas Vênus (e ele é suave) vai formar um aspecto tenso. Assim, você terá energia de sobra. Se havia problemas preexistentes, eles estarão em suspenso. No dia 21, o Sol entrará na sua Sexta Casa, onde permanecerá até o dia 18 do próximo ano. Você vai se concentrar na saúde, talvez excessivamente. Mas será bom para estabelecer rotinas de saúde de longo prazo. O grande poder na sua Sexta Casa, a partir do dia 21, será maravilhoso para fazer aqueles trabalhos chatos, detalhados e que precisam ser realizados, mas que você costuma adiar. Agora, você terá a energia e a paciência para eles.

Filhos e enteados terão um ano fabuloso. Júpiter lhes dará um alto estilo de vida: viagens, boa comida, roupas bacanas etc. Se estiverem na idade adequada, esses filhos estarão muito férteis agora. A partir do dia 21 deste mês, entrarão em um pico financeiro anual. Para eles, o desafio será a boa administração das finanças.

♍

VIRGEM

A VIRGEM
Nascidos entre 22 de agosto e 22 de setembro

PERFIL PESSOAL

VIRGEM EM UM RELANCE

Elemento: Terra
Planeta Regente: Mercúrio
  Planeta da Carreira: Mercúrio
  Planeta da Saúde: Urano
  Planeta do Amor: Netuno
  Planeta das Finanças: Vênus
  Planeta do Lar e da Vida Familiar: Júpiter
Cores: tons terrosos, ocre, amarelo, laranja
Cor que promove o amor, o romance e a harmonia social: azul-turquesa
Cor que propicia ganhos: verde-jade
Pedras: ágata, jacinto
Metal: mercúrio
Perfumes: alfazema, lilás, lírio-do-vale, estoraque (benjoim)
Qualidade: mutável (= flexibilidade)
Qualidade essencial ao equilíbrio: amplitude de visão
Maiores virtudes: agilidade mental, capacidade de análise, meticulosidade, poder curativo
Necessidade mais profunda: ser útil e produtivo
Característica a evitar: mania de criticar destrutivamente
Signos de maior compatibilidade: Touro, Capricórnio
Signos de maior incompatibilidade: Gêmeos, Sagitário, Peixes
Signo mais útil à carreira: Gêmeos

Signo que fornece maior suporte emocional: Sagitário
Signo mais prestativo em questões financeiras: Libra
Melhor signo para casamento e associações: Peixes
Signo mais útil em projetos criativos: Capricórnio
Melhor signo para sair e se divertir: Capricórnio
Signos mais úteis em assuntos espirituais: Touro, Leão
Melhor dia da semana: quarta-feira

COMPREENDENDO A PERSONALIDADE VIRGINIANA

A virgem é uma representação simbólica bastante adequada ao signo. Meditar sobre sua imagem facilita muito a compreensão da personalidade virginiana. Ela é um símbolo natural da pureza e da inocência. Um objeto virgem é aquele que nunca foi utilizado. Terras virgens preservam suas características originais. E as matas virgens também conservam sua pureza prístina.

Se aplicarmos o conceito de pureza aos processos mentais, à vida emocional, ao corpo físico e às atividades e aos projetos do mundo cotidiano, chegaremos perto da forma como os virginianos encaram o Universo. Eles procuram manifestar a pureza de ideal em sua mente, corpo e negócios; e se encontram impurezas, tentam expurgá-las.

Impurezas são princípios geradores de desordem, tristeza e intranquilidade. O trabalho dos virginianos consiste em extirpar as impurezas, conservando apenas o que pode ser assimilado e utilizado pelo corpo e pela mente.

Aí reside o segredo da boa saúde: noventa por cento da arte de permanecer sadio decorrem da manutenção da pureza física, mental e emocional. Quando o limite de impurezas ultrapassa a capacidade de tolerância do corpo e da mente, surge o que conhecemos como moléstia ou mal-estar. Não é de surpreender que muitos virginianos se revelem excelentes médicos, enfermeiros, curandeiros e nutricionistas. Eles possuem uma compreensão inata do que vem a ser uma boa saúde e sabem que ela transcende o plano meramente físico. Em todos os aspectos da vida, os que desejam ter êxito em um projeto devem salvaguardar sua pureza. Ela precisa ser protegida de elementos adversos que possam miná-la. É esse o grande segredo por trás da espantosa competência técnica dos virginianos.

A formidável capacidade virginiana de análise, seu perfeccionismo e detalhismo sobre-humanos derivam, todos, do anseio do nativo deste signo pela pureza e pela perfeição. Um mundo sem virginianos estaria arruinado há muito tempo.

Um vício ou defeito pode, em muitos casos, não ser outra coisa senão uma virtude às avessas, mal-utilizada ou mal-aplicada em um contexto específico. Os aparentes vícios ou máculas dos virginianos derivam, muitas vezes, de virtudes inerentes. Seu forte poder de análise, que deveria ser empregado para curar, auxiliar ou aperfeiçoar projetos no mundo, pode, quando mal-empregado, voltar-se contra as pessoas. Sua faculdade crítica, que deveria ser utilizada construtivamente para aprimorar uma estratégia ou proposta, pode ser usada de forma destrutiva como arma, para magoar ou ferir. Seu anseio de perfeição pode converter-se em preocupação excessiva que mina a confiança; e sua humildade natural, de tão grande, pode induzi-los à autonegação e a um complexo de inferioridade. Quando os virginianos se tornam negativos, podem até voltar seu ferino senso crítico contra eles mesmos, lançando a semente da autodestruição.

FINANÇAS

Os virginianos possuem todos os predicados que facilitam o acúmulo de riquezas. São trabalhadores engenhosos, eficientes, organizados, frugais, produtivos e prestativos. Um virginiano bem-equilibrado é o sonho de todo empregador, mas, enquanto não aprenderem a exercitar um pouco da graça social libriana, os nativos de Virgem continuarão longe da realização de seu potencial financeiro. Sua pureza e seu perfeccionismo, quando manejados de forma incorreta, incomodam os demais. Esses atritos de relacionamento podem causar estragos devastadores tanto em seus projetos preferidos quanto em sua conta bancária.

Os virginianos apreciam a segurança financeira. Por serem trabalhadores, conhecem o real valor do dinheiro, e não gostam de arriscá-lo desnecessariamente. Preferem poupar para quando se aposentarem ou para os dias mais difíceis de inverno. Só investem de maneira prudente e calculada, procurando minimizar riscos. A estratégia funciona bem, ajudando os virginianos a alcançar a estabilidade financeira que almejam. Os abastados, e mesmo os não tão abastados, apreciam ajudar amigos em dificuldade.

CARREIRA E IMAGEM PÚBLICA

Os virginianos se realizam quando conseguem comunicar seus conhecimentos de forma que os outros os compreendam. Para transmitir melhor suas ideias, eles precisam aprimorar sua habilidade verbal e aprender a exprimir-se de modo mais natural, que não tenha qualquer tom de julgamento. Respeitam muito os professores e os comunicadores. Apreciam que seus chefes e superiores sejam bons comunicadores, mas dificilmente irão respeitá-los se o quilate intelectual deles não se equiparar ao seu, independentemente de quanto dinheiro e poder esses superiores possuam. Os virginianos gostam de ser vistos como pessoas intelectuais e educadas.

A humildade nata dos virginianos, muitas vezes, dificulta a realização de suas ambições e os impede de adquirir renome e prestígio. Precisam se valorizar um pouquinho mais para conquistar seus objetivos profissionais, bem como auxiliar o próprio progresso com a mesma veemência com que encorajam o dos colegas.

No trabalho, apreciam a atividade. Mostram-se dispostos a aprender qualquer tipo de serviço que possa contribuir para sua segurança material. Podem mudar de ocupação diversas vezes em sua vida profissional antes de descobrir o que realmente gostam de fazer. Os virginianos não têm medo de trabalho, sabem trabalhar bem em grupo e sempre cumprem suas responsabilidades.

AMOR E RELACIONAMENTOS

Para permitir que os virginianos analisem melhor ou critiquem algo, é necessário limitar a esfera de abrangência. Focar nas partes — não no todo. Isso pode transmitir uma impressão de limitação mental, e os virginianos detestam pessoas possuidores dessa mente limitada. Gostam de parceiros com mente aberta e visão ampla. Possivelmente, como forma de compensar a carência que eles próprios têm dessas qualidades.

Os nativos de Virgem são tão perfeccionistas no amor quanto nas demais áreas. Precisam de companheiros tolerantes, abertos e bonachões. Se você se apaixonou por um virginiano, nem perca tempo com gestos românticos sem praticidade. Terá mais chances de conquistá-lo fazendo por ele coisas úteis e práticas. É exatamente isso que ele aprecia e fará por você.

Os virginianos demonstram seu amor de forma pragmática e utilitária. Você, nativo de outro signo, não se deixe abater pelo fato de eles não o chamarem de "meu amor" todo dia. Não faz parte da natureza deles. Se o amam, demonstrarão de forma prática. Estarão sempre por perto quando você necessitar; mostrarão interesse por sua saúde e finanças; consertarão as torneiras de sua casa e o aparelho de DVD que quebrou. Para eles, essas ações são muito mais importantes do que buquês de flores ou caixas de bombons.

Nos relacionamentos amorosos, não são particularmente passionais ou espontâneos. Não tome isso como falha pessoal sua. Não significa que você não seja atraente aos olhos de seu parceiro virginiano ou que ele não goste de você. É o jeito dele. O que lhe falta em ardor é compensado em dedicação e lealdade.

VIDA DOMÉSTICA E FAMILIAR

Não é preciso dizer que a casa de um virginiano é sempre imaculada. Tudo é bem limpinho e organizado em seu próprio cantinho — não se atreva a tirar nada do lugar! Para encontrarem a felicidade no lar, entretanto, os nativos de Virgem precisam relaxar um pouquinho mais e conceder mais liberdade ao cônjuge e aos filhos, e ser mais generosos e abertos. Os membros da família não são meras criaturas biológicas passíveis de análise microscópica — são seres humanos que possuem suas próprias qualidades.

Malgrado essas pequenas dificuldades, os virginianos são bons anfitriões. Gostam de ficar em casa, de receber amigos para pequenas reuniões e se empenham em manter seus convidados felizes. Adoram crianças, mas tendem a ser severos com elas, pois querem se assegurar de que sejam educadas no princípio dos bons valores pessoais e familiares.

VIRGEM
PREVISÃO ANUAL PARA 2018

TENDÊNCIAS GERAIS

A saída de Saturno de Sagitário no final do ano passado foi uma ótima coisa para você. A sua sensação é a de que um grande peso foi retirado dos seus ombros. Você tem mais energia e mais otimismo, e a saúde, sem dúvida, ficará melhor. Trataremos disso em detalhes mais adiante.

Júpiter passará a maior do ano na sua Terceira Casa, a da Comunicação e dos Interesses Intelectuais. Portanto, este será um ótimo ano para expandir sua base de conhecimentos, fazer cursos sobre assuntos de seu interesse e ler mais. Alunos abaixo do nível universitário serão bem-sucedidos na escola. A mente estará afiada e absorverá rapidamente as informações. Essa é uma indicação positiva também para escritores, professores, jornalistas e blogueiros, que se comunicarão bem e com facilidade. Profissionais de vendas, marketing, relações públicas e publicidade terão, igualmente, um bom desempenho. Suas habilidades estarão acentuadas.

No dia 8 de novembro, Júpiter entrará no seu próprio signo e na sua própria Casa, onde pode atuar com mais intensidade. Isso indica mudanças (felizes) ou reformas do lar atual. O círculo familiar aumentará. Voltaremos a esse assunto mais à frente.

Bem no final do ano passado, Saturno fez um movimento importante ao sair da sua Quarta Casa e entrar na sua Quinta Casa, onde permanecerá neste ano (e no próximo ano também). Você precisará ser mais seletivo em suas atividades de lazer. Talvez as reduza. Quem estiver envolvido com artes criativas precisará ser mais disciplinado em termos de criatividade. O trato com filhos e enteados parecerá mais difícil.

Plutão está na sua Quinta Casa há muitos anos (desde 2008). Por isso, as áreas mencionadas nos parágrafos anteriores vêm passando por mudanças raciais. Filhos ou enteados podem ter sido submetidos a cirurgias ou estado muito próximos da morte. Por outro lado, agora eles parecerão concentrados na atividade escolar e, provavelmente, serão bem-sucedidos.

O destaque mais notável deste ano será um importantíssimo movimento de Urano, que sairá de Áries e entrará em Touro. Esse é um fenômeno que ocorre uma vez a cada sete anos. Como Urano é o seu planeta da Saúde e do Trabalho, isso é um sinal de mudanças de emprego e da rotina e das necessidades de saúde. Trataremos desse assunto em detalhes mais adiante.

Netuno está na sua Sétima Casa, a do Amor, há muitos anos. Já discutimos isso nos anos anteriores, e essa tendência continuará valendo (sem tentar ser repetitivo sobre essa questão). Ainda há um grande idealismo no amor, com todos os pontos positivos e negativos que isso traz. A vida amorosa como um todo — as atitudes amorosas — vão se tornar mais espiritualizadas. Voltaremos a falar sobre isso mais à frente.

Os seus principais interesses neste ano serão: comunicação e interesses intelectuais (até 8 de novembro); lar e família (a partir de 8 de novembro); crianças, diversão e criatividade pessoal; amor e romance; sexo, estudos de ocultismo, transformação pessoal (de 1º de janeiro a 6 de maio e a partir de 6 de novembro); viagens ao exterior, religião e ensino superior (de 16 de maio a 6 de novembro).

Os seus caminhos de maior realização neste ano serão: comunicação e interesses intelectuais (até 8 de novembro); lar e família (a partir de 8 de novembro); espiritualidade (até 17 de novembro); amigos, colegas e grupos de atividade (a partir de 17 de novembro).

SAÚDE

(Trata-se de uma perspectiva astrológica sobre a saúde, não de uma visão médica. No passado, essas perspectivas eram idênticas, porém hoje podem ocorrer diferenças. Para obter uma opinião com base em diagnósticos da medicina convencional, consulte seu médico ou um profissional da saúde.)

A saúde é sempre importante para os nativos de Virgem, e neste ano veremos muitas mudanças nessa área. E isso apesar do fato de que a saúde vai estar incomumente boa. Somente um planeta lento estará em alinhamento tenso com você, pois os demais farão aspectos harmoniosos ou não o afetarão. A entrada de Saturno em Capricórnio no final do ano passado e a entrada de Urano em Touro neste ano vão, igualmente, melhorar a saúde. Será apenas no final deste ano, em 8 de novembro, que outro planeta lento formará um aspecto tenso com você. Esse planeta é Júpiter, e seus efeitos costumam ser suaves.

A saúde estará boa, mas você continuará a fazer mudanças importantes. Haverá dois eclipses na sua Sexta Casa neste ano: um eclipse solar em 15 de fevereiro e um eclipse lunar no dia 27 de julho. Isso sempre provoca mudanças. Às vezes, acarreta um susto na saúde. No entanto, como a sua energia estará boa, provavelmente não passará mesmo de um susto.

Urano, o seu planeta da Saúde, fará uma breve incursão por Touro, a sua Nona Casa, neste ano. Isso também desencadeará muitas mudanças. Durante a permanência desse planeta em Touro, a cabeça, o rosto e o couro cabeludo, que foram importantes nos últimos sete anos, se tornarão menos relevantes. A atividade física, embora seja uma coisa boa, poderá, da mesma forma, perder um pouco de importância. Você sentirá todas essas mudanças com mais intensidade em 2019, quando Urano entrará em Touro, onde ficará por um longo período.

Embora a sua saúde esteja boa, você poderá melhorá-la ainda mais. E que virginiano não quer uma saúde melhor? Dê mais atenção às áreas a seguir, que são as mais vulneráveis do seu mapa. Essa atenção tenderá a evitar os problemas antes que eles se desenvolvam e, ainda que ocorram (como resultado de fortes impulsos cármicos), eles serão menos graves, ou seja, estarão mais para incômodos do que para doenças.

Intestino delgado. É sempre uma área importante para o virginiano. Dê atenção a ele.

Tornozelos e panturrilhas. São sempre importantes para os nativos de Virgem. Urano, o planeta que rege essas áreas, é o seu planeta da Saúde. Por isso, massagens regulares nos tornozelos e nas panturrilhas deveriam ser parte da sua rotina normal de saúde (e seria bom massagear também a tíbia, que é o osso da canela). Proteja mais os tornozelos ao se exercitar.

Cabeça, rosto e couro cabeludo. Essas áreas só se tornaram importantes nos últimos sete anos. Por isso, continue a massageá-las regularmente (sobretudo até 16 de maio e a partir de 6 de novembro). A terapia craniossacral também é boa para a cabeça.

Musculatura. Essa área também só ganhou importância nos últimos sete anos, e continuará assim por algum tempo neste ano (até 16 de maio e a partir de 6 de novembro). Portanto, será importante ter um bom tônus muscular. Músculos fracos ou flácidos podem tirar a coluna e o esqueleto de seu alinhamento correto e criar todo tipo de problema.

Assim, exercícios vigorosos — de acordo com sua idade e fase na vida — serão importantes.

Glândulas suprarrenais. Essas glândulas também só ganharam importância nos últimos sete anos. Será importante evitar a raiva e o medo, as duas emoções que afetam as suprarrenais.

Pescoço e garganta. Passarão a ter importância de 16 de maio a 6 de novembro. No próximo ano, essas áreas começarão a se tornar importantes pelos sete anos seguintes. Massagens no pescoço serão benéficas. A tensão tende a se acumular nessa área, e precisa ser liberada. A terapia craniossacral também favorece o pescoço.

Como Urano é o seu planeta da Saúde, você tenderá a fazer experimentações nas questões de saúde. Vai apreciar seguir terapias ou dietas da moda, ou as mais recentes. Em 2019 e nos próximos anos, você se tornará um pouco mais conservador em matéria de saúde, menos propenso a adotar as "novidades" somente porque são novidades. Fará mudanças mais lentamente.

LAR E FAMÍLIA

A sua Quarta Casa não será uma Casa de Poder na maior parte do ano, mas, como mencionamos, isso vai mudar após 8 de novembro, quando Júpiter entrará na sua Quarta Casa. Até lá você estará, de certa forma, em um período sem alterações.

A presença de Júpiter na sua Terceira Casa pode ser interpretada como se fosse na Décima Segunda Casa, a da Espiritualidade da Família. (Posicione a Quarta Casa no lugar da Primeira Casa, uma vez que estamos lidando com a família, e conte no sentido horário.) Assim, a família — e sobretudo o pai, a mãe ou uma figura paterna ou materna — estará em um período altamente espiritual. Haverá muito crescimento interno, nos bastidores, que se tornará visível após 8 de novembro e no próximo ano.

O pai, a mãe ou a figura paterna ou materna que estará em um período altamente espiritual poderá enfrentar tensões financeiras. Ele ou ela vai reorganizar as finanças. Essa pessoa não precisará de mais renda, e sim de melhor gestão financeira, isto é, de um uso melhor dos recursos existentes. De modo geral, isso ocorre quando alguém assume uma responsabilidade financeira adicional. Essa pessoa poderá ter a sensação de carência, ainda que esteja prosperando no nível objetivo. A sensação existe. O cenário financeiro dessa pessoa mudará para melhor a partir de 8 de novembro.

A presença de Júpiter na Quarta Casa traz felicidade na esfera do lar e da família. Se existiram problemas, agora haverá grande alívio. Até mesmo boa sorte. A família como um todo ficará mais próspera. O seu lar e talvez os seus móveis serão valorizados. O apoio familiar será melhor do que o habitual e as relações familiares também tenderão a ser úteis.

Como mencionamos, esse aspecto frequentemente promove uma mudança e a bem-sucedida compra ou venda de uma casa. No entanto, isso não precisa ser entendido de forma muito literal. Às vezes, a casa atual é reformada, talvez ganhando uma nova ala ou um novo quarto. Isso também se encaixaria no simbolismo. Frequentemente, compram-se artigos caros para o lar. Igualmente comum é a aquisição de outra casa (ou você descobrir que tem acesso a uma segunda casa). O efeito como um todo é "como se" você tivesse se mudado, "como se" a casa tivesse sido ampliada, "como se" você estivesse em novas e melhores condições domésticas.

Os virginianos na idade adequada começarão a ficar mais férteis a partir de 8 de novembro, o que se manterá pelos próximos dois anos.

Júpiter na Quarta Casa indica aumento do círculo familiar. De modo geral, isso acontece por meio de nascimento ou casamento, mas também pode ocorrer quando conhecemos alguém que é "como" família para nós. Temos esse sentimento em relação a essa pessoa e vice-versa.

Os melhores períodos para reformas e grandes reparos serão de 26 de janeiro a 17 de março e a partir de 8 de novembro. Para embelezar a casa (fazendo uma nova pintura ou redecorando), um bom período será de 22 de novembro a 21 de dezembro.

O pai, a mãe ou uma figura paterna ou materna provavelmente não se mudará neste ano. O pai ou a mãe terá um ano muito intenso no amor e na vida social. Se ele ou ela for solteiro, haverá romance. Irmãos e figuras fraternas vão prosperar neste ano. Haverá reformulações no lar, provavelmente reparos, porém uma mudança será mais provável no próximo ano. É provável que filhos e enteados tenham se mudado muitas vezes nos últimos anos. Pode ser que haja mais mudança em 2018, mas eles parecem prontos para mais estabilidade, para se estabelecer. Netos (se você os tiver) vão parecer muito instáveis e impacientes. Pode ser que não se mudem, no entanto, irão morar em lugares diferentes por longos períodos.

DINHEIRO E CARREIRA

Os anos de 2016 e 2017 foram excepcionais para as suas finanças. A maior parte dos seus objetivos financeiros (pelo menos os de curto prazo) foram alcançados. Você não deverá se mostrar muito concentrado no dinheiro nem preocupado com ele. É verdade, o fato de a sua Casa do Dinheiro estar vazia indica grande liberdade nessa área, mas o foco, o interesse, não estará nela. A tendência, nesse caso, é que a vida financeira permaneça como está.

Essa falta de atenção talvez seja a principal fraqueza financeira neste período. Mas, de novo: se não há nada errado, para que se concentrar?

Júpiter, como mencionamos, passará a maior parte do ano na sua Terceira Casa. Isso pode ser sinal de um novo carro (e dos bons) e de um novo aparelho de comunicação (também de boa qualidade). Pode indicar a prosperidade de irmãos e de figuras fraternas da sua vida. Você poderá ganhar dinheiro com as suas habilidades intelectuais e de comunicação. Isso favorece, como dissemos, vendas, marketing, escrita, ensino, blogs, publicidade e relações públicas. O comércio (compra e venda) também poderá ser beneficiado.

Vênus é o seu planeta das Finanças, o que é excelente. Esse é o domínio natural de Vênus, e ele é forte nesse papel. No entanto, é um planeta rápido. No período de um ano, ele passará por todos os setores do seu horóscopo. (Em 2018, como estará retrógrado, passará apenas por 11 das suas 12 Casas.) Portanto, há muitas tendências financeiras de curto prazo que dependerão de onde Vênus vai estar e dos aspectos que receberá. Abordaremos isso em detalhes na "Previsão Mensal".

Como estará retrógrado, Vênus ficará por um tempo incomum na sua Casa do Dinheiro: de 7 de agosto a 9 de setembro e, novamente, de 11 de novembro a 2 de dezembro. Isso é um sinal de prosperidade, mas talvez não tão grande quanto a que você teve nos dois últimos anos.

Vênus ficará retrógrado (um acontecimento raro se comparado com outros planetas) de 5 de outubro a 16 de novembro. Será o momento de fazer uma revisão das finanças. Um momento para obter clareza sobre os seus objetivos financeiros e os progressos que você deseja. Não será um período especialmente bom para movimentações financeiras importantes.

Este não será um ano muito forte para a carreira. Muitos dos planetas lentos estarão abaixo do horizonte do seu mapa. A sua Décima Casa, a da Carreira, não será uma Casa de poder e, com exceção dos planetas rápidos, ficará praticamente vazia. Este ano será mais voltado para a obtenção de harmonia interna — para se sentir certo, e não para agir certo. Agir certo é algo que virá mais tarde.

Com o rápido Mercúrio como o seu planeta da Carreira, muitas tendências profissionais de curto prazo dependerão de onde ele estará e dos aspectos que vai receber. Isso também será abordado em detalhes na "Previsão Mensal".

AMOR E VIDA SOCIAL

Netuno, como mencionamos, está na sua Sétima Casa há alguns anos, e permanecerá nela por muitos mais. Essa é uma tendência de longo prazo. Netuno, o mais espiritualizado e idealista de todos os planetas, além de ser o seu planeta do Amor, está no seu próprio signo e na sua própria Casa. Por isso, está ainda mais espiritualizado e idealista. Assim, você está em busca do amor ideal, do amor perfeito. Os seus padrões são muito altos. É de se duvidar que algum ser humano mortal consiga viver de acordo com eles. Existem muitos seres humanos amorosos por aí, mas o fato de eles serem humanos, e em corpos mortais, limita isso um pouco. Assim, essas imperfeições poderão gerar um sentimento sutil de insatisfação.

Às vezes, quando Netuno está envolvido no amor, a tendência é "idealizar" o parceiro, projetar uma perfeição que não existe realmente. Essa é a tendência da psique, assim como a de Pigmalião, de criar o amor ideal. Mas, é claro, de vez em quando a realidade entra em cena, trazendo com ela a sensação de decepção.

Ainda assim, é divertido enquanto dura a ilusão. Todas as pessoas sabem, de certa forma, que o romance é noventa por cento mágica e apenas dez por cento lógica. Portanto, enquanto você conseguir manter a mágica, haverá felicidade.

Dito isso, este será um ano feliz para o amor e a vida social. Você estará voltado para o romance. Júpiter fará ótimos aspectos com o seu planeta do Amor durante quase todo o ano — até 8 de novembro. Portanto, se você não estiver em um relacionamento, é quase certo que conhecerá alguém especial (o Cosmos lhe trará essa oportunidade). Os solteiros vão namorar mais e frequentar mais festas. Os casados deverão ter mais harmonia e romance no casamento, além de se socializarem mais e fazerem novas e significativas amizades. É provável que a família e as relações familiares desempenhem um papel importante na sua vida amorosa, talvez bancando o cupido.

Com Netuno tão envolvido no amor, a conexão espiritual, isto é, a compatibilidade espiritual, será importantíssima. Quando há compatibilidade espiritual, quase todo problema pode ser resolvido. Mas, sem ela, até mesmo as pequenas coisas podem ser insuperáveis. Assim, você será atraído por pessoas espiritualizadas. Sentirá atração por músicos, poetas, videntes e canais espirituais. Oportunidades românticas acontecerão em ocasiões de natureza espiritual, como reunião de orações, seminário espiritual ou de meditação, evento de caridade ou no fim de semana da ioga. Se você for a bares e boates em busca do amor, estará apenas perdendo tempo. Nesses lugares, você poderá encontrar diversão, mas não amor.

Quem estiver no segundo casamento terá a relação colocada à prova neste ano. Os que estiverem em busca do terceiro casamento farão melhor se não se casarem. A vida amorosa será estimulante, mas não haverá necessidade de compromisso. Quem estiver no terceiro casamento ou à procura dele terá um ano sem novidades. Os casados provavelmente permanecerão casados e os solteiros provavelmente continuarão solteiros.

AUTOAPRIMORAMENTO

Muitas mudanças dramáticas acontecerão na sua vida espiritual neste ano. Diversas atitudes e opiniões serão eliminadas. Haverá mudanças na sua prática espiritual, nos seus interesses e, talvez, mudanças de professores. O Sol, o seu planeta da Espiritualidade, será eclipsado três vezes neste ano, algo que só costuma acontecer duas vezes ao ano. Além disso, haverá dois eclipses na sua Décima Segunda Casa, a da Espiritualidade:

um lunar e outro solar. Assim, quatro dos cinco eclipses deste ano exercerão um impacto direto nessa área. Compreenda que essas coisas, essas reformulações e mudanças, são para o seu bem. Elas o farão avançar no caminho. Muitas vezes, o que nos detém são falsas ideias de conceitos sobre o que é a espiritualidade. Essas coisas precisam ser exterminadas para que algo autêntico chegue.

Tendo o Sol como o seu planeta da Espiritualidade, você gravitará em direção aos caminhos de orientação solar — o lado esotérico do cristianismo seria conveniente, assim como o caminho da beleza e da criatividade. As leis que regem a criação de uma pintura ou escultura, ou de qualquer outra obra de arte, são as mesmas leis que a Divindade usou para criar o Universo. Aprendemos sobre o criador à medida que nos tornamos minicriadores.

Como Netuno é o seu planeta do Amor e vai estar na sua Sétima Casa, a do Amor, o caminho do amor e da dedicação será poderoso para você. Quando estiver apaixonado, você se sentirá próximo de Deus. Será um caminho desafiador, mas poderoso.

A presença de Netuno na sua Sétima Casa não apenas vai deixá-lo idealista em relação ao romance, como vai cumprir um propósito mais elevado, que será um processo de longo prazo. Você será levado, passo a passo, em meio a exaltações e decepções, ao amor espiritual, que está acima do amor "romântico". Quando você entrar em contato com esse amor, ele sempre o amará com perfeição e sempre suprirá todas as necessidades no amor. Todas as necessidades significa exatamente isso. Não importa o que seja. Você sempre se sentirá em lua de mel, esteja se relacionando com alguém ou não. O valor será o mesmo, cada um tem a sua graça.

Se a vida amorosa ficar muito complicada ou se você se sentir sobrecarregado e despreparado, isso será o horóscopo aconselhando a "rendição" da vida amorosa ao Divino. Faça a rendição completa e sem evasivas. Se isso for feito, você verá a situação no amor magicamente se acertar.

Estando bem espiritualmente, você sempre terá amor.

Urano fará um movimento importante ao entrar na sua Nona Casa neste ano. Será uma breve visita e um anúncio do que está por vir. No próximo ano, porém, ele entrará na sua Nona Casa para ficar por um longo tempo. Por isso, juntamente com todas as mudanças espirituais, ocorrerão mudanças filosóficas — mudanças (dramáticas) em sua religião e filosofia de vida. Isso tem relação com a espiritualidade, mas não é a mesma coisa. O seu sistema de crenças será colocado à prova e muitas das suas crenças serão demolidas. E algumas delas deveriam ser, pois às vezes o que aparenta ser religião não passa de superstição.

Como Urano é o seu planeta da Saúde, a maior parte das suas crenças filosóficas sobre saúde e doença será alterada. Isso também acontecerá para o seu bem. Se você tiver uma visão lógica a respeito disso — que é a perspectiva dominante —, então estará sujeito a todo tipo de enfermidades desnecessárias. No entanto, se entender a filosofia espiritual da saúde e da doença, se tornará mais imune às coisas e terá mais recursos à sua disposição quando os problemas de fato surgirem.

PREVISÕES MENSAIS

JANEIRO

Melhores dias: 5, 6, 15, 16, 25, 26
Dias mais tensos: 12, 13, 14, 20, 21, 27, 28
Melhores dias para o amor: 1º, 2, 5, 6, 10, 11, 15, 16, 20, 21, 27, 28, 29, 30
Melhores dias para o dinheiro: 1º, 2, 3, 4, 8, 9, 10, 11, 15, 16, 20, 21, 25, 26, 29, 30
Melhores dias para a carreira: 3, 4, 15, 16, 25, 26, 27, 28

A primavera costuma ser considerada a estação com a melhor energia do ano, mas em 2018, do modo como as coisas vão se desenrolar, este mês poderá ser ainda melhor. TODOS os planetas estarão em movimento direto em janeiro, o que é muito raro. O seu ciclo solar pessoal estará na fase crescente por mais dois meses. O ciclo solar universal entrou na fase crescente no mês passado. Em termos pessoais, você contará com ótimos aspectos. O período realmente ideal para iniciar novos projetos e lançar empreendimentos será entre os dias 17 e 30 (quando a Lua também estará Crescente). Haverá mais "entusiasmo" cósmico por trás dos seus esforços.

Este será um mês feliz. Você continuará em meio a um pico anual de prazer pessoal até o dia 20. (E haverá outro, por volta do seu aniversário.) As festas de fim de ano acabaram, mas você continuará com a disposição de se divertir.

As finanças provavelmente também ficarão bem. O seu planeta das Finanças permanecerá no signo conservador de Capricórnio até o dia 20. O julgamento financeiro será firme, conservador, realista. Na sua Quinta Casa, ele indicará dinheiro obtido de maneiras agradáveis — enquanto você estiver se divertindo — e que será gasto com coisas alegres. A visão é de que "o dinheiro deve ser aproveitado". De modo geral, isso seria um sinal da disposição de correr riscos, mas a influência de Capricórnio abrandará essa tendência.

Um eclipse lunar no dia 31 terá um efeito basicamente leve sobre você, porém, de qualquer modo, não custa pegar mais leve nesse período. Talvez ele não seja tão bacana assim para as pessoas ao seu redor. Esse eclipse ocorrerá na sua Décima Segunda Casa, a da Espiritualidade, indicando mudanças dramáticas nessa área, como mudanças de interesses, atitudes e prática espiritual. Às vezes, isso tem origem em uma revelação interna (e essa é a maneira correta de se realizarem mudanças). Provavelmente, vão ocorrer reformulações e perturbações em uma organização espiritual ou de caridade com a qual você esteja envolvido. Figuras do tipo guru vivenciarão momentos dramáticos capazes de mudar sua vida. Todo eclipse lunar afeta amizades (e não relacionamentos românticos), e esse não será diferente. Amizades serão testadas. Algumas vezes, a relação é imperfeita por natureza, e o eclipse revelará isso. Outras vezes, não será o relacionamento, mas dramas que irão acontecer na vida de amigos. Os aparelhos eletrônicos também poderão ficar temperamentais nesse período. Frequentemente, equipamentos desse tipo precisam ser consertados ou substituídos. Por isso, faça cópias de segurança de seus arquivos importantes e atualize os seus programas antivírus e contra hackers.

FEVEREIRO

Melhores dias: 2, 3, 11, 12, 21, 22
Dias mais tensos: 9, 10, 16, 17, 23, 24
Melhores dias para o amor: 4, 5, 6, 7, 16, 17, 25, 26
Melhores dias para o dinheiro: 4, 5, 6, 7, 16, 17, 25, 26
Melhores dias para a carreira: 4, 5, 14, 15, 23, 24, 25, 26

Assim como no mês passado, você ainda terá um bom período para lançar novos produtos ou projetos. O momento será propício a isso. TODOS os planetas vão estar em movimento direto e os ciclos solar e pessoal serão crescentes. (O eclipse solar do dia 15 não será tão favorável, mas o período do dia 16 até o fim do mês será bom.) Você progredirá mais rápido em direção aos seus objetivos.

Neste mês, o poder planetário se concentrará TOTALMENTE no setor Oeste, o setor social (o que é muito raro). Apenas a Lua (por metade do mês) vai animar o setor Leste. Portanto, você estará em um período social intenso agora. Será o momento de deixar as pessoas agirem à sua maneira, desde que isso não seja destrutivo. Coloque o Eu de lado e concentre-se mais nos outros. Esse altruísmo poderá ser visto como algo virtuoso pelas pessoas (isso, de fato, aumentará a sua popularidade), mas, na verdade, é apenas parte do ciclo em que você estará. Mantenha a capacidade de despertar simpatia e o seu próprio bem chegará até você, por caminhos normais e naturais. Muitas doenças psicológicas têm origem no excesso de egocentrismo. É saudável tirar umas férias de si mesmo de vez em quando.

Um eclipse solar no dia 15 o afetará com intensidade (com mais intensidade do que o do mês passado). Ele ocorrerá na sua Sexta Casa, indicando mudanças de emprego e perturbações no ambiente de trabalho. Essas mudanças profissionais poderão envolver sua empresa atual ou uma nova empresa. Se você emprega pessoas, haverá rotatividade de funcionários e momentos dramáticos na vida deles. Filhos e enteados serão forçados a fazer mudanças financeiras dramáticas. Sua saúde estará boa, mas um susto, ou uma nova revelação nessa área, promoverá importantes alterações em sua rotina de saúde. Assim como ocorreu durante o eclipse do mês passado, a vida espiritual sofrerá um impacto agora. Não resta dúvida de que mudanças importantes vão acontecer na sua prática espiritual, nas suas atitudes e nos seus interesses. Mais uma vez, acontecerão momentos dramáticos na vida de pessoas do tipo guru e reformulações em uma organização espiritual ou de caridade com a qual você esteja envolvido. Mercúrio e Júpiter serão afetados por esse eclipse. Por isso, a família (Júpiter) sofrerá impacto, sobretudo o pai, a mãe ou uma figura paterna ou materna em sua vida. Talvez seja necessário realizar reparos na casa. Os membros da família tenderão a ficar mais temperamentais nesse período, portanto, seja mais paciente. Como Mercúrio é também o senhor do seu horóscopo, poderá haver uma desintoxicação física e uma necessidade de redefinir a si mesmo — a sua imagem e o seu autoconceito. Isso continuará por mais seis meses. Se você não se redefinir para si mesmo, outros o farão (e eles já estão fazendo), o que não será nada agradável.

Além do eclipse, o amor será o grande destaque deste mês. No dia 18, o Sol entrará na sua Sétima Casa, a do Amor, e você dará início a um pico anual de amor e vida social. O próximo mês vai ser ainda melhor.

MARÇO

Melhores dias: 1º, 2, 10, 11, 12, 20, 21, 29, 30
Dias mais tensos: 8, 9, 15, 16, 17, 22, 23
Melhores dias para o amor: 6, 7, 8, 15, 16, 17, 18, 19, 24, 25, 26, 27
Melhores dias para o dinheiro: 3, 4, 6, 7, 8, 15, 16, 17, 18, 19, 24, 25, 26, 27, 31
Melhores dias para a carreira: 8, 18, 19, 22, 23, 26, 27

Você continuará em meio a um pico anual de amor e vida social até o dia 20. O amor será o destaque principal neste mês, e é provável que fique bem. O mês passado (de 24 a 26 de fevereiro) trouxe uma oportunidade romântica muito feliz (muito idealista) para os solteiros. Quem já estava em um relacionamento teve mais romance com a pessoa amada. Houve experiências sociais felizes também. Neste período, você terá grande atração por pessoas criativas, artísticas e espiritualizadas. A viagem conjunta do Sol com Netuno do dia 3 ao dia 5 trará um encontro com um guru ou com um interesse amoroso do tipo espiritualizado (ou ambos).

O poder planetário se encontrará agora na parte superior do seu mapa. Por isso, o foco estará mais na carreira e nos objetivos externos, e não no lar e na família. No entanto, com Marte na sua Quarta Casa até o dia 17, será um bom momento para realizar grandes reparos na casa. Isso também poderá trazer cirurgias ou experiências muito próximas da morte para membros da família.

Haverá prosperidade neste mês. Os dias 1º e 2 parecem especialmente positivos. O senhor do seu horóscopo, Mercúrio, viajará com o planeta das Finanças, Vênus. Ambos farão ótimos aspectos com Júpiter. Deverá haver um excelente dia de pagamento. No dia 6, o seu planeta das Finanças entrará na sua Oitava Casa. Com isso, você terá uma boa capacidade de fazer com que as pessoas enriqueçam. Pela lei cármica, isso também o tornará rico — no devido tempo. A presença do planeta das Finanças na Oitava Casa favorece o planejamento de impostos. Para quem estiver na idade adequada, será bom também para o planejamento de espólio. Impostos e assuntos relacionados a impostos vão influenciar suas decisões na área financeira mais do que o usual. Este será um bom período para pagar ou fazer dívidas e também para refinanciar dívidas antigas — tudo dependerá da sua necessidade. Se você tiver boas ideias, este será um momento positivo para abordar novos investidores. A presença de Vênus em Áries a partir do dia 6 indica atração pelo "dinheiro rápido", mas a quadratura desse planeta com Saturno entre os dias 13 e 15 recomenda mais cautela. Evite especulações nesse período.

A saúde precisará de atenção (e como você é de Virgem, certamente fará o necessário) até o dia 20. O mais importante é descansar o suficiente. Melhore a saúde seguindo as indicações mencionadas na "Previsão Anual".

ABRIL

Melhores dias: 7, 8, 16, 17, 25, 26
Dias mais tensos: 4, 5, 6, 12, 13, 18, 19
Melhores dias para o amor: 2, 3, 7, 8, 12, 13, 16, 17, 21, 22, 27, 29, 30
Melhores dias para o dinheiro: 1º, 2, 3, 7, 8, 12, 13, 16, 17, 21, 22, 27, 28, 29, 30
Melhores dias para a carreira: 4, 5, 6, 14, 15, 18, 19, 23, 24

A vida amorosa ainda estará excelente neste mês, embora menos ativa do que em março. Membros da família e relações familiares vão desempenhar um papel importante no amor. É provável que os solteiros retomem a relação com uma paixão antiga (ou com alguém que os faça lembrar-se dela). O problema, nesse caso, é procurar repetir a felicidade do passado em vez de olhar para o futuro.

Até o dia 24, TODOS os planetas estarão no setor ocidental, o setor social (apenas a Lua passará pelo setor oriental pela metade do mês). Com isso, as outras pessoas continuarão a ocupar o primeiro plano em sua vida. As suas habilidades sociais, como a de obter a cooperação dos outros, lhe trarão sucesso. Deixe os desejos pessoais de lado por um tempo. Se as condições estiverem cansativas, tome nota do que o aborrece e adapte-se a elas o melhor que puder. Em breve, chegará o momento em que as mudanças poderão ser feitas com facilidade.

O poder da sua Oitava Casa (que teve início no dia 20 do mês passado) continuará em vigor. Isso favorecerá os regimes de desintoxicação, além de dietas de emagrecimento para quem estiver precisando perder peso — a tendência é que sejam bem-sucedidos. A atividade sexual também aumentará. Independentemente da sua idade e da fase em que você esteja na vida, sua libido estará mais forte do que o habitual. De vez em quando, é saudável livrar-se do que não pertence à sua vida. O acúmulo de coisas residuais ao longo do tempo é impressionante. Por isso, desintoxique o corpo daquilo que não lhe pertence. Desintoxique os seus bens também. Isso não apenas terá efeitos físicos, como organizará a mente. Se existe alguma coisa que não é usada na sua vida, e que apenas ocupa espaço, ela deve ser vendida ou doada para a caridade. Essas coisas vêm obstruindo como uma cola o fluxo de poder para a sua vida. "Não há lugar na hospedaria para o Messias." Há algo de muito belo e espiritualizado na simplicidade. Você terá a oportunidade de aprender isso no próximo mês.

A saúde e a energia estarão boas neste mês. Se você se sentir indisposto, a cura espiritual provavelmente será muito eficaz até o dia 21. Consulte-se com um terapeuta espiritual ou empregue as técnicas você mesmo.

Vênus, o seu planeta das Finanças, passará a maior parte do mês em Touro e na sua Nona Casa. Isso é bom. A Nona Casa é uma Casa auspiciosa. Isso indica aumento de ganhos e otimismo financeiro. No dia 24, Vênus cruzará o seu Meio do Céu e entrará na sua Décima Casa, a da Carreira, trazendo-lhe o favorecimento financeiro de chefes, pessoas mais velhas, pai, mãe ou figuras paternas ou maternas.

MAIO

Melhores dias: 4, 5, 14, 15, 22, 23, 31
Dias mais tensos: 2, 3, 9, 10, 16, 17, 29, 30
Melhores dias para o amor: 7, 8, 9, 10, 17, 18, 19, 26, 27
Melhores dias para o dinheiro: 7, 8, 9, 10, 17, 18, 19, 24, 25, 26, 27
Melhores dias para a carreira: 2, 3, 13, 14, 16, 17, 22, 23, 31

Este será um mês agitado, com muitos acontecimentos, mas, ainda assim, será um mês de sucesso, virginiano. Não haverá um instante de tédio.

O seu planeta da Saúde fará um movimento importante no dia 16, indo da Oitava para a Nona Casa e saindo de Áries e entrando em Touro. Pelos próximos meses, o pescoço e a garganta se tornarão importantes em termos de saúde. Você responderá melhor a terapias "baseadas na terra": máscaras e banhos de argila e cura com cristais. Se você se sentir indisposto, passe mais tempo nas montanhas ou em florestas antigas — lugares onde a energia da terra é forte. Você se sentirá muito melhor.

No mesmo dia em que Urano entrar em Touro, Marte ingressará na sua Sexta Casa. Assim, a cabeça, o rosto e o couro cabeludo continuarão importantes em termos de saúde. Regimes de desintoxicação serão benéficos. Um bom tônus muscular será importante. Pode ser também que cirurgias sejam recomendadas a você, mas, em geral, costuma ser melhor tentar a desintoxicação antes.

Como a saúde estará mais delicada a partir do dia 21, essas coisas vão ser importantes. Como sempre, é claro, não deixe de descansar o suficiente.

O ritmo no trabalho ficará mais agitado após o dia 16. Provavelmente, você terá de enfrentar momentos dramáticos no local de trabalho. Poderão surgir viagens relacionadas ao trabalho e oportunidades de emprego no exterior.

No dia 21, quando o Sol entrar na sua Décima Casa, a da Carreira, você dará início a um pico profissional anual. Haverá muito sucesso. Os planetas que estarão na sua Décima Casa serão os benéficos, isto é, os amistosos. Por isso, haverá boa sorte nessa área. No dia 30, Mercúrio, o senhor do seu horóscopo, também entrará na Décima Casa, o que significa mais boa sorte. O importante será não trabalhar em excesso.

O Sol na sua Décima Casa indica que se envolver com instituições de caridade e causas altruístas ajudará na carreira. Você, provavelmente, terá mais reconhecimento por esse tipo de atividade do que por habilidades profissionais reais. No entanto, quando Mercúrio entrar na Décima Casa, haverá mais reconhecimento pessoal. A aparência e a conduta pessoal como um todo desempenharão um papel de peso na vida profissional. É importante que você "pareça talhado" para aquilo pelo que está lutando.

As finanças estarão boas durante todo o mês (com pequenos desafios de curta duração). Até o dia 19, Vênus permanecerá na sua Décima Casa, indicando favorecimento financeiro por parte das figuras "superiores" da sua vida. Às vezes, isso é sinal de aumentos de salário (oficiais ou não). A sua boa reputação profissional promoverá mais ganhos. O dia 31 será um excelente dia de pagamento.

JUNHO

Melhores dias: 1º, 2, 10, 11, 18, 19, 28, 29
Dias mais tensos: 5, 6, 7, 12, 13, 25, 26
Melhores dias para o amor: 5, 6, 7, 14, 15, 16, 23, 24
Melhores dias para o dinheiro: 1º, 2, 5, 6, 7, 10, 11, 14, 15, 16, 19, 23, 24, 28, 29
Melhores dias para a carreira: 3, 4, 12, 13, 14, 23, 24

Continue a observar a saúde até o dia 22. Reveja nossa discussão do mês passado sobre isso. A saúde e a energia melhorarão sensivelmente após o dia 21.

Você estará em meio a um pico profissional anual até o dia 21. Por isso, poderá deixar de lado por algum tempo os assuntos relacionados ao lar e à família. Este será o momento de buscar, agressivamente, os seus objetivos externos. Mercúrio vai continuar na sua Décima Casa até o dia 12, indicando sucesso pessoal e ascensão. Você será visto como alguém bem-sucedido. As pessoas o olharão com admiração e vão desejar ser como você.

As finanças também estarão boas. O seu planeta das Finanças fará parte de um Grande Trígono de Água até o dia 14. Nos dias 1º e 2, ele formará ótimos aspectos com Júpiter e Netuno, indicando um ótimo dia de pagamento e boa colaboração financeira com o cônjuge, parceiro ou interesse amoroso atual. Mercúrio fará aspectos muito positivos com Júpiter nos dias 19 e 20, que promoverão outro ótimo dia de pagamento e um impulso na carreira. No dia 14, Vênus entrará na sua Décima Segunda Casa, a da Espiritualidade. Será hora de prestar atenção na intuição, que foi chamada por Einstein de "o grande presente dos deuses". Ela, como nossos leitores assíduos sabem, é o atalho para a riqueza. Um instante de verdadeira intuição vale mais do que muitos e muitos anos de trabalho duro.

No início do mês (do dia 1º ao dia 7), Vênus vai ficar "fora dos limites". Assim, os seus ganhos virão por caminhos que não seguem as suas normas. Isso também pode ser interpretado como se os seus objetivos financeiros estivessem puxando você para fora da sua zona de conforto. No entanto, será algo provavelmente muito lucrativo.

A vida amorosa vai brilhar neste mês também, sobretudo a partir do dia 12. Mercúrio, o senhor do seu horóscopo, estará em um ótimo aspecto com o seu planeta do Amor dali em diante. (Os dias 20 e 21 serão especialmente bons para o amor. Os solteiros terão uma grande oportunidade romântica ou um encontro romântico nesse período.) Mas é provável que o romance aconteça depois disso também. O único problema com o romance será a retrogradação de Netuno no dia 18. Isso deixará as coisas um pouco mais lentas, mas não fará com que parem. Provavelmente, será algo bom também. Uma pitada de cautela no amor não fará mal.

No dia 21 do mês passado, houve uma mudança no poder planetário. O setor ocidental do seu mapa (o setor social) continuará dominante, porém menos do que nos meses anteriores. Você terá mais independência do que teve durante o ano. O desafio, agora, será equilibrar os seus interesses pessoais com os interesses das outras pessoas. Não será algo fácil.

JULHO

Melhores dias: 7, 8, 16, 17, 25, 26
Dias mais tensos: 3, 4, 10, 11, 22, 23, 24, 30, 31
Melhores dias para o amor: 3, 4, 5, 6, 12, 13, 16, 20, 21, 25, 26, 30, 31
Melhores dias para o dinheiro: 1º, 5, 6, 12, 13, 16, 18, 19, 20, 21, 25, 26, 27, 28, 29
Melhores dias para a carreira: 5, 6, 10, 11, 14, 15, 22, 23, 24

Dois eclipses vão abalar o mundo em julho. Mas é provável que você permaneça relativamente intocado. O propósito de um eclipse é exterminar coisas que estejam impedindo o progresso, isto é, impedindo o Plano Divino em sua vida. Nesse sentido, os eclipses são bons, embora não agradáveis.

O eclipse solar do dia 13 ocorrerá na sua Décima Primeira Casa e causará mais impacto em seus amigos e amizades do que em você pessoalmente. Amizades vão ser testadas. O Cosmos quer apenas o melhor para você, e qualquer coisa inferior a isso irá para o brejo. Boas amizades sobreviverão a isso, mas as imperfeitas estarão em perigo. O pai, a mãe ou uma figura paterna ou materna enfrentará algum tipo de crise financeira e será forçado a realizar mudanças dramáticas. Haverá caos e ruptura em uma instituição de caridade ou espiritual com a qual você esteja envolvido. Mais uma vez, você fará mudanças na vida espiritual, envolvendo seus interesses, sua prática e suas atitudes. Essa é uma "correção de rumo" periódica e, de modo geral, saudável. Novamente, computadores, softwares e aparelhos de alta tecnologia serão testados. Eles poderão ficar mais sensíveis. Em muitos casos, será preciso consertá-los ou substituí-los. Carros e equipamentos de comunicação também serão colocados à prova. Plutão, o senhor da sua Terceira Casa, será afetado. Uma boa ideia é dirigir com mais prudência (seria melhor não dirigir, mas se você tiver que fazer isso, guie com mais atenção e de maneira mais defensiva).

O eclipse lunar do dia 27 acontecerá na sua Sexta Casa e indica, mais uma vez, mudanças de emprego (que podem envolver tanto a sua empresa quanto outra) e mudanças nas condições de trabalho. O eclipse também anuncia mudanças dramáticas na sua abordagem e na sua rotina de saúde. Muitas vezes, isso resulta de um susto com a saúde, mas a sua saúde provavelmente estará boa, e haverá outras causas para essas mudanças. Marte sofrerá impacto nessa área. Assim, poderão ocorrer sonhos com morte ou experiências de "escapar por pouco" da morte, ou talvez alguém próximo a você tenha uma dessas experiências. O Cosmos vai forçá-lo a confrontar a morte (de modo geral, no nível psicológico) para que você passe a compreendê-la melhor. O medo da morte refreia muitas pessoas. É preciso lidar com ele. O cônjuge, parceiro ou interesse amoroso atual terá que fazer importantes correções de rumo nas finanças. O pensamento financeiro não tem sido realista. Ocorrerão momentos dramáticos na vida de amigos e, mais uma vez, amizades serão testadas, assim como equipamentos de alta tecnologia.

AGOSTO

Melhores dias: 4, 5, 12, 13, 21, 22, 31
Dias mais tensos: 6, 7, 19, 20, 26, 27
Melhores dias para o amor: 5, 8, 9, 14, 15, 16, 17, 24, 25, 26, 27
Melhores dias para o dinheiro: 5, 8, 9, 14, 15, 16, 17, 24, 25, 26, 27
Melhores dias para a carreira: 1º, 2, 3, 6, 7, 10, 11, 19, 20, 29, 30

Apesar dos eclipses, julho deve ter sido próspero. Vênus entrou no seu signo em 10 de julho e ficará nele até o dia 7 deste mês. Isso trouxe (e trará) sorte financeira repentina e ótimas oportunidades. Você parecerá e se sentirá próspero. Obterá naturalmente artigos pessoais caros, como roupas e acessórios. No dia 7, Vênus entrará na sua Casa do Dinheiro, onde ficará pelo restante do mês. Vênus estará em sua própria Casa e em seu próprio signo e, assim, também mais forte em seu benefício. Esse planeta ficará confortável em seu próprio lar. Os ganhos deverão aumentar.

Com a entrada do Sol em seu signo no dia 22, você dará início a um pico anual de prazer pessoal. Será um período maravilhoso para satisfazer os seus desejos, isto é, para ceder aos desejos do corpo. Também será muito bom para deixar o corpo e a imagem do jeito que você quiser.

No entanto, os eclipses ainda não terminaram. Um eclipse solar no dia 11 ocorrerá na sua Décima Segunda Casa, a da Espiritualidade. E não é só isso: o planeta eclipsado, o Sol, é o senhor da sua Décima Segunda Casa. Portanto, a vida espiritual, que foi abalada diversas vezes neste ano, será sacudida de novo. Haverá muita agitação nessa área. Outra correção de rumo será necessária. Mais uma vez, ocorrerão reformulações e instabilidade em uma organização espiritual ou de caridade com a qual você esteja envolvido. Figuras do tipo guru na sua vida ainda não estarão livres da turbulência. Amigos poderão enfrentar crises financeiras e talvez tenham que fazer mudanças importantes. Os casamentos de tias e tios (ou das pessoas que desempenham esse papel na sua vida) serão colocados à prova. O pai, a mãe ou uma figura paterna ou materna precisará dirigir com mais prudência.

Felizmente, a saúde estará boa. Após o dia 22, ficará ainda melhor. Você vai entrar no seu período de independência máxima e deveria fazer as mudanças que precisam ser feitas. Pode ser que a vida não esteja sendo inteiramente como você gostaria, mas ela estará mais ao seu jeito agora do que em qualquer outra época do ano.

A entrada do Sol no seu signo no dia 22 enfatizará sua espiritualidade. Você terá um encanto do "outro mundo". O corpo físico estará mais suscetível à sua vontade. Você será apresentado a técnicas espirituais para modelar o corpo. Surgirá um guru espiritual, e ele será dedicado a você.

SETEMBRO

Melhores dias: 1º, 9, 17, 18, 19, 27, 28
Dias mais tensos: 2, 3, 15, 16, 22, 23, 24, 29, 30
Melhores dias para o amor: 2, 3, 4, 5, 13, 14, 22, 23, 24
Melhores dias para o dinheiro: 2, 3, 4, 5, 11, 12, 13, 14, 22, 23, 24
Melhores dias para a carreira: 2, 3, 9, 18, 19, 29, 30

Você continuará em um pico anual de prazer pessoal. Portanto, aproveite a vida e mime-se um pouco. Seja bacana com o seu corpo. A sua Primeira Casa permanecerá forte até o dia 22.

O amor estará um pouco mais desafiador neste mês. Você e o cônjuge ou o interesse amoroso atual poderão ficar muito distantes, sobretudo entre os dias 6 e 22. Você deverá estar concentrado nos seus interesses, enquanto essa pessoa estará focada nos interesses dela. Vocês estarão vendo as coisas de perspectivas completamente opostas. Isso não faz de um de vocês um santo nem do outro, um demônio. São apenas pontos de vista diferentes sobre as coisas. O objetivo será superar as diferenças. Respeite a opinião do outro, veja-a como "complementar" à sua. Sempre há um meio-termo. Na Astrologia, o oposto de uma pessoa é o seu parceiro natural para o casamento (se ambos não se matarem antes). Essas são consideradas as parcerias mais fortes. Uma pessoa tem sempre o que falta à outra. Elas preenchem as lacunas uma da outra (citando Rocky Balboa). Dito isso, não se trata de algo fácil de fazer. É preciso trabalho.

No dia 6, quando Mercúrio passar por seu Ascendente e entrar na metade inferior do seu mapa (o lado da noite), essa metade começará a dominar. A carreira e as atividades externas se tornarão menos importantes, enquanto o lar, a família e o bem-estar emocional começarão a ganhar mais importância. Será hora de mudar o foco para o lar e para a família.

Mercúrio desempenha um duplo papel no seu mapa. Ele é o senhor do seu horóscopo e também o seu planeta da Carreira. Sua entrada na Primeira Casa trará oportunidades profissionais e não haverá quase nada que você precise fazer. As oportunidades irão procurá-lo. Isso também indica que os outros o verão como alguém de sucesso. Você parecerá talhado para o trabalho. Terá a imagem certa. Provavelmente, também se vestirá da forma apropriada.

Este será um mês próspero, talvez o mais próspero do ano. No dia 22, o Sol e Mercúrio entrarão na sua Casa do Dinheiro, e você dará início a um pico financeiro anual. Você estará muito concentrado nessa área. Vai tomar os problemas para si. Estará menos inclinado a delegar questões financeiras a outras pessoas, e mesmo que faça isso, as observará muito atentamente. A presença do Sol na sua Casa do Dinheiro trará uma maravilhosa intuição financeira. Mercúrio na Casa do Dinheiro proporcionará o favorecimento financeiro por parte de chefes, pessoas mais velhas, pai, mãe ou figuras maternas ou paternas — os "superiores" da sua vida.

Mercúrio, o senhor do seu horóscopo, fará uma pausa nos céus entre os dias 22 e 25 (será uma pausa em seu movimento latitudinal) e depois ele mudará de direção. Portanto, é provável que isso aconteça com você também.

OUTUBRO

Melhores dias: 6, 7, 15, 16, 25, 26
Dias mais tensos: 1º, 12, 13, 14, 20, 21, 27, 28
Melhores dias para o amor: 2, 3, 10, 11, 20, 21, 29, 30
Melhores dias para o dinheiro: 2, 3, 8, 9, 10, 11, 20, 21, 29, 30
Melhores dias para a carreira: 1º, 9, 10, 20, 21, 27, 28, 29, 30

Este será um ano próspero, virginiano, aproveite! A saúde e a energia estarão excelentes agora. Haverá apenas um planeta lento em alinhamento tenso. Muitos outros estarão em alinhamentos harmoniosos. Com o aumento da energia, a disposição de ânimo estará melhor e você será capaz de alcançar mais (desde que não a desperdice com frivolidades). Coisas que pareciam impossíveis poucos meses atrás, e que você talvez tenha deixado de lado, agora serão possíveis. Terão grande chance de serem alcançadas. Marte ainda estará na sua Sexta Casa, a da Saúde, por isso o couro cabeludo e o rosto continuarão bem. A prática de exercícios físicos vigorosos, dependendo da sua idade, será importante. A tendência à cirurgia vai permanecer, mas, como mencionamos, a desintoxicação será muito eficaz.

Você continuará em meio a um pico financeiro anual até o dia 23. Será ajudado por uma intuição financeira bastante perspicaz e confiável. Ela poderá parecer irracional na hora, porém, quando vista em retrospecto, será sempre racional. A intuição é apenas uma forma mais elevada de racionalidade. Mercúrio permanecerá na Casa do Dinheiro até o dia 10. Essa é uma posição sempre positiva para as finanças. Indica foco. Indica que você adotará a imagem da riqueza e que os outros o verão assim. Você não vai projetar "carência". Mais adiante neste mês (entre os dias 28 e 30), Mercúrio viajará com Júpiter, trazendo um ótimo dia de pagamento e grandes oportunidades. A única complicação financeira será a retrogradação de Vênus, o seu planeta das Finanças, que terá início no dia 5. Isso não acabará com os ganhos, mas fará com que as coisas fiquem mais lentas. Como nossos leitores sabem, quando o planeta das Finanças fica retrógrado, devem ser evitados investimentos e compras importantes (é claro que você não vai deixar de comprar gêneros alimentícios e artigos de primeira necessidade). No entanto, isso também indica a necessidade de sermos mais perfeitos, mais corretos, no trato com as finanças. Pequenas coisas importam. Cheques deverão ser assinados e datados corretamente. Envelopes terão de ser endereçados da forma certa. Não há necessidade de piorar os problemas. Será bom também fazer uma revisão das finanças e ver de que modo é possível melhorar as coisas. Quando Vênus entrar em movimento direto no próximo mês, você poderá colocar os seus planos em ação.

Até o dia 23, os objetivos financeiros de curto prazo terão sido praticamente alcançados, e você poderá transferir sua atenção para os interesses intelectuais e a comunicação. Os virginianos envolvidos com vendas, marketing, ensino e escrita deverão ter um bom mês. Haverá muito poder na sua Terceira Casa a partir do dia 23. Estudantes abaixo do nível universitário estarão concentrados nos estudos e serão bem-sucedidos. Vai ser um ótimo período para pesquisar sobre um novo carro ou aparelho de comunicação (faça a pesquisa, mas não compre). Você terá boa sensibilidade para essas coisas agora.

NOVEMBRO

Melhores dias: 2, 3, 11, 12, 21, 22, 29, 30
Dias mais tensos: 9, 10, 16, 17, 23, 24
Melhores dias para o amor: 4, 5, 6, 7, 8, 14, 15, 16, 17, 23, 24, 25, 26
Melhores dias para o dinheiro: 4, 5, 8, 14, 15, 19, 23, 24, 27
Melhores dias para a carreira: 1º, 9, 10, 19, 20, 23, 24, 27, 28

Este será um mês movimentado. Muitas mudanças acontecerão, mas a maior parte delas a nível interno. Você verá os efeitos externos mais à frente.

O lado da noite (a metade inferior) do seu mapa ficará muito poderoso neste mês e o poder planetário se agrupará no nadir (o ponto mais baixo) do seu horóscopo. Até o seu planeta da Carreira, Mercúrio, passará o mês na sua Quarta Casa, bem distante da sua Casa natural. Júpiter entrará na sua Quarta Casa (um trânsito importantíssimo) no dia 8. Isso mostra, como mencionamos na "Previsão Anual", a ampliação do círculo familiar, uma mudança ou reforma da casa atual e uma experiência feliz para o lar e para a família. No dia 22, o Sol também entrará na sua Quarta Casa. Portanto, será nela que se concentrará a ação neste mês. Nesses dias, você poderá seguramente tirar da cabeça os assuntos da carreira (ou não lhes dar ênfase). Sua missão, agora, será o lar e a família.

Irmãos e figuras fraternas da sua vida tiveram um ano próspero, e a prosperidade aumentará ainda mais nos próximos 12 meses (mas, sobretudo, a partir do dia 22). Você provavelmente estará muito envolvido nisso.

Filhos e enteados começarão um ano altamente espiritualizado. As coisas têm sido difíceis para eles neste ano e eles precisam de "ajuda mais elevada". Felizmente, ela estará disponível agora.

Aos poucos, o amor vai se acertar. No mês passado, os dois planetas envolvidos com o amor estavam retrógrados. Neste mês, eles entrarão novamente em movimento direto. Vênus (o regente geral do Amor) entrará em movimento direto no dia 16. Netuno, o seu real planeta do Amor, entrará em movimento direto no dia 25. Dessa forma, haverá clareza nessa área, e isso é o mais importante. Com clareza, decisões corretas serão tomadas. Marte entrará na sua Sétima Casa no dia 16 e ficará nela pelo resto do mês. Isso complicará a vida amorosa. Se você evitar as arapucas — raiva, luta por poder, demonstração de controle —, as coisas poderão dar certo. Do contrário, um relacionamento atual poderá ficar problemático.

Urano, o seu planeta da Saúde, ficará retrógrado e entrará em Áries no dia 16. Evite tomar decisões importantes (ou decisões relativas ao trabalho) agora. Analise mais as coisas. Com o retorno do seu planeta da Saúde a Áries, melhore a saúde seguindo as medidas mencionadas na “Previsão Anual”. A saúde precisará de mais atenção a partir do dia 22.

DEZEMBRO

Melhores dias: 9, 10, 18, 19, 27, 28
Dias mais tensos: 6, 7, 14, 15, 21, 22
Melhores dias para o amor: 2, 3, 4, 5, 14, 15, 23, 24, 31
Melhores dias para o dinheiro: 2, 3, 6, 14, 15, 16, 23, 24, 26, 29, 30
Melhores dias para a carreira: 4, 5, 14, 21, 22, 23, 24

Sua Quarta Casa, a do Lar e da Família, continuará muito poderosa neste mês. Preste mais atenção nessa área. Será um período voltado para a família. Você poderá deixar a carreira um pouco de lado agora.

A Quarta Casa é o ponto mais baixo em seu mapa. Ela simboliza a parte mais profunda da noite: a meia-noite. É quando o corpo está passivo, mas muita coisa está acontecendo internamente. O corpo está sendo preparado para as atividades do dia seguinte. Portanto, esse é o momento de você trabalhar por seus objetivos usando métodos internos, e não externos, por meio da meditação, da visualização e da determinação dos sonhos. Imagine como você quer estar na vida profissional, no amor e na vida financeira. Imagine o seu corpo do jeito que você quer que ele seja. Ignore o espelho e as condições em que você se encontra agora. Mantenha sua imagem. Penetre no sentimento da sua imagem o melhor que puder e permaneça nele pelo tempo que conseguir. Repita isso todas as noites ou sempre que houver oportunidade. Quando o sentimento chegar a você, os seus objetivos serão considerados alcançados. Pela lei espiritual, eles terão que ser obtidos. O modo como se concretizarão não será da sua conta, e sim de um Poder Superior.

Este será um mês (e um ano) para avanços de natureza psicológica. A psique estará muito ativa nestes dias e próxima de você. As lembranças que surgirem poderão parecer aleatórias para a mente consciente, mas elas estarão enviando mensagens profundas sobre a sua situação presente. Observe-as. Anote-as. Olhe para elas a partir da sua perspectiva atual. Muitas dessas memórias deixarão de dominá-lo quando você as vir pelo que elas são. Sempre que reinterpreta os fatos passados — quando os posiciona na perspectiva adequada —, você muda o passado (de certa maneira). O que aconteceu aconteceu, porém você passa a ver isso sob uma luz diferente. Isso é uma ótima terapia.

As finanças parecem boas neste mês. Vênus entrou em movimento direto em 16 de novembro, portanto, o julgamento financeiro estará realista e sólido. No dia 2, esse planeta entrará em Escorpião, a sua Terceira Casa, o que indica a importância de vendas, marketing, relações públicas e publicidade em qualquer coisa que você esteja fazendo. Sugere oportunidades financeiras exatamente na sua vizinhança, perto de casa. Vizinhos, irmãos ou figuras fraternas desempenharão um papel importante na sua vida financeira. Haverá oportunidades de lucro com o comércio — compra e venda.

Marte ainda estará na sua Sétima Casa, a do Amor, pelo mês inteiro. Evite conflitos de poder desnecessários com a pessoa amada.

♎

LIBRA

A BALANÇA

Nascidos entre 23 de setembro e 22 de outubro

PERFIL PESSOAL

LIBRA EM UM RELANCE

Elemento: Ar
Planeta Regente: Vênus
Planeta da Carreira: Lua
Planeta da Saúde: Netuno
Planeta do Amor: Marte
Planeta das Finanças: Plutão
Planeta do Lar e da Vida Familiar: Saturno
Cores: azul, verde-jade
Cores que promovem o amor, o romance e a harmonia social: carmesim, vermelho, escarlate
Cores que propiciam ganhos: vinho, púrpura, violeta
Pedras: cornalina, crisólito, coral, esmeralda, jade, opala, quartzo, mármore branco
Metal: cobre
Perfumes: amêndoa, rosa, baunilha, violeta
Qualidade: cardeal (= atividade)
Qualidades essenciais ao equilíbrio: noção do eu, autossuficiência, independência
Maiores virtudes: encanto social, charme, tato, diplomacia
Necessidades mais profundas: amor, romance, harmonia social
Característica a evitar: violação de princípios (para ser socialmente aceito)
Signos de maior compatibilidade: Gêmeos, Aquário

Signos de maior incompatibilidade: Áries, Câncer, Capricórnio
Signo mais útil à carreira: Câncer
Signo que fornece maior suporte emocional: Capricórnio
Signo mais prestativo em questões financeiras: Escorpião
Melhor signo para casamento e associações: Áries
Signo mais útil em projetos criativos: Aquário
Melhor signo para sair e se divertir: Aquário
Signos mais úteis em assuntos espirituais: Gêmeos, Virgem
Melhor dia da semana: sexta-feira

COMPREENDENDO A PERSONALIDADE LIBRIANA

No signo de Libra, a psique universal manifesta sua capacidade de relacionamento, isto é, o talento para harmonizar elementos distintos, de forma orgânica e unificada. Libra representa o poder da alma de expressar a beleza em todas as suas formas. Mas a beleza não pode existir isoladamente. Ela nasce da comparação, da relação proporcional entre as partes. Sem essa justa harmonia nas relações não haverá beleza, seja nas artes, nos costumes, nas ideias, no foro sociopolítico.

Duas faculdades humanas elevam a espécie acima do reino animal. A primeira é a capacidade de raciocínio, conforme expressada nos signos de Gêmeos e Aquário. A segunda é o senso estético que Libra personifica, sem o qual não passaríamos de bárbaros inteligentes. Libra corresponde ao ímpeto civilizador da alma.

A beleza é a essência da natureza dos librianos. Eles vieram a este mundo para embelezá-lo. Poderíamos falar de seu charme social, de seu senso de equilíbrio e justiça, de sua capacidade de perceber e acatar o ponto de vista alheio, mas todos derivam de uma única qualidade central: o anseio pela beleza dos nativos de Libra.

Ninguém, por mais solitário que pareça, vive isolado. A vida no Universo apenas se mantém mediante ampla colaboração entre os seres. Os librianos compreendem bem isso e conhecem as leis espirituais que tornam as relações amenas e agradáveis.

Os librianos são, consciente ou inconscientemente, os grandes civilizadores, harmonizadores e artistas do planeta, traduzindo sua necessidade mais profunda e maior talento. Adoram reunir pessoas e são perfeitamente qualificados para isso. Conseguem detectar os pontos de união entre as pessoas e os elos que as atraem, em vez de separá-las.

FINANÇAS

Os librianos podem parecer frívolos ou ilógicos em assuntos financeiros. Talvez porque estejam mais preocupados em ganhar dinheiro para os outros do que para si mesmos. Porém existe uma lógica por trás dessa atitude: eles sabem que tudo está interligado e que é, portanto, impossível ajudar os demais a progredir sem prosperar junto. E como aumentar a renda dos parceiros tende a fortalecer o relacionamento, os librianos optam por esse caminho. Para eles não há nada mais divertido do que um bom relacionamento. E você raramente encontrará um libriano enriquecendo à custa de alguém.

Escorpião, regente da Segunda Casa Solar de Libra, do Dinheiro, confere aos librianos uma inusitada capacidade de visão em questões financeiras, que muitas vezes surge disfarçada de aparente indiferença. Muitos nativos de outros signos voltam-se para os librianos em busca de aconselhamento e orientação financeira.

Sua graça social faz com que gastem grandes somas de dinheiro na organização de festas, recepções e eventos sociais. Também gostam de ajudar os que necessitam. Os librianos são capazes de deixar suas prioridades de lado para auxiliar um amigo, mesmo que tenham de tomar dinheiro emprestado para fazê-lo. Contudo, sempre pagam suas dívidas, sem que tenham de ser lembrados de fazê-lo.

CARREIRA E IMAGEM PÚBLICA

Os librianos apreciam aparecer em público como mecenas de boas causas. Os amigos e conhecidos são sua família, e os librianos apreciam exercer influência paternalista sobre eles. Também gostam de chefes com essa característica.

A cúspide da Décima Casa de Libra, da Carreira, está no signo de Câncer. A Lua, regente da carreira dos librianos, é o corpo celeste mais ágil e mutável nos céus do horóscopo. É o único a percorrer todo o Zodíaco e as 12 Casas a cada mês. Aí temos uma chave fundamental para entender a forma como os librianos abordam a carreira e o que precisam fazer a fim de melhorar seu potencial profissional. A Lua é o corpo sideral dos humores e sentimentos; assim, os librianos precisam de uma carreira em que possam expressar livremente suas emoções.

É por isso que tantos librianos se dedicam às belas-artes. As ambições librianas crescem e minguam com a Lua. Sua capacidade varia segundo o humor lunar.

A Lua governa as massas, fazendo com que o ideal mais elevado de Libra seja conquistar a aclamação popular e o prestígio público. Os librianos que alcançam a fama tratam o público como um amigo íntimo ou amante. São muito flexíveis, por vezes inconstantes, em sua carreira e em suas ambições. Por outro lado, conseguem atingir seus objetivos de diversas maneiras. Não se prendem a um único tipo de postura ou jeito de fazer as coisas.

AMOR E RELACIONAMENTOS

Os librianos expressam sua verdadeira natureza no amor. Não há companheiros mais românticos, sedutores e justos. Se existe algo capaz de destruir uma relação e bloquear o amor que flui de um coração libriano, é a desigualdade ou o desequilíbrio nas trocas entre amante e amado. Se um lado estiver dando ou recebendo demais, o ressentimento aflorará mais cedo ou mais tarde. Os librianos cuidam muito para que isso não ocorra. Erram sempre por dar demais — nunca por deixar faltar.

Se você estiver apaixonado por alguém de Libra, certifique-se de manter vicejante a aura de romance. Concentre-se nos detalhes: jantares à luz de velas, viagens a locais exóticos, flores e presentinhos. Presenteie com objetos belos, não necessariamente caros. Envie cartões. Telefone regularmente, mesmo que não tenha nada especial para dizer. Essas delicadezas são essenciais para os librianos, que encaram o relacionamento como uma obra de arte — torne-o belo e seu parceiro libriano ficará encantado. Se você for criativo nisso, ele o apreciará ainda mais — e é assim que se comportará com você.

Os librianos gostam que seus parceiros sejam determinados e até um pouco agressivos. Sabem que carecem dessas qualidades, de forma que apreciam que seus companheiros as exibam. Nos relacionamentos, entretanto, os próprios librianos podem ser um tanto agressivos, mas sempre de forma sutil e encantadora. É que eles agem deliberadamente no sentido de encantar e seduzir o objeto de seu desejo. E essa determinação é sempre deliciosa para quem está sendo cortejado.

VIDA DOMÉSTICA E FAMILIAR

Por serem criaturas intensamente sociais, os librianos não morrem de amores pelas tarefas domésticas. Gostam de uma casa bem-organizada, limpa e bela, e com tudo de que necessitam, mas as tarefas domésticas são para eles um fardo, uma carga de trabalho desagradável que tentam executar com a maior rapidez possível. Quando têm dinheiro — e muitas vezes mesmo quando não têm —, eles preferem pagar a alguém para cuidar das tarefas domésticas. Apreciam, no entanto, a jardinagem, e adoram ter flores e plantas em casa.

O lar do libriano é moderno e decorado com muito bom gosto. Haverá sempre boa quantidade de pinturas e de esculturas na residência do nativo deste signo. Por apreciar estar com os amigos e com a família, o libriano adora receber convidados, e é ótimo anfitrião.

Capricórnio ocupa a cúspide da Quarta Casa Solar de Libra, do Lar e da Vida Familiar. Saturno, o planeta da Lei, da Ordem, dos Limites e da Disciplina, governa os assuntos domésticos de Libra. Se desejarem que sua vida doméstica seja boa e alegre, precisarão desenvolver mais algumas das virtudes saturninas — da ordem, da organização e da disciplina. É que os librianos, por serem tão criativos e necessitarem de harmonia, tendem a ser demasiado permissivos com os filhos, o que nem sempre é bom. Devem compreender que as crianças precisam de liberdade, mas também de limites.

LIBRA
PREVISÃO ANUAL PARA 2018

TENDÊNCIAS GERAIS

Este ano trará boas e más notícias. Em primeiro lugar, as boas. Após sete anos de alinhamento tenso com você, Urano vai se deslocar. Em vez de se manter em um alinhamento tenso constante, ele ficará assim (aproximadamente) cinquenta por cento do tempo. Os nascidos no início do signo de Libra (entre 23 de setembro e 2 de outubro) praticamente nem sentirão a influência de Urano. Esse movimento não apenas será positivo em termos de saúde, como começará a estabilizar o amor e a vida social. Falaremos em detalhes sobre esse assunto mais à frente.

Júpiter passará a maior parte do ano na sua Casa do Dinheiro. Assim, este ano será muito próspero. Mais boas notícias.

No dia 8 de novembro, Júpiter entrará na sua Terceira Casa, a da Comunicação e Interesses Intelectuais. Esse será um trânsito excelente para estudantes abaixo do nível universitário, professores, escritores, palestrantes, jornalistas e profissionais de vendas e de marketing. As habilidades estarão intensificadas. Os alunos terão sucesso nos estudos.

Netuno está na sua Casa da Saúde há muitos anos e permanecerá nela por muitos mais. Isso indica a importância dos pés e também da cura espiritual. Abordaremos esse assunto em detalhes mais adiante.

Agora, vamos às más notícias (não realmente más, porém desafiadoras). Saturno está em alinhamento tenso com você desde o final de dezembro do último ano. Urano vai sair do seu aspecto tenso, mas Saturno o substituirá. Desse modo, a saúde ainda precisará de observação em 2018. Trataremos dessa questão em detalhes mais adiante.

A entrada de Saturno na sua Quarta Casa vai impactar a família. É muito provável que você tenha de lidar com responsabilidades familiares extras. Em termos emocionais, ficará inseguro em expressar como está realmente se sentindo. Isso poderá levá-lo a reprimir as suas emoções e, talvez, deixá-lo deprimido. Há muitas coisas que poderão ser feitas a respeito disso. Voltaremos a esse assunto mais à frente.

Neste ano, ocorrerão três eclipses solares — de modo geral, são dois. Como o Sol é o regente da sua Décima Primeira Casa, a dos Amigos, isso indica turbulência, ou momentos dramáticos capazes de provocar mudanças na vida de amigos. Computadores e aparelhos de alta tecnologia talvez precisem ser substituídos neste ano. Discutiremos esse assunto de forma mais completa nas "Previsões Mensais".

Os seus principais interesses neste ano serão: finanças (até 8 de novembro); comunicação e interesses intelectuais (a partir de 8 de novembro); lar e família; saúde e trabalho; amor e romance (até 16 de maio e a partir de 6 de novembro); sexo, estudos de ocultismo, transformação pessoal (de 16 de maio a 6 de novembro).

Os seus caminhos de maior realização neste ano serão: finanças (até 8 de novembro); comunicação e interesses intelectuais (a partir de 8 de novembro); amigos, grupos e atividades em grupo (até 17 de novembro); carreira (a partir de 17 de novembro).

SAÚDE

(Trata-se de uma perspectiva astrológica sobre a saúde, não de uma visão médica. No passado, essas perspectivas eram idênticas, porém hoje podem ocorrer diferenças. Para obter uma opinião com base em diagnósticos da medicina convencional, consulte seu médico ou um profissional da saúde.)

Como mencionamos, a saúde ainda precisará de observação neste ano. Urano vai sair de um aspecto tenso por um tempo, mas Saturno o substituirá. Haverá períodos no ano (de 1º de janeiro a 16 de maio e a partir de 6 de novembro) em que TANTO Saturno quanto Urano estarão em aspecto tenso. Plutão permanece em aspecto tenso com você desde 2008, e essa situação se manterá neste ano. Portanto, haverá dois (e, algumas vezes, três) planetas lentos em alinhamento tenso com você. De modo geral, a energia poderia estar muito melhor. Assegure-se de manter altos níveis de energia. Essa será a primeira defesa contra doenças. Em muitos casos, uma boa noite de sono (ou uma soneca à tarde) será mais benéfica do que uma consulta com um profissional de saúde.

A boa notícia é que a sua Sexta Casa, a da Saúde, ficará forte neste ano. Isso indica foco. Você vai estar atento a isso, não deixará que pequenas coisas adquiram rapidamente uma dimensão maior. Haveria perigo se você não estivesse prestando atenção.

Além disso, como os nossos leitores assíduos sabem, existem muitas coisas que você pode fazer para impedir que problemas de saúde se desenvolvam. Dê mais atenção às áreas a seguir, que são as mais vulneráveis no seu mapa.

Coração. Só se tornou importante a partir de 2008 (e ainda mais importante a partir de 2011). Aprenda a substituir a preocupação e a ansiedade pela fé.

Rins e quadris. São sempre importantes para o libriano. Massagens regulares nos quadris (e também nas nádegas) deveriam ser parte da sua rotina de saúde. Isso fortalecerá não apenas os rins, mas também a coluna lombar. Uma desintoxicação ocasional com ervas, sobretudo quando você se sentir indisposto, poderá ser útil.

Pés. São sempre importantes para os nativos de Libra, uma vez que Netuno, o planeta que rege os pés, é o seu planeta da Saúde. Eles se tornaram ainda mais importantes a partir de 2012, quando Netuno entrou em seu próprio signo e na sua Sexta Casa. Massagens regulares nos pés deveriam fazer parte da sua rotina de saúde. Os sapatos devem calçar bem e não atrapalhar o seu equilíbrio. O conforto é preferível à moda. Se você puder ter as duas coisas, tanto melhor. Existem variados tipos de aparelhos baratos para massagens nos pés. Alguns deles oferecem até tratamento de hidromassagem. Esse seria um bom investimento.

Netuno é o mais espiritualizado dos planetas, e neste período ele será ainda mais do que o comum. Por esse motivo, você responderá bem a terapias do tipo espiritual, como meditação, orações, imposição de mãos, reiki e a manipulação de energias sutis. Se você se sentir indisposto, procure um terapeuta espiritual. Netuno rege os oceanos e neste período ele residirá em um signo de Água. Dessa forma, você terá uma relação especial com o poder curativo do elemento água. Será muito bom, em termos de saúde, passar mais tempo perto da água — no mar, em rios e lagos. Nadar, passear de barco, praticar esqui aquático e esportes náuticos são exercícios saudáveis. Caso esteja indisposto, um bom banho de banheira por cerca de uma hora fará com que você se sinta muito melhor.

LAR E FAMÍLIA

Essa área vem sendo importante há anos — desde que Plutão entrou na sua Quarta Casa em 2008. Neste ano, vai ter ainda mais importância. Plutão continua na Quarta Casa e Saturno lhe fará companhia. Sua Quarta Casa será, com certeza, a mais forte (entre todas) do seu horóscopo, e também a mais desafiadora.

A presença de Plutão na Quarta Casa por tanto tempo desencadeou mortes na família. Em muitos casos, foram mortes "simbólicas", isto é, o círculo familiar se rompeu ou mudou. Em outros casos, foram mortes "literais", ou seja, mortes reais de familiares. Em diversas situações, membros da família sofreram cirurgias ou passaram por experiências em que quase morreram. Uma desintoxicação cósmica está em andamento na família e na vida doméstica, e esses acontecimentos serão alguns dos "efeitos colaterais". Acredite ou não, você estará dando à luz o seu ideal de vida familiar — a Ideia Divina de como a sua família e o seu lar deveriam ser. O processo do parto raramente é fácil (de modo geral, há muito sangue por todo lado), mas o resultado final é bom.

A presença de Plutão na sua Quarta Casa também promoveu grandes consertos ou reformas na casa, o que poderá acontecer também neste ano.

Saturno, agora na sua Quarta Casa, indica uma reorganização da vida familiar e doméstica, que será reestruturada de um modo mais saudável. Essa posição não favorece mudanças, e sim a necessidade de fazer melhor uso do espaço que você tem. Se você se sentir apertado na casa em que vive (e muitos librianos se sentirão assim), a solução será rearrumar as coisas de um jeito diferente. Fazendo isso, você descobrirá que dispõe de todo o espaço necessário. Uma mudança será mais provável no próximo ano — embora ela não pareça um acontecimento fácil — do que neste.

Saturno na sua Quarta Casa indica que você vai assumir mais responsabilidades no lar e com a família. Isso se aplicará a você e também a seu pai, à sua mãe ou a uma figura paterna ou materna. Ele ou ela se mostrará excessivamente pessimista (tudo lhe parecerá sombrio), e isso terá impacto na família.

Haverá uma tendência a administrar o lar e a família como se eles fossem um negócio, ou seja, de um modo empresarial. Embora isso proporcione eficiência e ordem (e é bom ter um pouco dessas coisas), também poderá esfriar as relações familiares. Família tem a ver com apoio e amor incondicional. A relação familiar transcende os negócios.

Plutão é o seu planeta das Finanças. Sua posição na Quarta Casa indica que você vai gastar mais com o lar e com a família, que investirá nessa área. Isso pode ser sinal de obtenção de ganhos por meio da família e de relações familiares e de bom apoio financeiro da família.

O planeta das Finanças na sua Quarta Casa favorece o ganho de dinheiro trabalhando em casa — em home office ou em uma empresa domiciliar. Sua casa será tanto um lar quanto um escritório. Você deverá comprar material de escritório para ela neste ano.

Consertos e reformas poderão ocorrer a qualquer momento neste ano (o encanamento, especialmente, deveria ser testado), mas caso você tenha liberdade de ação nesse assunto, o melhor período será de 17 de março a 16 de maio. Se você for redecorar ou deixar a casa mais bonita, um bom período será de 1º a 20 de janeiro.

É provável que irmãos e figuras fraternas se mudem neste ano, pois a oportunidade aparecerá. O pai, a mãe ou uma figura paterna ou materna provavelmente se mudou muitas vezes nos últimos anos, e isso poderá acontecer em 2018 também. Mas ele ou ela está se preparando para se estabelecer por mais tempo. A vontade de viajar está quase acabando.

DINHEIRO E CARREIRA

O ano passado, como Júpiter estava em seu próprio signo, foi um ano bom para as finanças. Este ano será ainda melhor. Júpiter, como mencionamos, passará a maior parte do ano (até 8 de novembro) na sua Casa do Dinheiro. Esse é um clássico sinal astrológico de prosperidade e boa sorte. Aponta expansão dos ganhos. Indica que os bens que você já possui sofrerão valorização. Aqueles de vocês que têm carteiras de títulos verão que elas vão se valorizar. Como Júpiter rege sua Terceira Casa, a da Comunicação e dos Interesses Intelectuais, sua propriedade intelectual (ideias, escritos, discursos, palestras etc.) valerá mais.

Júpiter não apenas aumenta os ganhos materiais, como também proporciona oportunidades financeiras.

Para investidores, essa posição favorece empresas de telecomunicações, transportes e mídia. Para fins lucrativos, também estarão favorecidas instituições de ensino. Da mesma forma, estarão beneficiadas compras, vendas, negócios comerciais e vendas a varejo.

Compras, vendas, negócios comerciais e vendas a varejo serão atividades igualmente boas para não investidores.

Júpiter colocará também outras coisas sobre a mesa. Haverá grande fé e otimismo. Há muitos anos, Neville Goddard escreveu o livro *Your Faith is Your Fortune* [Sua fé e sua sorte, em tradução livre]. Isso se aplicará exatamente a você neste ano. Você terá ideias financeiras inspiradoras e uma intuição maravilhosa em 2018. (Netuno fará ótimos aspectos com Júpiter na maior parte do ano.) Muito frequentemente, não é de dinheiro que precisamos, mas de uma ideia, isto é, da solução. E isso você terá em abundância.

Plutão, o seu planeta das Finanças, está na sua Quarta Casa há muitos anos. Já falamos um pouco sobre isso antes. Assim, você terá boa sensibilidade para as áreas de imóveis residenciais, alimentação, hotéis, motéis, restaurantes e setores voltados para o lar.

Isso favorecerá um negócio do tipo familiar. Pode se tratar do negócio da sua família ou de um negócio gerido como se fosse uma família, com uma atmosfera familiar. Indica, como mencionamos, ganhos obtidos a partir de casa (de um escritório em casa ou da realização de negócios no espaço doméstico). Da mesma forma, você passará mais tempo no lar.

Este será um ano muito bom para as finanças, mas não um ano especialmente forte para a carreira. A vida profissional apenas não parecerá tão importante. A riqueza terá mais importância do que o status, o prestígio ou o reconhecimento profissional. Alguns anos são desse jeito. O Cosmos sempre objetiva um desenvolvimento equilibrado. E ao longo de uma vida, áreas diferentes são enfatizadas de forma alternada.

Haverá dois eclipses lunares em 2018 (o número normal), e eles sempre trazem mudanças na carreira e "correções de rumo". Ocorrerá, também, um eclipse solar na sua Décima Casa em 13 de janeiro, que provocará esse mesmo efeito. Discutiremos isso nas "Previsões Mensais".

O seu planeta da Carreira é a Lua — o mais rápido de todos os planetas. Enquanto os outros planetas rápidos (o Sol, Mercúrio e Vênus) levam um ano para percorrer todos os seus signos e Casas, a Lua faz isso todo mês. Por isso, haverá muitas tendências profissionais de curto prazo, dependendo de onde a Lua estiver e dos aspectos que receberá. Falaremos disso nas "Previsões Mensais".

AMOR E VIDA SOCIAL

Urano, o planeta da mudança repentina, ou mudança revolucionária, está na sua Sétima Casa há sete anos. Essa posição colocou à prova casamentos e relacionamentos sérios. Muitos nativos de Libra se divorciaram nos últimos sete anos. E muitos romperam relacionamentos sérios. Para os solteiros, essa não foi uma posição favorável para o casamento. Felizmente, isso vai mudar agora. Urano ficará fora da sua Sétima Casa de 16 de maio a 6 de novembro. No próximo ano, ele sairá por um longo período.

Urano continuará a ser um fator por (aproximadamente) metade do ano, mas, de certa maneira, ele fez seu trabalho, e o amor e a vida social começarão a se estabelecer mais. Relacionamentos sérios terão uma chance melhor de sobreviver agora.

Não acho que você se casará neste ano (2019 seria muito melhor para isso), mas haverá mais estabilidade no amor.

Nos últimos sete anos, você tem atraído pessoas "não sérias". Tipos rebeldes. Com certeza, muitas delas eram gênios, mas não pessoas interessadas em compromisso. Todas pareciam ter um desejo (algo mais como cobiça) pela liberdade pessoal.

Nos últimos sete anos, todo o seu círculo social mudou. Provavelmente, nem dá mais para reconhecê-lo.

A esta altura você estará, de certa maneira, mais à vontade com mudanças sociais repentinas e com as inseguranças que elas trazem. Esse foi o propósito de Urano.

O amor não será tão empolgante quanto foi nos últimos sete anos, mas estará mais estável e estabelecido.

Como mencionamos, não é provável que haja casamento neste ano, mas os solteiros ainda vão namorar e se divertir. Marte, o seu planeta do Amor, vai passar um bom tempo — um tempo incomum — em Aquário, a sua Quinta Casa, neste ano. De forma intermitente, ele ficará nela por cinco meses. Isso indica romance (e um bem complicado), mas não casamento.

Quem estiver no segundo casamento ou em busca dele terá um ano sem mudanças. Os casados tenderão a continuar casados, e os solteiros, a continuar solteiros. Os que estiverem no terceiro casamento ou à procura dele passarão por testes em seus relacionamentos. Três eclipses solares promoverão isso. Se o casamento ou o relacionamento for basicamente sólido, ele sobreviverá. Quem estiver em busca do quarto casamento não deveria se casar ainda.

O seu planeta do Amor, Marte, entrará em movimento retrógrado neste ano — este é um tipo de evento que ocorre a cada dois anos. Acontecerá de 26 de junho a 27 de agosto. Esse não será o momento para tomar decisões importantes no amor, sejam quais forem. Será hora de obter clareza.

É provável que haja muita confusão e perturbação em suas amizades também. Elas sofreram o impacto de quatro dos cinco eclipses deste ano. Assim, os amigos enfrentarão acontecimentos capazes de mudar suas vidas, e isso poderá afetar sua amizade.

AUTOAPRIMORAMENTO

A entrada de Urano na sua Oitava Casa indica que você dará início a uma fase de experimentação sexual, o que não será bom nem ruim. Tudo vai depender da sua forma de lidar com isso. Por um lado, todos os velhos livros de regras sobre sexo — o que se pode e o que não se pode fazer — serão jogados pela janela, e você aprenderá o que dá certo no seu caso por meio de tentativa, erro e experimentação. Como os nossos leitores assíduos sabem, cada pessoa "é estimulada" de forma única, portanto, não podemos criar regras universais para isso. Você aprenderá qual é a sua maneira pessoal de funcionar e o que dá certo no seu caso. Por outro lado, esses experimentos poderão ir longe demais, e talvez sejam realmente destrutivos. Isso deve ser evitado.

Muitos de vocês vão se envolver com transformação pessoal. Isso está bastante em voga nestes dias. E você fará várias experimentações nessa área também.

Saturno permanecerá na sua Quarta Casa o ano todo. Discutimos os tipos de efeitos físicos que isso vai causar. No entanto, essa posição exercerá grande impacto em sua vida emocional: em seus humores e sentimentos cotidianos. Sua Quarta Casa não está relacionada somente ao local onde você mora fisicamente, mas também ao lugar em que você vive emocionalmente. Portanto, vai acontecer uma reorganização da sua vida emocional. Você aprenderá a administrar os seus humores do jeito como administra suas circunstâncias físicas. Nunca se pretendeu que as pessoas fossem "vítimas" do humor nem da emoção. O humor e a emoção é que devem nos servir.

Nesse processo de administrar a emoção — e o Cosmos fará com que isso se torne necessário —, erros são frequentes. Para muitas pessoas, controlar significa reprimir, ou seja, sufocar os verdadeiros sentimentos. (Como mencionamos, às vezes isso acontece porque você se sente inseguro em expressá-los.) É uma situação que não pode continuar por muito tempo. É como tentar conter um movimento (peristáltico) intestinal. Você conseguirá segurá-lo por um tempo; porém, mais cedo ou mais tarde, ele ocorrerá, e será mais intenso do que teria sido originalmente. E não é apenas isso. A contenção de sentimentos pode causar uma série de outros problemas, como depressão e até doenças físicas.

O que é necessário é dispor de um modo seguro e saudável de expressar sentimentos negativos. Algumas pessoas talvez considerem útil conversar com um psicólogo qualificado. Outras podem se refugiar nos remédios (que não curam nada e são apenas uma forma científica de repressão). Desabafar com um amigo pode ser outra opção.

Se essas alternativas não forem possíveis, há recursos espirituais disponíveis. Você pode escrever sobre os seus sentimentos negativos em um papel ou falar deles em uma gravação. Desabafe. Não reprima nada. Após meia hora mais ou menos, quando a energia do sentimento já tiver se dissipado, rasgue o papel ou apague o áudio. Não releia o que você escreveu nem ouça a gravação de novo. Considere aquilo "fora" do sistema, como se fosse um movimento intestinal psíquico. Em meu livro *A Technique for Meditation* [Uma técnica de meditação, em tradução livre], apresento outras maneiras de nos livrarmos de sentimentos indesejáveis. (Veja os Capítulos 2 e 3.)

A cura espiritual tem sido importante em seu mapa por muitos anos. Portanto, tem sido de grande interesse. Você está se aprofundando cada vez mais nela. Já a compreende, mas sempre há mais para aprender.

O importante na cura espiritual é não reconhecer nenhuma outra força curativa que não seja o Divino. Isso não significa que um médico ou terapeuta não possa ajudar, quer dizer apenas que você vai procurar sua cura, primeiro, com o Divino. O Divino pode curar diretamente ou por meio de terapeutas e médicos. O importante é estar receptivo ao momento pela intuição no momento.

PREVISÕES MENSAIS

JANEIRO

Melhores dias: 8, 9, 17, 18, 19, 27, 28
Dias mais tensos: 1º, 2, 15, 16, 22, 23, 29, 30
Melhores dias para o amor: 1º, 2, 5, 6, 10, 11, 15, 16, 20, 21, 22, 23, 27, 28
Melhores dias para o dinheiro: 1º, 2, 5, 6, 10, 11, 15, 16, 20, 21, 25, 26, 29, 30
Melhores dias para a carreira: 1º, 2, 5, 6, 15, 16, 27, 28, 29, 30

Você começará o ano com o setor social dominando o seu mapa. E esse é o seu setor favorito. Enquanto algumas pessoas não se sentem à vontade concentrando-se em relacionamentos e nos interesses dos outros, você se destaca nisso. Ninguém precisa lhe dar palestras sobre consenso e sobre como conseguir o que deseja por meio da colaboração, pois você sabe tudo sobre isso e pode ensinar a todos nós.

Apesar de seu pico financeiro anual acontecer no final deste ano, este será um bom mês no aspecto do dinheiro. Júpiter estará na sua Casa do Dinheiro até 8 de novembro. Marte, seu planeta do Amor, estará na Casa do Dinheiro até o dia 27 — a maior parte do mês. O foco deverá estar nas finanças, o sucesso será de noventa por cento. Marte na Casa do Dinheiro mostra a cooperação dos amigos e contatos na vida financeira, além do apoio do cônjuge, parceiro ou parceira. Com um aspecto como esse, normalmente há grandes oportunidades de sociedades ou associações de negócios.

Neste mês, você terá o tipo de mapa de quem gosta de fazer negócios com amigos, com as pessoas com quem se socializa. Você gosta de se socializar, de ser amigável, assim como as pessoas com quem faz negócios. Grande parte da atividade social neste mês estará relacionada a negócios.

Para os solteiros, isso indica atração pela riqueza. Riqueza, presentes materiais e apoio financeiro serão fatores importantes para o estímulo amoroso nestes dias. Oportunidades românticas acontecerão enquanto você estiver em busca dos seus objetivos financeiros ou com pessoas envolvidas com as suas finanças. Vênus vai viajar com o seu planeta das Finanças entre os dias 8 e 10. Isso indica um ótimo dia de pagamento e a chegada de oportunidade financeira. (O Sol também viajará com Plutão nesse período, reforçando o que estamos dizendo.)

A saúde precisará de mais observação em janeiro, sobretudo até o dia 20. Melhore-a seguindo as medidas mencionadas na "Previsão Anual".

Um eclipse lunar no dia 31 ocorrerá na sua Décima Primeira Casa, a dos Amigos, e colocará as coisas à prova. Isso costuma provocar momentos dramáticos na vida de amigos, complicando os seus relacionamentos. Aparelhos de alta tecnologia também serão testados. Não entre em pânico se o seu computador ou smartphone começar a funcionar de modo irregular. Da mesma forma, acontecerão mudanças na carreira. O pai, a mãe ou uma figura paterna ou materna terá de fazer importantes mudanças financeiras.

FEVEREIRO

Melhores dias: 4, 5, 14, 15, 23, 24
Dias mais tensos: 11, 12, 19, 25, 26
Melhores dias para o amor: 4, 5, 9, 10, 16, 19, 20, 25, 26, 27, 28
Melhores dias para o dinheiro: 2, 3, 6, 7, 11, 12, 16, 17, 21, 22, 25, 26
Melhores dias para a carreira: 4, 5, 14, 15, 25, 26

Quando o Sol entrou na sua Quinta Casa em 20 de janeiro (Vênus entrou no dia 18), você deu início a um de seus picos anuais de prazer pessoal. Será um mês divertido. Um eclipse solar no dia 15 também acontecerá na sua Quinta Casa. Portanto, divirta-se, mas com segurança. Quando as pessoas programam atividades de lazer, elas tendem a viajar. Mas esse eclipse impactará dois planetas que regem as viagens: Mercúrio e Júpiter. Assim, evite viajar no período do eclipse. Também será uma boa ideia ficar longe das estradas — só dirija se for necessário e, nesse caso, guie com mais prudência.

O eclipse solar do dia 15 afetará filhos e enteados. Eles deverão pegar leve nesse período. Não há necessidade de atividades tensas ou temerárias. O pai, a mãe ou uma figura paterna ou materna será forçado(a) a realizar mudanças financeiras importantes. Irmãos e figuras fraternas deverão dirigir com mais cautela. Filhos e enteados serão forçados a se redefinir, isto é, a criar uma imagem nova e melhor de si mesmos. Isso se estenderá por seis meses. Eles se vestirão de modo diferente, mudarão o penteado e, de modo geral, apresentarão um novo "visual" para o mundo. Se eles não estiverem sendo cuidadosos com a alimentação, uma desintoxicação física poderá ocorrer. As amizades também serão colocadas à prova. (O planeta eclipsado, o Sol, rege sua Décima Primeira Casa, a dos Amigos.) Equipamentos e aparelhos de alta tecnologia serão igualmente testados e, em muitos casos, precisarão de conserto ou substituição.

De modo geral, no entanto, esse eclipse será benéfico para você (sobretudo se comparado a outros com que você teve de lidar no passado). Ele será apenas incômodo.

A saúde e a energia estarão bem. Com três planetas lentos estressando você o ano todo, será necessário ficar atento à saúde, mas este será um dos seus melhores períodos. Caso se sinta indisposto, melhore a saúde seguindo as medidas mencionadas na "Previsão Anual".

O seu planeta do Amor, Marte, passará o mês na sua Terceira Casa. Por isso, o amor estará próximo da sua casa, isto é, nas redondezas. Sua vizinhança, tal como é, terá mais glamour e romance do que os mais sofisticados resorts do mundo. Oportunidades românticas para solteiros acontecerão em eventos do tipo educacional — na escola ou em eventos escolares, em palestras e seminários — e, talvez, até mesmo em uma biblioteca ou livraria. Você será atraído por pessoas com o dom da palavra neste período. Boa compatibilidade intelectual e boa troca de ideias serão importantes fatores para o estímulo amoroso.

MARÇO

Melhores dias: 3, 4, 13, 14, 22, 23, 31
Dias mais tensos: 10, 11, 12, 18, 19, 24, 25
Melhores dias para o amor: 8, 9, 18, 19, 20, 26, 27, 29, 30
Melhores dias para o dinheiro: 1º, 2, 6, 7, 10, 11, 12, 15, 16, 17, 20, 21, 24, 25, 29, 30
Melhores dias para a carreira: 6, 7, 16, 17, 24, 25, 26

A entrada de Marte na sua Quarta Casa no dia 17 terá diversos significados para você. Ela impactará a saúde de forma tensa. Após o dia 20, muitos planetas (setenta por cento) estarão em alinhamento tenso com você, por isso, vá devagar e com cuidado a partir dessa data. O mais importante, como sempre, é descansar o suficiente. A deficiência de energia é a doença primária, pois nos torna receptivos a todo tipo de coisas. Deixe de lado as banalidades e concentre-se apenas no essencial. Faça o melhor todos os dias e recuse-se a se preocupar. A preocupação não o levará para o inferno, mas o levará até os portões do inferno. Melhore a saúde seguindo as medidas mencionadas na "Previsão Anual". Uma boa ideia é agendar mais massagens ou um tempo em um spa.

A presença de Marte na sua Quarta Casa é excelente para a realização de consertos, reformas ou projetos de embelezamento do lar. Isso indica mais diversão em casa e mais socialização com a família e parentes. Indica, também, uma mudança nas atitudes amorosas. Até o dia 17, o amor estará na vizinhança e, talvez, com vizinhos. Após essa data, o lar e a própria família serão o centro para o amor. As oportunidades românticas virão da família ou de relações familiares. O dom da palavra terá menos importância agora, e você ansiará por intimidade emocional. Apreciará pessoas com quem possa compartilhar sentimentos. Haverá uma tendência a ser mais nostálgico no amor também, isto é, uma tendência a querer ressuscitar o passado, a reviver os bons momentos. Isso, naturalmente, é impossível. Você poderá estar perdendo as maravilhas do presente — das novas e melhores experiências que estão reservadas. Às vezes, com esse aspecto, você encontrará uma paixão antiga (ou uma pessoa que o faça lembrar-se dela, alguém com personalidade ou jeito parecidos). Isso não costuma ser sério, mas tem valor terapêutico. Você começará a resolver velhos problemas.

No dia 20, quando o Sol entrar na sua Sétima Casa, você vai dar início a um pico anual de amor e vida social. A vida social ficará incrivelmente ativa. Os solteiros terão muitas oportunidades nesse período. Mas lembre-se de que a presença de Urano na sua Sétima Casa não é tão boa para o casamento. Vênus viajará com Urano nos dias 28 e 29, e sua necessidade de liberdade aumentará. O interesse amoroso atual poderá considerá-lo muito rebelde.

As finanças estarão melhores antes do dia 20 do que depois. Após essa data, você terá de trabalhar mais do que o habitual para obter ganhos, ou seja, terá de fazer mais do que o esperado.

ABRIL

Melhores dias: 1º, 9, 10, 11, 18, 19, 27, 28
Dias mais tensos: 7, 8, 14, 15, 21, 22
Melhores dias para o amor: 7, 8, 14, 15, 16, 17, 25, 26, 27
Melhores dias para o dinheiro: 2, 3, 7, 8, 12, 13, 16, 17, 21, 22, 25, 26, 29, 30
Melhores dias para a carreira: 4, 5, 14, 15, 16, 21, 22, 25

A saúde está melhorando, mas ainda precisará de observação. Reveja o que discutimos sobre isso no mês passado. Continue a melhorar a saúde seguindo as medidas mencionadas na "Previsão Anual". Quando estiver estressado, tome um bom banho de banheira para relaxar o corpo e rejuvenescer. Terapias que utilizam água serão benéficas.

A saúde vai melhorar ainda mais a partir do dia 20. A fase pior terá terminado.

Marte, o seu planeta do Amor, passará o mês na sua Quarta Casa. Reveja o que discutimos sobre isso no mês passado.

Você continuará em um pico anual de amor e vida social até o dia 20. Portanto, vai sair mais, irá a mais festas e terá mais encontros. Com a presença de Urano na Sétima Casa, tudo isso parecerá instável. Divertido, mas, provavelmente, nada sério.

Embora você ainda esteja em um ano próspero, as finanças andarão em um ritmo um pouco mais lento do que o habitual. Plutão, o seu planeta das Finanças, ficará retrógrado no dia 22. Júpiter, o ocupante da sua Casa do Dinheiro, entrou em retrogradação no mês passado (no dia 9). Isso não será o fim do mundo, apenas indica a necessidade de mais cautela e análise das finanças. Será melhor tomar decisões financeiras importantes antes do dia 22. Como essas retrogradações continuarão por muitos meses, seja mais cuidadoso com detalhes financeiros. Leia as letras miúdas de contratos, ofertas de cartões de crédito e cotações de seguros. Confira se os cheques estão assinados e datados corretamente. Verifique se os seus envelopes estão com o endereço certo. Se você for enviar um documento importante pelo correio, poderá ser uma boa ideia utilizar um serviço de entrega especial. A questão, nesse caso, é não deixar as coisas mais lentas do que elas precisam ser. Faça cópias de todos os recibos. Seja o mais perfeito que puder em suas ações financeiras. Atrasos e falhas provavelmente ainda irão ocorrer, mas não tanto quanto poderiam.

O mais importante nos próximos meses será obter clareza sobre a sua estratégia e o seu quadro financeiros. Será um momento para estudo e zelo.

Sua Oitava Casa estará poderosa o mês todo, mas sobretudo a partir do dia 20. Vênus ficará nela até o dia 24. Por esse motivo, sua imagem estará com um ar mais sedutor, que "se irradiará" naturalmente. De modo geral, também haverá mais libido do que o comum. Será muito bom para regimes de emagrecimento e desintoxicação.

MAIO

Melhores dias: 7, 8, 16, 17, 24, 25
Dias mais tensos: 4, 5, 11, 12, 13, 18, 19, 31
Melhores dias para o amor: 4, 5, 7, 8, 11, 12, 13, 15, 16, 17, 24, 26
Melhores dias para o dinheiro: 4, 5, 9, 10, 14, 15, 18, 19, 22, 23, 26, 27, 28
Melhores dias para a carreira: 4, 5, 14, 15, 18, 19, 24

Se você conseguiu passar pelos últimos dois meses com a saúde e a sanidade intactas, fez um ótimo trabalho! Parabéns! Este mês será infinitamente mais fácil do que março e abril. Marte e Urano sairão de seus aspectos tensos com você no dia 16. A vitalidade vai disparar (especialmente se comparada ao nível em que estava nos últimos dois meses).

O poder planetário estará, agora, no lado do dia (a metade superior) do seu horóscopo. Isso começou no dia 20 de março, e neste momento vai estar em pleno andamento. O lar e a família continuarão como um foco muito importante, mas agora você poderá direcionar a atenção para a carreira e os objetivos externos. Para ajudar realmente a sua família, será preciso que você alcance sucesso na vida profissional. Talvez tenha de faltar a uma peça na escola ou a um jogo de futebol, porém não poderá perder um negócio importante. É provável que você seja bem-sucedido neste mês, e ainda não terá atingido o seu auge. Vênus, o senhor do seu horóscopo, cruzou o Meio do Céu e entrará na sua Décima Casa no dia 19 (a Lua também estará na sua Décima Casa nessa data). Isso indica reconhecimento e sucesso pessoal. Indica ascensão. As pessoas vão admirá-lo. Você estará acima de todos em seu mundo. A aparência física e a conduta geral desempenharão um papel importante na carreira. Você precisará gastar com a sua imagem, mas não exagere. Haverá um êxito especial no dia 31.

Com a sua Oitava Casa forte até o dia 21, será um bom momento para atividades de "ressureição". Existem áreas em sua vida — talvez um negócio, uma amizade ou um projeto — que parecem mortas. Essa será a hora de trazê-las de volta à vida. A ressurreição parece algo miraculoso, mas é muito normal na natureza. Você poderá explorar esse poder com mais facilidade agora.

Será um bom período também para regimes de perda de peso e desintoxicação. Livre o corpo (e a vida emocional) daquilo que não lhe pertence. Você se sentirá muito melhor.

A entrada de Urano na sua Oitava Casa indica uma atitude experimental em relação ao sexo e à expressão sexual. Você parece pronto para experimentar qualquer coisa, isto é, parece preparado para descartar todas as convenções sobre o que se pode ou não se pode fazer. Isso será ótimo, desde que os experimentos não sejam destrutivos. Essa posição indica também que o cônjuge, o parceiro ou o interesse amoroso atual vai entrar em um período de experimentação financeira. Ele ou ela deixará de lado todos os livros de regras para aprender, por meio de tentativa, erro e experimentação, o que funciona financeiramente. Muito conhecimento será adquirido desse modo.

JUNHO

Melhores dias: 3, 4, 12, 13, 20, 21, 22, 30
Dias mais tensos: 1º, 2, 8, 9, 14, 15, 28, 29
Melhores dias para o amor: 3, 4, 6, 7, 8, 9, 12, 13, 16, 20, 21, 22, 23, 24, 30
Melhores dias para o dinheiro: 1º, 2, 5, 6, 7, 10, 11, 14, 15, 18, 19, 23, 24, 28, 29
Melhores dias para a carreira: 3, 4, 12, 13, 14, 15, 23

Este será um mês frenético, mas de muito sucesso. A saúde precisará de observação a partir do dia 21. A boa notícia é que junho não será tão desafiador quanto março e abril foram. Se você conseguiu passar por aqueles meses, fará o mesmo agora. Ainda assim, certifique-se de descansar o suficiente. Faça pausas no trabalho e recarregue as baterias. Não se deixe sobrecarregar. Melhore a saúde seguindo as medidas mencionadas na "Previsão Anual". Terapias que utilizam água ainda serão poderosas.

O seu planeta do Amor está na Quinta Casa desde 16 de maio, e ficará nela por todo o mês à frente. Isso indica outra mudança no amor e nas atitudes amorosas. O amor deve ser divertido, e você será atraído por pessoas com quem poderá se divertir. Aquelas capazes de lhe proporcionar bons momentos. As que riem e têm uma atitude despreocupada. Tudo isso será muito bom, mas não vai favorecer o romance sério. (De qualquer modo, com Urano fora da sua Sétima Casa, o romance sério poderá ser uma possibilidade agora.) O planeta do Amor na Quinta Casa quer que a vida amorosa seja uma permanente lua de mel. Não está preparado para lidar com os tempos difíceis que inevitavelmente surgem até mesmo no melhor dos relacionamentos. Mas esse será o modo como você se sentirá agora e esse será o tipo de pessoa que irá atrair.

Vênus tem sido a "estrela da manhã" na sua carreira. No dia 19 de maio, ele anunciou o Sol nascente em sua vida profissional. No dia 21, o Sol apareceu e você deu início a um pico profissional anual. Você terá grande ajuda de amigos. A rede de relacionamentos o auxiliará. Seu conhecimento tecnológico será importante, assim como a sua disposição para viajar.

Embora a carreira vá muito bem, as finanças estarão mais abaladas neste mês, a partir do dia 21. O seu planeta das Finanças, Plutão, não apenas estará retrógrado, como receberá aspectos tensos. Assim, você precisará trabalhar mais para alcançar os objetivos financeiros. Isso indica também que o sucesso profissional que você busca implicará algum tipo de sacrifício financeiro. Você terá de estar disposto a fazê-lo. (Esse sacrifício, porém, deverá ser de curta duração.)

O seu desafio neste mês — e ele não será fácil — vai ser conciliar uma carreira de sucesso com o lar e a família. As exigências dessas duas áreas pesarão muito sobre você. Será difícil agradar todo mundo. Mas, de algum modo, você conseguirá.

JULHO

Melhores dias: 1º, 10, 11, 18, 19, 27, 28, 29
Dias mais tensos: 5, 6, 12, 13, 25, 26
Melhores dias para o amor: 1º, 5, 6, 10, 11, 16, 18, 19, 25, 26, 27, 28, 29
Melhores dias para o dinheiro: 1º, 7, 8, 12, 13, 16, 17, 20, 21, 25, 26, 27, 28, 29
Melhores dias para a carreira: 3, 4, 12, 13, 21, 22

De modo geral, este será um mês feliz, mas dois eclipses vão abalar o mundo à sua volta. Da mesma forma, o deixarão alerta. Não se iluda com a aparente harmonia. Seja feliz, mas mantenha-se vigilante também.

O eclipse solar do dia 13 ocorrerá na sua Décima Casa, a da Carreira, promovendo mudanças na vida profissional. Ocorrerão reformulações na sua empresa ou no setor em que você atua. Haverá momentos dramáticos na vida de chefes, do seu pai, da sua mãe ou de uma figura materna ou paterna para você. As regras do jogo vão mudar, e você será obrigado a fazer correções de rumo na carreira. Todo eclipse solar coloca amizades à prova. Às vezes, o problema é o relacionamento. Se houver imperfeições, será nesse momento que você tomará conhecimento delas. No entanto, frequentemente não se trata do relacionamento, e sim dos dramas (muitas vezes, dramas capazes de mudar a vida das pessoas) que acontecem na vida de amigos. Assim como ocorre em todo eclipse solar, os seus equipamentos de alta tecnologia serão testados. Computadores tendem a ser temperamentais. Em muitos casos, irão precisar de conserto ou substituição. O pai, a mãe ou uma figura paterna ou materna enfrentará crises não apenas pessoais, como também financeiras. Mudanças importantes terão de acontecer. Suas finanças deverão ser igualmente afetadas. Esse eclipse impactará o seu planeta das Finanças, Plutão. A minha sensação é de que você se subestimou. As suas perspectivas financeiras serão melhores do que o planejado e agora você terá de fazer ajustes.

O eclipse lunar do dia 27 ocorrerá na sua Quinta Casa, a dos Filhos, e terá impacto sobre eles. Mais uma vez, eles precisarão se redefinir e criar uma nova imagem e aparência para o mundo. Além disso, poderão passar por mudanças de emprego. Esse eclipse afetará também sua carreira, o setor em que você atua e a sua empresa — e mais momentos dramáticos acontecerão nessa área. Chefes, o pai, a mãe ou uma figura paterna ou materna serão novamente impactados. Eles também terão de se reimaginar ao longo dos próximos seis meses. Mais uma vez, o pai, a mãe ou uma figura paterna ou materna será obrigado(a) a fazer importantes mudanças financeiras. O seu pensamento não vinha sendo realista. O eclipse será mais forte do que aparenta. Ele causará impacto em dois outros planetas: Marte e Urano. Assim, um relacionamento vai ser colocado à prova. Ressentimentos há muito represados virão à tona para serem resolvidos. O impacto sobre Urano indica que aparelhos de alta tecnologia serão testados de novo. Tome todas as medidas de segurança necessárias em relação aos seus arquivos e fotografias.

AGOSTO

Melhores dias: 6, 7, 14, 15, 24, 25
Dias mais tensos: 1º, 2, 3, 8, 9, 21, 22, 29, 30
Melhores dias para o amor: 1º, 2, 3, 5, 6, 13, 14, 15, 22, 24, 25, 29, 30
Melhores dias para o dinheiro: 4, 5, 8, 9, 12, 13, 16, 17, 21, 22, 26, 27, 31
Melhores dias para a carreira: 2, 3, 8, 9, 10, 11, 20, 31

Outro eclipse solar no dia 11 (o terceiro eclipse solar do ano) vai, mais uma vez, colocar à prova amizades e aparelhos de alta tecnologia. Até mesmo os novos produtos que você comprou no mês passado poderão ficar mais instáveis agora. As amizades que conseguirem resistir a todos esses eclipses serão, de fato, as boas amizades. As amizades de filhos c enteados também serão testadas. Se eles estiverem na idade adequada, os seus casamentos e relacionamentos serão colocados à prova. O pai, a mãe ou a figura materna ou paterna terá de fazer mais ajustes financeiros. As mudanças realizadas em julho passado talvez não tenham sido suficientes. Um membro da família poderá passar por uma cirurgia ou ter uma experiência próxima da morte (não necessariamente a morte literal, mas encontros psicológicos com ela).

A boa notícia é que você estará muito concentrado nas amizades neste mês e provavelmente vai superar os desafios. Além disso, com o Sol na sua Décima Primeira Casa, você terá uma boa sensibilidade para a alta tecnologia, e esses desafios vão contribuir para o seu conhecimento. Se houver necessidade de adquirir novos equipamentos, as compras serão positivas.

O seu planeta das Finanças, Plutão, continuará retrógrado neste mês, mas Júpiter, na sua Casa do Dinheiro, estará em movimento direto. Após o dia 23, quando o Sol entrar em Virgem, Plutão receberá ótimos aspectos. A prosperidade certamente ocorrerá, porém em um ritmo mais lento. Os dias 27 e 28 de julho devem ter sido muito bons para as finanças, pois Vênus fez ótimos aspectos com Plutão nesse período.

O amor vai estar muito complicado neste mês. Para começar, o seu planeta do Amor passará todo o mês "fora dos limites". Com isso, a busca pelo amor irá levá-lo para fora do seu ambiente social normal. Os solteiros encontrarão pessoas fora de seu ambiente. Portanto, haverá mais insegurança nessa área. Marte não apenas estará "fora dos limites", como também permanecerá retrógrado o mês todo. Isso aumentará a insegurança. Não será uma boa ideia tomar qualquer tipo de decisão no amor neste período. A boa notícia é que Marte estará na sua Quinta Casa, então o amor não será tão sério em agosto. Terá mais a ver com diversão do que com compromisso. Após o dia 13, Marte ficará retrógrado e entrará na sua Quarta Casa. Isso poderá, mais uma vez, promover um encontro com uma antiga paixão (ou com alguém que faça você lembrar-se dela). Além disso, mudará suas atitudes em relação ao amor. Os valores familiares deverão ganhar importância a partir do dia 13, e não apenas a diversão. Embora você possa estar buscando o amor em todo lugar (fora de seu ambiente), ele estará próximo de casa.

SETEMBRO

Melhores dias: 2, 3, 11, 12, 20, 21, 29, 30
Dias mais tensos: 4, 5, 17, 18, 19, 25, 26
Melhores dias para o amor: 1º, 2, 3, 10, 11, 13, 20, 21, 22, 23, 25, 26, 29, 30
Melhores dias para o dinheiro: 1º, 4, 5, 9, 10, 13, 14, 18, 19, 22, 23, 24, 27, 28
Melhores dias para a carreira: 1º, 4, 5, 9, 18, 19, 29

Embora o setor ocidental (o setor social) do seu mapa continue dominante, os planetas rápidos vão entrar em sua posição oriental máxima. Você não poderá ignorar as outras pessoas nem fazer as coisas inteiramente do seu jeito, no entanto terá mais independência agora do que teve durante todo o ano. Por isso, este será o momento de realizar as mudanças necessárias. Será a hora de assumir a responsabilidade por sua felicidade. Se você esperar muito, essas coisas ficarão mais difíceis.

A boa notícia é que você estará se sentindo muito confortável com menos independência. Você aprecia exercitar seu espírito social. Não se importa em fazer as coisas por meio do consenso e da negociação. Ações arbitrárias independentes não são seu estilo.

Este vai ser um mês espiritual. Um período para o crescimento interno. Mas esse crescimento se traduzirá, pela lei espiritual, em crescimento externo. Cuide dele com carinho, pois ele será a introdução necessária. Por isso, este será um mês para estudos espirituais, para o estudo de literatura sagrada, para frequentar seminários ou palestras espirituais e para maior envolvimento com atividades altruísticas e de caridade. Com o senhor da Décima Primeira Casa na sua Casa da Espiritualidade, você deverá explorar o mundo espiritual de um modo mais racional e científico. Você se aprofundará mais no lado científico da vida espiritual. (A presença de Mercúrio na sua Décima Segunda Casa, entre os dias 6 e 22, também favorecerá uma abordagem mais racional.) A espiritualidade não é uma "crendice banal", e sim uma ciência em si mesma.

No dia 22, tanto o Sol quanto Mercúrio cruzarão seu Ascendente e entrarão na sua Primeira Casa. Você dará início a um período anual de prazer pessoal. Será o momento de mimar o corpo e recompensá-lo pelos serviços prestados como assistente por todos esses anos. O corpo é do reino animal e precisa de recompensa de vez em quando. Se somos gentis com os animais, deveríamos ser gentis com o nosso corpo.

Setembro será também um mês de prosperidade. Vênus, o senhor do seu horóscopo, entrará na sua Casa do Dinheiro no dia 9. Júpiter a ocupa desde o início do ano. Portanto, a Casa do Dinheiro será uma Casa de Poder neste período. Você assumirá um papel mais ativo na sua vida financeira. Vai gastar consigo mesmo e com sua aparência e projetará uma imagem de riqueza.

OUTUBRO

Melhores dias: 1º, 8, 9, 17, 18, 19, 27, 28
Dias mais tensos: 2, 3, 15, 16, 22, 23, 29, 30
Melhores dias para o amor: 1º, 2, 3, 8, 9, 10, 11, 17, 18, 19, 20, 21, 22, 23, 27, 28, 29, 30
Melhores dias para o dinheiro: 2, 3, 6, 7, 10, 11, 15, 16, 20, 21, 25, 26, 29, 30
Melhores dias para a carreira: 1º, 2, 3, 8, 9, 18, 19, 29, 30

A vida amorosa começou a melhorar no mês passado. Marte, seu planeta do Amor, entrou em movimento direto em setembro. Durante todo o mês, ele ficará na sua Quinta Casa, a da Diversão. Além disso, estará de volta "aos limites", e você, de volta ao seu ambiente social normal. A presença do planeta do Amor na sua Quinta Casa não é propícia a relacionamentos de compromisso sério. Tem mais a ver com diversão e entretenimento. Você não estará realmente em busca de nada sério (e vai atrair esse tipo de pessoa também). O amor será apenas outra forma de entretenimento, como ir ao cinema ou ao teatro. Vênus ficará retrógrado a partir do dia 5 e, assim, você poderá "recuar" em um relacionamento.

Até o dia 23, você estará em meio a um pico anual de prazer pessoal. Aproveite. Esse poder na sua Primeira Casa será bom não apenas para satisfazer as vontades do corpo, mas para deixá-lo com a forma que você deseja.

No dia 23, o Sol entrará na Casa do Dinheiro e você dará início a um pico financeiro anual. O mês à frente será de muita prosperidade. Sua Casa do Dinheiro ficará lotada de planetas a partir do dia 23 — e serão planetas benéficos, amigáveis. Acrescente a isso a entrada de Plutão em movimento direto no dia 2, e você terá mais sinais de prosperidade. A confiança financeira estará de volta. Você terá clareza nas finanças. Saberá o que fazer e como fazer.

Após o dia 23 (e até mesmo antes dessa data), os planetas rápidos farão ótimos aspectos com o seu planeta da Carreira, Netuno. É um bom sinal para quem estiver em busca de emprego. E até mesmo os librianos empregados poderão ter oportunidades de fazer horas extras ou atividades paralelas. (Ofertas de empregos fixos precisarão de mais estudo, uma vez que Netuno continuará retrógrado.)

A saúde estará muito melhor agora do que esteve no mês passado. Em setembro, a entrada de Marte em Aquário foi um dado positivo na área da saúde. Dois planetas lentos continuarão em alinhamento tenso com você, mas a maioria dos planetas ou o favorecerá ou não o afetará. A saúde vai melhorar ainda mais após o dia 23, quando o seu planeta da Saúde começará a receber estímulos positivos. Se você se sentir indisposto, melhore a saúde seguindo as medidas mencionadas na "Previsão Anual".

NOVEMBRO

Melhores dias: 4, 5, 14, 15, 23, 24
Dias mais tensos: 11, 12, 19, 20, 25, 26
Melhores dias para o amor: 4, 5, 14, 15, 16, 19, 20, 23, 24, 25, 26
Melhores dias para o dinheiro: 2, 3, 6, 7, 8, 11, 12, 19, 21, 22, 27, 29, 30
Melhores dias para a carreira: 6, 7, 8, 16, 17, 25, 26, 27

Novembro será um mês de muitas mudanças, uma vez que dois importantes planetas lentos vão ingressar em outro signo. No dia 6, Urano entrará em movimento retrógrado e voltará para Áries, sua Sétima Casa, a do Amor. No dia 8, Júpiter sairá da sua Casa do Dinheiro e entrará na sua Terceira Casa. Mercúrio ficará "fora dos limites" entre os dias 4 e 20. Assim, você estará fora do seu ambiente normal na vida religiosa e espiritual e vai explorar interesses incomuns e talvez estrangeiros. Parece que você não está encontrando as respostas que deseja no seu caminho atual. Tudo bem, isso acontece com muita frequência.

Você continuará em meio a um pico financeiro anual até o dia 22. Portanto, este será um mês de prosperidade. No entanto, o interesse nas finanças vai diminuir. Júpiter, como mencionamos, deixará sua Casa do Dinheiro no dia 8. O Sol sairá dela no dia 22. Vejo isso como algo bom. Objetivos financeiros de curto prazo foram alcançados e não há mais necessidade de prestar atenção especial nisso agora. Você poderá se voltar para outras coisas.

A entrada de Júpiter na sua Terceira Casa trará um carro e equipamentos de comunicação novos (e de alta qualidade também) no próximo ano. Esse será um aspecto excelente para estudantes abaixo do nível universitário. Eles serão bem-sucedidos nos estudos em 2019. Será especialmente benéfico para os que estiverem planejando entrar para a universidade. O sucesso no nível em que eles se encontram agora melhorará suas perspectivas com relação à universidade. Será também um aspecto maravilhoso para quem atua nas áreas de vendas, marketing, comércio, varejo e, ainda, para professores e escritores. Todos, provavelmente, serão bem-sucedidos no trabalho.

A vida amorosa voltará a ficar instável a partir do dia 6. No entanto, após sete anos nessa situação, você deverá se sentir confortável com ela. Saberá como lidar com isso. Conseguirá aproveitar as mudanças dramáticas e repentinas que acontecerão na sua vida social. A instabilidade também é estimulante. Marte, seu planeta do Amor, sairá da sua Quinta Casa e entrará na sua Sexta Casa no dia 16. Isso, mais uma vez, promoverá mudanças nas atitudes amorosas. A presença do planeta do Amor em Peixes o tornará mais idealista. Você se sentirá atraído por pessoas mais espiritualizadas, isto é, mais criativas e artísticas. O local de trabalho também se transformará em um espaço para o amor. Haverá oportunidades românticas com colegas (ou eles as possibilitarão). O planeta do Amor na Sexta Casa indica atração por profissionais da saúde ou por pessoas envolvidas com a sua saúde. Uma ida ao consultório médico poderá se transformar em bem mais do que isso.

Vênus passará o mês em seu próprio signo. No dia 16, entrará em movimento direto novamente, aumentando sua autoconfiança e autoestima. Você parecerá ótimo nesses dias. Vênus realça a beleza física, o encanto e o charme. Você vai atrair o sexo oposto neste mês.

DEZEMBRO

Melhores dias: 2, 3, 11, 12, 21, 22, 29, 30
Dias mais tensos: 9, 10, 16, 17, 23, 24
Melhores dias para o amor: 2, 3, 4, 5, 14, 15, 16, 17, 23, 24, 31
Melhores dias para o dinheiro: 4, 5, 6, 9, 10, 16, 18, 19, 26, 27, 28, 31
Melhores dias para a carreira: 6, 7, 17, 23, 24, 27

Embora o seu pico financeiro anual tenha acabado, você terá um pequeno pico financeiro neste mês. Para começar, a Lua fará duas visitas à sua Casa do Dinheiro em dezembro (em geral, ela só faz uma visita). Vênus, o senhor do seu horóscopo — um planeta muito importante no seu mapa —, entrará na sua Casa do Dinheiro no dia 2, e permanecerá nela pelo resto do mês. Mercúrio ficará na Casa do Dinheiro até o dia 13. Portanto, a Casa do Dinheiro estará forte. Você não delegará a gestão financeira a outras pessoas nesse período, você assumirá o controle pessoalmente. Até mesmo os librianos que contam com planejadores ou gerentes financeiros supervisionarão as coisas mais de perto do que o habitual. Vocês vão passar uma imagem de riqueza para o mundo — irão se vestir, se apresentar e agir de acordo com essa imagem. A intuição financeira estará excelente. É difícil imaginar que lhe faltará qualquer coisa indispensável.

Você estará em um pico intelectual anual agora. As faculdades mentais ficarão aguçadas pelos próximos 12 meses, uma vez que Júpiter ocupará sua Terceira Casa a maior parte de 2019. Mas neste mês, sobretudo até o dia 21, as faculdades mentais estarão excepcionalmente boas. Você absorverá e compreenderá com facilidade dados, informações e conhecimento. Vai "inalar" essas coisas. O aprendizado será bem mais fácil. Os alunos se destacarão nos estudos. Escritores, professores, vendedores e profissionais de marketing, todos se comunicarão melhor. Este será um excelente período para fazer cursos sobre temas de seu interesse. Se você for especialista em alguma matéria, este será um ótimo mês para ensiná-la a outras pessoas, seja pela via escrita, seja pela via oral.

O problema em haver tanto poder na Terceira Casa é o excesso de algo que normalmente seria bom. A mente poderá ser excessivamente estimulada. O pensamento, se não for mantido sob vigilância, pode sair do controle, causando problemas para dormir ou levando a pessoa a falar demais. Se você não tomar cuidado, as contas de telefone poderão aumentar muito.

Irmãos e figuras fraternas tiveram um ano financeiro difícil em 2018, mas a maré começou a mudar no mês passado. Eles vão assumir responsabilidades financeiras adicionais, porém os recursos estarão disponíveis para que possam lidar com essas questões. No dia 2, eles darão início a um pico financeiro anual.

A saúde precisará de mais observação após o dia 21. Por isso, como sempre, não se canse excessivamente. Certifique-se de descansar bastante. Melhore a saúde seguindo as medidas mencionadas na "Previsão Anual".

A vida amorosa parece boa. Vênus fará ótimos aspectos com o seu planeta do Amor o mês todo. No entanto, é provável que o interesse amoroso atual fique pessoalmente estressado. Ele ou ela se sentirá melhor após o dia 21. Haverá uma feliz oportunidade social ou amorosa entre os dias 5 e 7. Ela poderá envolver uma reunião relacionada ao trabalho, um(a) colega de trabalho ou alguém ligado à sua saúde.

♏

ESCORPIÃO

O ESCORPIÃO

Nascidos entre 23 de outubro e 22 de novembro

PERFIL PESSOAL

ESCORPIÃO EM UM RELANCE

Elemento: Água
Planeta Regente: Plutão
Planeta Corregente: Marte
Planeta da Carreira: Sol
Planeta da Saúde: Mercúrio
Planeta do Amor: Vênus
Planeta das Finanças: Júpiter
Planeta do Lar e da Vida Familiar: Urano
Cor: púrpura
Cor que promove o amor, o romance e a harmonia social: verde
Cor que propicia ganhos: azul
Pedras: hematita, malaquita, topázio
Metais: ferro, rádio, aço
Perfumes: flor de cerejeira, coco, sândalo, melancia
Qualidade: fixa (= estabilidade)
Qualidade essencial ao equilíbrio: amplitude de visão
Maiores virtudes: lealdade, concentração, determinação, coragem, profundidade
Necessidades mais profundas: recolhimento íntimo e transformação
Características a evitar: ciúme, desejo de vingança, fanatismo
Signos de maior compatibilidade: Câncer, Peixes
Signos de maior incompatibilidade: Touro, Leão, Aquário

Signo mais útil à carreira: Leão
Signo que fornece maior suporte emocional: Aquário
Signo mais prestativo em questões financeiras: Sagitário
Melhor signo para casamento e associações: Touro
Signo mais útil em projetos criativos: Peixes
Melhor signo para sair e se divertir: Peixes
Signos mais úteis em assuntos espirituais: Câncer, Libra
Melhor dia da semana: terça-feira

COMPREENDENDO A PERSONALIDADE ESCORPIANA

A fênix é um dos símbolos do signo de Escorpião. Meditar sobre essa lenda facilita a compreensão do temperamento escorpiano, bem como de seus interesses e de suas capacidades e necessidades mais profundas.

A fênix mitológica era uma ave capaz de se recriar e de se reproduzir sozinha. E o fazia de forma curiosa. Voava à procura de um fogo ardente, geralmente em algum templo religioso, e se lançava sobre ele, deixando-se consumir pelas chamas, para depois emergir das cinzas, como um novo pássaro. Não poderia haver melhor símbolo para representar a transmutação mais profunda do ser.

Transformação — seja ela na mente, no corpo, nos negócios ou nos relacionamentos — é a palavra-chave para compreender o temperamento dos escorpianos. Eles são os transformadores da sociedade. Para que uma transformação se processe de forma natural, sem artificialidade, ela deve provir do íntimo. Esse tipo de mudança é mais radical do que uma simples maquiagem superficial. Muitos acreditam que ao mudar a aparência estão se transformando, mas não é esse tipo de mudança que interessa aos escorpianos. Eles buscam alterações profundas e fundamentais. Uma vez que as transformações genuínas provêm do interior, os nativos demonstram grande interesse pelo cerne das coisas e, por conseguinte, pelo âmago filosófico da existência.

O intelecto dos nativos de Escorpião é profundo e penetrante. Se você, que é de outro signo, pretende prender o interesse de um escorpiano, terá de lhe apresentar algo mais do que uma simples imagem superficial. Você e seus projetos ou propostas terão de ser substanciais para despertar o interesse de um escorpiano. Se não o forem, ele logo irá desmascará-los e se afastará.

Ao observar a vida, com seus processos de crescimento e degeneração, torna-se evidente a atuação da força transformadora do signo de Escorpião. A lagarta se transforma em borboleta; o bebê se faz criança e, então, se torna um adulto. Para os escorpianos, esse perpétuo processo de transformação não causa medo. Eles o encaram como parte natural da existência. Essa aceitação das transformações é a chave que lhes abre a compreensão do verdadeiro sentido da vida.

A compreensão escorpiana da vida, incluindo suas fraquezas, faz dos nativos do signo guerreiros valorosos, no sentido mais amplo da palavra. Acrescente a essas virtudes a profundidade, a paciência, a capacidade de resistir e suportar e você terá diante de si alguém com uma personalidade poderosíssima. Os escorpianos possuem boa memória, e de longo alcance. Podem ser muito vingativos — esperam anos para descontar algo em alguém. Entre os amigos, contudo, não há nenhum mais leal e verdadeiro do que o escorpiano. Poucos nativos de outros signos se mostram dispostos aos sacrifícios que um escorpiano é capaz de fazer por um amigo de verdade.

Os resultados de uma transformação são evidentes, muito embora o processo possa ser invisível e secreto. É por isso que os escorpianos possuem natureza oculta ou reservada. Uma semente não germinará adequadamente se a revirarmos o tempo inteiro, expondo-a à luz solar. Ela deve permanecer enterrada, longe da visão, até brotar. Da mesma forma, os escorpianos temem revelar muito de si e de suas aspirações. E ficarão felizes em lhes mostrar o produto acabado, mas só depois que estiver devidamente embrulhado. Por outro lado, os escorpianos apreciam conhecer os segredos alheios tanto quanto detestam revelar os seus.

FINANÇAS

Amor, nascimento, vida e morte são as transformações mais poderosas que se operam na natureza. Os escorpianos se interessam por todas elas. Em nossa sociedade, o dinheiro é também uma força transformadora; e é por essa razão que os escorpianos se interessam também por ele. Para um escorpiano, dinheiro representa poder de controlar e gerar mudanças, e sua força o fascina. Mas, se não se mantiver atento, o nativo de Escorpião poderá tornar-se excessivamente materialista e maravilhar-se com o dinheiro, a ponto de acreditar que é ele que governa o mundo.

Até mesmo a palavra "plutocracia" tem a mesma etimologia que Plutão, o regente do signo de Escorpião, cujos nativos, de uma forma ou de outra, acabam atingindo o status financeiro a que aspiram. Lutam para alcançá-lo, e quando o conseguem, zelam cuidadosamente por seu patrimônio. Parte desse zelo financeiro deriva da honestidade, pois os escorpianos frequentemente lidam com o dinheiro de terceiros na condição de contadores, advogados, corretores e gerentes. E lidar com o dinheiro alheio requer ainda mais cautela do que fazê-lo com as próprias finanças.

Para realizar plenamente suas metas financeiras, os escorpianos precisarão aprender lições importantes. Deverão desenvolver qualidades que não lhes são intrínsecas, como a amplitude de visão, o otimismo, a fé, a confiança e, acima de tudo, a generosidade. Terão de aprender a ver que a opulência se faz presente em toda parte: tanto na natureza e na vida quanto em suas manifestações bem mais óbvias, como o poder e o dinheiro. Se eles aprenderem a desenvolver a generosidade, seu potencial financeiro se elevará a grandes alturas, pois Júpiter, o senhor da abundância e da boa sorte, é também o regente financeiro de Escorpião.

CARREIRA E IMAGEM PÚBLICA

A aspiração mais profunda dos nativos de Escorpião é de serem considerados pela sociedade fontes de vida e de luz. Desejam ser líderes ou estrelas. Mas seguem uma trilha diferente da dos leoninos, as outras grandes estrelas do Zodíaco. O escorpiano chega às suas metas em segredo, sem ostentação; o leonino as persegue ostensivamente. O escorpiano busca as alegrias e o glamour dos ricos e famosos de forma mais discreta e reservada.

Os escorpianos possuem natureza introvertida e tendem a evitar as luzes da ribalta. Mas se desejam verdadeiramente consolidar suas metas profissionais mais elevadas, terão de se abrir um pouco mais e expressar-se com menos circunspecção; parar de ocultar sua luz debaixo de um barril e deixar que ela brilhe livremente. Acima de tudo, terão de abrir mão dos desejos de vingança e de atitudes mesquinhas. Os dons e a visão das profundezas lhes foram dados com um propósito importantíssimo: servir à vida, expandindo a alegria pessoal de viver em função dos outros.

AMOR E RELACIONAMENTOS

Escorpião é outro dos signos zodiacais que apreciam relacionamentos claramente definidos, sérios e bem-estruturados. São cautelosos na hora de contrair matrimônio, mas, tendo assumido um compromisso, permanecem fiéis a ele. E Deus proteja o cônjuge que for flagrado, ou mesmo que seja suspeito de infidelidade! O ciúme escorpiano já se tornou lendário. É tão intenso que consegue detectar o menor pensamento ou intenção de infidelidade, o qual desencadeará tanta tempestade quanto a prática do ato em si.

O escorpiano costuma desposar alguém mais abastado do que ele. A intensidade do seu temperamento faz com que ele valha por dois, de modo que tende a buscar parceiros pacatos, amistosos, estáveis e trabalhadores. Ele quer alguém com quem possa contar, leal, para acompanhá-lo nas batalhas da vida. Para um escorpiano, um parceiro — seja amante ou amigo — é um companheiro, não um adversário. Os escorpianos buscam aliados, não competidores.

Se estiver apaixonado por um escorpiano, você precisará de muita paciência. Demanda muito tempo conhecê-lo, pois ele não se revela facilmente. Mas se você perseverar e se seus motivos forem louváveis, gradualmente ele permitirá que você penetre nas câmaras secretas de sua mente e de seu coração.

VIDA DOMÉSTICA E FAMILIAR

Urano é o regente da Quarta Casa Solar de Escorpião, a Casa do Lar e da Vida Familiar. Urano é, também, o planeta da Ciência, da Tecnologia, das Mudanças e da Democracia. Isso fornece indícios interessantes da conduta escorpiana no lar e de como eles necessitam agir para garantir uma vida doméstica feliz e harmoniosa.

Muitos escorpianos tendem a transferir seu arrebatamento passional e sua vontade férrea para o ambiente doméstico e familiar, cenário totalmente inadequado para tal tipo de manifestação. Esses traços de caráter são próprios em um soldado ou em um pioneiro desbravador, mas não em um provedor de família. Por isso, e também por sua necessidade de mudanças e de transformação, os nativos de Escorpião são propensos a mudanças súbitas de residência. Se não forem contidos cuidadosamente, os escorpianos — geralmente inflexíveis — podem causar muita turbulência e rebeliões no seio familiar.

Os nativos de Escorpião precisam desenvolver mais algumas qualidades aquarianas para poderem lidar melhor com os problemas domésticos. Devem aprender a cultivar o espírito de equipe e a tratar as atividades familiares como verdadeiras atividades de grupo, em que todos os membros possam opinar quanto ao que funciona e ao que não funciona. Pois, com frequência, os escorpianos se convertem em ditadores, e quando isso acontece eles ficam mil vezes piores do que um leonino ou um capricorniano (os outros dois signos de poder do Zodíaco). A ditadura escorpiana é mais intensa, passional, meditada, firme e centrada. Obviamente, isso é intolerável para os demais familiares, sobretudo para os mais sensíveis.

Para se beneficiarem do apoio emocional que a família oferece, os escorpianos precisam aprender a abrir mão do conservadorismo e a ser um pouco mais experimentais. Devem explorar novas formas de criar os filhos, procurar ser democráticos no lar e tentar administrar as situações por meio do consenso, não de editos autocráticos.

ESCORPIÃO
PREVISÃO ANUAL PARA 2018

TENDÊNCIAS GERAIS

A entrada de Júpiter no seu signo em 10 de outubro do ano passado deu início a um ciclo de prosperidade que se estenderá por vários anos. Esse planeta permanecerá no seu signo até 8 de novembro, isto é, durante quase todo o ano. Portanto, o dinheiro vai entrar. A presença de Júpiter no signo de uma pessoa é sinal de prosperidade, e mais ainda para você, pois ele é o seu planeta das Finanças. Assim, o impacto nas finanças é mais forte. No dia 8 de novembro, Júpiter entrará na sua Casa do Dinheiro — seu próprio signo e sua própria Casa. Isso trará mais prosperidade. Trataremos desse assunto em detalhes mais adiante.

Plutão está na sua Terceira Casa há muitos anos, desde 2008. Por esse motivo, você tem se interessado muito por comunicação e atividades intelectuais. Esse aspecto tem sido muito bom para alunos, pois indica sucesso nos estudos, sobretudo para os que estão abaixo do nível universitário. Em 21 de dezembro de 2017, foi Saturno que entrou na sua Terceira Casa, onde ficará por mais dois anos. Agora, os estudantes vão ter que se dedicar mais na escola. Precisarão ter mais disciplina. Eles simplesmente não poderão levar os estudos na flauta. Professores, palestrantes, escritores, jornalistas, vendedores e profissionais de marketing também terão que trabalhar mais duro, pois exigências maiores serão feitas a eles.

Embora você vá considerar as atividades profissionais gratificantes e provavelmente vá sair-se bem nelas, este não será um ano especialmente importante para a carreira. Além disso, acontecerão muitas mudanças nessa área, como correções de rumo, o que também deverá ocorrer no ano seguinte. Ocorrerão três eclipses solares em 2018 (normalmente são apenas dois). E dois eclipses serão na sua Décima Casa, a da Carreira. Portanto, espere por mudanças e reformulações neste ano. Trataremos desse assunto em detalhes mais adiante.

Urano sairá da sua Sexta Casa neste ano, mas por um breve período. Em 2019, ele sairá por um longo prazo. Enquanto isso, você terá um anúncio das coisas que estarão por vir (de 16 de maio a 6 de novembro). Ele entrará na sua Sétima Casa, a do Amor, e começará a testar o seu casamento ou relacionamento atual. No entanto, haverá mais estabilidade no trabalho e com as pessoas que você emprega. Discutiremos isso em detalhes mais à frente.

Netuno está na sua Quinta Casa desde 2012, ou seja, há um longo tempo, e permanecerá nela por muitos anos ainda. Isso indica que os filhos e enteados estarão se tornando mais espiritualizados. Eles parecem muito idealistas. Os escorpianos que trabalham com artes criativas acharão sua atividade bem mais inspiradora. O seu gosto por entretenimento vai se tornar mais refinado, mais espiritualizado.

Os seus principais interesse neste ano serão: corpo, imagem e prazer pessoal (até 8 de novembro); finanças (a partir de 8 de novembro); comunicação e interesses intelectuais; filhos, diversão e criatividade; saúde e trabalho (até 16 de maio e a partir de 6 de novembro); amor, romance e atividades sociais (de 16 de maio a 6 de novembro).

Os seus caminhos de maior realização neste ano serão: corpo, imagem e prazer pessoal (até 8 de novembro); finanças (a partir de 8 de novembro); carreira (até 17 de novembro); religião, filosofia, ensino superior e viagens internacionais (a partir de 17 de novembro).

SAÚDE

(Trata-se de uma perspectiva astrológica sobre a saúde, não de uma visão médica. No passado, essas perspectivas eram idênticas, porém hoje podem ocorrer diferenças. Para obter uma opinião com base em diagnósticos da medicina convencional, consulte seu médico ou um profissional da saúde.)

A saúde deverá estar excelente em 2018. O ano começará sem nenhum planeta lento em alinhamento tenso com você. Na verdade, quase todos eles estarão em alinhamento harmonioso. Apenas em 16 de maio, quando Urano entrará em Touro, haverá algum planeta lento lhe causando tensão, mas isso será por um breve período: de 30 de outubro a 22 de novembro. (Os escorpianos nascidos no final do signo — entre 30 de outubro e 22 de novembro — não sentirão tanto isso.) Assim, a saúde e a energia estarão boas. Naturalmente, haverá momentos durante o ano em que a saúde e a energia necessitarão de mais cuidados do que o usual. Essas fases serão causadas por trânsitos dos planetas rápidos. Elas passarão rapidamente, pois não são tendências para o ano.

A sua Sexta Casa permanecerá forte por quase metade do ano. Urano vai entrar nela e depois sairá. Portanto, você estará concentrado na saúde, mas o foco vai diminuir (como deveria).

Com mais energia à sua disposição, os escorpianos com doenças preexistentes, deverão se sentir melhor. Elas tenderão a ficar sob controle, pois o corpo terá mais energia para neutralizá-las.

Embora a sua saúde esteja boa, você poderá melhorá-la ainda mais. Dê mais atenção às áreas a seguir, que são as vulneráveis do seu mapa.

Cólon, bexiga e órgãos sexuais. São áreas sempre importantes para o escorpiano. Sexo seguro e moderação sexual são sempre um problema para você. Uma desintoxicação ocasional do cólon com ervas poderá ser uma boa ideia, especialmente se você estiver se sentindo indisposto.

Cabeça, rosto e couro cabeludo. São sempre importantes para você, pois Marte, o regente dessas áreas, é o seu planeta da Saúde. Massagens regulares no rosto e no couro cabeludo deveriam ser parte da sua rotina normal de saúde. A terapia craniossacral também será eficaz nesse caso.

Musculatura. Essa área também é importante para o escorpiano, e é igualmente regida por Marte. Músculos fracos ou flácidos podem tirar a coluna ou o esqueleto de seu alinhamento correto. Assim, é importante ter um bom tônus muscular. Exercícios vigorosos, de acordo com sua fase de vida, são recomendáveis.

Glândulas suprarrenais. Também são regidas por Marte e são importantes para os nativos de Escorpião. Raiva e medo — as reações de lutar ou fugir — estressam as suprarrenais. Por isso, evite essas emoções o máximo possível. A meditação é de grande ajuda nesse caso. O ginseng também é considerado benéfico para essas glândulas.

Tornozelos e panturrilhas. Só se tornaram importantes nos últimos sete anos, aproximadamente, quando Urano, o regente dessas áreas, ocupou a sua Sexta Casa. Assim, essas áreas deveriam ser massageadas regularmente. Proteja mais os tornozelos quando se exercitar.

O seu planeta da Saúde passará uma quantidade incomum de tempo (quase cinco meses) no signo de Aquário, que é o regente dessas áreas. Portanto, continue a dar mais atenção a elas neste ano. Em 2019, a partir de 7 de março, Urano deixará sua Sexta Casa para sempre, e com isso essas áreas perderão um pouco de importância.

Urano é o seu planeta do Lar e da Família, por isso, boa saúde para você significa também boa saúde doméstica, boas relações familiares e boa saúde emocional. Se problemas (esperemos que não) surgirem, restaure a harmonia no lar e com a família o mais rápido possível. Será muito importante manter sua harmonia emocional. As disposições de ânimo deverão ser positivas e construtivas. A meditação poderá ajudar nesse caso.

Júpiter ficará na sua Primeira Casa a maior parte do ano. Isso será uma coisa boa, mas, em termos de saúde, poderá causar problemas com o peso. Aproveite a boa vida, mas não há necessidade de exagerar.

LAR E FAMÍLIA

Esta vem sendo uma área tempestuosa e desafiadora há muitos anos. Você e a sua família (além de seu pai, de sua mãe ou de uma figura paterna ou materna) têm estado em conflito. As paixões têm sido intensas. A família como um todo, o pai — a mãe ou uma figura paterna ou materna — passou por cirurgias ou por experiências próximas da morte. Talvez tenha sido necessário fazer reparos importantes na casa, e até diversas vezes. A boa notícia é que as coisas vão ficar ligeiramente mais fáceis. Urano saiu de sua quadratura (um aspecto desarmonioso) com Plutão. Além disso, ele vai mudar de signo: deixará o combativo Áries para entrar no mais sereno Touro. As melhoras serão ainda mais significativas em 2019 (a partir de 7 de março), quando o seu planeta da Família entrará em Touro para ficar nele por um longo tempo.

Embora as condições estejam melhorando, ainda veremos muitos momentos dramáticos e mudanças no lar e na família. Haverá dois eclipses solares na sua Quarta Casa neste ano. Um deles será o eclipse solar de 15 de fevereiro; o outro, o eclipse lunar de 27 de julho. Às vezes, isso promove reparos na casa e momentos dramáticos na vida dos familiares. Trataremos desse assunto em detalhes nas "Previsões Mensais".

Marte passará uma quantidade incomum de tempo (em torno de cinco meses intervalados) na sua Quarta Casa. Isso indica conflitos com membros da família, paixões intensas e, talvez, problemas de saúde com familiares. É frequente também indicar a necessidade de realização de reparos importantes. (Alguns de vocês talvez até decidam construir uma casa nesse período.)

Urano, como mencionamos, ficará em Touro de 16 de maio a 6 de novembro. O pai, a mãe ou uma figura paterna ou materna se tornará mais descontraído, isto é, mais fácil de lidar. Como Touro rege sua Sétima Casa, a do Amor, haverá um desejo por mais harmonia e estabilidade.

Há muitos anos você vem instalando em casa equipamentos e aparelhos de saúde. Vem trabalhando para tornar a casa (e a família) mais saudável. A esta altura, a casa parecerá tanto com um lar quanto com um spa. No entanto, em breve o foco se deslocará para o embelezamento da casa. Sua preocupação com a "aparência" será maior do que a habitual. Você vai redecorar o ambiente doméstico e comprar objetos para deixá-lo mais bonito. A casa será tanto um lugar de beleza quanto um lar. Em alguns casos, as pessoas se deixam levar e a casa acaba parecendo mais uma galeria de arte ou um museu do que um lar. Mas a urgência original é embelezá-la.

Há outra razão para esse embelezamento. Você terá mais atividades de lazer em casa. O ambiente doméstico será um importante centro social, e você vai querer que ele pareça bacana.

Reformas e reparos poderão ocorrer a qualquer momento neste ano. Mas, se você puder escolher (nem sempre é o caso), dois bons períodos serão de 16 de maio a 13 de agosto e de 11 de setembro a 15 de novembro.

O embelezamento da casa terá mais probabilidade de acontecer entre 16 de maio e 6 de novembro. Se você precisar realizá-lo antes, um bom momento será de 18 de janeiro a 20 de março.

Não é provável que você se mude neste ano, embora nada se oponha a isso. Irmãos e figuras fraternas provavelmente fizeram mudanças importantes nos últimos anos, mas as coisas vão começar a se acalmar. Eles deverão estar mais preparados para se estabelecer. Filhos e enteados terão um ano intensamente espiritualizado, porém não haverá alterações na sua vida familiar. De qualquer modo, é provável que viajem.

Escorpianos na idade adequada estarão incomumente férteis agora. Uma gravidez não seria surpresa.

DINHEIRO E CARREIRA

Este será um ano de muita prosperidade, escorpiano. Aproveite!

Como mencionamos, a entrada de Júpiter no seu signo anuncia um ciclo de prosperidade por vários anos. Júpiter é o seu planeta das Finanças. A presença dele na sua Primeira Casa pela maior parte do ano indica sorte inesperada para você. As pessoas ricas da sua vida lhe darão apoio e aprovação. Elas o ajudarão.

Essa posição também indica que você terá um alto estilo de vida, ou seja, que viverá em um padrão mais alto do que o habitual. Você viajará, se vestirá bem, e com roupas caras, e aproveitará os prazeres do corpo.

Talvez, e mais importante do que tudo isso: você se sentirá próspero, se mostrará e se vestirá dessa maneira, e os outros o verão assim. Aos olhos de muitas pessoas no seu ambiente, você terá se tornado alguém "com grana".

Sua aparência física e sua conduta como um todo serão, provavelmente, importantes fatores para os ganhos, e talvez seja por isso que você gastará consigo mesmo e se vestirá com roupas caras. Muitos modelos e atletas têm esse tipo de aspecto. Eles ganham em razão de seus atributos físicos.

Uma coisa bacana desse trânsito é que você não precisará fazer muito para atrair riqueza ou oportunidade financeira. Elas o encontrarão. Vá tratar da sua vida normalmente e elas aparecerão.

O maravilhoso aspecto que Júpiter fará com Netuno pela maior parte do ano indica uma extraordinária intuição financeira (o atalho para a riqueza) e sorte em especulações. É uma indicação de "dinheiro feliz", ou dinheiro que é ganho de modo agradável — talvez quando você estiver em uma festa, em uma quadra de tênis ou em algum lugar de entretenimento. Também mostra alguém que estará aproveitando os seus próprios ganhos. Alguém que estará gastando em atividades de lazer e diversão. Uma coisa é ter prosperidade, outra bem diferente é aproveitar os frutos dessa prosperidade. Neste ano, você terá as duas coisas.

Em 8 de novembro, Júpiter entrará na sua Casa do Dinheiro, trazendo mais prosperidade. Os ganhos vão aumentar. O seu patrimônio — que pode ser uma casa, bens ou uma carteira de ações — irá se valorizar.

É provável que você tenha sucesso na vida profissional e que goste dela, mas o nodo norte da Lua estará na sua Décima Casa, a da Carreira, por quase todo o ano, isto é, até 17 de novembro. Assim, este não será um ano especialmente bom para a carreira. Ocorrerão muitas mudanças e reformulações nessa área. O seu planeta da Carreira, o Sol, será eclipsado três vezes em 2018 (normalmente, isso acontece apenas duas vezes). E não é só isso. Haverá dois eclipses (um solar e um lunar) na sua Décima Casa, a da Carreira. Leve isso em consideração. Haverá cinco eclipses neste ano, e quatro deles, isto é, 80% deles, impactarão sua vida profissional. Portanto, acontecerá um grande número de mudanças em sua empresa, no setor em que você atua e nas regras e regulamentações que se aplicam à sua profissão. Você terá de fazer "correções de rumo" ao longo do ano. Os seus planos não serão definitivos.

O Sol é o seu planeta da Carreira, e ele é muito rápido. Ao longo de um ano, ele passará por todos os signos e Casas do seu horóscopo. Por esse motivo, haverá muitas tendências de curto prazo na carreira que dependerão de onde o Sol vai estar e dos aspectos que receberá. Trataremos disso em detalhes nas "Previsões Mensais".

AMOR E VIDA SOCIAL

Esta área vai começar a ficar mais complicada neste ano. Complicada, mas também muito empolgante. E essa vai ser a tendência por muitos anos com Urano se estabelecendo na Sétima Casa, a do Amor.

Os escorpianos que já estão em um relacionamento passarão por testes, e testes rigorosos. Já vi casamentos sobreviverem ao trânsito de Urano, mas não muitos. Os que sobreviveram exigiram imenso trabalho e esforço. Se você estiver disposto a se esforçar, as coisas poderão se resolver. Do contrário, o prognóstico não será bom.

O mais importante agora será proporcionar ao cônjuge, parceiro ou interesse amoroso atual o maior espaço possível, desde que isso não seja destrutivo. Experimentem fazer coisas não convencionais como casal. Fujam da mesmice. Injetem mudança e entusiasmo no relacionamento atual. Com um pouco de criatividade, isso poderá ser feito, e lhe dará chances de lutar.

Para os solteiros, a entrada de Urano na Sétima Casa não é um bom indicativo de casamento. Essa posição favorece todo tipo de romance, porém não o casamento. Parte do motivo é que você deverá atrair pessoas do tipo "não sérias". Sim, elas serão pessoas empolgantes, geniais, mas não sérias. Provavelmente, não será recomendável que você se case por enquanto.

A boa notícia, no entanto, é que você terá mais liberdade no amor. Vai explorar sua liberdade social. O amor e a oportunidade romântica poderão acontecer a qualquer momento e em qualquer lugar — muitas vezes, quando você menos esperar e quando as coisas não puderem parecer mais sombrias. O amor parecerá como um relâmpago no céu. Mas, infelizmente, poderá desaparecer com a mesma rapidez.

Aprender a lidar com a instabilidade social será uma das principais missões da vida neste ano e nos próximos.

É provável que a família, as relações familiares, o pai, a mãe ou uma figura paterna ou materna desempenhe um papel importante na sua vida amorosa. Talvez banquem o cupido. Talvez você conheça alguém em uma reunião ou em um evento da família. Talvez aconteça tudo isso.

Quando Urano tiver terminado o seu trabalho — nos próximos sete anos —, você estará em circunstâncias sociais completamente novas, envolvido com um novo círculo de amigos.

Vênus é o seu planeta do Amor, e ele é rápido. Neste ano, ele passará por 11 signos e Casas do seu horóscopo (normalmente, ele passaria por TODOS). Assim, muitas tendências de curto prazo dependerão de onde Vênus vai estar em determinado momento e dos tipos de aspectos que receberá. Falaremos sobre isso em detalhes nas "Previsões Mensais".

Vênus fará uma de suas raras retrogradações neste ano — de 5 de outubro a 16 de novembro. Não se desespere se o amor parecer andar para trás e não para a frente e se você se sentir confuso a respeito disso. Isso é comum quando Vênus fica retrógrado. Este não será o momento de tomar nenhuma decisão importante no amor. Será a hora de analisar, de olhar os fatos, de obter clareza mental sobre a questão, de ver onde será possível melhorar e agir quando Vênus estiver em movimento direto novamente.

AUTOAPRIMORAMENTO

Saturno, como dissemos, vai estar agora na sua Terceira Casa. Será um trânsito desafiador para estudantes e para quem trabalha com o intelecto. É bom entender por que isso acontece e o propósito cósmico por trás disso. Saturno quer fazer de você um pensador mais completo e profundo. Existe uma necessidade interna por "profundidade", isto é, pela compreensão mais profunda de um assunto. Assim, embora o processo seja mais lento, ele é mais profundo. Saturno diz: "É melhor ir devagar e entender direito do que fazer julgamentos rápidos e superficiais." Muitas escolas favorecem a abordagem superficial. Basta decorar informações e copiá-las em uma prova. Portanto, isso tornará as coisas mais difíceis para os alunos. E não satisfará você nesse período. Você passará mais tempo estudando (e digerindo informações de modo geral), mas o que aprender será entendido de uma forma mais profunda.

O seu discurso também ficará mais lento, mesmo sendo um escorpiano, que é sempre bom de papo. Ocorrerão circunstâncias em que você terá de saber do que irá falar antes de abrir a boca. Terá de fazer o dever de casa. Você falará menos, porém, quando fizer isso, terá algo a dizer — algo válido.

Os filhos e enteados vão ficar ainda mais espiritualizados. Eles estarão sob fortes influências espirituais, e seus corpos se tornarão igualmente mais sensíveis. Terão baixa tolerância a drogas e álcool e deveriam evitar essas coisas. De modo geral, os jovens tendem a ser idealistas, mas isso será diferente. Muitos deles passarão por experiências espirituais. Terão sonhos do tipo profético e vivenciarão todo tipo de fenômenos sobrenaturais. Não menospreze essas coisas. Se um filho seu lhe contar sobre a experiência que teve com um sonho, ouça-o sem julgá-lo. Alguns desses sonhos poderão ser mensagens ocultas para você e sua situação financeira. "Da boca de pequeninos", diz o ditado.

A entrada de Urano na sua Sétima Casa tende a desestabilizar o amor e a vida social, mas isso não é uma punição, embora às vezes possa parecer assim. Existem atitudes (e pessoas) que precisam ser reformuladas, ou seja, que precisam ser mudadas. Talvez você já tenha se sentido aprisionado por determinado grupo de amigos ou por seu relacionamento atual. Pode ser que não se sinta forte o suficiente para quebrar os vínculos. Por isso, o Cosmos, por meio de Urano — o grande transformador —, tem de intervir e fazer o trabalho para você. Para que as suas preces sejam atendidas, você precisará permitir que essa "reformulação" aconteça.

PREVISÕES MENSAIS

JANEIRO

Melhores dias: 1º, 2, 10, 11, 20, 21, 29, 30
Dias mais tensos: 3, 4, 17, 18, 25, 26, 31
Melhores dias para o amor: 5, 6, 15, 16, 25, 26, 27, 28
Melhores dias para o dinheiro: 1º, 2, 10, 11, 12, 13, 14, 20, 21, 29, 30
Melhores dias para a carreira: 3, 4, 5, 6, 15, 16, 27, 28, 31

Prepare-se para um ano muito próspero. Embora você tenha tido um pico financeiro anual no ano passado, este mês ainda deverá ser de grande prosperidade. A presença de Mercúrio na Casa do Dinheiro até o dia 11 favorecerá o pagamento de dívidas e a capacidade de se tornar mais eficiente com os impostos. Também será bom para refinanciar dívidas existentes ou pedir empréstimos, caso você precise. É provável que investimentos em tecnologia sejam positivos. No dia 27, Marte entrará na sua Casa do Dinheiro. Isso indica ganhos provenientes do trabalho. De modo geral, surgirão oportunidades relacionadas a horas extras e a trabalhos paralelos. Marte viajará com Júpiter entre os dias 4 e 9, o que reforça a indicação anterior, além de apontar para a chegada de ótimas oportunidade de emprego.

Haverá um eclipse lunar no dia 31, e ele acontecerá na sua Décima Casa, a da Carreira, por isso, vai ser necessário realizar "correções de rumo" nessa área. Elas poderão vir de reformulações na sua empresa ou no setor em que você atua. O pai, a mãe ou uma figura paterna ou materna enfrentará dramas pessoais. O casamento do pai, da mãe ou de uma figura paterna ou materna (e também o de chefes) será testado. Haverá reformulações em seu local de adoração — e com um pouco de caos. Figuras religiosas da sua vida passarão por dramas pessoais. Suas crenças religiosas pessoais também vão ser testadas, o que será uma coisa boa. Algumas delas terão de ser modificadas; outras, descartadas. Mudanças desse tipo têm grande impacto na vida. Evite viagens internacionais (se possível) durante o período do eclipse.

Este mês será um momento excelente para dar início a um novo projeto ou lançar um produto. TODOS os planetas vão estar em movimento direto. O seu ciclo solar pessoal estará aumentando (crescendo) e o ciclo universal solar começou a crescer no mês passado. Isso dará um grande impulso direto ao seu projeto, proporcionando um progresso mais rápido. Se você puder escolher uma data entre os dias 17 e 30, enquanto a Lua ainda estiver Crescente, terá o momento nobre para lançar novos empreendimentos.

No início do mês, a maioria dos planetas estará no independente setor oriental — o setor do Eu. (Isso estará prestes a mudar.) Se houver condições que o aborreçam, você ainda terá tempo de fazer mudanças. Caso espere muito, isso se tornará mais difícil.

Neste mês, o amor estará na vizinhança, perto de casa. No final do mês, vai estar realmente no lar. As oportunidades no amor virão da família e das relações familiares.

FEVEREIRO

Melhores dias: 6, 7, 16, 17, 25, 26
Dias mais tensos: 14, 15, 21, 22, 27, 28
Melhores dias para o amor: 4, 5, 16, 21, 22, 25, 26
Melhores dias para o dinheiro: 6, 7, 9, 10, 16, 17, 25, 26
Melhores dias para a carreira: 4, 5, 14, 15, 25, 27, 28

No dia 20 do mês passado, o poder planetário passou do Leste para o Oeste — do setor do Eu para o setor dos outros. Os planetas estarão, agora, se deslocando em direção aos outros e os seus interesses, e você deveria fazer o mesmo. Será o momento de ser mais sociável e menos assertivo pessoalmente. Se as condições o aborrecerem, adapte-se a elas o melhor que puder. Será mais fácil mudar as coisas para deixá-las a seu gosto no próximo mês, uma vez que o poder planetário começará se mover novamente na sua direção.

O lar e a família serão o foco neste mês. O poder estará na Quarta Casa. Será o momento de colocar essa área em ordem, de modo que você esteja pronto para o seu próximo avanço na carreira, dentro de alguns meses. TODOS os planetas (o que é altamente incomum) vão estar abaixo do horizonte agora, isto é, no lado da noite do seu mapa. Você vai se comportar como uma "pessoa noturna", e não como uma pessoa diurna. O lado da noite da sua personalidade estará mais forte. Isso favorecerá a obtenção de harmonia emocional e a busca de objetivos com a utilização de métodos da noite, e não do dia. A meditação, a visualização, o ato de se posicionar emocionalmente no lugar em que você quer estar — esses são os métodos que funcionarão melhor agora. Trata-se de mudar sua condição interna e deixar que a condição externa se modifique de modo natural, isto é, pela lei espiritual.

Sua Quarta Casa ganhará ainda mais ênfase com um eclipse solar no dia 15, que ocorrerá nela. Ele vai causar impacto na família e nos parentes, que poderão viver dramas pessoais. Essas pessoas tenderão a estar mais temperamentais nesse período (até mesmo antes do eclipse), portanto, seja mais paciente com elas. Frequentemente, é necessário fazer reparos na casa. É provável que a vida onírica esteja hiperativa e talvez perturbadora. Mas ignore isso. Não vai ser um presságio e terá muito pouco significado pessoal. Será apenas a psique respondendo a chateações emocionais sem importância, provocadas pelo eclipse. Irmãos e figuras fraternas serão obrigados a fazer importantes mudanças financeiras. Os seus pais ou uma figura materna ou paterna da sua vida vão ser afetados. Mudanças na vida profissional serão prováveis, e você deverá ver isso num futuro próximo. Mais uma vez, os casamentos dos seus pais ou de figuras maternas ou maternas e de chefes serão colocados à prova. Júpiter, o seu planeta das Finanças, será impactado pelo eclipse, por isso, você necessitará de uma correção de rumo financeira. O seu pensamento não tem sido realista. Esse eclipse terá um forte efeito sobre você, então pegue leve nessa fase. Passe mais tempo em casa, com tranquilidade. De qualquer maneira, você vai precisar descansar e relaxar mais até o dia 18, mas, sobretudo, durante o período do eclipse.

MARÇO

Melhores dias: 6, 7, 15, 16, 17, 24, 25
Dias mais tensos: 13, 14, 20, 21, 26, 27
Melhores dias para o amor: 8, 18, 19, 20, 21, 26, 27
Melhores dias para o dinheiro: 6, 7, 8, 9, 15, 16, 17, 24, 25
Melhores dias para a carreira: 6, 7, 16, 17, 26, 27

O seu planeta das Finanças, Júpiter, ficará retrógrado no dia 9. Isso se estenderá por alguns meses, porém sua vida não vai parar por causa da retrogradação. Você comprará artigos de primeira necessidade e fará o que for preciso. O que será melhor adiar serão as compras maiores e as decisões financeiras mais importantes. Além disso, o movimento retrógado de Júpiter não interromperá os ganhos, apenas deixará as coisas mais lentas (e às vezes isso é bom). O importante ao longo dos próximos meses será obter clareza em relação às finanças: sua estratégia e seu pensamento. Com Júpiter retrógrado, as coisas não serão o que parecem.

O dinheiro ainda virá por meio do trabalho até o dia 17. O campo da saúde parecerá uma boa opção para os escorpianos que investem.

Oportunidades financeiras chegarão até você o tempo todo, mas, agora, precisarão de mais análise. Com Júpiter no seu signo, as pessoas ricas da sua vida prestarão grande apoio. E, em muitos casos, você mesmo será a pessoa rica da sua vida. Será assim que os outros o verão.

Sua Quinta Casa se fortaleceu em 18 de fevereiro e continuará forte até o dia 20. Cinquenta por cento dos planetas estarão nela ou passarão por ela neste mês. Isso significa muito poder. Será um ótimo mês para filhos e enteados. Eles terão confiança, autoestima e prosperidade, sobretudo após o dia 20. Essas férias cósmicas vão lhe proporcionar todos os tipos de solução. Muitas vezes, a mente fica bloqueada por se concentrar demais em uma coisa. Desviar a atenção para a diversão e buscas criativas permitirá que as soluções surjam naturalmente, com pouco esforço. Além disso, este período vai recarregar suas baterias e lhe dar ânimo para mais trabalho após o dia 20.

A saúde estará boa em março. Se desejar, você poderá melhorá-la por meio de massagens nas coxas e desintoxicações do fígado (até o dia 17). Após essa data, melhore-a por meio de massagens nas costas e nos joelhos. A boa higiene dental se tornará mais importante nesse período também.

No dia 20, o Sol entrará na sua Sexta Casa, a da Saúde e do Trabalho. Como a saúde estará boa, não haverá necessidade de se concentrar excessivamente nessa área. Mantenha o foco no trabalho. As figuras "superiores" da sua vida vão ficar impressionadas com seu alto profissionalismo.

ABRIL

Melhores dias: 2, 3, 12, 13, 21, 22, 29
Dias mais tensos: 9, 10, 11, 16, 17, 23, 24
Melhores dias para o amor: 7, 8, 16, 17, 27
Melhores dias para o dinheiro: 2, 3, 4, 5, 6, 12, 13, 21, 22, 29, 30
Melhores dias para a carreira: 4, 5, 14, 15, 16, 23, 24, 25

Será um mês muito bom para quem estiver procurando emprego. Surgirão, pelo menos, três oportunidades de emprego. Marte na Terceira Casa indica que elas surgirão na vizinhança, perto de casa. Aqueles que já estiverem empregados terão oportunidades relacionadas a horas extras ou a trabalhos paralelos.

A saúde e a energia continuarão boas. No entanto, após o dia 20, a saúde precisará de mais atenção. Esse será um problema passageiro. Melhore a saúde seguindo as indicações mencionadas na "Previsão Anual". Neste mês, dê mais atenção também às seguintes áreas: coluna, joelhos, ossos, dentes, esqueleto e alinhamento geral do esqueleto. Massagens regulares nas costas serão igualmente benéficas (em especial, entre os dias 1º e 3).

Plutão, o senhor do seu horóscopo, ficará retrógrado no dia 22. (Isso acontecerá exatamente por volta da hora em que você dará início a um pico financeiro anual.) Assim, a autoconfiança e a autoestima tenderão a se enfraquecer. No seu caso, isso será, provavelmente, uma coisa boa. Com o seu setor ocidental (o setor social) tão forte — e, em breve, ainda mais forte —, o excesso de autoconfiança e de autoafirmação não seria positivo. Quando estiver em dúvida, submeta a questão às outras pessoas e deixe-as agir como quiserem (desde que isso não seja destrutivo). Como você estará em um período em que as habilidades sociais serão cultivadas, a vontade e os desejos pessoais terão menos importância.

Tudo isso ajudará na vida amorosa, que se fortalecerá a partir do dia 20. Você estará no clima para o amor. Vênus, seu planeta do Amor, passará a maior parte do mês na sua Sétima Casa, e o Sol entrará nela no dia 20. Embora não seja provável que os solteiros se casem neste mês, eles terão oportunidades e encontros românticos felizes (especialmente nos dias 17 e 18). A presença do planeta da Carreira (o Sol) na Sétima Casa indica que você vai estar em contato com pessoas poderosas e de posição elevada — gente de status e poder superiores aos seus. Você será atraído romanticamente pelo poder e pelo prestígio. Pessoas com o poder de ajudá-lo na área profissional exercerão fascínio sobre você. Grande parte da sua socialização deverá estar relacionada aos negócios ou à carreira.

Você continuará em um ano de prosperidade, porém, neste mês, sobretudo após o dia 20, as finanças causarão estresse. Você precisará trabalhar mais para ganhar dinheiro. O foco no amor e na carreira poderá distraí-lo das finanças. Além disso, Júpiter continuará retrógrado.

MAIO

Melhores dias: 9, 10, 18, 19, 26, 27, 28
Dias mais tensos: 7, 8, 14, 15, 20, 21
Melhores dias para o amor: 7, 8, 14, 15, 17, 26
Melhores dias para o dinheiro: 2, 3, 9, 10, 18, 19, 26, 27, 29, 30
Melhores dias para a carreira: 4, 5, 14, 15, 20, 21, 24

Você continuará em meio a um pico anual de amor e vida social até o dia 21. Por esse motivo, a vida social será ativa e feliz. No entanto, novas complicações vão surgir no amor. Urano fará uma entrada importante na sua Sétima Casa no dia 16. Isso deixará a vida amorosa mais emocionante, pois você nunca saberá o que vai acontecer depois. Mas isso também desestabilizará a vida social. A maioria de vocês não sentirá isso exatamente agora (e sim nos próximos anos), mas os nascidos no início do signo de Escorpião (entre 23 e 25 de outubro) certamente sentirão. No dia 19, quando o seu planeta do Amor entrar em Câncer, ele se deslocará em oposição a Saturno e Plutão — uma indicação de que você e a pessoa amada terão pontos de vista diferentes sobre as coisas. Ficarão muito afastados um do outro (mental e emocionalmente, senão fisicamente). O desafio será superar as diferenças. Às vezes, esse aspecto indica uma separação temporária (você ou a pessoa amada poderá estar viajando). O horóscopo aponta para uma grande distância entre vocês.

A saúde ainda precisará de observação até o dia 21. Não se trata de nada serio, apenas a energia geral não estará nos padrões habituais. Você poderá melhorar a saúde seguindo as indicações mencionadas na "Previsão Anual". Até o dia 16, massagens nas costas e nos joelhos serão benéficas. Após essa data, dê mais atenção aos tornozelos e panturrilhas, massageando-os regularmente.

Urano é o seu planeta da Família. Sua entrada na Sétima Casa indica mais socialização com a família ou com relações familiares. E mostra, também, que o pai, a mãe ou uma figura paterna ou materna ficará muito envolvido na sua vida amorosa. Talvez bancando o cupido.

A entrada de Marte na sua Quarta Casa, no dia 16, tornará esse momento positivo para reparos domésticos ou para construção.

O poder planetário mudará dramaticamente do lado da noite (a metade inferior) do seu horóscopo para o lado do dia (a metade superior).

Assim, o amanhecer vai chegar ao seu ano. Você precisará agir como o seu Eu "diurno". A carreira e os objetivos externos estarão, agora, se tornando mais importantes. Até o dia 21, será bom buscar os objetivos profissionais por meios sociais, isto é, frequentando ou organizando o tipo certo de festas e reuniões. Após o dia 21, o seu dom da palavra (habilidade de vendas e marketing) se tornará muito importante. Será bom para purificar os seus objetivos profissionais de bagagens estranhas e desnecessárias, ou seja, de ideias e opiniões que não sejam úteis. Talvez sua abordagem esteja sendo imprudente ou destituída de foco, e este será o momento de desintoxicá-la.

JUNHO

Melhores dias: 5, 6, 7, 14, 15, 23, 24
Dias mais tensos: 3, 4, 10, 11, 16, 17, 30
Melhores dias para o amor: 6, 7, 10, 11, 16, 23, 24
Melhores dias para o dinheiro: 5, 6, 7, 14, 15, 23, 24, 25, 26
Melhores dias para a carreira: 3, 4, 12, 13, 16, 17, 23

Este será um mês próspero e feliz, escorpiano. Aproveite!

Haverá uma oportunidade romântica feliz no dia 1º ou no dia 2. Vênus estará "fora dos limites" (entre os dias 1º e 7). Isso sugere que esse encontro será com alguém de fora do seu ambiente social normal. Além disso, poderá envolver uma sociedade ou empreendimento conjunto.

No dia 21 do mês passado, a Oitava Casa (a sua favorita) ficou poderosa. E se manterá assim até o dia 21. Essa será uma situação confortável para você, pois, por natureza, você tem uma personalidade afinada com a Oitava Casa. Por isso, a libido estará mais ativa. Regimes de desintoxicação de todos os tipos serão benéficos. O seu interesse financeiro estará maior do que o habitual neste ano, mas agora será melhor pensar nos interesses financeiros de outras pessoas também. Vai ser um bom mês para o planejamento de impostos e seguros e, se você estiver em idade adequada, para o planejamento de espólio. O mês será igualmente bom para você se livrar do que for desnecessário na sua vida e nos seus bens.

Haverá alguns sacolejos no caminho profissional, mas serão dificuldades de curta duração, ou seja, passarão rápido. Ocorrerão problemas ou atrasos entre os dias 26 e 28 — contratempos passageiros. De modo geral, no entanto, a carreira seguirá bem. No dia 14, Vênus cruzará o seu Meio do Céu e entrará na sua Décima Casa, favorecendo uma abordagem social da carreira. Será bom frequentar ou organizar o tipo certo de festas ou reuniões. Isso indica que você vai encontrar (a nível social) pessoas que poderão ajudá-lo na profissão. A capacidade de despertar simpatia será mais importante do que as habilidades sociais. A entrada de Vênus na sua Décima Casa beneficiará também a vida amorosa. Isso indica foco. O amor estará em alta para você. Talvez seja a coisa mais importante. O cônjuge, o parceiro ou o interesse amoroso atual terá sucesso e apoiará sua carreira. A nível romântico, os solteiros serão atraídos por pessoas poderosas, isto é, por gente de alta posição e status. Eles terão oportunidade de encontrar o romance no ambiente de trabalho, mas com chefes e "superiores". Como Urano estará na sua Sétima Casa o mês todo, a estabilidade dessas relações estará em questão.

Mercúrio cruzará seu Meio do Céu no dia 29, o que também é um trânsito positivo para a carreira. Ele reforça a abordagem social e a importância da capacidade de despertar simpatia. Também indica que o seu conhecimento tecnológico e a sua presença virtual será importante para a vida profissional. A presença do planeta da Carreira na sua Nona Casa a partir do dia 21 indica que a disposição para viajar será importante.

JULHO

Melhores dias: 3, 4, 12, 13, 20, 21, 30, 31
Dias mais tensos: 1º, 7, 8, 14, 15, 27, 28, 29
Melhores dias para o amor: 5, 6, 7, 8, 16, 25, 26
Melhores dias para o dinheiro: 1º, 12, 13, 20, 21, 22, 23, 24, 27, 28, 29
Melhores dias para a carreira: 3, 4, 12, 13, 14, 15, 21, 22

No dia 22 você entrará no melhor período para a carreira em 2018. A vida profissional ficará ativa, e também frenética.

O eclipse solar do dia 13 abrirá portas em sua vida profissional. Ele ocorrerá na sua Nona Casa, mas o planeta eclipsado, o Sol, é o seu planeta da Carreira. Como isso acontecerá antes do início do seu pico profissional anual, parecerá uma preparação para o sucesso. Barreiras serão transpostas. O tabuleiro de xadrez será rearrumado. Haverá reformulações na sua empresa ou no setor em que você atua. Os seus chefes passarão por momentos dramáticos. As regras do jogo vão mudar, e você precisará fazer correções de rumo na carreira (essa mesma questão voltará a acontecer no próximo mês). Haverá uma tendência a viagens relacionadas ao trabalho até o dia 22, mas tente evitar o período do eclipse. Procure agendá-las para os dias anteriores ou posteriores ao eclipse. Chefes, o pai, a mãe ou uma figura materna ou paterna passarão por testes em seus relacionamentos. Eles enfrentarão todo tipo de drama pessoal. Ocorrerão reformulações em seu local de adoração e na vida de líderes nessa área. Estudantes de nível universitário serão forçados a realizar mudanças educacionais importantes — muitas vezes, mudando de escola ou de cursos. Suas crenças religiosas e filosóficas serão testadas, o que costuma ser uma coisa boa, e algumas delas serão modificadas; outras, descartadas. Apenas uma crença verdadeira consegue resistir a "testes de realidade". Esse eclipse terá impacto sobre Plutão, o senhor do seu horóscopo, o que o torna um eclipse de forte efeito sobre você. Passe mais tempo em casa com tranquilidade. Muitas vezes, isso desencadeia uma desintoxicação do corpo (sobretudo se você não estiver sendo cuidadoso com a alimentação), mas não será uma doença (ainda que os sintomas pareçam similares). Isso também promoverá um período de redefinição, ou reavaliação, do Eu. E será imposto pelos eventos do eclipse. Nos próximos seis meses, você vai adotar uma nova apresentação, uma nova imagem.

O eclipse lunar do dia 27 também o atingirá fortemente. Você precisará pegar mais leve a partir do dia 22, mas especialmente durante o período do eclipse. Ele ocorrerá na sua Quarta Casa e impactará o senhor dessa Casa, Urano. Assim, a família vai ser afetada. Surgirão dramas no círculo familiar. Às vezes, é necessário fazer consertos na casa. Poderá haver um susto na saúde, tanto pessoal quanto com um membro da família. Como Marte será afetado, mudanças de emprego são prováveis, e elas poderão envolver a organização em que você está ou outra empresa. Sua rotina de saúde mudará nos próximos meses.

AGOSTO

Melhores dias: 8, 9, 16, 17, 26, 27
Dias mais tensos: 4, 5, 10, 11, 24, 25, 31
Melhores dias para o amor: 4, 5, 14, 15, 24, 25, 31
Melhores dias para o dinheiro: 8, 9, 16, 17, 19, 20, 26, 27
Melhores dias para a carreira: 2, 3, 10, 11, 20, 31

Outro eclipse solar (o terceiro neste ano) abalará a vida profissional e provocará momentos dramáticos para pessoas envolvidas na sua carreira. Mais correções de rumo serão necessárias. As mudanças que você fizer serão boas, mas, de modo geral, não serão agradáveis enquanto estiverem acontecendo. Você sentirá os efeitos desse eclipse pelos próximos seis meses mais ou menos. O pai, a mãe ou uma figura paterna ou materna serão novamente afetados e obrigados a se redefinir (o mesmo será verdadeiro para os chefes). Muitas vezes, o que acontece é que eles são difamados — os concorrentes os definem de um modo negativo —, e eles precisam se definir por si mesmos. Para isso, será preciso fazer uma avaliação e formar uma concepção clara de si mesmo.

A saúde ainda precisará de atenção neste mês, especialmente até o dia 22. Sim, você estará ocupado e trabalhando muito, porém não deixe de descansar o suficiente. Se você cortar o que não é essencial, terá tempo para trabalhar e descansar. Marte, o seu planeta da Saúde, se comportará de modo incomum neste mês. Em primeiro lugar, ele passará o mês "fora dos limites". Em segundo lugar, fará uma de suas raras retrogradações. Isso indica que, em assuntos de saúde, você vai explorar terapias que estarão "fora" da tendência atual (e fora da sua própria tendência atual). A retrogradação de Marte sugere que você evite fazer mudanças profundas em relação à saúde, a não ser que tenha tomado o devido cuidado. O seu trabalho também poderá tirá-lo do seu ambiente normal. Melhore a saúde seguindo as indicações mencionadas na "Previsão Anual". Até o dia 13, massagens nas panturrilhas e nos tornozelos serão benéficas. Após essa data (como Marte ficará retrógrado e entrará em Capricórnio), massagens regulares nas costas e nos joelhos serão recomendadas.

Neste mês, acontecerá o solstício de Vênus, o seu planeta do Amor. Do dia 5 ao dia 9, ele fará uma pausa nos céus (em seu movimento latitudinal) e, depois, reverterá a direção (em latitude). Isso indica a necessidade de realizar uma pausa em sua vida amorosa e, depois, reverter a direção.

As finanças estarão muito melhores agora (elas estiveram bem durante todo o ano). Júpiter entrará em movimento direto em 10 de julho e assim se manterá pelo restante do ano. Haverá boa confiança financeira. Negócios e projetos que estavam emperrados voltarão a avançar. Haverá clareza nos assuntos financeiros. Após o dia 22, será bem melhor do que antes.

SETEMBRO

Melhores dias: 4, 5, 13, 14, 22, 23, 24
Dias mais tensos: 1º, 7, 20, 21, 27, 28
Melhores dias para o amor: 1º, 2, 3, 13, 22, 23, 27, 28
Melhores dias para o dinheiro: 4, 5, 13, 14, 15, 16, 22, 23, 24
Melhores dias para a carreira: 1º, 7, 9, 18, 19, 29

No dia 22 de julho, o poder planetário passou do Oeste para o Leste — do setor dos outros para o setor do Eu. Essa tendência estará em pleno andamento agora. Você vai ter mais independência. Será o momento de pensar em si mesmo e nos seus próprios interesses. As outras pessoas são sempre importantes, mas, neste momento, você é que será importante. Sua felicidade estará em suas mãos. O poder planetário o apoiará. A esta altura (após seis meses cedendo, chegando a consensos e colocando os outros em primeiro lugar), você sabe que as condições precisam mudar. Agora e pelos próximos seis meses, será o momento de fazer essas mudanças. Elas acontecerão com muito mais facilidade. Será a hora de fazer as coisas do seu jeito. Sua felicidade será tão importante quanto a de qualquer outra pessoa. É nesse ciclo que você se encontrará exatamente agora.

Este será um mês de vida social ativa. Terá mais a ver com amizades, grupos e atividades em grupo do que com romance. Mas também haverá romance, e é provável que seja feliz. No dia 9, o seu planeta do Amor cruzará o seu Ascendente e entrará na sua Primeira Casa. Isso encerra muitas mensagens. O cônjuge, parceiro ou interesse amoroso atual estará muito dedicado a você. O seu interesse virá antes do dele(a). Isso indica alguém que está fazendo o que quer no amor, isto é, que está levando o amor nos termos que você deseja. O amor e o romance irão procurá-lo, e não o contrário. No mapa de um homem, isso sugere mulheres jovens em seu ambiente pessoal. No mapa de uma mulher, indica mais beleza e graça na imagem, ou seja, mais beleza física.

De fato, você vai fazer as coisas do seu jeito neste mês, mas, com o movimento retrógrado de Plutão, você ainda não estará certo sobre qual é o seu jeito. Esse será o único desafio.

A saúde estará bem melhor do que no mês passado. Você poderá melhorá-la ainda mais por meio de massagens nas costas e nos joelhos até o dia 11 e por meio de massagens nos tornozelos e nas panturrilhas a partir dessa data. Agora que Marte entrou em movimento direto, será mais seguro ficar "fora dos limites" nos seus tratamentos e na sua rotina de saúde. Provavelmente, não haverá respostas dentro de seu ambiente normal.

No dia 22, quando o Sol entrar na sua Décima Segunda Casa, você ingressará em um período espiritual muito intenso. Os seus insights e entendimentos espirituais (que são bons por si mesmos) também beneficiarão sua carreira. Será um aspecto favorável para alavancar a carreira por meio de ações de caridade e do envolvimento em causas em que você acredita.

OUTUBRO

Melhores dias: 2, 3, 10, 11, 20, 21, 29, 30
Dias mais tensos: 4, 5, 17, 18, 19, 25, 26, 31
Melhores dias para o amor: 2, 3, 10, 11, 20, 21, 25, 26, 29, 30
Melhores dias para o dinheiro: 2, 3, 10, 11, 12, 13, 14, 20, 21, 29, 30
Melhores dias para a carreira: 1º, 4, 5, 8, 9, 18, 19, 29, 31

Este será um mês feliz e próspero, escorpiano. Aproveite!

O poder planetário estará na sua posição oriental máxima neste mês. Lembre-se da discussão que tivemos sobre isso em setembro. As inciativas pessoais serão importantes agora. Torne-se uma pessoa feliz e o mundo será um lugar mais feliz. A independência pessoal esteve forte no mês passado, mas ficará mais forte agora. No dia 2, Plutão, o senhor do seu horóscopo, entrará em movimento direto. Com isso, haverá mais clareza sobre os seus objetivos. No dia 23, o Sol entrará no seu próprio signo. Sua Primeira Casa será, com certeza, a mais forte do horóscopo em outubro. Você vai estar em um dos seus picos anuais de prazer pessoal. Será o momento de recompensar o seu mais fiel servidor, o seu corpo, e mimá-lo um pouco. (Evidentemente, não exagere ou engordará muito.)

A saúde estará excelente neste mês. Apenas dois planetas farão alinhamento tenso com você. A maioria esmagadora estará formando aspectos harmoniosos ou não o afetará. Se você se sentir indisposto, melhore a saúde por meio de massagens nos tornozelos e nas panturrilhas. A presença do seu planeta do Amor no signo de Aquário indica uma abordagem experimental na saúde. Terapias novas e não testadas atrairão você e poderão proporcionar resultados.

A entrada do Sol na sua Primeira Casa proporcionará oportunidades profissionais, e não há muito que você precise fazer — elas mesmas o encontrarão. Além disso, você parecerá bem-sucedido. Terá essa imagem, e será assim que as pessoas o verão.

Vênus, assim como em setembro, estará em seu signo. Isso é maravilhoso para o amor. Também como no mês passado, o amor vai procurá-lo. Basta ser você mesmo e seguir com a vida normalmente. A única complicação será o movimento retrógrado de Vênus a partir do dia 5. Isso não interromperá o amor e as atividades sociais, mas poderá desacelerar as coisas.

A aparência pessoal estará excelente, e o sexo oposto perceberá isso. Vênus em seu signo proporciona beleza e glamour. O Sol em seu signo lhe dá carisma e poder de celebridade, e no seu mapa, uma sensação de seriedade e importância. Você será uma pessoa rica e poderosa. Júpiter no seu signo confere a imagem de riqueza. O Sol em seu signo transmite a imagem de sucesso.

A prosperidade será grande neste mês, mas será ainda maior em novembro (e no próximo ano será ainda maior do que em 2018.)

NOVEMBRO

Melhores dias: 6, 7, 8, 16, 17, 25, 26
Dias mais tensos: 1º, 14, 15, 21, 22, 27, 28
Melhores dias para o amor: 4, 5, 14, 15, 21, 22, 23, 24
Melhores dias para o dinheiro: 8, 9, 10, 19, 27
Melhores dias para a carreira: 1º, 6, 7, 8, 16, 17, 27, 28

Este será um mês de muitos acontecimentos, mas feliz e próspero. Urano ficará retrógrado e sairá da sua Sétima Casa no dia 6, proporcionando mais estabilidade no amor e na vida social. O tédio, às vezes, é lindo. As coisas serão mais previsíveis. Será mais fácil fazer planos sociais de longo alcance. Aproveite isso enquanto durar. A partir de 2019, Urano ficará em sua Sétima Casa por muitos anos. Enquanto isso, aproveite. Vênus, o seu planeta do Amor, entrará em movimento direto no dia 16, o que também fará com que a vida amorosa melhore. Um relacionamento que estava andando para trás agora começará a avançar novamente. Ainda vai demorar para que volte a ser o que era, mas, pelo menos, as coisas estarão caminhando na direção certa.

Vênus passará o mês na sua Décima Segunda Casa, a da Espiritualidade. Por isso, as oportunidades amorosas acontecerão em ambientes do tipo espiritual. Não surgirão em clubes nem em casas noturnas. Ocorrerão durante um seminário ou uma palestra sobre espiritualidade, em um encontro de oração, em um evento de caridade ou enquanto você estiver se envolvendo em causas altruísticas. O amor será idealista neste mês. A compatibilidade espiritual será tão importante quanto a compatibilidade física agora.

Talvez o principal destaque em novembro seja a entrada de Júpiter na sua Casa do Dinheiro, no dia 8. Ele estará no seu próprio signo e na sua própria Casa. Estará, como se diz, no seu lar. Confortável. Poderoso. O rei em seu castelo. O poder aquisitivo e a perspicácia financeira estarão significativamente aumentados. Você pode esperar por mais 12 meses de prosperidade.

O seu pico anual de prazer pessoal se estenderá até o dia 20, portanto, lembre-se do que falamos sobre isso no mês passado. As oportunidades profissionais chegarão até você. Basta ser quem você é e seguir com a vida normalmente. É provável que chefes, pessoas mais velhas, o pai, a mãe ou uma figura paterna ou materna sejam dedicados a você. Eles o favorecerão.

A saúde estará ainda melhor do que no mês passado. Os dois planetas que vinham estressando você vão sair de seus aspectos tensos. Urano sairá no dia 6 e Marte, no dia 16. Por isso, você terá muita energia para gastar. O seu desafio será usá-la para uma boa finalidade, isto é, para avançar em seus objetivos.

No dia 22, o Sol entrará na sua Casa do Dinheiro e você dará início a um pico financeiro anual. Será uma fase de muita prosperidade. E o período entre os dias 24 e 28, quando o Sol viajará com Júpiter, deverá ser especialmente próspero. Agora (a partir do dia 22), você contará com o favorecimento financeiro de chefes, pessoas mais velhas, pai, mãe ou figura paterna ou materna. Eles terão uma disposição favorável em relação aos seus objetivos financeiros.

DEZEMBRO

Melhores dias: 4, 5, 14, 15, 23, 24, 31
Dias mais tensos: 11, 12, 18, 19, 25, 26
Melhores dias para o amor: 2, 3, 14, 15, 18, 19, 23, 24
Melhores dias para o dinheiro: 6, 7, 16, 26
Melhores dias para a carreira: 6, 7, 17, 25, 26, 27

Mais um mês de felicidade e prosperidade, escorpiano. Aproveite!

O seu pico financeiro anual se estenderá até o dia 21. Haverá prosperidade depois disso também, mas ela será maior até o dia 21. Muitas das tendências financeiras que mencionamos no mês passado permanecerão em vigor. Você continuará contando com o favorecimento financeiro de chefes, pessoas mais velhas, pai, mãe ou figura paterna ou materna. Sua boa reputação profissional será importante para as finanças. Investidores terão um sentimento positivo em relação a editoras, agências de viagens, companhias aéreas e faculdades particulares. Você gastará muito — e talvez impulsivamente — neste período, mas não parecerá se importar. Os ganhos virão com facilidade e também serão gastos com facilidade. Você dará mais e receberá mais nesse período de festas de fim de ano.

O amor melhorou em novembro e ficará ainda melhor neste mês. No dia 2, Vênus, mais uma vez (agora em movimento direto), cruzará o seu Ascendente e entrará na sua Primeira Casa. Ele proporcionará um magnetismo social à sua imagem: graça, glamour e charme. O amor irá procurá-lo novamente, sem que você precise fazer nada especial. O interesse amoroso atual será muito dedicado a você.

Com Vênus no seu próprio signo, o amor será passional, intenso e, de modo geral, possessivo. Isso tem pontos positivos e negativos. As paixões serão intensas, mas se o ciúme entrar em cena, tome cuidado.

A saúde estará ainda melhor do que no mês passado. Não haverá planetas em alinhamento tenso com você. Zero. Apenas a Lua, vez por outra, formará aspectos tensos, mas eles terminarão muito rapidamente. Até mesmo os aspectos tensos da Lua serão sobrepujados pelo aspecto positivo. Assim como no mês passado, o seu desafio será usar toda essa energia extra para uma boa finalidade. Embora a saúde esteja boa, você poderá torná-la ainda melhor, dando mais atenção aos pés. Neste mês, massagens nos pés serão especialmente poderosas.

O poder planetário estará agora abaixo do horizonte do seu mapa. Estará no lado da noite, a metade inferior do seu horóscopo. Assim, você vai estar no "período noturno" do seu ano. A carreira e os objetivos externos perderão ênfase. Será o momento de se concentrar na família e no seu bem-estar emocional. Sentir-se certo e bem será mais importante do que fazer o bem. O sentimento certo levará à ação correta no futuro próximo. Agora será o momento de reunir as forças e preparar o terreno para o seu próximo avanço na carreira, dentro de seis meses mais ou menos.

♐

SAGITÁRIO

O ARQUEIRO

Nascidos entre 23 de novembro e 20 de dezembro

PERFIL PESSOAL

SAGITÁRIO EM UM RELANCE

Elemento: Fogo
Planeta Regente: Júpiter
Planeta da Carreira: Mercúrio
Planeta do Amor: Mercúrio
Planeta das Finanças: Saturno
Planeta da Saúde e do Trabalho: Vênus
Planeta do Lar e da Vida Familiar: Netuno
Planeta da Fortuna e da Abundância: Júpiter
Cores: azul, azul-marinho
Cores que promovem amor, romance e harmonia social: amarelo, amarelo-ouro
Cores que propiciam ganhos: preto, índigo
Pedras: carbúnculo, turquesa
Metal: estanho
Perfumes: cravo, jasmim, mirra
Qualidade: mutável (= flexibilidade)
Qualidades essenciais ao equilíbrio: atenção aos detalhes, organização, senso administrativo
Maiores virtudes: generosidade, honestidade, mente aberta, poder de visão
Necessidade mais profunda: expansão mental
Características a evitar: excesso de otimismo, exagero, muita generosidade com o dinheiro alheio

Signos de maior compatibilidade: Áries, Leão
Signos de maior incompatibilidade: Gêmeos, Virgem, Peixes
Signo mais útil à carreira: Virgem
Signo que fornece maior suporte emocional: Peixes
Signo mais prestativo em questões financeiras: Capricórnio
Melhor signo para casamento e associações: Gêmeos
Signo mais útil em projetos criativos: Áries
Melhor signo para sair e se divertir: Áries
Signos mais úteis em assuntos espirituais: Leão, Escorpião
Melhor dia da semana: quinta-feira

COMPREENDENDO A PERSONALIDADE SAGITARIANA

A contemplação do símbolo do arqueiro nos possibilita desenvolver uma compreensão intuitiva dos nativos de Sagitário. O manejo do arco e flecha corresponde ao primeiro degrau de refinamento na arte de caçar e guerrear. A capacidade de lançar setas além do alcance habitual das lanças expandiu os horizontes humanos, bem como sua riqueza e seu poder, garantindo a hegemonia de sua vontade.

Atualmente, em vez de utilizar arcos e flechas, fazemos uso de explosivos e engenhocas bem mais complexas para projetar nosso poder pessoal, mas os motivos essenciais que se ocultam por trás do seu emprego permanecem inalterados. Esses poderes representam nossa própria capacidade de expandir a esfera de influência pessoal. E é com essa expansão que Sagitário se preocupa. Por isso, os sagitarianos estão sempre buscando expandir seus horizontes e suas perspectivas e ocupar um território mais vasto. Isso se aplica a todos os âmbitos de suas vidas, desde o econômico até o intelectual e o social.

Os sagitarianos são famosos pelo intenso desenvolvimento do seu intelecto superior, o qual lhes confere aprimorada capacidade de compreender conceitos metafísicos, filosóficos e espirituais. A mente superior representa a faceta mais elevada da natureza psíquica, sendo movida não por considerações pessoais de natureza egoísta, mas pela graça e luminosidade de um poder maior. A maioria dos sagitarianos aprecia a educação superior, e embora eles possam, por vezes, entediar-se com o ensino formal, adoram estudar, por conta própria, assuntos de seu interesse. A paixão pelas viagens e por lugares distantes também é característica necessária nos sagitarianos.

Se analisarmos em profundidade esses atributos dos nativos do signo, constataremos que eles brotam de seu íntimo desejo por desenvolvimento. Viajar muito significa conhecer mais, e conhecer é ser mais; já cultivar o intelecto superior equivale a crescer e expandir-se. Todas essas atividades tendem a alargar os horizontes mentais dos sagitarianos e, por via indireta, suas perspectivas de êxito material e econômico.

A generosidade sagitariana já se tornou proverbial e justifica-se por muitas razões. Uma delas é a consciência inata de abundância que os nativos do signo parecem possuir. Eles se sentem ricos, sortudos e capazes de atingir todas as suas metas financeiras, e por se sentirem assim, se dão o luxo de arcar com a generosidade. Os sagitarianos não admitem em suas vidas os fardos da limitação e da carência, que impedem os nativos de outros signos de doar prodigamente. Outra razão para essa generosidade é seu idealismo religioso e filosófico, que tem origem na mente superior, de natureza generosa, por não estar subordinada a circunstâncias materiais. E, também, graças à sua exaltada natureza emocional. A doação é, por si só, um ato enriquecedor, e essa recompensa basta aos sagitarianos.

FINANÇAS

Os sagitarianos parecem atrair e gerar riquezas. Possuem ideias, energia e talento para tornar realidade sua visão de paraíso na Terra. Contudo, a riqueza pura e simples não é suficiente para eles. É pela opulência que se interessam; viver confortavelmente, apenas, não é satisfatório para os nativos do signo.

Para concretizar seu verdadeiro potencial de ganho eles precisam desenvolver mais sua capacidade de gerenciamento e organização. Têm de aprender a traçar limites e a estabelecer metas intermediárias. Raramente se chega à riqueza da noite para o dia. Mas os sagitarianos sentem dificuldade em lidar com processos longos e bem-delineados. Da mesma forma que os leoninos, eles anseiam por sucesso e riqueza de forma rápida e ostensiva. Devem conscientizar-se, entretanto, de que o excesso de otimismo pode desembocar em aventuras financeiras tresloucadas e perdas desalentadoras. Naturalmente, poucos signos zodiacais exibem a mesma capacidade para dar um passo atrás tão habilmente quanto Sagitário, porém esse recuo pode gerar mágoas desnecessárias. Os sagitarianos precisam aprender a preservar seus pontos de vista, sem abrir mão deles, mas também a trabalhar de forma prática e eficiente para torná-los realidade.

CARREIRA E IMAGEM PÚBLICA

Os sagitarianos pensam grande. Anseiam por dinheiro, fama, prestígio, carisma, aclamação pública e um lugar nas páginas da história. Costumam se empenhar para realizar essas metas. O êxito ou não depende do seu horóscopo pessoal. Mas todo sagitariano desejoso de reconhecimento público ou profissional precisa compreender que estes não são conferidos para enaltecer o ego; são mera decorrência de serviços prestados à humanidade. Quanto mais cedo descobrirem formas efetivas de servir, maior será sua oportunidade de ascender ao topo.

O ego dos sagitarianos é gigantesco, talvez justificadamente, pois têm muito do que se orgulhar. Todavia, se desejam reconhecimento público, precisarão controlar um pouquinho esse ego e se tornar mais humildes e menos arrogantes, sem, no entanto, resvalar para a autonegação. Têm, ainda, de aprender a lidar com detalhes da vida que muitas vezes os iludem e ludibriam.

No emprego, são trabalhadores assíduos, que gostam de agradar chefes e colegas; são confiáveis, solícitos e apreciam os desafios. Costumam ser amigáveis e prestimosos no trabalho. Geralmente, contribuem com ideias inteligentes e métodos novos, que melhoram o ambiente profissional para todos. Os sagitarianos sentem-se fortemente atraídos por posições desafiadoras e carreiras que os forcem a desenvolver seu intelecto, mesmo que precisem trabalhar duramente para obter sucesso. Atuam bem sob supervisão; contudo, sua própria natureza os leva a buscar posições nas quais possam exercer, eles mesmos, a supervisão e ampliar, assim, sua esfera de influência. Os sagitarianos são bem-sucedidos em profissões que lhes facultem o contato com grande variedade de pessoas e viagens a locais novos e excitantes.

AMOR E RELACIONAMENTOS

Os sagitarianos amam ser livres e concedem de bom grado a liberdade aos cônjuges. Gostam de relacionamentos em constante mutação. Tendem a ser volúveis no amor e a mudar de opinião em relação aos parceiros com frequência.

Os nativos deste signo sentem os relacionamentos claramente definidos e estruturados como uma ameaça à sua liberdade. Geralmente, casam-se mais de uma vez.

No amor, são passionais, generosos, abertos, benevolentes e muito ativos. Demonstram sua afeição abertamente. Contudo, à semelhança dos arianos, tendem a comportar-se de forma egoísta em relação aos parceiros. Precisam aprender a respeitar os pontos de vista alheios, não apenas o seu, e também a desenvolver maior objetividade, frieza e clareza intelectual, a fim de estabelecer comunicação bilateral com os parceiros. É comum idealizarem excessivamente o cônjuge e o próprio amor. Uma atitude mais fria e racional vai ajudá-los a perceber a realidade mais claramente e, assim, evitar desapontamentos.

VIDA DOMÉSTICA E FAMILIAR

Os sagitarianos procuram conceder ampla liberdade à família. Gostam de casas grandes e com muitas crianças. Aliás, este é um dos signos mais férteis do Zodíaco. Entretanto, ao lidar com os próprios filhos, tendem a errar, por excesso de permissividade. Suas crianças, muitas vezes, adquirem a ideia equivocada de que não existem limites. Contudo, preservar a liberdade no lar não deixa de ser uma atitude fundamentalmente positiva, pois, quando contrabalançada com alguma medida equilibradora, faculta a livre expressão e o desenvolvimento pleno dos membros da família.

SAGITÁRIO
PREVISÃO ANUAL PARA 2018

TENDÊNCIAS GERAIS

A presença de Júpiter na sua Décima Segunda Casa desde outubro do ano passado indica um ano espiritual à frente. Isso trará crescimento interno, invisível ao mundo exterior. Mas você poderá senti-lo. No dia

8 de novembro, quando Júpiter cruzar o seu Ascendente, outras pessoas também o sentirão. Você tem estado em um período de prosperidade há dois anos. A presença de Júpiter na sua Primeira Casa vai prolongar e acelerar essa prosperidade. Mantendo-se na sua Primeira Casa, Júpiter, o senhor do seu mapa, o tornará ainda mais sagitariano do que você já é. Todas as qualidades do signo serão acentuadas. Haverá mais do que as viagens habituais, mais do que o costumeiro interesse por religião, filosofia e ensino superior. Mais do que o entusiasmo e o otimismo usuais. Trataremos desse assunto em detalhes à frente.

A sua Casa do Dinheiro estará incomumente forte em 2018. No ano passado, Saturno, o seu planeta das Finanças, entrou nessa Casa, onde permanecerá pelos próximos dois anos. Isso indica grande foco financeiro e, com ele, sucesso. Voltaremos a esse assunto mais adiante.

Netuno está na sua Quarta Casa, a do Lar e da Família, desde 2012. Isso indica a "espiritualização da família" e, sobretudo, do pai, da mãe ou de uma figura paterna ou materna. A vida de toda a família vai se tornar mais elevada e refinada. Voltaremos a esse assunto mais à frente.

Urano está na sua Quinta Casa há sete anos, e está prestes a mudar. Em 16 de maio, ele entrará na sua Sexta Casa, onde permanecerá até 6 de novembro. Será mais difícil lidar com filhos e enteados. Eles têm se comportado de modo rebelde e inconstante. Continuarão assim neste ano, mas as coisas ficarão mais fáceis. A presença de Urano na Sexta Casa indica mudanças na situação profissional, e nos próximos anos haverá muitas mudanças de emprego. Isso também vai promover importantes modificações na sua rotina de saúde e nos seus hábitos em relação à saúde. Trataremos desse assunto em detalhes mais adiante.

Haverá mais confusão e mudanças na sua Nona Casa, que sofrerá o impacto de quatro dos cinco eclipses deste ano. Ocorrerão três eclipses solares (um a mais do que o habitual), e três deles se darão na sua Nona Casa. Oitenta por cento dos eclipses causarão impacto nessa área. Assim, estudantes de nível universitário ou superior farão modificações dramáticas em seus planos educacionais. Poderão mudar de faculdade ou de cursos e, até, realizar outras alterações importantes. Muitos de vocês também vão escolher outros locais de adoração.

Os seus principais interesses neste ano serão: finanças; lar e família; filhos, diversão e criatividade (até 16 de maio e de 6 de novembro em diante); saúde e trabalho (a partir de 16 de maio até 6 de novembro); espiritualidade (até 8 de novembro); corpo, imagem e prazer pessoal (de 8 de novembro em diante).

Os seus caminhos de maior realização neste ano serão: espiritualidade (até 8 de novembro); corpo, imagem e prazer pessoal (de 8 de novembro em diante); religião, filosofia, ensino superior e viagens ao exterior (até 17 de novembro); sexo, estudos de ocultismo e transformação pessoal (de 17 de novembro em diante).

SAÚDE

(Trata-se de uma perspectiva astrológica sobre a saúde, não de uma visão médica. No passado, essas perspectivas eram idênticas, porém hoje podem ocorrer diferenças. Para obter uma opinião com base em diagnósticos da medicina convencional, consulte seu médico ou um profissional da saúde.)

A saúde estará boa em 2018. Haverá apenas um planeta lento, Netuno, lhe afligindo. Todos os outros farão aspectos harmoniosos com você ou não o afetarão. Isso se refletirá em sua saúde geral e em seus níveis de energia. Em 2016, a saúde esteve vulnerável, mas melhorou um pouco em 2017. Se você conseguiu superar esses dois últimos anos, atravessará 2018 com tranquilidade. Os aspectos serão muito mais fáceis agora.

Como você terá mais energia, todos os tipos de panoramas se abrirão à sua frente. Projetos que você talvez nem sequer tenha considerado nos dois últimos anos agora se tornarão altamente "realizáveis".

Embora sua saúde esteja boa, você poderá deixá-la ainda melhor. Dê mais atenção às áreas a seguir, que são as mais vulneráveis do seu mapa. A tendência é que isso previna os problemas antes que eles se desenvolvam e, mesmo nos casos em que eles não possam ser inteiramente evitados, será possível abrandá-los. Eles não precisarão ser devastadores.

Fígado e coxas. São áreas sempre importantes para você, uma vez que são regidas por seu signo. Massagens nas coxas poderão ser uma prática regular da sua rotina de saúde. Elas fortalecem não apenas o fígado e as coxas, mas também a coluna lombar. Acredita-se que tenham, ainda, reflexos no cólon. Uma desintoxicação periódica do fígado com ervas, mas sobretudo quando você se sentir indisposto, será uma boa ideia.

Pescoço e garganta. São outras duas áreas importantes para você. Massagens regulares no pescoço também deverão ser parte de sua rotina. Procure por tensões nos músculos e libere-as. A terapia craniossacral é igualmente benéfica para essas áreas.

Tornozelos e panturrilhas. Só começarão a ficar importantes entre 16 de maio e 7 de novembro, quando Urano entrar na sua Sexta Casa, a da Saúde. No próximo ano, a partir de março, elas passarão a ser importantes pelos próximos sete anos. Por isso, será bom massagear os tornozelos e as panturrilhas. Procure sentir se há pontos doloridos e massageie-os. A tíbia, que é o osso da canela, também deverá ser massageada (muitas vezes, há pontos frágeis que não percebemos, a não ser com a massagem). Proteja mais os tornozelos quando se exercitar.

A entrada de Júpiter em seu próprio signo em 8 de novembro tornará mais férteis os sagitarianos em idade adequada. Também haverá uma tendência (normalmente gerada pela boa vida) a engordar. Isso deverá ser monitorado da mesma forma.

Urano é o regente da sua Terceira Casa. A presença dele na sua Sexta Casa indica a importância de uma boa saúde mental. Evite usar excessivamente as faculdades de comunicação (isto é, falar demais). Evite pensar demais. Desligue a mente quando ela não estiver sendo utilizada. Dê à mente o exercício e a digestão de que ela necessita — leia bons livros e reflita sobre eles. Lute pela pureza intelectual (que é sempre uma coisa boa, mas que agora estará se tornando uma questão de saúde).

Vênus, o seu planeta da Saúde, é um planeta rápido, como sabem os nossos leitores assíduos. Normalmente, ele percorre todos os signos e Casas do seu mapa em determinado ano. Em 2018, como estará retrógrado, ele passará por 11 e não por 12 setores. Portanto, haverá muitas tendências de curto prazo na saúde que dependerão de onde Vênus estiver e dos aspectos que receberá. Trataremos disso em detalhes nas "Previsões Mensais".

LAR E FAMÍLIA

Esta vem sendo uma área importante há alguns anos e assim continuará por muitos anos mais. Júpiter em Escorpião na maior parte do ano formará um ótimo aspecto com Netuno, o seu planeta do Lar e da Família.

Isso indica harmonia familiar. Sua relação com os familiares será suave. Haverá boa colaboração entre vocês.

Esse aspecto favorece mudanças ou a ampliação da sua casa atual. Indica a bem-sucedida compra ou venda de uma casa. Em muitos casos, as pessoas compram casas adicionais (ou têm acesso a elas). Isso também aponta para o aumento do círculo familiar. Às vezes, esse crescimento ocorre da maneira normal — por meio de nascimento ou casamento —, mas também pode se dar por meio de pessoas que desempenham o papel de familiares em sua vida, isto é, pessoas que lhe dão o apoio emocional incondicional que a família deve dar.

O lar, como dissemos, vai se tornar mais espiritualizado. Assim, provavelmente, haverá mais obras de arte ou símbolos de natureza religiosa ou esotérica na sua casa. Talvez haja mais cristais, gongos, tambores ou outros objetos desse tipo.

O lar, e vimos isso também nos últimos anos, talvez seja usado como local de reunião para atividades espirituais, como encontros de oração, palestras ou seminários espirituais e coisas dessa natureza.

Com Netuno na sua Quarta Casa (e como senhor dessa Casa), será muito importante manter o lar "fisicamente" puro. Não bastará ter pisos e carpetes limpos (embora isso seja bom). A atmosfera do pensamento, ou a atmosfera emocional, precisará ser mantida limpa. Este será um ano para aprender a livrar-se de "fantasmas" e entidades desencarnadas. Existem pessoas especializadas neste tipo de coisa. Creio que elas chamam isso de "limpeza do ambiente". Usando técnicas variadas (como incenso, sálvia, sons, gongos, orações e ritos de banimento), elas purificam a energia física da casa. Se houver problemas no ambiente doméstico (e essas pestes podem causar todo tipo de problema psicológico ou físico), talvez seja uma boa ideia fazer uso desse recurso em 2018.

A partir de 8 de novembro, quando Júpiter entrará no seu signo, você terá de se esforçar mais do que antes para alcançar a harmonia familiar. Talvez você se desentenda com o seu pai, a sua mãe ou com uma figura paterna ou materna.

Uma reforma poderá acontecer a qualquer momento em 2018. No entanto, caso você tenha liberdade de escolha em relação a isso, um bom período talvez seja a partir de 15 de novembro. Se você quiser redecorar a casa, renovar a pintura ou comprar objetos de arte, um bom período será entre 11 de fevereiro e 7 de março.

Um irmão ou uma figura fraterna terá muito sucesso profissional neste ano, mas parecerá emocionalmente inconstante. Ele ou ela poderá se mudar muitas vezes nos próximos anos. O pai, a mãe ou as figuras paterna ou materna viajarão muito em 2018. Uma dessas pessoas provavelmente vai se mudar. Isso poderá acontecer após 8 de novembro ou no próximo ano. Filhos e enteados terão um ano sem grandes novidades. Os netos (se você os tiver) provavelmente se mudarão. Caso eles estejam na idade adequada, ficarão mais férteis neste ano.

DINHEIRO E CARREIRA

Este ano, como mencionamos, será próspero. Uma continuação dos últimos dois anos. Saturno, o seu planeta das Finanças, estará agora na sua Casa do Dinheiro. Ele vai estar em seu próprio signo, que é Capricórnio, e em sua própria Casa. Portanto, será forte em termos "celestiais e terrenos". Vai operar com poder máximo. Isso significa ganhos mais altos.

A entrada de Saturno em Capricórnio no fim do mês passado é outro bom sinal. Estando em seu próprio signo e em sua própria Casa, Saturno proporcionará um julgamento financeiro sólido. No ano passado, talvez você tenha pendido para especulações e riscos. Não mais. Agora você adotará uma abordagem metódica, passo a passo, em relação à riqueza. Terá visão de longo prazo. O dinheiro fácil, ou rápido, será realmente abominável neste momento. Você construirá sua riqueza ao longo do tempo por caminhos sólidos.

A presença do planeta das Finanças em Capricórnio favorecerá a obtenção de controle sobre as finanças em vez de deixar que elas o controlem. Beneficiará a realização de orçamentos, poupanças e investimentos de longo prazo. Atendo-se a eles — e é provável que você faça isso nos próximos anos —, a riqueza acontecerá naturalmente, com pouco estresse ou tensão. O grande esforço provavelmente será ater-se ao seu plano. Regularidade e disciplina são mais importantes para um plano de investimento do que a sorte. Sempre haverá tentações para relaxar, mas cumpra-o.

No caso dos investidores, Saturno em Capricórnio favorece o setor imobiliário comercial e o segmento "blue chip" (ações das empresas mais bem-cotadas na Bolsa de Valores), isto é, das grandes e tradicionais empresas de capitais da velha escola, como as que compõem o Dow Jones e o S&P 500. Investimentos conservadores, porém de qualidade.

Para quem não é investidor, a presença de Saturno em Capricórnio beneficiará uma posição empresarial ou gerencial no mundo corporativo. Suas habilidades gerenciais — e elas serão fortes neste ano — estarão em alta no mercado.

Plutão está na sua Casa do Dinheiro há muitos anos e permanecerá nela por muitos anos ainda. Esse planeta, que rege as dívidas, favorece os títulos e o mercado de títulos (preferencialmente os de empresas como as que acabamos de mencionar).

Plutão rege os impostos. Assim, a mensagem do horóscopo é que o bom planejamento de impostos, ou seja, a eficiência nessa área, será importante para as finanças.

Os sagitarianos que estão na idade adequada provavelmente farão planejamento de espólio neste ano. Outros herdarão dinheiro ou se envolverão com a administração de algum espólio.

Este não será um ano de grande destaque para a carreira. Alguns anos são desse jeito. O Cosmos objetiva um desenvolvimento de natureza equilibrada, por isso, áreas diferentes são enfatizadas em anos diversos. Quando uma pessoa atinge a meia-idade, já terá havido desenvolvimento e experiência em todos os setores.

Mercúrio é o seu planeta da Carreira. Depois da Lua, ele é o mais rápido de todos os planetas. Todo ano, Mercúrio percorre cada um dos signos e cada uma das Casas do seu mapa. Por esse motivo, existem muitas tendências profissionais de curto prazo que vão depender de onde Mercúrio estará e dos aspectos que vai receber. Abordaremos isso em detalhes nas "Previsões Mensais".

AMOR E VIDA SOCIAL

A presença de Saturno em Sagitário pelos últimos dois anos não ajudou sua vida amorosa. Provavelmente sem saber, você tenha dado a impressão de ser frio, rígido, metódico e distante. Essas são ótimas qualidades para um gerente ou executivo de uma empresa, mas não tão boas para o sucesso social. Os sagitarianos não são pessoas frias por natureza; ainda assim, foi desse modo que os outros o viram e reagiram a você. De forma subconsciente, vibrações desse tipo estavam sendo enviadas.

Felizmente, Saturno não está mais no seu signo. Você agirá mais de acordo com o seu Eu radiante e despreocupado. O seu calor natural se manifestará e você verá grandes melhoras em sua vida amorosa.

Mercúrio é o seu planeta do Amor (e também o seu planeta da Carreira). Como nossos leitores assíduos sabem, ele é um planeta veloz e errático. Algumas vezes, se move rapidamente, passando por três signos e Casas em um mês. Outras, se desloca devagar e serenamente. Às vezes, fica retrógrado. Isso não descreve muito bem a sua vida amorosa? Por esse motivo, há muitas tendências amorosas de curto prazo que dependerão de onde Mercúrio vai estar em determinado momento e dos aspectos que receberá. Falaremos sobre isso em detalhes nas "Previsões Mensais".

Mercúrio ficará retrógrado três vezes neste ano. Esse é outro motivo que nos faz ver progressos na vida amorosa. Nos últimos dois anos, ele ficou retrógrado quatro vezes. Essas retrogradações tendem a enfraquecer a autoconfiança. O julgamento social fica comprometido. Portanto, não é uma boa hora para se tomar decisões importantes na vida amorosa, sejam quais forem. São momentos para se pensar nos fatos, para se obter clareza mental sobre as coisas, para ver onde melhoras podem ser feitas. Depois, quando Mercúrio entrar em movimento direto, você poderá colocar os seus planos em prática.

2017 foi um ótimo ano para as amizades e atividades em grupo. Você fez novas e importantes amizades. Este ano você não vai ficar tão ativo nessa área. Será um período sem grandes mudanças nesse setor.

Colegas de trabalho e funcionários (se você os tiver) vão ter um ano social movimentado. Os solteiros se envolverão em relacionamentos sérios. Amigos e sócios também terão um bom ano social a partir de 8 de novembro. O cônjuge, parceiro ou interesse amoroso atual terá um ano social maravilhoso após 8 de novembro. Ele ou ela fará novas e importantes amizades. Os casamentos ou relacionamentos de seus irmãos ou de figuras fraternas da sua vida serão colocados à prova. Os que forem bons sobreviverão, mas os problemáticos provavelmente vão acabar. Filhos e enteados terão um ano sem grandes mudanças na vida amorosa. O ano passado foi muito melhor.

AUTOAPRIMORAMENTO

Talvez nenhum outro signo entenda as dimensões espirituais da riqueza melhor do que Sagitário. Isso é inato aos sagitarianos. Uma predisposição instintiva, como diz o ditado. Com o seu planeta Espiritual na Casa do Dinheiro desde 2008, a tendência está ainda mais forte. A intuição o guiará e você vai prosperar. A orientação financeira muitas vezes chegará por meio de sonhos, videntes, paranormais, astrólogos ou canais espirituais.

A afluência do Divino não se preocupa com aquilo que chamamos de "fatores práticos". Não se preocupa com a situação da economia, com o mercado nem com quanto você tem no banco. Ela cria condições. Cria riqueza. Muitas vezes, revela a riqueza onde você nunca pensou que ela existisse. Com a intuição, tendemos a ignorar o que alguns chamam de "realidade", isto é, a realidade material, e nos concentramos nas realidades espirituais da provisão ilimitada.

Mas agora um novo fator entrou em cena. A presença de Saturno na sua Casa do Dinheiro. Ele é o mais prático de todos os planetas, o mais terreno, o mais focado nas "condições visíveis". Saturno tende a ver a abordagem espiritual como uma "fantasia" — uma perigosa quimera. Saturno olha para quanto você tem no banco, avalia as condições do mercado e o poder de ganho futuro e planeja com base nesses dados. E isso é totalmente oposto aos caminhos da afluência espiritual.

Portanto, haverá duas forças opostas em ação na sua vida financeira: uma, espiritual; a outra, ultraterrena e prática. O lado espiritual diz: "Dê e lhe será dado." Saturno diz: "Só dê quando você tiver condições de dar."

Talvez você siga a intuição para ganhar dinheiro e, depois, use a força de Saturno para administrá-lo e investi-lo da forma adequada. Outros talvez o ganhem da maneira convencional e o invistam intuitivamente.

Algumas vezes, isso indica alguém que está em um cargo administrativo de uma instituição de caridade ou sem fins lucrativos. Os objetivos são idealistas e espirituais, mas o dia a dia administrativo é prático.

PREVISÕES MENSAIS

JANEIRO

Melhores dias: 3, 4, 12, 13, 14, 22, 23, 31
Dias mais tensos: 5, 6, 20, 21, 27, 28
Melhores dias para o amor: 3, 4, 5, 6, 15, 16, 25, 26, 27, 28
Melhores dias para o dinheiro: 1º, 2, 5, 10, 11, 15, 16, 20, 21, 25, 29, 30
Melhores dias para a carreira: 3, 4, 5, 6, 15, 16, 25, 26

Como o seu aniversário ocorreu recentemente, você estará em um ciclo solar pessoal crescente. No mês passado, no solstício de inverno, o ciclo solar universal tornou-se crescente. TODOS os planetas (o que é muito raro) estarão em movimento direto em janeiro. Portanto, você se encontrará em um ótimo período — e também no próximo mês — para lançar novos produtos e empreendimentos. O melhor momento do mês para se fazer isso será entre os dias 17 e 30, quando a Lua também estará Crescente. Haverá um grande impulso cósmico a seu favor, e você deverá ver progressos mais rápidos.

Você começará o ano com o setor oriental (o setor do Eu) mais dominante, porém isso logo mudará. Você ainda vai estar em um período de independência. Assim, se não fez as mudanças que deveriam ser feitas, esta será a hora de realizá-las. Mais adiante (a partir de fevereiro), será mais difícil fazer isso.

O lado da noite do seu mapa (a metade inferior) estará mais forte neste mês e se fortalecerá ainda mais nos próximos meses. Por esse motivo, você estará mais para uma "pessoa da noite" agora. Será um momento para lidar com o lar, a família e questões de bem-estar emocional. Será hora de reunir as energias internas para o próximo impulso na carreira, que começará em junho. Este será um momento de preparação, e não de ação visível.

Um eclipse lunar no dia 31 deverá ter forte efeito sobre você. Ele ocorrerá na sua Nona Casa, a das Viagens ao Exterior. Os sagitarianos são grandes entusiastas das viagens, mas, se possível, evite-as no período do eclipse. Estudantes de nível universitário farão importantes mudanças educacionais. Haverá reformulações em seu local de adoração e momentos dramáticos na vida de líderes nessa área. O planeta eclipsado, a Lua, rege sua Oitava Casa. Portanto, poderão surgir experiências relacionadas à morte. Normalmente, isso traz confrontações psicológicas com a morte, e não a morte literal. (Os eclipses solares acontecem duas vezes por ano, e você já passou por muitas dessas coisas.) Sonhos com a morte serão corriqueiros. Muitas vezes, você se sentirá abalado por crimes pavorosos ou por ataques terroristas, seja lendo sobre eles, seja estando por perto de onde eles ocorrerem. O Cosmos o forçará a ir fundo nesse assunto. Vênus será impactado (mas não diretamente) pelo eclipse. Assim, poderão ocorrer mudanças de emprego. Às vezes, acontecem distúrbios no local de trabalho. Surgirão momentos dramáticos na vida de amigos. O pai, a mãe ou uma figura paterna ou materna terá de fazer importantes mudanças financeiras.

FEVEREIRO

Melhores dias: 9, 10, 19, 27, 28
Dias mais tensos: 2, 3, 16, 17, 23, 24
Melhores dias para o amor: 4, 5, 14, 15, 16, 23, 24, 25, 26
Melhores dias para o dinheiro: 2, 6, 7, 11, 12, 16, 17, 21, 25, 26
Melhores dias para a carreira: 2, 3, 4, 5, 14, 15, 25, 26

Um eclipse solar no dia 15 acontecerá na sua Terceira Casa e terá impacto sobre irmãos, figuras fraternas e vizinhos. Haverá momentos dramáticos em suas vidas. Eles serão obrigados a se redefinir. Poderão ocorrer mudanças radicais na vizinhança, como grandes construções e coisas dessa natureza. Alunos abaixo do nível universitário farão importantes alterações educacionais. Em muitos casos, mudarão de escola. Vão surgir perturbações e reformulações na escola em que eles estiverem. Carros e equipamentos de comunicação vão ser testados. Será uma boa ideia dirigir com mais prudência nesse período. Se você não tiver de dirigir, será melhor manter-se fora das pistas. Diminua seu tempo ao volante o máximo que puder. Por exemplo, será melhor ir a um restaurante ou a uma loja do próprio bairro do que a estabelecimentos mais distantes. O planeta eclipsado, o Sol, rege sua Nona Casa. Por isso, viagens ao exterior não serão recomendáveis nesse período (assim como no mês passado).

Se você precisar viajar, programe a viagem para antes ou depois do eclipse. Mais uma vez, alunos universitários farão mudanças em seus planos educacionais. Haverá mais caos em seu local de adoração e na vida de líderes espirituais. Mercúrio e Júpiter, dois planetas de grande importância em seu mapa, sofrerão o impacto do eclipse. Assim, a vida amorosa vai ser afetada. Ocorrerá perturbação em um relacionamento atual. A carreira também sofrerá impacto. Será necessário fazer correções de rumo agora. O impacto sobre Júpiter vai ser mais pessoal. Você será obrigado a fazer mudanças em sua imagem e aparência como um todo, isto é, em sua apresentação para o mundo. (Isso se estenderá por cinco ou seis meses.) Pegue leve durante o período do eclipse — alguns dias antes e alguns dias depois.

No dia 18, o Sol e a Lua entrarão na sua Quarta Casa, a do Lar e da Família, que se tornará muito forte. A presença do seu planeta da Carreira na Quarta Casa envia uma mensagem bem simples: o lar e a família serão sua carreira, sua missão, nesse período. Você poderá realizar muitas das suas atividades profissionais externas trabalhando em casa. O seu planeta do Trabalho, Vênus, também estará na sua Quarta Casa a partir do dia 11, ou seja, outra mensagem para que você passe a usar mais o lar como local de trabalho. Esteja presente para a sua família.

Marte, o seu planeta da Família, entrou na sua Primeira Casa em 27 de janeiro. Ele permanecerá nela por todo o mês. Outra mensagem para se concentrar na família.

MARÇO

Melhores dias: 8, 9, 18, 19, 26, 27
Dias mais tensos: 1º, 2, 15, 16, 17, 22, 23, 29, 30
Melhores dias para o amor: 8, 18, 19, 22, 23, 26, 27
Melhores dias para o dinheiro: 1º, 6, 7, 10, 11, 12, 15, 16, 17, 20, 24, 25, 29
Melhores dias para a carreira: 1º, 2, 8, 18, 19, 26, 27, 29, 30

As questões relacionadas ao lar e à família ainda serão muito importantes até o dia 20. No entanto, o poder na Quarta Casa tem outros significados além do lar e da família. Trata-se da sua vida emocional de modo geral. Quando a Quarta Casa está forte, aparecem oportunidades para progressos psicológicos. Essas coisas vão acontecer, esteja você ou não em uma terapia formal. Velhas lembranças do passado surgirão espontaneamente, para que você possa encará-las da sua perspectiva atual. Não se trata de reescrever a história, pois o que aconteceu já aconteceu, mas a história será reinterpretada de um modo melhor. O que é aterrorizante para uma criança de 3 anos apenas desperta risos em um adulto. Você será capaz de identificar a origem de muitos gostos, aversões e fobias, e isso será o início da cura. Não será necessário carregar esses traumas pelo resto da vida.

Neste mês, as finanças estarão bem de modo geral, porém estarão melhores antes do dia 20 do que depois. Após essa data, você precisará trabalhar mais para obter ganhos. Marte, que entrará na sua Casa do Dinheiro no dia 17, indica que você estará disposto a se dedicar ao trabalho, por isso, o mês à frente será próspero. Haverá bom apoio da família. A família e as relações familiares (ou os negócios da família) deverão ser importantes para as finanças.

Sua Quinta Casa ficará muito forte a partir do dia 20. Você vai dar início a um pico anual de prazer pessoal. Será a hora de se divertir. A hora de recarregar as baterias por meio de atividades de lazer. Provavelmente, haverá felicidade no amor, pois o seu planeta do Amor passará a maior parte do mês (a partir do dia 6) na sua Quinta Casa. O amor será feliz, mas não sério. Terá mais a ver com entretenimento do que com romance real. Aproveite-o pelo que ele for. Relacionamentos existentes poderão ser melhorados, desde que vocês passem mais tempo juntos, se divertindo como um casal. No dia 28, Mercúrio, o seu planeta do Amor, entrará em movimento retrógrado. O que começará a conturbar a vida amorosa. Haverá falta de clareza nessa questão. O julgamento social não estará à altura do padrão habitual.

A presença de Mercúrio na sua Quinta Casa também afetará a carreira. Existem algumas maneiras de interpretar isso. Uma delas é que você deve ter prazer com a sua profissão. Descubra maneiras criativas de torná-la divertida. Outra forma de entender isso é que a carreira será impulsionada por meio de atividades divertidas, isto é, talvez você encontre um contato importante em um resort ou no cinema. Talvez você avance na carreira mostrando a clientes importantes como se divertir. Existem muitas possibilidades para esse caso.

ABRIL

Melhores dias: 4, 5, 6, 14, 15, 23, 24
Dias mais tensos: 12, 13, 18, 19, 25, 26
Melhores dias para o amor: 4, 5, 6, 7, 8, 14, 15, 16, 17, 18, 19, 23, 24, 27
Melhores dias para o dinheiro: 2, 3, 7, 8, 12, 13, 16, 21, 22, 25, 29, 30
Melhores dias para a carreira: 4, 5, 6, 14, 15, 23, 24, 25, 26

O Oeste, que é o setor social do seu mapa (o setor do "outro"), tornou-se muito mais forte desde 18 de fevereiro. Ele não será completamente dominante, pois alguns planetas ainda permanecerão no Leste, porém este vai ser o máximo de força que apresentará neste ano. Assim, embora ainda haja independência pessoal, ela será menor do que o comum. Existirá forte necessidade de conciliar os seus interesses pessoais com os interesses das outras pessoas. Este não é um mapa de alguém que cede aos outros inteiramente (como vemos com outros signos), e sim o mapa de alguém que, às vezes, se inclina a agir a seu modo e, às vezes, se submete aos outros. Uma situação do tipo gangorra. Em algumas ocasiões, você agirá do seu jeito; em outras, deixará que as pessoas ajam à maneira delas. Será caso a caso.

Por volta do dia 20, você estará, de certa forma, cansado das festas. Agora vai estar com disposição para trabalhar. Não será uma questão de ter de trabalhar, e sim de querer. E será quando os projetos profissionais caminharão melhor. Os sagitarianos que estiverem desempregados terão boas perspectivas de emprego (haverá pelo menos duas). Os que já estiverem empregados terão oportunidade de realizar trabalhos extras ou paralelos.

A retrogradação do seu planeta do Amor, Mercúrio, não interromperá o amor, mas deixará as coisas mais lentas, o que, de certa forma, será bom. Você precisará ser mais cuidadoso no amor até o dia 15. Mercúrio passará o mês na sua Quinta Casa, a da Diversão e do Entretenimento. Isso indica sua atitude no amor nesse período. Aponta para onde os solteiros provavelmente encontrarão oportunidades românticas: em festas, resorts, casas noturnas, ou seja, em locais de entretenimento. No dia 24, Vênus entrará na sua Sétima Casa, a do Amor, o que aponta para uma oportunidade de romance no trabalho — romance com um(a) colega.

Isso também pode sugerir mais socialização no ambiente de trabalho. O amor, porém, não parece sério. De certa forma, será como no mês passado. Terá a ver com diversão. Será apenas outra forma de entretenimento, como ir ao cinema ou ao teatro.

A Casa do Dinheiro estará poderosa neste mês. Será uma das mais fortes no seu horóscopo. Marte passará todo o mês nela. Assim como em março, isso indica bom apoio da família e a importância das relações familiares nas finanças. Provavelmente, você gastará mais com o lar e com a família também.

A saúde vai estar boa em abril. Isso deve ser considerado outra forma de riqueza. Você poderá melhorá-la dando mais atenção ao pescoço e à garganta até o dia 24 (massagens no pescoço serão excelentes), e aos braços e ombros a partir dessa data.

MAIO

Melhores dias: 2, 3, 11, 12, 13, 20, 21, 29, 30
Dias mais tensos: 9, 10, 16, 17, 22, 23
Melhores dias para o amor: 2, 3, 7, 8, 13, 14, 16, 17, 22, 23, 26, 31
Melhores dias para o dinheiro: 4, 5, 9, 10, 14, 18, 19, 22, 26, 27, 31
Melhores dias para a carreira: 2, 3, 13, 14, 22, 23, 31

Muitas mudanças interessantes acontecerão em maio. Será um mês movimentado. No dia 16, Urano fará um deslocamento importante ao sair da sua Quinta Casa e entrar na sua Sexta Casa. Isso deixará a situação instável no trabalho, e perdurará por alguns meses. A boa notícia é que as oportunidades profissionais poderão surgir num piscar de olhos, e das maneiras mais inesperadas. Neste ano, você sentirá apenas o início dessa tendência. Mas em 2019 — e por mais sete anos — ela será mais marcante. O Cosmos quer que você aprenda a se sentir confortável com a instabilidade profissional. Esse movimento também promoverá mudanças, talvez uma série delas, na rotina de saúde e na sua atitude com relação à saúde de forma geral. Você adotará um comportamento mais experimental nessa área. Repetindo: isso ganhará mais destaque nos próximos anos.

No dia 21 de janeiro, o poder planetário começará a se deslocar para o lado do dia do seu horóscopo, isto é, para a metade superior. Portanto, de um modo simbólico, o amanhecer estará surgindo no seu ano. Você agora vai se tornar (e este mês será apenas o início) uma pessoa mais do dia do que da noite. Será a hora de se concentrar em sua vida e seus objetivos externos.

As atividades sociais e o amor estarão mais marcantes (e felizes) neste mês. O seu planeta do Amor, Mercúrio, vai se deslocar para a frente, e com muita rapidez. Isso indica confiança social. Os solteiros irão namorar mais. O encanto social estará mais forte do que o habitual. No dia 21, quando o Sol entrar na sua Sétima Casa, a do Amor, você dará início a um pico anual de amor e vida social. Estará com disposição para o amor (o que faz toda a diferença) — com disposição para o romance. Vai se socializar com diferentes tipos de pessoas e, provavelmente, se dará bem com vários deles. Neste mês, de certa maneira, você se entenderá com todo mundo.

As finanças estarão excelentes o mês todo, mas especialmente até o dia 21. No dia 1º, o Sol fará ótimos aspectos com o seu planeta das Finanças, trazendo um belo dia de pagamento ou uma bela oportunidade. Entre os dias 18 e 19, Mercúrio fará ótimos aspectos com o planeta das Finanças, trazendo mais do mesmo. Você será beneficiado financeiramente por seu cônjuge, parceiro ou amor atual e também por chefes, pai, mãe ou figura paterna ou materna.

Vênus passará a maior parte do mês "fora dos limites", assim, o seu trabalho poderá tirá-lo do seu ambiente normal. Isso pode indicar também que, em termos de saúde e terapia, você vai buscar respostas fora da corrente dominante.

JUNHO

Melhores dias: 8, 9, 16, 17, 25, 26
Dias mais tensos: 5, 6, 7, 12, 13, 18, 19
Melhores dias para o amor: 3, 4, 6, 7, 12, 13, 14, 16, 23, 24
Melhores dias para o dinheiro: 1º, 2, 5, 6, 7, 10, 14, 15, 18, 23, 24, 28, 29
Melhores dias para a carreira: 3, 4, 14, 18, 19, 23, 24

Desde 12 de maio, a saúde vem precisando de mais atenção. Não haverá nada de catastrófico nessa área, apenas a tensão de planetas rápidos. Ainda assim, a energia não estará no mesmo nível de um mês atrás.

É bom entender essas coisas. Como sempre, não deixe de descansar o suficiente. Caso se sinta cansado, tire um cochilo ou faça uma pausa. Você poderá melhorar a saúde por meio da alimentação correta até o dia 14. A boa saúde emocional também será importante. Dê mais atenção ao estômago. Após o dia 14, observe mais o coração. Massagens no peito serão benéficas. Observe como a saúde e a energia vão se recuperar a partir do dia 21. Será como se um gigantesco interruptor cósmico voltasse a ser ligado e sua energia fluísse normalmente.

Você continuará em um pico anual de amor e vida social até o dia 21. Estrangeiros são sempre atraentes para você, e neste mês serão ainda mais. Surgirão oportunidades românticas (e sociais) no exterior, em ambientes de natureza educacional e em seu local de adoração. A confiança social deverá estar forte agora. Mercúrio estará não apenas se deslocando para a frente, como fará isso velozmente. Você vai avançar em diversos assuntos sociais neste mês.

As finanças causarão um pouco mais de estresse em maio. Mas também não acontecerá nada de catastrófico nessa área — apenas o ritmo será mais lento do que o habitual. Saturno, o seu planeta das Finanças, vai estar retrógrado e recebendo aspectos tensos. Você terá simplesmente que trabalhar mais para obter ganhos e lidará com mais atrasos. Para evitar que os problemas piorem, preste mais atenção nos detalhes financeiros. Pequenos erros poderão causar grandes atrasos.

Vênus formará ótimos aspectos com Júpiter nos dias 1º e 2. Isso vai proporcionar sucesso profissional e trazer ótimas oportunidades de trabalho. Você receberá boas notícias em relação à saúde. Filhos e enteados terão um ótimo dia de pagamento.

Nos dias 19 e 20, Mercúrio fará ótimos aspectos tanto com Júpiter quanto com Netuno, promovendo boas oportunidades (e sucesso) na carreira, além de felicidade na vida social. Os solteiros terão encontros românticos. Membros da família provavelmente darão apoio à sua carreira.

Como o Oeste, o setor social do seu horóscopo, ainda estará forte e como Júpiter vai permanecer retrógrado durante todo o mês, provavelmente será melhor ceder aos outros em maio. Deixe que eles façam as coisas ao seu modo, desde que isso não seja destrutivo. O excesso de vontade pessoal não será propício ao romance, e este será um mês do tipo romântico.

JULHO

Melhores dias: 5, 6, 14, 15, 22, 23, 24
Dias mais tensos: 3, 4, 10, 11, 16, 17, 30, 31
Melhores dias para o amor: 5, 6, 10, 11, 14, 15, 22, 23, 24
Melhores dias para o dinheiro: 1º, 7, 8, 12, 13, 16, 20, 21, 25, 26, 27, 28, 29
Melhores dias para a carreira: 5, 6, 14, 15, 16, 17, 22, 23, 24

Em julho, dois eclipses praticamente garantirão um mês conturbado e movimentado. Não haverá um só momento de tédio.

Você já passou por eclipses muito piores em sua vida, mas não custa nada pegar leve durante os períodos que estarão por vir.

O eclipse solar do dia 13 ocorrerá na sua Oitava Casa, e por isso terá um forte efeito sobre você. Poderá trazer experiências ligadas à morte e encontros psicológicos com a morte — de modo geral, não se trata de morte literal. (Para isso, seria necessário traçar os dados reais do seu horóscopo quanto à data, hora e lugar do seu nascimento.) Portanto, não há necessidade de atrair o ceifador — passe mais tempo com tranquilidade em casa nesse período. O cônjuge, parceiro ou amor atual enfrentará uma crise nas finanças — um transtorno — e terá de realizar mudanças financeiras dramáticas. Você poderá ter problemas com autoridades fiscais ou com companhias de seguro. Se estiver na idade adequada, fará mudanças em seu testamento. O planeta eclipsado, o Sol, rege a Nona Casa. Mais uma vez (como vimos nos eclipses em janeiro e fevereiro), haverá reformulações em seu local de adoração e momentos dramáticos na vida de líderes espirituais. Alunos universitários (ou aqueles que estão prestes a entrar para a universidade) farão mudanças educacionais importantes. Suas crenças religiosas e filosóficas serão colocadas à prova. Sua fé será testada. Plutão, o seu planeta da Espiritualidade, será diretamente impactado. Isso causará reformulações — um período de caos — em uma organização espiritual ou de caridade com a qual você esteja envolvido. Pessoas que têm a figura de gurus em sua vida enfrentarão momentos dramáticos. É provável que a vida onírica esteja hiperativa (e possivelmente negativa) nesse período, mas não ligue para isso. Essas não serão mensagens do além, e sim chateações astrais sem importância causadas pelo eclipse.

O eclipse lunar do dia 27 acontecerá na sua Terceira Casa, porém só trará mais das mesmas coisas que foram desencadeadas pelo eclipse solar. Poderão surgir experiências ligadas à morte ou encontros psicológicos com a morte. Também é possível que ocorram problemas com autoridades fiscais ou com indenizações de seguro. Limite-se a dirigir somente quando for necessário. Faça o possível para manter-se longe das pistas. Carros e equipamentos de comunicação serão testados e, em alguns casos, precisarão ser consertados ou substituídos. Irmãos, figuras fraternas e vizinhos enfrentarão dramas pessoais. O bairro poderá sofrer uma mudança radical. Esse eclipse afetará alunos abaixo do nível universitário. Ocorrerão distúrbios na escola e mudanças nos planos educacionais.

AGOSTO

Melhores dias: 1º, 2, 3, 10, 11, 19, 20, 29, 30
Dias mais tensos: 6, 7, 12, 13, 26, 27
Melhores dias para o amor: 1º, 2, 3, 5, 6, 7, 10, 11, 14, 15, 19, 20, 24, 25, 29, 30
Melhores dias para o dinheiro: 4, 8, 9, 12, 16, 17, 21, 22, 26, 27, 31
Melhores dias para a carreira: 1º, 2, 3, 6, 7, 10, 11, 19, 20, 29, 30

Outro eclipse, no dia 11 (o terceiro eclipse solar do ano), manterá as coisas em ponto de ebulição neste mês.

De certa maneira, ele será um repeteco do eclipse solar que acabou de ocorrer. Vai se dar na sua Nona Casa e, mais uma vez, terá impacto sobre estudantes universitários, o seu local de adoração e líderes espirituais. Ainda haverá muito caos. Esse eclipse ocorrerá com sessenta por cento dos planetas retrógrados (o máximo para o ano) e, assim, poderá desencadear reações atrasadas. Contudo, ao longo dos próximos seis meses, você verá as mudanças e os dramas que mencionamos. Você é um viajante por natureza, e será especialmente neste mês, com sua Nona Casa tão forte. No entanto, evite viajar no período do eclipse. Os casamentos de irmãos e figuras fraternas serão testados (se eles estiverem na idade adequada).

Apesar do eclipse, este será um mês de sucesso. O seu planeta da Carreira, Mercúrio, entrará em movimento direto no dia 19. No dia 22, o Sol entrará na sua Décima Casa, a da Carreira, e você dará início a um pico profissional anual. O seu profissionalismo e a presença de amigos nos lugares certos serão uma ajuda até o dia 7. A disposição para viajar também será mais um fator a seu favor (apenas evite o período do eclipse).

A prosperidade será grande neste mês, mas sobretudo após o dia 22. Não será surpresa se houver uma promoção ou um aumento de salário. (Algumas vezes, essas coisas acontecem de maneira não oficial.) Empresas estrangeiras, investimentos estrangeiros e estrangeiros de modo geral terão disposição favorável a você. A única questão será a retrogradação do seu planeta das Finanças. A prosperidade poderá acontecer mais devagar do que o esperado.

Mercúrio, o seu planeta do Amor, passará o mês na sua Nona Casa. Isso indica aumento da atividade social e atração por estrangeiros, professores e pessoas do tipo sacerdote. Você tem essa atração inata, mas agora ela estará muito mais forte. A retrogradação de Mercúrio até o dia 19 sugere mais cautela no amor. Por natureza, você é o tipo de pessoa que se "apaixona à primeira vista" — alguém que se atira em um relacionamento. E isso também estará mais intenso neste mês. No entanto, até o dia 19, mais prudência será exigida. Após essa data, a história será outra.

A saúde precisará de mais atenção a partir do dia 22. Mais uma vez, não haverá nada de tão importante nessa área, apenas um pouco menos de energia do que o habitual. Você poderá melhorar a saúde por meio de massagens nos braços e nos ombros até o dia 7; após essa data, por meio de massagens nos quadris.

SETEMBRO

Melhores dias: 7, 15, 16, 25, 26
Dias mais tensos: 2, 3, 9, 22, 23, 24, 29, 30
Melhores dias para o amor: 2, 3, 9, 13, 18, 19, 22, 23, 29, 30
Melhores dias para o dinheiro: 1º, 4, 5, 8, 9, 13, 14, 17, 18, 19, 22, 23, 24, 27
Melhores dias para a carreira: 9, 18, 19, 29

No dia 22 do mês passado, o poder planetário voltou para o Leste, o setor do Eu. No dia 6 deste mês, quando Mercúrio sair do Oeste e for para o Leste, a mudança será ainda mais intensa. Oitenta por cento e, algumas vezes, noventa por cento dos planetas se encontrarão no Leste. Você nunca chegou a perder sua independência neste ano, mas agora ela estará mais forte do que nunca. Respeite as pessoas, porém faça as coisas do seu jeito. Assuma a responsabilidade pela sua própria felicidade. É o seu mérito pessoal que importará agora, e não suas habilidades sociais ou sua capacidade de despertar simpatia.

A saúde precisará de atenção até o dia 22. Portanto, como sempre, não deixe de descansar o suficiente. Melhore a saúde com massagens nos quadris e, talvez, com uma desintoxicação do fígado com ervas até o dia 9. Após essa data, dê mais atenção ao cólon, à bexiga e aos órgãos sexuais. Será exigida moderação sexual. Você também responderá muito bem a terapias do tipo espiritual a partir do dia 9. Caso se sinta indisposto, consulte um terapeuta espiritual. A saúde e a energia vão se recuperar maravilhosamente após o dia 22. Esse será um problema de curta duração.

Você estará em meio a um pico profissional anual, e muito do que dissemos em agosto se aplicará a este mês. Mantenha-se disposto a viajar, a fazer cursos que o ajudem a melhorar na carreira e a atuar como mentor de outras pessoas. Entre os dias 6 e 22, você terá amigos em altas posições, e eles parecerão inclinados a apoiá-lo. Você terá sucesso neste mês. O cônjuge, parceiro ou interesse amoroso atual também deverá ser bem-sucedido.

O amor deverá ir bem neste mês. O casamento talvez não seja uma possibilidade, mas o amor será. O seu planeta do Amor, Mercúrio, estará na sua Décima Casa entre os dias 6 e 22. Isso indica que o amor vai estar em destaque em seus planos. Ele talvez seja sua verdadeira carreira — sua missão. Você precisará estar à disposição da pessoa amada e dos amigos. Esse trânsito também indica que poderão ocorrer oportunidades românticas enquanto você estiver em busca de objetivos na vida profissional e com pessoas envolvidas em sua carreira. Nesse período, você se sentirá atraído por pessoas bem-sucedidas e de status elevado — e se encontrará com elas. Boa parte da sua vida social em setembro (do dia 6 ao dia 22) provavelmente estará relacionada à carreira e aos negócios.

OUTUBRO

Melhores dias: 4, 5, 12, 13, 14, 22, 23, 31
Dias mais tensos: 1º, 6, 7, 20, 21, 27, 28
Melhores dias para o amor: 1º, 2, 3, 9, 10, 11, 20, 21, 27, 28, 29, 30
Melhores dias para o dinheiro: 2, 3, 6, 10, 11, 15, 16, 20, 21, 24, 25, 29, 30
Melhores dias para a carreira: 1º, 6, 7, 9, 10, 20, 21, 29, 30

O xadrez cósmico está sendo reorganizado para trazer prosperidade neste mês. Em setembro, no dia 9, o seu planeta das Finanças entrou em movimento direto. Plutão, que está na sua Casa do Dinheiro, entrará em movimento direto no dia 2. O fato de Saturno e Plutão estarem em aspecto paralelo (ocupando o mesmo grau de latitude) indica excelente intuição financeira. (Eles estão paralelos há alguns meses, mas estavam retrógrados. Agora, estarão em movimento direto, e serão mais confiáveis.) Haverá clareza e direção nas finanças. Você vai pensar da forma certa e terá boa intuição. Quando o Sol entrar em Escorpião no dia 23, os ganhos irão crescer. (Eles estavam bem antes disso, porém você tinha que trabalhar mais.)

A saúde e a energia estarão excelentes. Não haverá planetas rápidos em alinhamento tenso. Apenas um planeta lento, Netuno, ficará em alinhamento tenso, e você já vem lidando com isso há muitos anos. Como você terá energia, as coisas que antes pareciam impossíveis agora serão possíveis. O seu planeta da Saúde, Vênus, fará uma de suas raras retrogradações no dia 5, por isso, não se apresse em fazer mudanças na alimentação nem na rotina de saúde. Essas mudanças precisarão de mais estudo. A presença de Vênus na sua Décima Segunda Casa, a da Espiritualidade, durante todo o mês, indica que você responderá bem a terapias do tipo espiritual. Com a sua Casa da Espiritualidade tão forte neste mês (a partir do dia 23), será um ótimo período para se aprofundar na cura espiritual.

Júpiter tem se mantido na sua Décima Segunda Casa ao longo do ano. E, neste mês, a Décima Segunda Casa se tornará ainda mais forte — seguramente, a mais forte de todo o horóscopo agora. Este vai ser um período de crescimento interno. Você verá (e tem sido assim o ano todo) que as coisas têm de acontecer "por meio de você" antes de acontecerem "para você". O interno precederá o externo. Portanto, esse crescimento interno se manifestará como crescimento externo nos próximos meses.

Mercúrio, o seu planeta do Amor e da Carreira, passará a maior parte do mês (a partir do dia 10) na sua Décima Segunda Casa. A mensagem do horóscopo é: mantenha-se certo espiritualmente e tudo mais — saúde, carreira, amor e finanças — simplesmente entrará nos eixos. Essas coisas cuidarão de si mesmas.

NOVEMBRO

Melhores dias: 1º, 9, 10, 19, 20, 27, 28
Dias mais tensos: 2, 3, 16, 17, 23, 24, 29, 30
Melhores dias para o amor: 1º, 4, 5, 9, 10, 14, 15, 19, 20, 23, 24, 27, 28
Melhores dias para o dinheiro: 2, 8, 10, 11, 12, 19, 21, 27
Melhores dias para a carreira: 1º, 2, 3, 9, 10, 19, 20, 27, 28, 29, 30

Este será um mês feliz e próspero. O futuro parece tão brilhante que você precisará de óculos de sol para contemplá-lo. No dia 8, Júpiter cruzará o seu Ascendente e entrará na sua Primeira Casa. Ele se encontrará agora em seu próprio signo e em sua própria Casa. Estará em seu lar, e mais poderoso a seu favor. Isso dará início, como mencionamos, a um ciclo de prosperidade por vários anos. Você é um viajante por natureza, e agora será ainda mais. Que tal irmos à Argentina assistir a um jogo de futebol? Ou à Alemanha? Suas malas estarão prontas. Que tal irmos almoçar em Paris e jantar em Londres? Suas malas estarão prontas. De modo geral, você tende a viver em alto estilo, porém, agora, esses impulsos estarão turbinados. Nesses dias, você será uma versão ainda mais poderosa de um sagitariano.

No dia 6, Vênus ficará retrógrado novamente na sua Quinta Casa. A situação no trabalho se tornará temporariamente mais estável. A experimentação nas questões de saúde também se estabilizará.

Evite realizar mudanças importantes na rotina de saúde até o dia 16, quando Vênus entrará em movimento direto novamente. A saúde ainda estará excelente. Nem mesmo a entrada de Marte em um alinhamento tenso no dia 16 afetará substancialmente a saúde. A maioria dos planetas vai estar em um relacionamento harmonioso com você. Melhore a saúde, que já estará boa, dando mais atenção aos quadris e rins neste mês. Massagens nos quadris fortalecerão não apenas os rins, mas também a coluna lombar.

A vida amorosa estará boa, embora mais complicada neste mês. Mercúrio, o seu planeta do Amor, passará o mês na sua Primeira Casa. Isso indica que o amor vai procurá-lo, isto é, irá persegui-lo, estando sempre onde você estiver. Não haverá necessidade de fazer nada especial. Além disso, esse trânsito indica alguém que lidará com o amor à sua própria maneira. As outras pessoas estarão ansiosas por agradar. Mas Mercúrio ficará retrógrado no dia 17, o que poderá causar atrasos ou falhas. O amor florescerá entre os dias 27 e 28, quando Mercúrio viajará com Júpiter. Isso promoverá encontros românticos felizes para os solteiros e experiências sociais felizes para os demais. Também proporcionará sucesso e ascensão profissional.

A carreira se tornará menos importante agora. Até o dia 22, haverá apenas um planeta (com exceção da Lua) abaixo do horizonte. O lado da noite do horóscopo vai ser dominante agora e pelos próximos meses também. Provavelmente, você terá atingido objetivos profissionais de curto prazo. As pessoas o verão como alguém de sucesso. Você parecerá adequado a essa imagem. Não haverá necessidade de procurar oportunidades de trabalho, pois elas correrão até você. Após o dia 17, analise mais essas coisas.

DEZEMBRO

Melhores dias: 6, 7, 16, 17, 25, 26
Dias mais tensos: 14, 15, 21, 22, 27, 28
Melhores dias para o amor: 2, 3, 4, 5, 13, 14, 15, 21, 22, 23, 24
Melhores dias para o dinheiro: 6, 8, 9, 10, 16, 18, 26, 27
Melhores dias para a carreira: 4, 5, 14, 23, 24, 27, 28

Este será um mês feliz e próspero, sagitariano. Aproveite!

O poder planetário estará agora na sua posição oriental máxima. Você se encontrará em seu período de maior independência pessoal. Haverá apenas um planeta no Oeste (o setor dos outros), exceto pela

Lua (e sua presença no Oeste será somente por metade do mês.) Esse é o indicador clássico de uma pessoa que está levando a vida à sua própria maneira. Você estará fazendo as coisas do seu jeito. Essa, no entanto, é uma bênção ambígua. Se o seu jeito for "não iluminado", ele poderá lhe causar problemas cármicos em um futuro próximo. Contudo, se for iluminado, sem a intenção de prejudicar alguém, será uma grande bênção.

A saúde e a energia estarão excelentes. A entrada do seu planeta da Saúde na sua Décima Segunda Casa no dia 2 indica que você vai responder bem a métodos espirituais de cura. Muitos de vocês ampliarão os seus conhecimentos sobre isso também. Você ainda estará em meio a um pico anual de prazer pessoal. Será o momento de tratar bem do corpo. Sua tendência poderá ser exagerar nisso; se assim for, haverá um preço a pagar em breve. O peso poderá aumentar rapidamente.

Júpiter no seu signo (assim como o Sol) fará com que os sagitarianos na idade adequada fiquem mais férteis neste mês. Essa tendência se estenderá pelos próximos 12 meses.

No dia 21, o Sol entrará na sua já forte Casa do Dinheiro e a deixará ainda mais poderosa. Você dará início a um pico financeiro anual. O Sol viajará com Saturno entre os dias 25 e 31, aumentando os ganhos. Isso favorecerá dinheiro vindo do exterior, empresas estrangeiras e estrangeiros em geral.

A vida amorosa começará a melhorar no dia 6, quando Mercúrio entrar em movimento direto novamente. Ela ficará realmente muito boa a partir do dia 13, quando Mercúrio voltar para a sua Primeira Casa. Assim como no mês passado, isso indica alguém que está lidando com o amor à sua maneira. O cônjuge, o parceiro ou o interesse amoroso atual (e outras pessoas, de modo geral) estará ansioso por agradar. Os solteiros não precisarão fazer muita coisa para atrair o amor. Ele os encontrará. Basta que sigam a vida normalmente. Como Mercúrio é o seu planeta da Carreira, a entrada dele na sua Primeira Casa trará boas oportunidades profissionais. Assim como no mês passado, isso indica alguém que atingiu os objetivos na carreira (pelo menos, os de curto prazo) e parece adequado a essa imagem. As pessoas o verão como alguém bem-sucedido, e é assim que você se sentirá.

♑

CAPRICÓRNIO

A CABRA

Nascidos entre 21 de dezembro e 19 de janeiro

PERFIL PESSOAL

CAPRICÓRNIO EM UM RELANCE

Elemento: Terra
Planeta Regente: Saturno
Planeta da Carreira: Vênus
Planeta do Amor: Lua
Planeta das Finanças: Urano
Planeta da Saúde e do Trabalho: Mercúrio
Planeta do Lar e da Vida Familiar: Marte
Cores: preto, índigo
Cores que promovem o amor, o romance e a harmonia social: castanho-escuro, prateado
Cor que propicia ganhos: azul-ultramarino
Pedra: ônix negro
Metal: chumbo
Perfumes: magnólia, pinho, ervilha-de-cheiro, gualtéria
Qualidade: cardeal (= atividade)
Qualidades essenciais ao equilíbrio: calor humano, espontaneidade, espírito de diversão
Maiores virtudes: senso de dever, organização, perseverança, paciência, capacidade de enxergar a longo prazo
Necessidades mais profundas: gerir, encarregar-se, administrar
Características a evitar: pessimismo, depressão, materialismo e conservadorismo excessivos

Signos de maior compatibilidade: Touro, Virgem
Signos de maior incompatibilidade: Áries, Câncer, Libra
Signo mais útil à carreira: Libra
Signo que fornece maior suporte emocional: Áries
Signo mais prestativo em questões financeiras: Aquário
Melhor signo para casamento e associações: Câncer
Signo mais útil em projetos criativos: Touro
Melhor signo para sair e se divertir: Touro
Signos mais úteis em assuntos espirituais: Virgem, Sagitário
Melhor dia da semana: sábado

COMPREENDENDO A PERSONALIDADE CAPRICORNIANA

As virtudes capricornianas são de tal natureza que algumas pessoas sempre serão contra elas e, outras, a favor. Muitos as admiram; outros as abominam. A razão para isso parece ser a sede de poder dos nativos do signo. Um bom capricorniano sempre tem os olhos voltados para o ápice do poder, elevação, prestígio e autoridade. No signo de Capricórnio, a ambição não é um pecado ou defeito, é a mais elevada das virtudes.

Os capricornianos não temem o ressentimento que sua autoridade (ou autoritarismo) possa gerar. Sua mente fria, calculista e organizada já computou todos os riscos da equação: impopularidade, animosidade, mal-entendidos e, mesmo, a calúnia declarada. E eles sempre têm um plano para lidar com esses contratempos de modo eficiente. Para um capricorniano, situações de arrepiar os cabelos de qualquer outro mortal não passam de meros problemas solucionáveis, lombadas na estrada que os conduz ao poder, à eficácia e ao prestígio crescentes.

Costuma-se atribuir pessimismo aos nativos do signo, mas tal avaliação é um tanto ilusória. É verdade que adoram levar em consideração o lado negativo das coisas. Também é verdade que adoram imaginar o pior cenário possível para qualquer empreendimento. Os outros consideram deprimente essa maneira de analisar as situações, mas os capricornianos agem assim com o intuito de detectar uma forma de escapar de possíveis problemas: é o seu roteiro de fuga.

Sempre questionarão o sucesso que você alcançou. Vão lhe mostrar que você não está se saindo tão bem quanto julga. Agem dessa forma tanto em relação a si mesmos quanto em relação aos demais. Sua intenção não é provocar desânimo, é eliminar obstáculos a um sucesso ainda maior. Um patrão ou supervisor capricorniano intui que, por melhor que seja o desempenho atual, sempre haverá espaço para progredir. Isso explica por que é tão difícil lidar com chefes capricornianos. É de tirar qualquer empregado do sério. Suas atitudes são, todavia, bastante eficazes: conseguem que seus subalternos cresçam profissionalmente e se aprimorem no desempenho de suas tarefas.

Os capricornianos são gerentes e administradores natos. Os leoninos podem ocupar com eficácia o posto de reis e rainhas, mas são os capricornianos que se encaixam melhor no de primeiros-ministros — que são, na verdade, aqueles que exercem o poder.

Os capricornianos se interessam por virtudes duradouras, e tudo que consiga subsistir ao teste do tempo e à prova das circunstâncias. Modas e modismos não lhes dizem nada, salvo seu aspecto lucrativo e a contribuição que possam dar em nome do poder. Os capricornianos empregam esse mesmo tipo de atitude no amor, nos negócios, em sua filosofia de vida e até na religião.

FINANÇAS

Os capricornianos, geralmente, alcançam a riqueza pelo trabalho. Mostram-se dispostos a trabalhar longa e arduamente pelo que desejam. Conseguem facilmente abrir mão de amenidades em prol de benefícios mais duradouros. Financeiramente, tendem a consolidar sua riqueza em idade mais avançada.

A fim de atingir suas metas financeiras, entretanto, precisam despojar-se de seu forte conservadorismo. Talvez esse seja o traço menos desejável da personalidade capricorniana. São capazes de resistir a qualquer inovação apenas pelo fato de ser uma novidade jamais testada. Têm medo de experimentar. Eles precisam aprender a correr pequenos riscos, mostrar-se mais dispostos a comercializar produtos novos e a explorar diferentes técnicas administrativas. Caso contrário, serão atropelados pelo progresso e ficarão para trás. É necessário aceitar a mudança dos tempos e descartar velhos métodos, que já provaram ser obsoletos.

Com frequência, essa experimentação implica o rompimento com a autoridade estabelecida. Talvez seja premente até abandonar a posição entrincheirada em que se encontram e arriscar-se em novos empreendimentos. Dessa forma, terão de aceitar os riscos e seguir adiante com eles. Somente dessa maneira estarão trilhando a estrada dos altos ganhos.

CARREIRA E IMAGEM PÚBLICA

A ambição e o anseio de poder dos capricornianos são claramente notados. É, possivelmente, o signo mais ambicioso do Zodíaco, e o que faz mais sucesso, no sentido mundano da palavra. Entretanto, existem algumas lições que os capricornianos precisam aprender se desejam realizar suas aspirações mais elevadas.

Inteligência, trabalho árduo, eficácia fria e racional e organização os levarão até uma parte do caminho, mas não ao topo. Será necessário cultivar o encanto social, atuar nessa área de forma mais graciosa. Em suma, saber lidar com as pessoas. Os nativos de Capricórnio devem aprender a cultivar a beleza e os contatos sociais convenientes, e fazer uso do poder airosamente, para que as pessoas consigam gostar deles; e essa é uma arte delicada. E, ainda, a unir as pessoas em torno de certos objetivos. Em síntese, têm de assimilar alguns dos prodigiosos dons librianos de charme e graça para chegar ao topo.

Tendo aprendido essa lição, vocês, capricornianos, serão extremamente bem-sucedidos em suas carreiras. São trabalhadores diligentes e devotados que não receiam investir tempo e esforço em seus empreendimentos. Os capricornianos não costumam se apressar na realização de uma tarefa; gostam de executá-la com esmero. Preferem ascender na escala social ou na empresa onde trabalham de forma lenta, mas segura. Movidos a sucesso, é natural que geralmente conquistem a simpatia dos chefes, que os apreciam e respeitam.

AMOR E RELACIONAMENTOS

Da mesma forma que ocorre com Escorpião e Peixes, é dificílimo conhecer bem um capricorniano. Eles são profundos, introvertidos e gostam de conservar sua discrição. Não gostam de revelar seus pensamentos íntimos. Se você se apaixonou por um nativo do signo, seja paciente e vá com calma. Pouco a pouco, começará a conhecê-lo melhor.

Os capricornianos possuem uma natureza profundamente romântica, mas não a entregam de bandeja. Não são particularmente emotivos; sua impassividade beira a frieza. Geralmente, demonstram seu amor de forma prática.

Leva tempo para um capricorniano, homem ou mulher, se apaixonar. Não são do tipo que cai de amor à primeira vista. Os nativos de Áries e Leão que se envolverem com capricornianos podem mistificar erroneamente que seus parceiros de Capricórnio são frios, insensíveis e rígidos. Obviamente, nada disso é verdade. É que eles gostam de fazer as coisas devagar, de conhecer bem o terreno em que pisam, antes de demonstrar seu amor ou comprometer-se.

Mesmo nas relações amorosas, costumam agir com intencionalidade. Necessitam de mais tempo para tomar decisões do que os nativos de qualquer outro signo zodiacal; mas, vencida a barreira, podem mostrar-se tão passionais quanto qualquer outro signo. Os capricornianos apreciam relações claramente estruturadas e definidas, constantes e previsíveis. Quase apreciam a rotina. Buscam companheiros que os apoiem, e fazem o mesmo com seus pares. Faz parte de sua psicologia básica essencial. Se tal relação é o melhor para eles ou não, é outra história, pois sua vida é naturalmente marcada pela rotina. Talvez se dessem melhor em um relacionamento mais estimulante, mutável e flutuante.

VIDA DOMÉSTICA E FAMILIAR

O lar dos capricornianos, como o dos virginianos, é sempre organizado e arrumadinho. Eles procuram gerir suas famílias da mesma forma como administram seus negócios. São tão obcecados pela carreira que muitas vezes carecem de tempo para o lar e para a família. Devem procurar envolver-se mais ativamente na vida doméstica e familiar. Contudo, levam os filhos muito a sério, e são pais corujas, sobretudo quando os filhos crescem e se tornam membros respeitados da sociedade.

CAPRICÓRNIO
PREVISÃO ANUAL PARA 2018

TENDÊNCIAS GERAIS

Houve muito crescimento interno, espiritual, nos dois últimos anos, uma vez que o senhor do seu horóscopo, Saturno, estava se deslocando pela sua Décima Segunda Casa. Isso também ocorrerá mais tarde neste ano quando Júpiter entrar nessa Casa em 8 de novembro. Agora, no entanto, o seu crescimento interno se tornará visível para o mundo e para as outras pessoas. A maioria das pessoas se sente desconfortável com trânsitos de Saturno. Mas para você será bom. Saturno o tornará ainda mais capricorniano do que você já é. Você será ainda mais organizado, mais estruturado e mais administrador do que nunca.

Plutão, o seu planeta dos Amigos, está no seu signo há muitos anos. Por esse motivo, você tem atraído amigos. Eles parecem chegar a você naturalmente, sem que haja muito esforço da sua parte. Neste ano, com Júpiter na sua Décima Primeira Casa, haverá ainda mais amizades se formando. Elas parecerão mais de um nível espiritual do que o comum.

Urano está na sua Quarta Casa, a do Lar e da Família, há sete anos, promovendo muitas mudanças e instabilidade no círculo familiar. Felizmente, isso começará a se acalmar um pouco neste ano (não completamente, mas melhorará). Urano sairá da sua Quarta Casa em 16 de maio e entrará na Quinta Casa, a dos Filhos. Esse é um ótimo sinal financeiro, pois Urano é o seu planeta das Finanças. Também será um bom trânsito para a sua saúde. Abordaremos esse assunto em detalhes mais adiante.

Netuno está na sua Terceira Casa há muitos anos e permanecerá nela por muitos anos mais. Com isso, os seus interesses intelectuais estão se tornando mais refinados e espiritualizados. Você poderá apreciar poesia e literatura do tipo espiritual. Irmãos e figuras fraternas também estarão sob forte influência espiritual. Alunos abaixo do nível universitário precisarão ter cuidado com as "divagações da mente" durante as aulas ou os estudos. Concentre-se nos estudos.

Os seus principais interesses neste ano serão: corpo, imagem e prazer pessoal; comunicação e interesses intelectuais; lar e família (até 16 de maio e de 6 de novembro em diante); filhos, diversão e criatividade (de 16 de maio a 6 de novembro); amigos, grupos e atividades em grupo (o ano todo, mas especialmente até 8 de novembro); espiritualidade (de 8 de novembro em diante).

Os seus caminhos de maior realização neste ano serão: amigos, grupos e atividades em grupo (até 8 de novembro); espiritualidade (de 8 de novembro em diante); sexo, estudos de ocultismo, transformação pessoal (até 17 de novembro); amor e romance (de 17 de novembro em diante).

SAÚDE

(Trata-se de uma perspectiva astrológica sobre a saúde, não de uma visão médica. No passado, essas perspectivas eram idênticas, porém hoje podem ocorrer diferenças. Para obter uma opinião com base em diagnósticos da medicina convencional, consulte seu médico ou um profissional da saúde.)

A saúde estará muito melhor neste ano e ficará ainda melhor nos próximos anos. Urano, que esteve em um aspecto tenso com você por sete anos, vai agora entrar em um alinhamento harmonioso. Em 2018, será apenas por parte do ano, mas em 2019 (de março em diante), será por um longo tempo.

A presença de Saturno no signo de uma pessoa não costuma ser um bom indicador de saúde, mas para você será. Ele é o senhor do seu mapa e sempre vai ser "amistoso" com você.

A ausência de planetas na sua Sexta Casa é outro indicador positivo para a saúde. Você terá pouca necessidade de se concentrar nessa área, pois não haverá nada errado. Aparentemente, sua boa condição de saúde será algo certo.

Embora a saúde esteja boa, será possível deixá-la ainda melhor. Dê mais atenção às áreas a seguir, que são as mais vulneráveis do seu mapa. Serão elas que terão maior probabilidade de apresentar problemas e, mantendo-as em boa forma, os problemas poderão ser praticamente evitados. (Até mesmo nos casos em que você não puder prevenir completamente um problema, ele poderá ser abrandado de forma considerável. Não precisará ser devastador.)

Coração. Só se tornou importante neste ano (na verdade, do fim do último mês em diante). Será importante no próximo ano também. Os terapeutas espirituais dizem que as causas dos problemas cardíacos são a preocupação e a ansiedade. A meditação o ajudará a evitar essas emoções e, por fim, transformá-las.

Coluna, joelhos, dentes, ossos e alinhamento do esqueleto. Essas áreas são sempre importantes para o capricorniano, pois é o seu signo que as rege. Massagens regulares nas costas e nos joelhos deveriam fazer parte da sua rotina de saúde. Consultas regulares com um quiroprático ou com um osteopata serão benéficas. As vértebras precisam ser mantidas no alinhamento correto. Terapias como a Técnica Alexander, Rolfing e Feldenkreis são boas para a coluna. A Técnica Alexander, que treina os músculos para que fiquem na postura certa, é uma medida preventiva especialmente benéfica. A higiene dos dentes e check-ups dentários regulares também são recomendáveis. Se for andar ao sol, use um bom protetor solar.

Pulmões, braços, ombros e sistema respiratório. Essas são áreas sempre importantes para o capricorniano, pois Mercúrio, o planeta que as rege, é o seu planeta da Saúde. Braços e ombros devem ser massageados regularmente. A tensão tende a se concentrar nos ombros, e precisa ser liberada.

O capricorniano tende a ser magro, mas se você for um dos raros nativos desse signo que precisam emagrecer, este será um bom ano para isso. Os seus esforços contarão com o apoio do Cosmos.

Este será um bom ano para deixar a imagem e o corpo do jeito que você quer no nível da "aparência", isto é, no nível externo.

Podemos equiparar o senhor do seu horóscopo, Saturno, ao seu personal trainer. Ele se preocupa com a sua imagem externa. O senhor da sua Sexta Casa, Mercúrio, faz o papel do seu "médico pessoal" e está mais preocupado com a sua saúde do que com a sua aparência.

O seu planeta da Saúde, Mercúrio, é bastante veloz e errático. Às vezes, ele se move muito rápido. Outras, bem devagar. Algumas vezes, fica parado; outras, se desloca para trás. Portanto, várias questões de saúde de curta duração vão depender da situação de Mercúrio em determinado momento. Abordaremos esses pontos em detalhes nas "Previsões Mensais".

LAR E FAMÍLIA

Como mencionamos, essa tem sido uma área importante, e instável, nos últimos sete anos. Provavelmente, ocorreram muitas mudanças e reformas da casa nesse período. Você tem o perfil das pessoas (e eu conheço algumas assim) que modernizam e renovam a casa e, em seguida, a vendem (com lucro). Depois, se mudam, e repetem o processo sucessivamente. São modernizações e mudanças constantes. Essas pessoas atualizam a casa do mesmo jeito que fazemos um upgrade no computador ou software. E isso continua sem parar.

Em muitos casos, esse comportamento indica a procura pela "casa dos sonhos" ou pela "situação doméstica perfeita". Toda vez que a pessoa pensa "é isto, consegui", surge uma nova ideia, e ela atualiza a nova ideia.

Em um grande número de casos, houve ruptura da unidade familiar. Desavenças em família. Em outros, divórcio; outras vezes, brigas e reorganização da família de uma nova maneira. A situação familiar como um todo estará agora amplamente diferente do que era há sete anos.

Você tem também o perfil de alguém que vai instalar na casa os mais recentes equipamentos de alta tecnologia, como sistemas de alarme inteligentes, câmeras de vídeo conectadas à internet, torradeiras e outros aparelhos inteligentes. Qualquer coisa de alta tecnologia será atrativa.

Você tem feito muitos gastos com o lar e com a família, o que vem saindo caro. Mas a boa notícia é que você ganhará com essa área também.

A presença de Urano, o seu planeta das Finanças, na Quarta Casa indica ganhos provenientes do lar, talvez com a instalação de um escritório em casa ou com a realização de negócios no espaço doméstico. Sua casa será tanto um centro econômico quanto um lar.

Essas tendências continuarão em vigor neste ano, porém com muito menos intensidade do que antes. O ímpeto de se mudar e de modernizar e atualizar a casa vai arrefecer. Urano, como mencionamos, sairá da sua Quarta Casa no dia 16 de maio. Por volta de março do próximo ano, ele estará fora dessa Casa definitivamente. Assim, grande parte da instabilidade no lar e na família diminuirá. Provavelmente, você permanecerá na casa atual por um longo tempo.

O deslocamento de Urano em 16 de maio será um anúncio das coisas que estarão por vir. O foco estará menos na casa física e mais nos filhos e enteados. Lidar com eles também será mais difícil. Você não poderá manifestar o seu Eu autoritário com eles. Terá de explicar racionalmente por que é preciso fazer isto e aquilo. Vai ter de apelar para a sua lógica.

Urano na sua Quinta Casa indica que os filhos e enteados passarão por uma série de mudanças pessoais. Ao longo dos próximos sete anos, eles estarão constantemente redefinindo a si mesmos e a sua imagem. Vão mudar continuamente o "visual" e o autoconceito. E também farão atualizações sucessivas de sua imagem e personalidade. É como se todo mês, mais ou menos, você estivesse lidando com uma "nova pessoa".

Filhos e enteados se tornarão mais experimentais com seus corpos. Vão querer testar seus limites. Em geral, isso é positivo, mas precisa ser feito de forma consciente e cuidadosa, e não de maneira temerária. Ioga, tai chi e artes marciais são caminhos seguros para isso.

DINHEIRO E CARREIRA

Mudanças financeiras muito importantes acontecerão em sua vida neste ano, e isso será apenas o começo. Urano, o seu planeta das Finanças, vai sair da sua Quarta Casa e entrar na sua Quinta Casa. Neste ano, isso se dará apenas no período de 16 de maio a 6 de novembro. No próximo ano, porém, a mudança de Urano se manterá por um longo tempo.

Portanto, em 2018 você ainda vai ter gastos e ganhos originados pelo lar, pela família e pelas relações familiares. No entanto, quando Urano entrar na sua Quinta Casa, haverá uma mudança financeira também. Quando esse planeta estava em Áries (nos últimos sete anos), talvez você fosse um pouco impulsivo nas decisões financeiras — muito descuidado. Talvez tenha desejado ardentemente o "dinheiro rápido" e se dado mal algumas vezes. A entrada de Urano em Touro trará uma perspectiva mais conservadora. O julgamento financeiro vai melhorar. E como Urano fará ótimos aspectos com Saturno (o senhor do seu mapa), haverá prosperidade neste ano.

O planeta das Finanças em Touro favorece investimentos em cobre, terras, gado e produtos agrícolas. Empresas que fornecem para fazendeiros serão investimentos interessantes.

A presença do planeta das Finanças na Quinta Casa é muito positiva. Existem várias maneiras de interpretá-la, e todas elas podem se aplicar.

O ato de ganhar dinheiro será prazeroso, uma forma de entretenimento. Você gostará disso tanto quanto algumas pessoas gostam de videogames ou de teatro. Ganhar dinheiro não será apenas uma "necessidade", mas uma forma de lazer. (Conheço muitas pessoas que se sentem assim.) Outro modo de interpretar isso indica alguém que aproveita sua riqueza, isto é, alguém que gasta mais com atividades de lazer e diversão. O simbolismo, nesse caso, é o "dinheiro feliz". Essas posições favorecem setores voltados para o público jovem, como os de música e entretenimento, que os atende. Isso indica mais gastos com filhos e enteados, talvez investindo neles. Da mesma forma, os filhos poderão ser uma fonte de renda. Em grande parte, isso dependerá de sua idade e de sua fase de vida. Os que estiverem na idade adequada poderão prestar assistência financeira. Filhos mais novos terão, muitas vezes, ideias inspiradoras. E frequentemente serão a força motivadora por trás dos ganhos de alguém.

O planeta das Finanças na Quinta Casa o deixará mais especulativo. Mas isso será diferente do que ocorreu nos últimos sete anos. Será uma especulação mais "controlada", com boa salvaguarda, bem pensada. Não será precipitada e impulsiva.

Você estará saindo de um grande ano para a carreira. Foi muito bem-sucedido em 2017. Em 2018, a vida profissional não terá tanto peso. É bem provável que você tenha alcançado os objetivos profissionais importantes (pelo menos, os de curto prazo) e não terá necessidade de se concentrar nessa área. Sua Décima Casa ficará praticamente vazia. Apenas planetas rápidos passarão por ela, e brevemente. Portanto, será um ano sem grandes mudanças na carreira.

Como Vênus, um planeta rápido, é o planeta da Carreira, muitas tendências profissionais de curto prazo dependerão de onde ele vai estar e dos aspectos que receberá. Trataremos desse assunto em detalhes nas "Previsões Mensais".

AMOR E VIDA SOCIAL

Sua Sétima Casa, a do Amor, não será uma Casa de poder neste ano. Ficará praticamente vazia. Apenas planetas rápidos passarão por ela, e brevemente. Não será um grande foco (embora haja realização nessa área após o dia 17 de novembro). Tenderá a ficar como está. Você se sentirá feliz com as coisas do jeito como elas estão e não sentirá necessidade premente de fazer mudanças. Os casados tenderão a permanecer casados, e os solteiros, a permanecer solteiros.

No entanto, haverá uma complicação. Saturno estará, agora, em seu próprio signo. Embora isso seja ótimo para as suas habilidades comerciais e administrativas, não será tão bom para o amor. Os capricornianos já são indivíduos frios. Saturno no seu signo pode deixá-los ainda mais frios — frios, indiferentes, metódicos — e sem amor e calor humano. Alguém que só quer fazer o trabalho e seguir em frente com ele. Isso poderá ser desestimulante para muitas pessoas e, especialmente, para o cônjuge, parceiro ou interesse amoroso atual. Você vai precisar ser um pouco mais caloroso. Demonstre mais afeto. Expresse mais sentimentos positivos. Será necessário fazer disso um projeto. Toda noite, antes de dormir, projete amor e calor humano aos outros. É possível ser um bom gestor e, ainda assim, ser uma pessoa calorosa.

Três eclipses vão testar o seu relacionamento atual neste ano. Haverá dois eclipses lunares, que sempre colocam o amor à prova. Depois, haverá um eclipse solar, no dia 13 de julho, que ocorrerá na sua Sétima Casa, a do Amor. Sessenta por cento dos eclipses deste ano (serão cinco) terão impacto em sua vida amorosa. Bons relacionamentos sobreviverão. Serão os relacionamentos problemáticos que estarão em risco. Discutiremos esse assunto em detalhes nas "Previsões Mensais".

No caso dos solteiros, este será um ano para romance, e não para casamento. Isso acontecerá especialmente entre 16 de maio e 6 de novembro. Você será atraído por "pessoas com grana" ou por pessoas envolvidas nas suas finanças.

Para todos os capricornianos, este será um ano maravilhoso para as amizades e atividades em grupo. Uma área feliz da vida. Amigos novos (e espiritualizados) entrarão em cena. Será bom participar de grupos espirituais neste ano. Mas grupos envolvidos com ações de caridade ou com atividades altruísticas também se encaixarão nesse simbolismo. Você provavelmente ficará muito ativo nas redes sociais, que serão uma boa fonte para novas amizades.

Se você estiver no segundo casamento ou em busca dele, este será um ano sem grandes mudanças nesse sentido. Mas quem estiver à procura do terceiro casamento terá romance em 2018, talvez até um casamento.

Para os que estiverem em busca do quarto casamento, o ano não trará alterações.

O seu pai, a sua mãe ou as figuras paterna e materna tiveram os seus casamentos intensamente testados nos últimos anos. É pouco provável que esses relacionamentos tenham perdurado. O teste estará perto de acabar agora, isto é, vai se tornar mais fácil, porém continuará. Se eles estiverem solteiros, o casamento não será recomendável agora. Irmãos e figuras fraternas não terão mudanças na vida amorosa neste ano. No caso de filhos e enteados, o ano vai ser excelente para a vida social. Se eles estiverem na idade adequada, haverá romance sério. O único problema será quanto à estabilidade do relacionamento. Eles não parecerão prontos para o compromisso do casamento.

AUTOAPRIMORAMENTO

Saturno no seu signo trará muitas coisas maravilhosas, como temos mencionado. Ele reforçará o seu já forte senso de dever e responsabilidade. Também reforçará as suas habilidades gerenciais. Contudo, haverá um aspecto negativo nisso, do qual você precisa estar consciente. Mesmo quando Saturno não está no seu signo, você tende a olhar para o lado sombrio das coisas. Você gosta de considerar o "pior cenário" em cada situação, para que possa planejar uma rota de fuga. Mas, agora, Saturno vai acentuar essa tendência. Você pode ficar excessivamente concentrado no lado sombrio, extremamente pessimista. Tudo pode parecer negro. Em alguns casos, a pessoa se sente velha, mais velha do que é de fato. E isso valerá até mesmo para capricornianos jovens. Se exagerar nisso, você poderá perder toda a esperança e, assim, dissipar qualquer desejo por melhora.

Caso se veja nessa situação, escape dela o mais rápido possível. Não passeie nesse espaço psíquico negativo. Pode ser que você ache que está sendo apenas "realista", mas não se trata disso. A meditação será de grande ajuda nesse caso. Transfira o foco para o Divino ou para aquilo que você gostaria de alcançar. Imagine-se nesse estado. Mantenha a mente onde você gostaria de estar, e não onde os seus sentimentos estiverem lhe dizendo no momento.

Júpiter, o seu planeta da Espiritualidade, fará ótimos aspectos com Netuno, o regente geral da Espiritualidade. Assim, neste ano, ocorrerão muitas experiências de natureza espiritual, como sonhos do tipo profético, sincronicidades, percepção extrassensorial acentuada e forte intuição. A vida onírica será significativa neste ano, e você deveria anotar os sonhos em um diário. Se tiver dificuldade para se lembrar deles, sugira a si mesmo antes de dormir: "Vou me lembrar dos meus sonhos."

Os capricornianos que forem escritores ficarão muito inspirados neste ano.

Quando Júpiter entrar na sua Décima Segunda Casa, em 8 de novembro, ele fará aspectos tensos com Netuno, o regente geral da Espiritualidade. É possível que isso cause algum conflito entre o seu caminho e a "tendência espiritual geral" à sua volta. Poderá lhe parecer que você está sendo levado a "divergir" dos ensinamentos espirituais populares. Mas isso será apenas aparência. O caminho espiritual é, essencialmente, algo muito pessoal. Cada pessoa é, no fim das contas, o seu próprio caminho. Esse entendimento pode levar algum tempo, mas você verá que não há contradição. O que estiver sendo ensinado publicamente é verdadeiro, assim como sua orientação e seu caminho pessoais.

PREVISÕES MENSAIS

JANEIRO

Melhores dias: 5, 6, 15, 16, 25, 26
Dias mais tensos: 1º, 2, 8, 9, 22, 23, 29, 30
Melhores dias para o amor: 1º, 2, 5, 6, 15, 16, 27, 28, 29, 30
Melhores dias para o dinheiro: 1º, 2, 4, 10, 11, 13, 14, 17, 18, 19, 20, 21, 23, 24, 29, 30, 31
Melhores dias para a carreira: 5, 6, 8, 9, 15, 16, 27, 28

Haverá muitos planetas no seu signo em janeiro. Sessenta por cento dos planetas estarão no seu signo ou entrarão nele neste mês. Isso significa um bocado de energia capricorniana. Nesses dias, você não será um capricorniano simplesmente, mas um megacapricorniano, com todos os pontos positivos e negativos acentuados. No lado positivo, suas habilidades gerenciais e organizacionais estarão intensificadas. E também o seu profissionalismo e a sua lendária paciência. No lado negativo, você poderá ser visto como muito frio, indiferente e metódico — excessivamente metódico. É possível que isso cause transtornos à vida social. Às vezes, muita praticidade pode se tonar "impraticável" — ela tem consequências que podem arruinar o que você estiver tentando fazer. Mas você resolverá isso.

A saúde estará boa neste mês. Você vai ter energia em abundância e, por ser de Capricórnio, a usará com sabedoria. A saúde neste mês (sobretudo após o dia 11) será tanto sobre "parecer bem" quanto sobre saúde. A boa notícia é que a aparência pessoal vai brilhar. Do seu jeito comedido, brando, você vai exalar o carisma e o poder das celebridades. Sua imagem terá mais graça e elegância. O seu senso de estilo (em especial até o dia 18) será impecável. Não haverá dificuldade para atrair o sexo oposto, exceto por aquilo que mencionamos. Você precisa ficar um pouco mais caloroso: demonstre amor e calor humano às pessoas.

Oitenta por cento e, às vezes, noventa por cento dos planetas estarão no independente setor oriental do seu mapa. Exatamente em janeiro, você se encontrará no período de independência máxima. Poderá e deverá fazer as coisas à sua maneira. Poderá e deverá levar a vida do seu jeito. Se houver condições que o aborreçam ou que sejam menos do que perfeitas, este será o momento de realizar as mudanças. Mais tarde, quando os planetas se deslocarem para o Oeste (em alguns meses), será mais difícil executá-las. Sua felicidade dependerá de você.

Muitos capricornianos fizeram aniversário no mês passado e outros tantos farão neste mês. Assim, o seu ciclo solar pessoal será na fase crescente (do seu aniversário em diante). O ciclo solar universal entrou na fase crescente no dia 21 do mês passado. TODOS os planetas estarão em movimento direto neste mês. Por isso, você vai se encontrar em um período realmente bom para começar novos empreendimentos ou lançar produtos. O momento ideal será entre os dias 17 e 30 (quando a Lua estará Crescente).

Um eclipse lunar no dia 31 ocorrerá na sua Oitava Casa, por isso, evite situações perigosas nesse período. O cônjuge, parceiro ou interesse amoroso atual pode estar passando por uma crise pessoal ou financeira e precisará fazer mudanças. O seu relacionamento atual vai ser colocado à prova.

FEVEREIRO

Melhores dias: 2, 3, 11, 12, 21, 22
Dias mais tensos: 4, 5, 19, 25, 26
Melhores dias para o amor: 4, 5, 14, 15, 16, 25, 26
Melhores dias para o dinheiro: 6, 7, 10, 14, 15, 16, 17, 19, 20, 25, 26, 28
Melhores dias para a carreira: 4, 5, 16, 25, 26

No mês passado, um eclipse lunar acarretou mudanças financeiras para o cônjuge, parceiro ou interesse amoroso atual. O eclipse solar do dia 15 deste mês trará mais do mesmo, mas você também será obrigado a realizar mudanças financeiras importantes. Esse eclipse ocorrerá na sua Casa do Dinheiro. É provável que essas mudanças sejam boas, pois você estará em meio a um pico financeiro anual, mas poderão ser desconfortáveis enquanto estiverem ocorrendo. É frequente as pessoas mudarem de bancos, corretores, planejadores financeiros ou investimentos durante esse tipo de eclipse. Surgirão momentos dramáticos na vida das pessoas ricas da sua vida. O eclipse lunar do mês passado e o eclipse deste mês poderão trazer experiências próximas da morte, como esbarrões ou encontros com ela. Portanto, não há necessidade de piorar os problemas: nesse período, evite situações potencialmente perigosas ou tensas. Os relacionamentos das pessoas ricas da sua vida serão testados.

Apesar das reformulações causadas pelo eclipse, este mês deverá ser próspero. Você vai estar em meio a um pico financeiro anual. A Casa do Dinheiro estará forte e, assim, o poder de ganho vai ser favorecido. Será um bom mês para pagar ou fazer dívidas, dependendo da sua necessidade. Haverá boa colaboração financeira entre você, o cônjuge, o parceiro ou o interesse amoroso atual.

O amor não deverá ser grande destaque neste mês. Uma vez que a agitação do eclipse lunar de janeiro passe e você lide com os ressentimentos em seu relacionamento, as coisas irão se acalmar.

A saúde e a energia continuarão boas. Você poderá melhorá-las seguindo as indicações mencionadas na "Previsão Anual" e também por meio de massagens nas panturrilhas e nos tornozelos (até o dia 18) e nos pés (do dia 18 em diante).

Este será outro mês excelente para dar início a novos projetos ou empreendimentos, caso isso ainda não tenha sido feito. Você estará em um ciclo solar pessoal e universal crescente. TODOS os planetas vão estar em movimento direto (o que é muito raro) e, assim, você verá um progresso mais rápido. Evite o eclipse; porém, do dia 16 em diante, durante a Lua Crescente, será o melhor momento do mês para essas coisas.

O poder planetário estará, agora, no lado da noite (a metade inferior) do seu horóscopo. Portanto, neste momento, você será mais uma pessoa da noite do que uma pessoa do dia. Você sempre é ambicioso, mas as ambições terão mais êxito se o lar e a família estiverem sólidos. Inclinar-se ao seu bem-estar emocional ajudará na carreira mais adiante.

MARÇO

Melhores dias: 1º, 2, 10, 11, 12, 20, 21, 29, 30
Dias mais tensos: 3, 4, 18, 19, 24, 25, 31
Melhores dias para o amor: 6, 7, 8, 16, 17, 18, 19, 24, 25, 26, 27
Melhores dias para o dinheiro: 6, 7, 9, 13, 14, 15, 16, 17, 18, 19, 24, 25, 27
Melhores dias para a carreira: 3, 4, 8, 18, 19, 26, 27, 31

O lar e a família serão os destaques principais deste mês. O foco estará neles. Qualquer pessoa que já tenha tido uma casa sabe que sempre existe alguma coisa a ser feita nela: parafusos precisam ser apertados, eletrodomésticos necessitam de ajustes ou reparos, pinturas descascadas têm de ser retocadas, o curto-circuito do chuveiro elétrico precisa ser consertado... e a lista continua. Esta será a hora de lidar com essas coisas.

A sua Quarta Casa ficará muito poderosa do dia 20 em diante (mas você sentirá isso antes mesmo dessa data). Acrescente a isso o fato de que Marte, o senhor da sua Quarta Casa, entrará no seu signo no dia 17, e o foco será significativamente ampliado.

A entrada do senhor da Quarta Casa na sua Primeira Casa indica bom apoio familiar. Sugere a dedicação (maior do que o comum) do pai, da mãe ou de uma figura paterna ou materna. Às vezes, isso indica que ele ou ela irá passar uns dias com você.

Vênus, o seu planeta da Carreira, ficará na sua Quarta Casa do dia 6 em diante. O lar e a família serão sua verdadeira profissão. Todos os caminhos levarão a Roma no horóscopo deste mês.

A mensagem do horóscopo será: alcance a harmonia emocional e acerte a situação familiar, pois, com isso, a carreira e as finanças, de certa forma, entrarão nos eixos.

Embora não haja um pico financeiro em março, este será um mês de prosperidade (assim como o próximo mês). O seu planeta das Finanças, Urano, vai receber estímulos positivos. Vênus viajará com Urano entre os dias 28 e 29, o que aponta para sorte em especulações e dinheiro obtido de maneira feliz. Você poderá ganhar dinheiro com facilidade e, provavelmente, gastá-lo com coisas divertidas. Vênus e Mercúrio farão ótimos aspectos com Júpiter, indicando boas oportunidades de emprego e prosperidade para filhos e enteados.

A saúde precisará de mais observação do dia 20 em diante. Como sempre, o mais importante será descansar bastante. Não se canse excessivamente. A baixa de energia é a doença primária. Melhore a saúde por meio de massagens na cabeça, no rosto e no couro cabeludo a partir do dia 6. Isso vai fortalecer não apenas essas áreas, mas todo o corpo. Exercícios físicos também serão importantes. Você precisará de um bom tônus muscular. Terapias de calor — em banheira de hidromassagem e em saunas seca e a vapor — serão benéficas. Acima de tudo, preserve a saúde emocional. Mantenha uma disposição de ânimo positiva e construtiva. Evite a depressão como uma praga.

ABRIL

Melhores dias: 7, 8, 16, 17, 25, 26
Dias mais tensos: 1º, 14, 15, 21, 22, 27, 28
Melhores dias para o amor: 4, 5, 7, 8, 14, 15, 16, 17, 21, 22, 25, 27
Melhores dias para o dinheiro: 2, 3, 6, 9, 10, 11, 12, 13, 15, 21, 22, 24, 29, 30
Melhores dias para a carreira: 1º, 7, 8, 16, 17, 27, 28

Continue a dar mais atenção à saúde neste mês. Faça o melhor que puder para manter altos níveis de energia. Melhore a saúde das maneiras que sugerimos no mês passado — massagens na cabeça, no rosto e no couro cabeludo serão benéficas. Exercícios físicos serão bons, assim como terapias de calor. Se você se sentir indisposto, o bom e velho Sol lhe fará bem. A saúde e a energia vão melhorar significativamente após o dia 20. Será como mágica.

Marte no seu signo durante todo o mês indica dedicação e interesse da família. Os capricornianos raramente são precipitados, porém, neste mês, serão um pouco mais do que o habitual. A impaciência poderá ser um problema. Você vai querer que as coisas sejam feitas às pressas (para ontem), e essa afobação poderá provocar acidentes ou lesões. Seja cuidadoso no plano físico. Observe o seu temperamento.

A sua Quarta Casa, a do Lar e da Família, permanecerá muito forte até o dia 20, portanto, continue a prestar mais atenção nessa área. O seu planeta da Carreira, Vênus, passará a maior parte do mês (até o dia 24) na sua Quinta Casa. Isso indica dedicação a filhos e enteados. Sugere que uma abordagem criativa será necessária na carreira. As ideias chegarão a você.

Com o lado da noite do seu mapa ainda dominante neste mês, persiga a carreira pelos métodos da noite, e não pelos métodos do dia. Visualize, medite, posicione-se emocionalmente onde você quiser estar. Ações diretas acontecerão naturalmente no momento certo — nada poderá impedir que sua imagem se manifeste, exceto as suas próprias negações internas.

Um mês de prosperidade. O Sol viajará com o seu planeta das Finanças do dia 17 ao dia 19. Isso trará crescimento financeiro e oportunidades para você e para seu cônjuge, parceiro ou interesse amoroso atual. Haverá boa colaboração financeira entre vocês.

O amor não deverá ser um grande destaque neste mês. Vai ser algo basicamente bom, e tenderá a ficar como está. Isso indica satisfação com o que existe. No entanto, se surgirem problemas no amor, será, provavelmente, por falta de atenção, ou de foco. De modo geral, o amor irá melhor entre os dias 16 e 29, na Lua Crescente. Isso dará mais energia e entusiasmo aos assuntos sociais. O seu encanto social estará mais forte. O dia 20, com a Lua em seu perigeu (ponto da órbita em que ela fica mais próxima da Terra), também deverá ser bom para a vida social.

MAIO

Melhores dias: 4, 5, 14, 15, 22, 23, 31
Dias mais tensos: 11, 12, 13, 18, 19, 24, 25
Melhores dias para o amor: 4, 5, 7, 8, 14, 15, 17, 18, 19, 24, 26
Melhores dias para o dinheiro: 3, 7, 8, 9, 10, 13, 18, 19, 22, 26, 27, 31
Melhores dias para a carreira: 7, 8, 17, 24, 25, 26

No dia 20 de abril você deu início a um dos seu picos anuais de prazer pessoal. Divertir-se e aproveitar a vida não é ociosidade (desde que a pessoa não exagere, e não é provável que você exagere). Ao contrário, isso levará a mais produtividade no final do mês. O lazer — a atitude despreocupada — vai recarregar as baterias para que o trabalho transcorra mais suavemente depois. Este será um momento muito bom para entrar em férias, se possível, isto é, caso você tenha livre escolha. Se não tiver, faça do seu mês um período de miniférias exatamente onde você estiver. Diversão e felicidade irão, de fato, melhorar sua saúde neste mês, sobretudo após o dia 13.

No dia 16, o seu planeta das Finanças, Urano, fará um movimento importante ao entrar na sua Quinta Casa também. Com isso, o lazer, a diversão e a criatividade pessoal (uma forma de diversão) serão também lucrativos. Uma ótima ideia ou um insight poderão lhe ocorrer no resort, na quadra de esportes ou no teatro. Talvez você estabeleça uma importante relação financeira nesses lugares. Nos próximos meses, você vai aproveitar mais sua riqueza, e é assim que deve ser.

O poder planetário se mudou para o setor social (o setor ocidental) do seu mapa. Muitos planetas ainda permanecerão no setor do Eu (o setor oriental). O setor social estará muito longe de ser dominante, porém vai estar mais forte do que esteve ao longo do ano. Portanto, comece a cultivar mais as habilidades sociais. Torne-se um pouco mais caloroso. Projete mais amor e calor humano nos outros. O seu desafio, agora, será conciliar os seus interesses com os interesses das pessoas. Não vai ser tudo do seu jeito, como foi no início do ano. Às vezes, você terá de ceder; outras vezes, agirá de acordo com o seu interesse pessoal. E quando você seguir o seu interesse pessoal, fará isso com mais elegância, com o mínimo de ofensa aos outros.

No dia 21, quando o Sol entrar na sua Sexta Casa, você já não estará mais com a necessidade preponderante de diversão, e sim com ânimo para trabalhar. Agora você vai trabalhar porque quer, e não porque tem de fazer isso. Portanto, será bom para alcançar objetivos profissionais.

A saúde estará boa neste mês. E vai ficar ainda melhor com a saída de Marte do seu signo no dia 16. Até o dia 13, melhore a saúde por meio de massagens no couro cabeludo, na cabeça e no rosto. Um bom tônus muscular ainda será importante, por isso, mantenha os exercícios. No dia 13, com a entrada do seu planeta da Saúde em Touro, dê mais atenção ao pescoço e à garganta. Não deixe a tensão se acumular nos músculos do pescoço. Libere-a com massagens regulares.

JUNHO

Melhores dias: 1º, 2, 10, 11, 18, 19, 28, 29
Dias mais tensos: 8, 9, 14, 15, 20, 21, 22
Melhores dias para o amor: 3, 4, 6, 7, 12, 13, 14, 15, 16, 23, 24
Melhores dias para o dinheiro: 1º, 3, 4, 5, 6, 7, 10, 14, 15, 18, 23, 24, 28, 30
Melhores dias para a carreira: 6, 7, 16, 20, 21, 22, 23, 24

A obstinação e a autoafirmação têm se mantido fortes durante todo o ano, mas agora, com Saturno em retrogradação (desde 18 de abril) e com muitos planetas no setor Oeste (o setor social) do seu mapa, essas qualidades serão abrandadas. Algo bom. Você dará início a um pico anual de amor e vida social no dia 22 e vai querer cultivar mais suas habilidades sociais.

O poder na sua Sexta Casa desde 21 de maio será excelente para os que estiverem em busca de emprego. Também será bom para quem emprega pessoas. Filhos e enteados terão um mês financeiro favorável. A ênfase na saúde neste período será vantajosa para você até depois do dia 22, quando a saúde ficará mais delicada. Até o dia 12, melhore-a por meio de massagens nos ombros (como mencionamos na "Previsão Anual"). Após essa data, preste mais atenção na alimentação. O estômago deverá estar mais sensível. Também após o dia 12, uma boa saúde social, isto é, uma vida amorosa e um casamento saudáveis, serão parte do senso de saúde. Faça o melhor que puder para manter a harmonia social.

Os capricornianos que já estiverem em um relacionamento verão o cônjuge, parceiro ou interesse amoroso atual prosperar neste mês, sobretudo após o dia 22. Os solteiros se sentirão atraídos por pessoas ricas, com boa renda. A riqueza será um estímulo amoroso. Haverá também atração por pessoas poderosas, de posição e status elevados. Você conhecerá esse tipo de pessoa em junho. No caso dos solteiros, serão três relacionamentos importantes. De modo geral, o melhor período para o amor será entre os dias 13 e 23, quando o seu planeta do Amor estará crescente. O dia 14 vai ser especialmente bom, uma vez que o planeta do Amor estará em seu perigeu (o ponto da órbita em que ele fica mais próximo da Terra).

As finanças estarão boas neste mês. O seu planeta das Finanças continuará na Quinta Casa. Portanto, seja criativo nas finanças. A vida financeira deverá ser não apenas abundante, mas "algo belo", uma obra de arte. Adote uma abordagem artística nessa área. Os capricornianos que realizam artes criativas vão descobrir que o seu trabalho será mais vendável nestes dias. O seu planeta das Finanças fará ótimos aspectos com Saturno o mês todo, o que é outro indicador de prosperidade. Os seus ganhos virão de maneiras agradáveis e confortáveis. Marte na Casa do Dinheiro durante todo o mês indica mais agressividade nas finanças, porém também aponta para mais apoio familiar. Muitas vezes, com essa posição, a pessoa tem ganhos provenientes do lar — seja de um escritório em casa, seja da realização de negócios no espaço doméstico.

JULHO

Melhores dias: 7, 8, 16, 17, 25, 26
Dias mais tensos: 5, 6,12, 13, 18, 19
Melhores dias para o amor: 3, 4, 5, 6, 12, 13, 16, 21, 22, 25, 26
Melhores dias para o dinheiro: 1º, 7, 12, 13, 16, 20, 21, 25, 27, 28, 29
Melhores dias para a carreira: 5, 6, 16, 18, 19, 25, 26

O seu pico anual de amor e vida social estará no auge neste mês. Você conhecerá todo tipo de pessoa. Portanto, é compreensível que esses novos relacionamentos (e alguns existentes) sejam colocados à prova. O eclipse solar do dia 13 desempenhará essa função.

Esse eclipse ocorrerá na sua Sétima Casa, a do Amor. Ele o afetará intensamente, por isso pegue leve nesse período. Bons relacionamentos, aqueles que forem sólidos por natureza, sobreviverão ao eclipse e vão até melhorar. No entanto, de modo geral, não é agradável quando a roupa suja vem à tona para ser lavada. Esse eclipse testará não apenas os relacionamentos, mas também as amizades. Plutão, o seu planeta dos Amigos, será impactado. O teste dos relacionamentos poderá acontecer de diversas formas. Em alguns casos, será devido à dinâmica do próprio relacionamento. Em outros, será em decorrência de dramas pessoais na vida da pessoa amada ou de amigos. Esse eclipse terá impacto nas finanças do cônjuge, parceiro ou interesse amoroso atual. Serão necessárias mais correções de rumo. Vimos isso no eclipse solar de 15 de fevereiro. As finanças do pai, da mãe ou de uma figura paterna ou materna precisarão igualmente de correção de rumo. Computadores e aparelhos de alta tecnologia são temperamentais e, muitas vezes, precisarão de reparos ou substituição. Como o planeta eclipsado (o Sol) rege a sua Oitava Casa, poderão ocorrer experiências ligadas à morte ou outros encontros psicológicos com a morte. (Mais um motivo para pegar leve nesse período.) A vida física não é garantida. Ela pode terminar a qualquer momento. O Cosmos fará (de sua maneira inigualável) com que você se lembre de ter uma postura séria diante da vida e do que veio fazer aqui.

O eclipse lunar do dia 27 terá impacto nas finanças. Ele ocorrerá na sua Casa do Dinheiro. Acontecerão eventos que vão lhe indicar que a sua estratégia e o seu pensamento financeiros são incorretos ou não realistas. As mudanças serão necessárias, e, muitas vezes, dramáticas. Esse eclipse também colocará o amor à prova. A Lua, o planeta eclipsado, é o seu planeta do Amor. Por isso, o cônjuge, o parceiro ou o interesse amoroso atual deverá pegar leve nesse período. Ele ou ela também poderá ter encontros com o ceifador. Como Marte será impactado, surgirão momentos dramáticos no lar e talvez reparos inesperados na casa. Os membros da família estarão mais temperamentais nesse período e será necessário ser mais paciente com eles.

AGOSTO

Melhores dias: 4, 5, 12, 13, 21, 22, 31
Dias mais tensos: 1º, 2, 3, 8, 9, 14, 15, 29, 30
Melhores dias para o amor: 2, 3, 5, 8, 9, 10, 11, 14, 15, 20, 24, 25, 31
Melhores dias para o dinheiro: 4, 8, 9, 12, 16, 17, 21, 24, 25, 26, 27, 31
Melhores dias para a carreira: 5, 14, 15, 24, 25

Justamente quando você estiver pensando que toda a agitação terminou, acontecerá outro eclipse solar, agora no dia 11. Como ele ocorrerá na sua Oitava Casa (e impactará o senhor dessa Casa), a morte e encontros com a morte serão o tema principal. Você não vai morrer fisicamente (é bem provável), porém terá encontros psicológicos com a morte. Aparentemente, o Cosmos, em sua sabedoria, considera necessário lembrá-lo desse assunto de novo. A vida na Terra é curta. Pode terminar a qualquer momento. Dê início ao trabalho que você nasceu para fazer. Siga em frente com a sua verdadeira missão na vida. Não continue a adiá-la. Este será o momento. A morte ou os encontros com ela têm um jeito mágico de cortar todas as frivolidades que nos ocupam, fazendo com que nos concentremos no que é essencial. Esse é o objetivo nesse caso. Mais uma vez, será necessária uma mudança nas finanças do cônjuge, parceiro ou interesse amoroso atual. Serão modificações financeiras mais dramáticas. (Essas mudanças deverão ser positivas, uma vez que ele ou ela estará em um pico financeiro anual neste mês.)

A saúde vai estar boa neste mês e ficará bem melhor após o dia 22. Você poderá torná-la ainda melhor dando mais atenção ao coração. Massageie os pontos que produzem reflexos no coração. Massagens no peito e terapias de calor serão benéficas. Os regimes de desintoxicação também deverão ser extraordinariamente eficazes.

O seu planeta das Finanças, Urano, entrará em movimento retrógrado no dia 7. Isso continuará por muitos meses. Os ganhos serão bons, porém talvez mais lentos do que o habitual. Ocorrerão mais atrasos. Este será um momento propício para analisar a vida financeira e obter clareza mental nessa área. Você não pode paralisar sua vida financeira por muitos meses, mas, se tiver de tomar decisões ou fazer investimentos importantes, estude melhor o assunto. As coisas não serão o que parecem. Solucione todas as dúvidas (da melhor maneira possível).

Vênus terá o seu solstício entre os dias 5 e 9. Ele fará uma pausa nos céus (em seu movimento latitudinal) e, depois, mudará de direção. Filhos e enteados deverão fazer o mesmo. Uma pausa seguida de uma mudança de direção também acontecerá em sua vida profissional.

O lado do dia do seu horóscopo estará muito forte agora, aproximando-se da posição do meio-dia (que acontecerá no próximo mês). Por isso, será bom concentrar-se na carreira e deixar de lado, por algum tempo, os assuntos do lar e da família.

SETEMBRO

Melhores dias: 1º, 9, 17, 18, 19, 27, 28
Dias mais tensos: 4, 5, 11, 12, 25, 26
Melhores dias para o amor: 1º, 2, 3, 4, 5, 9, 13, 18, 19, 22, 23, 29
Melhores dias para o dinheiro: 1º, 4, 5, 8, 9, 13, 14, 17, 20, 21, 22, 23, 24, 27
Melhores dias para a carreira: 2, 3, 11, 12, 13, 22, 23

O seu planeta das Finanças ainda ficará retrógrado neste mês, mas a prosperidade continuará, apesar de atrasos e falhas. Tenha em mente nossa discussão do mês passado. Marte voltará para sua Casa do Dinheiro no dia 11. Isso indica a importância do apoio familiar e das relações familiares para as finanças. Você poderá gastar mais com o lar e com a família, no entanto, também obterá ganhos por meio deles.

O Sol, o senhor da sua Oitava Casa, permanecerá na sua Nona Casa até o dia 22. Assim, uma desintoxicação saudável acontecerá na sua vida religiosa e filosófica. Uma depuração de crenças e superstições que não faziam parte de você. Será bom colaborar com esse processo. Falsas crenças — uma perspectiva falsa da vida — têm impacto em todas as áreas da vida e criam todos os tipos de problemas.

O principal destaque do mês será a carreira. Vênus vai ficar na sua Décima Casa até o dia 9. Ele estará em seu próprio signo e em sua própria Casa e, assim, mais poderoso a seu favor. No dia 22, tanto Mercúrio quanto o Sol entrarão na sua Décima Casa, e você dará início a um pico profissional anual. Este será um mês de sucesso.

A presença de Mercúrio na sua Décima Casa do dia 22 em diante indica um bom profissionalismo. Aponta para a necessidade de trabalhar mais pelos objetivos profissionais. O Sol na sua Décima Casa dará qualidade estelar à carreira. Além disso, indica que chefes, o pai, a mãe ou uma figura paterna ou materna passarão por cirurgias ou por experiências ligadas à morte. Você enfrentará experiências relacionadas à morte na vida profissional. Contudo, como sabem os nossos leitores assíduos, após a morte (ou a quase morte) vêm a ressurreição e condições que serão melhores do que as anteriores. Portanto, haverá "sustos" na carreira, seguidos de novos pontos altos.

A saúde precisará de mais atenção após o dia 22. A boa notícia é que você estará atento a essa área. O seu planeta da Saúde vai estar no topo do mapa, no alto das suas prioridades. Melhore a saúde seguindo as indicações mencionadas na "Previsão Anual". Mas neste mês poderemos adicionar algumas coisas. Até o dia 6, continue com a massagem no peito e concentre-se no coração. Entre os dias 6 e 22, o intestino delgado será mais importante. Faça mensagens regulares em seu ponto reflexo. Terapias "baseadas na terra" serão poderosas nesse período: máscaras e banhos de lama, tratamentos com argila, entre outros. Após o dia 22, dê mais atenção aos rins e quadris.

OUTUBRO

Melhores dias: 6, 7, 15, 16, 25, 26
Dias mais tensos: 2, 3, 8, 9, 22, 23, 29, 30
Melhores dias para o amor: 1º, 2, 3, 8, 9, 10, 11, 18, 19, 20, 21, 29, 30
Melhores dias para o dinheiro: 2, 3, 6, 10, 11, 15, 17, 18, 19, 20, 21, 24, 25, 29, 30
Melhores dias para a carreira: 2, 3, 8, 9, 10, 11, 20, 21, 29, 30

A vida social, sobretudo a área das amizades, tem sido favorecida ao longo do ano. Júpiter está na sua Décima Primeira Casa o ano inteiro. Mas agora essa área se tornará ainda mais forte, mais destacada, mais feliz. Vênus passará o mês na sua Décima Primeira Casa. No dia 10, Mercúrio entrará nessa Casa e, no dia 23, será o Sol a ingressar nela. Isso significa muito poder. Some a isso a posição paralela de Saturno e Plutão (que também ocorreu no mês passado) e teremos mais indicação de felicidade social. Não vão ocorrer mudanças na vida amorosa, porém as amizades serão muito satisfatórias. Você deverá ser bastante popular com grupos e organizações.

A Décima Primeira Casa é onde "as esperanças e os desejos mais acalentados" se tornam realidade. Por isso, você vai vivenciar muitas dessas coisas neste mês. (É provável que tenha vivido essas experiências no ano passado também.) Mas, considerando a natureza humana, assim que elas se realizarem, um novo conjunto de "esperanças e desejos mais acalentados" nascerá. E isso continuará a se repetir.

Você permanecerá em um pico profissional anual até o dia 23. Portanto, um bom progresso na carreira seguirá ocorrendo. Por volta do dia 23, objetivos profissionais de curto prazo terão sido atingidos e o seu foco se transferirá para os amigos: os frutos do sucesso na carreira.

As finanças estarão um pouco complicadas neste mês. De um lado, o seu planeta das Finanças continuará retrógrado e no cauteloso signo de Touro. Isso sugere um movimento lento e constante nas finanças. No entanto, Marte, o planeta da Ação e do Risco, passará o mês na sua Casa do Dinheiro. Marte não é muito paciente. Ele quer tudo na hora. Assim, vai ser preciso conciliar esses dois ímpetos. Poderá ser necessário agir — e talvez correr algum risco —, mas somente depois que você tiver feito a devida averiguação e solucionado suas dúvidas. Se for correr riscos, faça isso com menos recursos do que pretendia, talvez com metade ou um quarto. Limite os riscos.

A saúde ainda precisará de atenção até o dia 23, porém melhorará significativamente dessa data em diante. Você sentirá a diferença. Para começar, não havia nada de errado com você. Era apenas falta de energia causada pelos movimentos planetários.

NOVEMBRO

Melhores dias: 2, 3, 11, 12, 21, 22, 29, 30
Dias mais tensos: 4, 5, 19, 20, 25, 26
Melhores dias para o amor: 4, 5, 6, 7, 8, 14, 15, 16, 17, 23, 24, 25, 26, 27
Melhores dias para o dinheiro: 2, 8, 10, 14, 15, 19, 20, 27, 28
Melhores dias para a carreira: 4, 5, 14, 15, 23, 24

Os interesses espirituais foram fortes em 2016 e 2017; neste ano, nem tanto. Mas agora, quando Júpiter entrar na sua Décima Segunda Casa, a da Espiritualidade, no dia 8, os interesses espirituais serão renovados e talvez ampliados. No dia 22, o Sol também ingressará na Décima Segunda Casa, fortalecendo ainda mais essa área. Avanços espirituais, que são experiências arrebatadoras, serão prováveis neste mês (e nos próximos 12 meses). Sua percepção extrassensorial estará mais acentuada. A vida onírica se tornará mais ativa. Vai ser um mês para o crescimento interno. E, pela lei espiritual, o crescimento interno se traduz no crescimento externo. Você verá isso no próximo mês. O pai, a mãe ou uma figura paterna ou materna também terá um mês mais espiritualizado do dia 16 em diante.

Urano, o seu planeta das Finanças, continuará retrógrado, indicando cautela na vida financeira. No dia 6, ele voltará a entrar em Áries, onde esteve pelos últimos sete anos. Isso favorecerá a obtenção de ganhos provenientes do lar e de escritórios instalados em casa ou da realização de negócios no espaço doméstico. A família e as relações familiares desempenharão, novamente, papel importantíssimo nas finanças. (Marte, o seu planeta da Família, ficará na Casa do Dinheiro até o dia 16, reforçando isso.) Com Urano em Áries e Marte na Casa do Dinheiro, a tendência é mandar a cautela às favas e buscar o "dinheiro rápido". Tenha cuidado. Urano ainda estará retrógrado.

Vênus entrou em movimento retrógrado em 5 de outubro e assim continuará, até o dia 16. Por isso, os assuntos da carreira ficarão mais complicados. Evite tomar decisões profissionais importantes até o dia 16. O objetivo, agora, será obter clareza mental sobre isso. Vênus passará o mês na sua Décima Casa, a da Carreira, o que será bom para a vida profissional. Contudo, após o dia 16, será melhor do que antes.

A saúde e a energia estarão muito melhores do que no mês passado, mas você poderá monitorá-las um pouco mais do dia 6 em diante. Como sempre, faça o melhor possível para manter altos os níveis de energia, pois essa é a primeira defesa contra as doenças. Com o seu planeta da Saúde na sua Décima Segunda Casa, a da Espiritualidade, durante todo o mês, você responderá bem a terapias espirituais, como meditação, reiki, imposição de mãos, invocação do Poder Superior e a manipulação de energias sutis. Se você se sentir indisposto, será apropriado consultar um terapeuta espiritual. Também será bom dar mais atenção ao fígado e às coxas. Massageie regularmente as coxas e pense em fazer uma desintoxicação do fígado com ervas. Terapias de calor serão benéficas neste mês: em saunas secas e a vapor e em banheira de hidromassagem.

DEZEMBRO

Melhores dias: 9, 10, 18, 19, 27, 28
Dias mais tensos: 2, 3, 16, 17, 23, 24, 29, 30
Melhores dias para o amor: 2, 3, 6, 7, 14, 15, 17, 23, 24, 27
Melhores dias para o dinheiro: 6, 7, 11, 12, 16, 17, 26
Melhores dias para a carreira: 2, 3, 14, 15, 23, 24, 29, 30

Os capricornianos não são propensos a excessos. Tendem a ser esguios e esbeltos. (Mas o horóscopo pessoal, elaborado com a data, a hora e o local exatos do nascimento, pode modificar isso.) A presença de Saturno e Plutão no seu signo favorece o corpo esguio também. No entanto, nos raros casos daqueles que precisem emagrecer, a entrada do Sol no seu signo no dia 21 favorecerá a perda de peso e os regimes de desintoxicação.

O poder planetário estará, agora, predominantemente no independente setor oriental do seu mapa. Você se encontrará na parte mais independente do seu ano (e isso valerá para janeiro também). Oitenta por cento e, às vezes, noventa por cento dos planetas vão estar no Leste. Por isso, você fará as coisas à sua maneira agora. As outras pessoas sempre devem ser respeitadas, porém você não precisará da aprovação delas. Este não será o momento de "agradar às pessoas", e sim de agradar a si mesmo. Você terá um bom poder agora para criar condições agradáveis e felizes para si mesmo. E deve aceitar essa oportunidade.

O amor não estará em destaque neste mês (embora as amizades e as atividades em grupo continuem ativas). De certa maneira, não haverá mudanças no amor. O seu entusiasmo e magnetismo social estarão mais fortes entre os dias 7 e 22, quando a Lua estará Crescente (a Lua é o seu planeta do Amor). O dia 24 será especialmente bom para o amor (apesar da Lua Minguante), pois a Lua estará em seu perigeu (ponto da órbita em que ela fica mais próxima da Terra) e também na sua Sétima Casa, a do Amor.

Você ainda se encontrará em um período espiritual muito forte até o dia 21. Reveja o que discutimos sobre isso no mês passado. O pai, a mãe ou uma figura paterna ou materna fará um avanço espiritual entre os dias 5 e 7. A consciência que essa pessoa vai ter disso dependerá de sua posição no caminho. Muitas vezes, essas coisas ocorrem sem que haja a percepção consciente, mas elas acontecem.

A saúde também estará bem melhor do que no mês passado. As terapias espirituais serão poderosas do dia 13 em diante, como discutimos em novembro. Este vai ser um bom período para você se aprofundar nas dimensões espirituais da saúde. Até o dia 13, os regimes de desintoxicação serão benéficos. Dê mais atenção ao cólon, à bexiga e aos órgãos sexuais. Sexo seguro e moderação sexual serão importantes.

Membros da família, especialmente o pai, a mãe ou uma figura paterna ou materna, devem ficar mais atentos ao plano físico entre os dias 5 e 7. Esteja consciente de seu corpo, concentre-se no que estiver fazendo.

♒

AQUÁRIO

O AGUADEIRO

Nascidos entre 20 de janeiro e 18 de fevereiro

PERFIL PESSOAL

AQUÁRIO EM UM RELANCE

Elemento: Ar
Planeta Regente: Urano
Planeta da Carreira: Plutão
Planeta da Saúde: Lua
Planeta do Amor: Vênus
Planeta das Finanças: Netuno
Planeta do Lar e da Vida Familiar: Vênus
Cores: azul-relâmpago, cinza, azul-ultramarino
Cores que promovem o amor, o romance e a harmonia social: dourado, laranja
Cor que propicia ganhos: verde-água
Pedras: pérola negra, obsidiana, opala, safira
Metal: chumbo
Perfumes: azaleia, gardênia
Qualidade: fixa (= estabilidade)
Qualidades essenciais ao equilíbrio: calor, sentimento e emoção
Maiores virtudes: capacidade intelectual; facilidade de compreender, formular e transmitir conceitos abstratos; amor ao novo; vanguardismo
Necessidades mais profundas: conhecer o novo e implementá-lo
Características a evitar: frieza, rebeldia gratuita, ideias fixas
Signos de maior compatibilidade: Gêmeos, Libra

Signos de maior incompatibilidade: Touro, Leão, Escorpião
Signo mais útil à carreira: Escorpião
Signo que fornece maior suporte emocional: Touro
Signo mais prestativo em questões financeiras: Peixes
Melhor signo para casamento e associações: Leão
Signo mais útil em projetos criativos: Gêmeos
Melhor signo para sair e se divertir: Gêmeos
Signos mais úteis em assuntos espirituais: Libra, Capricórnio
Melhor dia da semana: sábado

COMPREENDENDO A PERSONALIDADE AQUARIANA

Os nativos de Aquário apresentam faculdades intelectuais mais desenvolvidas do que qualquer outro signo zodiacal. Eles pensam de forma clara e científica. Exibem notória capacidade de raciocínio abstrato e de formular leis, teorias e regras claras com base na observação empírica de fatos. Os geminianos podem ser exímios coletores de informação, mas os aquarianos dão um passo além, interpretando primorosamente as informações obtidas.

As pessoas pragmáticas e voltadas para assuntos mundanos erroneamente tendem a considerar o pensamento abstrato como algo sem finalidade prática. É verdade que o reino da abstração nos afasta do universo físico, mas as descobertas efetuadas nesses domínios muitas vezes acabam exercendo tremendo impacto no resultado final. As maiores invenções e descobertas científicas originam-se nos domínios do abstrato.

O aquariano, mais do que ninguém, parece talhado para sondar as dimensões abstratas. Os que puderam explorar essas regiões bem sabem que são zonas frias, destituídas de emoções e sentimentos. Na verdade, a emotividade impede o funcionamento adequado nessas dimensões, o que pode transmitir aos nativos de outros signos a impressão de que os aquarianos são desprovidos de emoção. Não é que não sintam ou sejam incapazes de nutrir emoções profundas, apenas o excesso de sentimentalismo bloqueia sua capacidade de pensar e de inventar. Pessoas de alguns outros signos mal conseguem entender ou tolerar a ideia de que não seja possível para o aquariano exceder-se no plano sentimental, mas é essa objetividade que qualifica os nativos deste signo para o exercício da ciência, da comunicação e da amizade.

Os aquarianos são muito amigáveis, mas não fazem alarde dessa virtude. Agem da forma mais acertada para auxiliar seus amigos, mas jamais de forma passional ou afetada.

São apaixonados pela clareza de pensamento. E também adoram romper com a autoridade instituída. Comprazem-se em fazê-lo, pois encaram a rebelião como um jogo ou desafio. Costumam rebelar-se por puro prazer, sem sequer considerar se a autoridade que desafiam é legítima ou não. Os conceitos de "certo ou errado" não são tão rígidos na mente rebelde aquariana; desafiar a autoridade e o poder é uma questão de princípios.

Se Capricórnio e Touro tendem a errar por conservadorismo, Aquário tende a fazê-lo por sede de inovação. Sem essa virtude, no entanto, seria pouco provável que o mundo evoluísse. O conservadorismo entrava o progresso. A originalidade e a inventividade pressupõem a capacidade de demolir barreiras; cada nova descoberta representa a derrocada de um obstáculo ao livre pensamento. Os aquarianos se interessam vividamente por romper fronteiras e derrubar paredes, seja no campo científico, no político ou no social. Outros signos zodiacais, como Capricórnio, são dotados de aptidão científica, mas são os aquarianos que se destacam nas ciências sociais e humanas.

FINANÇAS

Nas finanças, os aquarianos procuram ser idealistas e humanitários, a ponto de beirar o autossacrifício. Contribuem generosamente para causas políticas e sociais. E, nesse sentido, diferem dos capricornianos e dos taurinos, que geralmente esperam alguma recompensa; os aquarianos são capazes de contribuir sem qualquer interesse.

Tendem a tratar as finanças com a mesma frieza e racionalidade com que administram a maior parte dos setores de suas vidas. O dinheiro é algo de que necessitam, e os aquarianos empregam métodos científicos para obtê-lo.

O dinheiro tem valor para um aquariano pelos bens que pode proporcionar. Jamais, como na visão de outros signos, pelo status que confere. Os aquarianos não são perdulários nem avarentos. Gastam seus recursos de forma prática, visando, por exemplo, facilitar o progresso pessoal, da família e até de estranhos.

Para atingir seu pleno potencial financeiro, contudo, eles devem explorar mais sua natureza intuitiva. Se seguirem apenas as teorias financeiras — ou as que eles julgam teoricamente corretas —, poderão sofrer perdas e decepções. Se, entretanto, fizerem uso da intuição, vão se sair bem melhor. Para os aquarianos, a intuição é o melhor atalho para o sucesso.

CARREIRA E IMAGEM PÚBLICA

Os aquarianos gostam de ser vistos não só como demolidores de barreiras, mas também como transformadores da sociedade e do mundo. Anseiam por reconhecimento nessas áreas e desempenham bem seu papel. Respeitam os que agem dessa forma e até esperam que seus superiores o façam.

Os aquarianos preferem empregos que envolvam boa dose de idealismo; procuram carreiras de cunho filosófico. Precisam engajar-se em trabalhos criativos nos quais tenham acesso à pesquisa de novas técnicas e métodos. Gostam de manter-se ocupados e de resolver os problemas de forma direta e imediata, sem perda de tempo. São trabalhadores ágeis, que geralmente têm sugestões que beneficiam os colegas. Os aquarianos são muito prestativos no ambiente de trabalho e aceitam de bom grado as responsabilidades, preferindo assumi-las a ter de receber ordens de terceiros.

Para realizar suas metas profissionais mais sublimes, eles precisam desenvolver a sensibilidade emocional, a profundidade de sentimentos e o ardor passional. É fundamental que aprendam a focalizar a atenção nas particularidades e a concentrar-se mais na tarefa que têm em mãos. Precisam aprender, ainda, a deixar que o "fogo da motivação" os incendeie por completo se desejam chegar ao topo. Quando essa paixão se fizer presente em suas vidas, obterão êxito em qualquer empreendimento a que se dedicarem.

AMOR E RELACIONAMENTOS

Os aquarianos são excelentes amigos, mas deixam um pouco a desejar como amantes. É claro que se apaixonam, mas seus pares sempre têm a impressão de terem um bom amigo ao seu lado, não um namorado propriamente dito.

Da mesma forma que os capricornianos, os nativos de Aquário não são propensos a demonstrações ostensivas ou arrebatadas de paixão e afetividade. Na verdade, ficam incomodados quando o cônjuge os toca ou acaricia demasiadamente. Não significa que não amem seus parceiros, apenas demonstram seu amor de outras formas. Curiosamente, tendem a atrair para si o tipo de relacionamento que mais os deixa acanhados: relações com pessoas calorosas, passionais, românticas e afetivas. Talvez intuam, saibam de maneira instintiva, que essas pessoas são detentoras de virtudes que eles não possuem, e por isso as procuram. De qualquer modo, a combinação parece funcionar bem. A frieza aquariana esfria um pouco o ardor do parceiro, enquanto o fogo da paixão aquece um pouco o sangue-frio do aquariano.

As principais qualidades que os aquarianos precisam cultivar no plano sentimental são o calor, a generosidade, a paixão e a alegria de viver. Eles adoram relacionamentos mentais. Nesse terreno, fazem jus à menção honrosa. Se a relação carecer de uma pitada de comunhão intelectual, seu amante aquariano, seguramente, se sentirá entediado ou insatisfeito.

VIDA DOMÉSTICA E FAMILIAR

Também na esfera doméstica e familiar os aquarianos tendem a agir de forma mutável, não convencional, e instável. Desejam abolir limites familiares tanto quanto anseiam por eliminar as pressões de qualquer ordem.

Mesmo assim, são bastante sociáveis. Gostam de manter um lar agradável, onde possam receber e entreter familiares e amigos. Suas casas são geralmente decoradas de forma moderna e abarrotadas de utensílios e instrumentos de última geração, que os aquarianos consideram indispensáveis.

A fim de terem uma vida doméstica saudável e satisfatória, eles precisam aprender a injetar nela um pouco de estabilidade e conservadorismo. Não é possível viver só de novidades. A durabilidade, a permanência e a constância são necessárias em pelo menos uma das esferas da vida; a doméstica e familiar parece a ideal.

Vênus, o planeta do Amor, rege também a Quarta Casa Solar aquariana, do Lar e da Vida Familiar, e isso indica que, em se tratando da família e da educação dos filhos, a teoria, o raciocínio frio e o intelecto não bastam. Os aquarianos precisam acrescentar amor a essa equação, para terem uma vida doméstica maravilhosa.

AQUÁRIO
PREVISÃO ANUAL PARA 2018

TENDÊNCIAS GERAIS

Este será um ano de muito sucesso, mas também repleto de mudanças e de momentos dramáticos. Talvez seja o sucesso que cause todo o drama, pois ele mudará a dinâmica familiar e social ou, talvez, seja o contrário. As mudanças na dinâmica familiar e social deixarão você livre para obter mais sucesso. Esses dois cenários poderão ocorrer.

Júpiter passará a maior parte do ano na sua Décima Casa, a da Carreira. Isso é um sinal clássico de crescimento e sucesso profissional. Um sinal de promoção, de ascensão na empresa ou de status profissional. Júpiter ficará na Décima Casa até 8 de novembro.

A mudança e os momentos dramáticos virão dos eclipses deste ano. Quatro dos cinco eclipses de 2018 terão impacto em sua vida amorosa. Dois deles o afetarão pessoalmente: na sua imagem e nos seus objetivos pessoais. Eles ocorrerão na sua Primeira Casa. Abordaremos isso em detalhes mais à frente.

A sua Décima Segunda Casa, a da Espiritualidade, tem estado forte por muitos anos. Plutão está nela desde 2008. Neste ano, Saturno se juntará a ele e ficará nessa Casa pelos próximos dois anos. Portanto, este será um ano especialmente espiritual — bem mais do que os últimos anos. Falaremos disso em detalhes mais adiante.

O ano de 2018 também deverá ser muito próspero. Júpiter fará ótimos aspectos com Netuno, o seu planeta das Finanças, durante quase todo o ano. O sucesso na carreira se traduzirá em aumento de ganhos. Abordaremos essa questão em detalhes mais à frente.

Netuno está na sua Casa do Dinheiro desde 2012. A presença desse planeta no seu próprio signo (Peixes) e na sua própria Casa (a Segunda) o deixa ainda mais forte a seu favor. Esse é outro indicador de aumento de ganhos.

Urano fará um movimento importante em 2018: sairá da sua Terceira Casa e entrará na sua Quarta Casa. Isso só acontece a cada sete anos mais ou menos. O trânsito não será completo neste ano. Na verdade, vai ser um flerte com a sua Quarta Casa, no período de 16 de maio a 6 de novembro. No entanto, em 2019, a partir de março, ele entrará na sua Quarta Casa, para ficar por um longo tempo. Assim, haverá mudanças e reformulações no lar e na família. Voltaremos a falar disso em detalhes mais adiante.

Os seus principais interesses neste ano serão: finanças; comunicação e interesses intelectuais (até 16 de maio e de 6 de novembro em diante); lar e família (de 16 de maio a 6 de novembro); carreira (até 8 de novembro); amigos, grupos e atividades em grupo (de 8 de novembro em diante); espiritualidade.

Os seus caminhos de maior realização neste ano serão: carreira (até 8 de novembro); amigos, grupos e atividades em grupo (de 8 de novembro em diante); amor e romance (até 17 de novembro); saúde e trabalho (a partir de 17 de novembro).

SAÚDE

(Trata-se de uma perspectiva astrológica sobre a saúde, não de uma visão médica. No passado, essas perspectivas eram idênticas, porém hoje podem ocorrer diferenças. Para obter uma opinião com base em diagnósticos da medicina convencional, consulte seu médico ou um profissional da saúde.)

A saúde deverá estar boa em 2018. O seu ano começará com apenas um planeta lento em aspecto tenso com você: Júpiter. De 16 de maio a 6 de novembro, Urano também vai estar em aspecto tenso, mas isso impactará principalmente os aquarianos nascidos no início do signo — entre 19 e 23 de janeiro. Os nascidos após esse período quase não sentirão isso, embora certamente venham a sentir nos próximos anos, quando Urano começar a se estabelecer em Touro.

A partir de 8 de novembro, não haverá planetas lentos em aspecto tenso com você.

Dois eclipses lunares (a quantidade usual) neste ano indicam mudanças no regime de saúde. Como isso vai acontecer duas vezes neste ano, essas mudanças parecerão mais "correções de rumo", e não algo sério.

Um eclipse solar na sua Sexta Casa poderá produzir mais mudanças no regime de saúde e, talvez, cause um susto em relação à saúde. Mas a sua saúde estará boa, e provavelmente isso não passará mesmo de um susto.

Embora a sua saúde esteja boa, ela pode ficar ainda melhor. Dê mais atenção às áreas a seguir, que são as mais vulneráveis do seu mapa.

Tornozelos e panturrilhas. São sempre importantes para o aquariano, pois o seu signo rege essas áreas. Massagens regulares nos tornozelos e nas panturrilhas deverão fazer parte do seu regime de saúde. Não será doloroso estender a massagem ao longo da tíbia, que é o osso da canela. Procure sentir os pontos frágeis e massageie-os. Proteja mais os tornozelos quando se exercitar.

Estômago. É sempre importante para os aquarianos. A alimentação sempre tem importância para vocês (embora não para todos). O que você for comer deverá ser analisado por um profissional. As suas necessidades alimentares poderão mudar de ano para ano e, até mesmo, de mês para mês. Assim, verificações frequentes serão necessárias. No entanto, tão importante quanto O QUE você come é COMO você come. Discutimos isso diversas vezes ao longo dos anos. O ato de alimentar-se precisa ser elevado, deixando de ser mero apetite animal para tornar-se um ato de adoração. As vibrações desse ato precisam ser elevadas. Por isso, as refeições deverão ser feitas de modo calmo e pacífico (o que não é fácil neste nosso mundo frenético, mas faça o melhor que puder). Se for possível ter uma bela e suave música tocando enquanto você come, tanto melhor. Mastigue bem os alimentos. Abençoe a comida e expresse gratidão por ela. Fazer uma prece com as suas próprias palavras antes e depois das refeições também será bom. Faça o melhor possível para "ritualizar" o ato de se alimentar. Isso elevará não apenas as vibrações do alimento (você receberá somente o que ele contiver de melhor e mais elevado), como também as vibrações do corpo e do sistema digestivo. Os místicos e mestres antigos entendiam isso muito bem, e quase todas as religiões têm rituais para a alimentação.

Seios. Isso se aplica mais às mulheres do que aos homens e, sobretudo, às aquarianas. Check-ups regulares serão uma boa ideia. Também será benéfico massagear a parte superior dos pés, pois isso se refletirá nos seios.

A Lua, o mais rápido de todos os planetas, é o seu planeta da Saúde. Por isso, haverá muitas tendências de saúde de curta duração que dependerão de onde a Lua vai estar e dos aspectos que receberá. Como a Lua se move com muita velocidade, um sintoma ou desconforto poderá aparecer brevemente e desaparecer com a mesma rapidez. A Lua simplesmente não estava no lugar certo quando o desconforto surgiu. Nada mais do que isso. Essas tendências passageiras serão discutidas em detalhes nas "Previsões Mensais".

LAR E FAMÍLIA

O lar e a família não vêm se destacando para você há muitos anos. De certa forma, essa área tem se mantido sem alterações. Isso estará prestes a mudar agora. Urano, o senhor do seu horóscopo, é um planeta muito poderoso, e ele começará a entrar em sua Quarta Casa. Em 2018, será um deslocamento rápido (pelos padrões de Urano), de apenas seis meses. Em 2019, porém, a partir de 7 de março, ele entrará na sua Quarta Casa para ficar por muito tempo. Mudanças grandes e repentinas estarão sendo fermentadas no círculo do lar e da família.

Um motivo fará com que você preste muito mais atenção nessa área. A carreira terá importância neste ano, você não poderá ignorá-la. A família, contudo, estará se tornando igualmente importante e, em 2019, terá mais relevância do que a vida profissional.

Você deverá se envolver mais pessoalmente nessa área. Estará mais dedicado à família e, sobretudo, ao pai, à mãe ou a uma figura paterna ou materna. Será muito inovador e criativo no lar. Vai renovar a casa quase que rotineiramente. Ano a ano, e talvez mês a mês, a casa física se modificará. Poderão ocorrer diversas mudanças e reformas nos próximos anos. Em 2018, é bem provável que seja apenas uma.

Urano na Quarta Casa indica que você vai trabalhar para criar um espírito de equipe na família. Você agirá para torná-la mais "igualitária". A hierarquia familiar será vista com desdém. Não haverá chefes, apenas colegas e, talvez, um treinador. Todos serão iguais. Todos farão o que for mais confortável para todos.

A casa será modernizada neste ano (e ainda mais nos próximos anos). Você vai instalar todos os mais recentes equipamentos de alta tecnologia. Alguns deles nem sequer foram inventados ainda, mas serão nos próximos anos.

Apesar do seu sucesso na carreira em 2018, você se identificará mais como uma "pessoa de família" do que com a sua "identidade profissional".

Mudanças e reformas poderão ocorrer de 16 de maio a 6 de novembro. No entanto, se você estiver interessado em embelezar a casa — em renovar a pintura ou reorganizar a mobília —, o período de 1º de abril a 20 de maio deverá ser o melhor. Também será bom para adquirir objetos decorativos para o lar.

O pai, a mãe ou uma figura paterna ou materna ficará mais agitado de 16 de maio a 6 de novembro. Haverá necessidade de mais liberdade pessoal, ou de reduzir as reponsabilidades. Essa pessoa parecerá mais inquieta e, provavelmente, viverá em lugares diferentes por longos períodos. O casamento dela será colocado à prova (o que se tornará mais intenso nos próximos anos). A boa notícia é que o seu cônjuge tentará, com insistência, manter a unidade. Isso será suficiente? Essa é uma pergunta em aberto.

Um irmão ou uma figura fraterna enfrentará dramas familiares também, que deverão ser de curta duração. Uma mudança não será provável. Filhos e enteados também terão um ano sem mudanças. Se eles estiverem na idade apropriada, haverá romance reservado a partir de 8 de novembro. Para filhos mais jovens, isso indica uma vida social mais ativa e a entrada de novos amigos em cena. Netos (se você os tiver) farão melhor se não se mudarem.

DINHEIRO E CARREIRA

Como mencionamos, você pode esperar por um ano de prosperidade e sucesso. 2018 vai ser um ano favorável para as finanças e para a carreira. Em muitos casos, dependendo da sua idade, será o melhor da sua vida. No entanto, mesmo para os aquarianos mais velhos, este ano vai estar "lá no topo", entre os melhores.

Júpiter, como dissemos, estará na sua Décima Casa até 8 de novembro, isto é, a maior parte do ano. Isso indica promoções e aumentos de salário. Você contará com o favorecimento financeiro de chefes, do pai, da mãe ou de uma figura paterna ou materna e de figuras de autoridade. Eles apoiarão os seus objetivos financeiros. Sua boa reputação profissional, que deverá ser zelosamente mantida, trará ganhos maiores também.

Amigos e relações sociais também garantirão um apoio incomum. Eles prestarão apoio financeiro e profissional. Você conhece pessoas em altas posições que lhe darão incentivos. Os amigos, de modo geral, terão mais sucesso neste ano.

Sua rede natural de relacionamentos e suas habilidades na área tecnológica impulsionarão a carreira e as finanças, assim como os seus dons naturais para lidar com grupos e organizações. Esses dons vão receber mais reconhecimento neste ano.

Netuno, como seu planeta das Finanças, indica boa intuição financeira, que é o atalho para a riqueza. Isso aponta para uma afinidade com empresas de setores relacionados à agua, como abastecimento, transporte marítimo, estaleiros, indústria pesqueira e tratamento e engarrafamento de água. Também pode indicar afinidade com outras empresas ligadas a Netuno, como as das áreas de petróleo, gás natural e produtos farmacêuticos envolvidos com anestesia, controle do humor ou analgésicos. Essas companhias poderão ser interessantes como investimento, negócios ou local de trabalho. É possível que pessoas que atuam nessas organizações sejam importantes em sua vida financeira; assim, indiretamente, você lucrará com empresas desse tipo.

Você vem sendo idealista nas finanças há muitos anos, mas isso se intensificou nos últimos tempos. Você estará mais caridoso do que o usual. Quando ouvir uma história triste, sua carteira ou sua bolsa se abrirá. De modo geral, você vai gostar de contribuir com causas espirituais ou altruísticas.

Você gastará mais com buscas espirituais, porém também poderá ganhar com elas.

A orientação e as informações financeiras irão chegar por meio de sonhos, visões, videntes, astrólogos, tarólogos e canais espirituais. Serão tipos específicos de orientação. Tem sido assim por alguns anos, mas agora será mais intenso.

As finanças estarão favorecidas ao longo de todo o ano, no entanto, os períodos de maior prosperidade serão de 18 de fevereiro a 20 de março, de 21 de junho a 23 de julho e de 23 de outubro a 21 de novembro.

Os períodos mais tensos para as finanças tenderão a ser de 21 de maio a 20 de junho, de 23 de agosto a 22 de setembro e de 22 de novembro a 21 de dezembro. Tudo isso significa que você terá de trabalhar mais duro do que o habitual para alcançar seus objetivos.

AMOR E VIDA SOCIAL

A sua Sétima Casa não será uma Casa de Poder neste ano, por isso, não é provável que o amor e o romance sejam uma questão importante. Apesar disso, haverá felicidade nessa área. O nodo norte da Lua vai ocupar sua Sétima Casa até 17 de novembro.

Essa felicidade deverá ser algo constante. Você ficará feliz com as coisas do jeito que elas estiverem. Os solteiros provavelmente se sentirão felizes sendo solteiros.

No entanto, como mencionamos, surgirão reformulações e distúrbios: o relacionamento atual será colocado à prova. O cônjuge, o parceiro ou o interesse amoroso atual também sentirá esses testes. Dois eclipses acontecerão na sua Sétima Casa e dois, no seu próprio signo. Esses eclipses serão fortes. Além disso, três eclipses solares do seu planeta do Amor, o Sol, também indicam momentos dramáticos e confusão. (Sua vida amorosa costuma ser colocada à prova duas vezes por ano, mas em 2018 isso acontecerá quatro vezes, o dobro da quantidade habitual.)

Eclipses tendem a trazer à tona ressentimentos reprimidos ocultos em um relacionamento. Todo relacionamento os enfrenta. Nenhuma relação humana, mortal, é perfeita. Apenas o Divino é perfeito. Assim, a roupa suja vai aparecer para ser lavada. Bons relacionamentos, aqueles que são basicamente sólidos, em geral, sobrevivem a isso e se tornam até melhores. A poeira assenta e correções são feitas. Mais tarde, você e a pessoa amada poderão olhar para trás e rir do incidente. Mas os relacionamentos problemáticos poderão facilmente se dissolver por causa desses baques.

Em alguns casos, o eclipse não trará roupa suja à tona, mas desencadeará momentos dramáticos (pessoais ou na vida do amor atual). Isso poderá testar os relacionamentos ou impor ajustes. A relação precisará mudar por causa disso.

Os testes da vida amorosa não costumam ser agradáveis, porém são bons. É assim que sabemos se o amor é real. É sempre nos momentos difíceis que descobrimos isso.

Abordaremos os eclipses em detalhes nas "Previsões Mensais".

Como o seu planeta do Amor, o Sol, é rápido, em determinado ano ele passa por todas as Casas e signos do seu horóscopo. Por isso, as oportunidades românticas poderão acontecer de várias maneiras e com diversas pessoas, dependendo de onde o Sol estiver e dos aspectos que recebará. Discutiremos melhor essas tendências de curta duração nas "Previsões Mensais".

Os aquarianos tendem a se sair melhor nas amizades do que no amor com compromisso. Eles gostam de sua liberdade e independência. E essa área se tornará muito feliz, muito vasta, a partir de 8 de novembro. Júpiter entrará na sua Décima Primeira Casa, a dos Amigos — a própria Casa e o próprio signo desse planeta, o local onde ele é mais poderoso — e expandirá toda essa área. Com isso, novos e importantes amigos entrarão em cena. Os objetivos profissionais serão atingidos, de certa maneira, até 8 de novembro, e você começará a acumular as recompensas do sucesso na carreira: um círculo social melhor e mais elevado.

AUTOAPRIMORAMENTO

Saturno, o seu planeta da Espiritualidade, estará no seu próprio signo e na sua própria Casa pelos próximos dois anos. Isso indica que ele vai operar de modo mais poderoso do que o usual. Esse planeta se encontrará em seu próprio lar, em sua área de conforto. Estará forte.

Isso vai enfatizar tendências que existem há alguns anos. Espiritualmente, será importante para você. Contudo, a mensagem do horóscopo é: se você quiser progredir e ser bem-sucedido nessa área, precisará ser muito disciplinado e metódico em relação a ela. Necessitará de um regime diário e disciplinado. Sua prática espiritual deverá se tornar parte do seu estilo de vida.

Você tende a ser muito experimental em relação às coisas. Gosta de inovação e mudança. Na vida espiritual, porém, Saturno estará dizendo que os métodos tradicionais são melhores. Em vez de buscar o que é novo e o que segue uma tendência, aprofunde-se nos caminhos tradicionais. Entenda-os mais a fundo.

Há muitos anos, Plutão, o seu planeta da Carreira, está na sua Décima Segunda Casa, a da Espiritualidade, e ficará nela por muitos anos mais. Isso está gerando uma série de efeitos. Você tem buscado um tipo de carreira mais espiritualizado. Algo significativo. Para você, ainda que ganhar dinheiro e ter sucesso seja bom, não será suficiente. Você precisará de algo que seja "aprovado" pelo Espírito, que tenha o apoio da sua Alma. Em muitos casos, isso resulta em uma carreira como sacerdote ou em uma instituição de caridade ou em uma organização sem fins lucrativos. Em outros casos, a pessoa busca uma carreira e realiza trabalhos filantrópicos paralelamente. Em outros casos, ainda, para aqueles que já estão em um ponto mais avançado do caminho, isso significa que a própria prática espiritual é a carreira. Essa será a missão neste período.

Basicamente, o horóscopo estará dizendo que você deve abordar a vida espiritual com a mesma dedicação e disciplina (talvez mais) que devota à sua carreira material. Você foi escolhido para realizar algo muito especial no mundo. Alguma coisa que ninguém mais poderá fazer. Sua prática espiritual o levará a isso, e você a seguirá.

A presença de Netuno na Casa do Dinheiro também terá uma ação mais forte do que o habitual. Esse planeta está no seu próprio signo e na sua própria Casa. Ele vai expressar sua força com facilidade. Assim, você irá fundo nas dimensões espirituais da riqueza. Você está envolvido nisso há muitos anos, e essa tendência continuará. Será importante manter uma coisa em mente: quando se trata de provisão espiritual, a questão nunca é quanto você tem, como está indo o seu negócio, quais são as condições econômicas etc. A questão é: quanto o Espírito tem (ele tem tudo) e quanto você poderá receber.

Você está aprendendo que a riqueza é, na verdade, uma atividade interna, que está sempre acontecendo aqui e agora, exatamente onde você estiver. A riqueza não está no escritório nem nas compras (isso é apenas o efeito colateral). Ela é uma afluência da mente do Divino para dentro da sua aura. Algo palpável. Uma afluência de energia e substância para dentro da aura que, por fim, tornará tangíveis as coisas que associamos à riqueza, como dinheiro, objetos etc. Ela cria as condições necessárias para sua manifestação. É por isso que frequentemente transcorre algum tempo entre a oração ou a meditação e o resultado tangível acabado.

PREVISÕES MENSAIS

JANEIRO

Melhores dias: 8, 9, 17, 18, 19, 27, 28
Dias mais tensos: 3, 4, 10, 11, 25, 26, 31
Melhores dias para o amor: 3, 4, 5, 6, 15, 16, 27, 28, 31
Melhores dias para o dinheiro: 1º, 2, 10, 11, 20, 21, 29, 30
Melhores dias para a carreira: 5, 6, 10, 11, 15, 16, 25, 26

De modo geral, você estará em um tipo de ano de muita independência. E, neste momento, ainda mais. Por metade do mês, TODOS os planetas (o que é incomum) estarão no setor oriental do Eu. Apenas a Lua visitará o setor social (o setor ocidental), por metade do mês. Portanto, você estará, definitivamente, fazendo as coisas à sua maneira nesses dias. Sua felicidade pessoal é importante para o Cosmos. Você terá o poder (e o apoio) para criar as condições de sua felicidade. Torne-se feliz e o mundo inteiro concordará com isso. Contudo, isso não significa que você deva prejudicar ou desrespeitar as pessoas. Apenas siga agindo a seu modo caso elas não concordem com você.

Você começará o ano, como faz na maioria das vezes, em um clima espiritual. Sua Décima Segunda Casa, a da Espiritualidade, será de longe a mais forte do horóscopo. Portanto, este será um mês para o estudo e a prática espiritual e para se aproximar da Divindade interna. A vida interna, o seu crescimento interno, será o foco principal.

O seu planeta do Amor estará em sua Décima Segunda Casa até o dia 20. O seu planeta da Carreira já se encontra nela há muitos anos. Portanto, a mensagem nesse sentido é: acerte-se espiritualmente e o amor e a vida profissional entrarão nos eixos.

Você estará em um mês de destaque para a vida profissional também. Será um mês de sucesso em um ano de sucesso. O seu planeta da Carreira, Plutão, receberá aspectos maravilhosos entre os dias 8 e 10 e entre os dias 24 e 25. Isso vai lhe proporcionar tanto sucesso quanto oportunidades.

Um eclipse lunar no dia 31 vai provocar um pouco de agitação e mudança. Pegue leve nesse período, pois o eclipse deverá ser forte. Ele ocorrerá na sua Sétima Casa, a do Amor, e colocará à prova um relacionamento atual. Não precisará dissolvê-lo, apenas testá-lo, revelando ressentimentos reprimidos. Às vezes, ocorrem momentos dramáticos na vida da pessoa amada que causam tensão no relacionamento. Os bons relacionamentos sobreviverão a essas coisas. Mas eles mudarão, pois correções serão feitas. Todo eclipse lunar tem impacto sobre a saúde e a situação profissional, e esse não será diferente. O planeta eclipsado, a Lua, é o seu planeta da Saúde e do Trabalho. Portanto, mudanças de emprego estarão em andamento. As condições de trabalho se modificarão. Você precisará fazer importantes mudanças no seu regime de saúde.

Muitas vezes, esse tipo de eclipse provoca sustos em relação à saúde, mas, como a sua saúde estará boa, provavelmente será apenas um susto mesmo. O cônjuge, parceiro ou interesse amoroso atual passará por mudanças de natureza espiritual: mudanças de prática, de ensinamentos e talvez de professores. Vão ocorrer alterações importantes nas atitudes espirituais dessa pessoa.

FEVEREIRO

Melhores dias: 4, 5, 14, 15, 23, 24
Dias mais tensos: 6, 7, 21, 22, 27, 28
Melhores dias para o amor: 4, 5, 14, 15, 16, 25, 26, 27, 28
Melhores dias para o dinheiro: 6, 7, 16, 17, 25, 26
Melhores dias para a carreira: 2, 3, 6, 7, 11, 12, 21, 22

Outro eclipse — o eclipse solar do dia 15 — testará a vida amorosa e um relacionamento atual. Como mencionamos no mês passado, um relacionamento sólido sobreviverá tranquilamente a isso. Serão os relacionamentos problemáticos que estarão em risco. No caso dos solteiros, dois eclipses seguidos envolvendo o amor costumam indicar um desejo de mudança no estado civil. Em geral, apontam para casamento. Esse eclipse ocorrerá no seu próprio signo. Todos vocês o sentirão, mas os nascidos no final do signo de Aquário (entre 14 e 18 de fevereiro) o sentirão com mais intensidade. Os relacionamentos amorosos não vão ser os únicos a ser testados. Júpiter, o seu planeta dos Amigos, será igualmente impactado. Portanto, as amizades, de modo geral, também serão reformuladas. As boas permanecerão, porém as problemáticas correrão riscos. A Décima Primeira Casa rege equipamentos e aparelhos de alta tecnologia, por isso, essas coisas vão ser testadas. Se elas estiverem com problemas, você os descobrirá agora. A mãe, o pai ou uma figura paterna ou materna poderá passar por uma crise financeira e precisar fazer correções de curso na estratégia e no pensamento financeiros. Frequentemente, durante eclipses desse tipo, as pessoas realizam mudanças em relação a bancos, corretores, planejadores financeiros e contadores. Filhos e enteados também serão impactados. Portanto, deverão pegar mais leve e evitar situações perigosas. Algumas dessas mudanças são normais — eles chegam à puberdade, têm o despertar sexual, vão para a faculdade etc. Ainda assim, essas mudanças são perturbadoras.

Embora o eclipse abale as coisas, este mês será basicamente feliz e próspero. Você ainda se encontrará em um período de grande independência e será capaz de fazer as coisas à sua maneira. Levará a vida do seu jeito. Você está em meio a um dos seus picos anuais de prazer pessoal desde 20 de janeiro. Apesar de todas as provas, o amor será bom. Você deverá estar ótimo, e o cônjuge, parceiro ou interesse amoroso atual vai estar ansioso por agradá-lo — muito dedicado, à sua disposição. Os solteiros não precisarão fazer nada para atrair o amor, pois ele os encontrará.

Este será um ótimo período para comprar roupas e acessórios pessoais. O seu gosto estará excelente.

No dia 18, o Sol e Mercúrio entrarão na Casa do Dinheiro, e você dará início a um pico financeiro anual. A intuição financeira será sempre boa, mas nesse período estará especialmente boa. Os períodos dos dias 20 a 22 e de 25 a 26 trarão ótimos dias de pagamento. De qualquer modo, todo o período será próspero.

MARÇO

Melhores dias: 3, 4, 13, 14, 22, 23, 31
Dias mais tensos: 6, 7, 20, 21, 26, 27
Melhores dias para o amor: 6, 7, 8, 16, 17, 18, 19, 26, 27
Melhores dias para o dinheiro: 6, 7, 15, 16, 17, 24, 25
Melhores dias para a carreira: 1º, 2, 6, 7, 10, 11, 12, 20, 21, 29, 30

O poder planetário estará agora quase que inteiramente no lado da noite do seu mapa, o que vem ocorrendo desde o mês passado. Você será uma pessoa da noite nesses dias, envolvida com atividades da noite, que têm a ver com descanso, orientação interna, obtenção de harmonia emocional e trato com o lar e a família. Sua vida profissional continuará importante (e bem-sucedida), no entanto, este vai ser o momento de reunir energia, isto é, de juntar forças, para o seu próximo grande impulso na carreira, que terá início no inverno. Você ainda não estará na meia-noite do seu ano (isso acontecerá no próximo mês), porém, vai estar perto disso, pois já é tarde da noite.

A noite é para sonhar, visualizar, adquirir a disposição de ânimo certa para aquilo que você deseja alcançar. Viva no sentimento, e na disposição de ânimo, do seu objetivo e simplesmente se mantenha assim. O seu estado psicológico, por fim, deverá se expressar externamente pela lei espiritual.

A prosperidade continuará grande. Você vai contar com o apoio financeiro do cônjuge, parceiro ou interesse amoroso atual. Seus contatos sociais serão importantes. O período entre os dias 3 e 5 vai ser muito favorável às finanças.

Para os solteiros, as oportunidades amorosas acontecerão quando eles estiverem perseguindo objetivos financeiros ou com pessoas envolvidas em suas finanças. Riqueza, apoio e presentes materiais vão ser estímulos amorosos. Será assim que você demonstrará amor, será assim que se sentirá amado. Você olhará para quem for um bom provedor. Isso mudará após o dia 20, quando o seu planeta das Finanças entrará na sua Terceira Casa. Para os solteiros, trata-se de uma indicação de que o amor estará na vizinhança e, talvez, com vizinhos. Você se sentirá atraído por pessoas que têm a mente rica, mas que não são necessariamente ricas em termos monetários. Apreciará pessoas com quem seja fácil conversar, isto é, pessoas boas de papo. As conversas serão uma forma de preliminares nesses dias. Surgirão oportunidades amorosas em ambientes de natureza educacional, como palestras, seminários, bibliotecas ou livrarias.

A saúde e a energia continuarão boas, e têm estado assim desde o início do ano. Você poderá melhorar a saúde seguindo as indicações mencionadas na "Previsão Anual".

A partir do dia 20, será bom fazer cursos sobre assuntos de seu interesse. Vai ser um período favorável tanto para estudar quanto para ensinar. A mente estará mais afiada, e as informações vão ser retidas com maior facilidade. Alunos abaixo do nível universitário deverão ter sucesso nesse período.

ABRIL

Melhores dias: 1º, 9, 10, 11, 18, 19, 27, 28
Dias mais tensos: 2, 3, 16, 17, 23, 24, 29
Melhores dias para o amor: 4, 5, 7, 8, 14, 15, 16, 17, 23, 24, 25, 27
Melhores dias para o dinheiro: 2, 3, 12, 13, 21, 22, 29, 30
Melhores dias para a carreira: 2, 3, 7, 8, 16, 17, 25, 26, 29

Muitas evoluções positivas acontecerão na carreira nesses dias, mas será nos bastidores. Você não poderá fazer muito em relação a isso. Deixe que os eventos se desenrolem até o fim. Os dois planetas envolvidos em sua vida profissional — Plutão e Júpiter — estarão retrógrados. Enquanto isso, concentre-se em manter o lar e a família na ordem certa de prioridade. Com tanto poder na sua Quarta Casa neste mês, será bom construir a base, isto é, a fundação, que viabilizará o futuro sucesso na carreira. Você fará mais para promover sua vida profissional usando métodos internos, como meditação, visualização e oração, do que métodos externos.

Sua Terceira Casa, a da Comunicação e dos Interesses Intelectuais, estará poderosa neste mês. Portanto, assim como em março, este será um período favorável para alunos abaixo do nível universitário. Haverá foco e sucesso nos seus estudos. Será uma fase boa para estudar, ler e fazer cursos sobre assuntos de seu interesse. E também para colocar em dia telefonemas, cartas, e-mails ou mensagens que você está devendo. Os aquarianos são sempre bons de papo, e em abril vão ser ainda mais. A estimulação exagerada da mente, ou seja, o excesso de uma coisa boa, será, provavelmente, o maior perigo agora. A mente entrará em ação e, se não for controlada, vai girar sem parar. Isso poderá provocar insônia e outros problemas nervosos. Use a mente quando necessário e desligue-a depois.

O poder na Quarta Casa (a partir do dia 20) também favorecerá o tratamento psicológico. Os aquarianos que estiverem fazendo terapias formais verão mais progressos. No entanto, até mesmo os que não estiverem em um tipo de terapia formal alcançarão progressos psicológicos neste mês (e no próximo). O corpo da memória estará altamente estimulado agora. Velhas lembranças surgirão de modo espontâneo para que você possa lidar com elas e reinterpretá-las. Essas lembranças não serão "aleatórias", embora assim pareça à mente consciente. Elas serão reveladoras. Indicarão as origens, isto é, os porquês e as motivações da sua situação presente. Olhe para elas partindo do seu estado atual de consciência, e elas perderão o poder que têm sobre você.

As finanças têm estado boas ao longo do ano e se manterão assim neste mês. No entanto, eu diria que a partir do dia 20 elas ficarão melhores ainda.

O amor estará perto de casa neste mês. Não haverá necessidade de viajar para toda parte à procura dele.

MAIO

Melhores dias: 7, 8, 16, 17, 24, 25
Dias mais tensos: 14, 15, 20, 21, 26, 27, 28
Melhores dias para o amor: 4, 5, 7, 8, 14, 15, 17, 20, 21, 24, 26
Melhores dias para o dinheiro: 9, 10, 18, 19, 26, 27
Melhores dias para a carreira: 4, 5, 14, 15, 22, 23, 26, 27, 28

O seu planeta do Amor está na sua Quarta Casa desde 20 de abril. Ele ficará nela até o dia 21 deste mês. Assim, haverá mais socialização proveniente da casa e com a família, que vai gostar de bancar o cupido e fazer apresentações. Você será atraído por pessoas com quem possa ter intimidade emocional, isto é, pessoas com quem possa compartilhar sentimentos. A intimidade emocional será um tipo de preliminares nesses dias. Sob esse trânsito, é comum ocorrerem encontros com velhas paixões. Às vezes, não com a própria pessoa, e sim com alguém que encarna os seus traços de personalidade. Isso também tende a ser terapêutico. (Em alguns casos, funciona.) Velhos problemas são resolvidos. Esse é o objetivo.

No dia 21, o planeta do Amor entrará na sua Quinta Casa, promovendo outra mudança nas atitudes amorosas. Agora, tudo terá a ver com diversão. O amor será uma forma de entretenimento, e não algo sério. Você será atraído por pessoas que possam lhe proporcionar bons momentos, isto é, pessoas "felizes e despreocupadas", e com quem seja fácil se divertir. Isso não será propício a casamento nem a relacionamento sério. As oportunidades românticas acontecerão em resorts, teatros, festas e em outros locais de entretenimento.

A partir do dia 21, o entretenimento, ou seja, a diversão, se tornará o foco principal. O excesso de envolvimento com a família e com a vida emocional pode deixar uma pessoa muito séria. Será hora de se divertir um pouco. A criatividade pessoal também estará em destaque. Você se encontrará em um dos seus períodos anuais de prazer pessoal. Libere inteiramente os seus impulsos. O momento de trabalhar virá no próximo mês, e você estará com mais disposição de ânimo para isso e, portanto, será mais produtivo.

A saúde precisará de observação até o dia 21. Não haverá nenhum desastre nessa área, porém, a energia não se encontrará em seus níveis habituais. Não deixe de descansar o suficiente — embora seja mais fácil falar sobre isso do que fazer, especialmente no nosso mundo frenético. Melhore a saúde seguindo as indicações mencionadas na "Previsão Anual". No dia 19, Vênus entrará na sua Sexta Casa, por isso, dê mais atenção aos rins e quadris. As massagens nos quadris serão mais eficazes do que o comum. A saúde emocional também será mais importante do que o usual.

As finanças estarão melhores antes do dia 21 do que depois. Elas estarão bem após essa data, no entanto, demandarão mais trabalho.

JUNHO

Melhores dias: 3, 4, 12, 13, 20, 21, 22, 30
Dias mais tensos: 10, 11, 16, 17, 23, 24
Melhores dias para o amor: 3, 4, 6, 7, 12, 13, 16, 17, 23, 24
Melhores dias para o dinheiro: 5, 6, 7, 14, 15, 23, 24
Melhores dias para a carreira: 1º, 2, 10, 11, 18, 19, 23, 24, 28, 29

No dia 16 do mês passado, Urano entrou na sua Quarta Casa. Isso indica várias coisas. Você estará prestando mais atenção no lar e na família. O foco nessa área é maior. Parece haver mais instabilidade entre os membros da família. Eles se mostram mais rebeldes e imprevisíveis. O pai, a mãe ou uma figura paterna ou materna está ansioso por mais liberdade individual.

O lar será importante, mas não se esqueça de se divertir um pouco. Você ainda estará em meio a um pico anual de prazer pessoal até o dia 22. Tal como no mês passado, você não deverá estar com uma atitude séria em relação ao amor. Vai querer apenas se divertir um pouco. Os aquarianos que estiverem em um relacionamento deveriam programar mais atividades de lazer com a pessoa amada. Um relacionamento problemático poderá ser restaurado por meio de mais atividades divertidas neste mês.

No dia 22, sua Sexta Casa, a da Saúde e do Trabalho, irá se tornar mais poderosa. Agora, você estará com disposição para o trabalho, vai querer trabalhar. O trabalho será bom por si mesmo. Vai ser um tipo de terapia. Esse trânsito favorecerá quem estiver em busca de emprego — ele trará, pelo menos, três oportunidades. Também será bom para aqueles que empregam pessoas. Até mesmo os aquarianos que estiverem empregados terão oportunidades para realizar trabalhos extras ou atividades paralelas.

As atitudes amorosas também mudarão no dia 22. Agora, você parecerá mais sério, mais prático. Será atraído por pessoas que "fazem" algo por você, isto é, que servem a você e aos seus interesses. O local de trabalho não será apenas o local de trabalho, mas também um centro social. Os solteiros vão ter oportunidades para o "romance no escritório", ou seja, com colegas de trabalho. Haverá, igualmente, atração por profissionais da saúde ou por pessoas envolvidas na sua saúde.

As finanças estarão um pouco complicadas nos dias 6 e 7, mas este será um mês próspero. O seu planeta das Finanças, Netuno, fará parte de um Grande Trígono dos signos de água o mês todo. (Esse é um aspecto raro e positivo.) Indica boa sorte nas finanças, isto é, um fluxo fácil de energia. O único problema será a retrogradação de Netuno no dia 18, que complicará as coisas, talvez promovendo atrasos e indecisão. Ainda assim, não interromperá os ganhos, apenas deixará as coisas, de alguma forma, mais lentas. Procure tomar decisões financeiras ou realizar investimentos financeiros importantes antes do dia 18. Após essa data, as coisas precisarão de mais análise. Realize apenas as compras necessárias. Adie aquisições significativas até obter mais clareza sobre o assunto. O devido zelo será sempre importante, mas especialmente após o dia 18.

JULHO

Melhores dias: 1º, 10, 11, 18, 19, 27, 28, 29
Dias mais tensos: 7, 8, 14, 15, 20, 21
Melhores dias para o amor: 3, 4, 5, 6, 12, 13, 14, 15, 16, 21, 22, 25, 26
Melhores dias para o dinheiro: 1º, 3, 4, 12, 13, 20, 21, 27, 28, 29, 30, 31
Melhores dias para a carreira: 7, 8, 16, 17, 20, 21, 25, 26

Marte está no seu signo desde 16 de maio e nele ficará por todo este mês. Esse trânsito terá pontos positivos e negativos. Os positivos: ele lhe dará energia e coragem, as coisas acontecerão rapidamente e você estará com o espírito de "posso fazer". Por outro lado, esse trânsito pode deixar uma pessoa mais belicosa e impaciente. Nesses dias, você terá muito pouca paciência com quem você considerar tolo. Afobação e pressa podem provocar lesões ou acidentes. Portanto, apresse-se, mas de maneira atenta.

Teremos dois eclipses em julho: um solar, no dia 13, e um lunar, no dia 27. Ambos serão fortes, porém o eclipse lunar o afetará com mais força, pois ocorrerá no seu próprio signo. Pegue mais leve nesse período.

O eclipse solar do dia 13 acontecerá na sua Sexta Casa e, assim, anunciará mudanças de emprego, que poderão envolver tanto a empresa em que você está quanto outra. Ocorrerão distúrbios no ambiente profissional. As condições de trabalho mudarão (talvez surjam novas regras e regulamentos). Você fará importantes alterações na alimentação e na rotina de saúde nos próximos meses. Filhos e enteados passarão por uma ruptura financeira e serão forçados a corrigir o curso das finanças. Não será um momento especialmente bom para especulações. Mais uma vez, o amor será colocado à prova. Você já passou por essas coisas muitas vezes, então, seja mais paciente com a pessoa amada nesse período. O eclipse atingirá Plutão em cheio, que é o seu planeta da Carreira. Isso pode indicar mudanças na vida profissional. Vão ocorrer modificações em sua empresa ou no setor em que você atua. Talvez o governo altere leis. As regras do jogo serão mudadas. Do modo como está o seu mapa, esse eclipse ajudará na carreira. Não haverá obstruções ao seu progresso.

O eclipse lunar do dia 27, como mencionamos, irá afetá-lo com mais intensidade. Ele não apenas acontecerá em seu próprio signo, como impactará Urano, que é o senhor do seu horóscopo. Por isso, vá devagar e com calma. Evite dirigir se não for necessário. (Marte sofrerá impacto nessa questão.) Caso tenha de dirigir, seja mais prudente e defensivo. Esse eclipse testará a vida social do cônjuge, parceiro ou interesse amoroso atual. Mais uma vez, haverá alterações em seu regime de saúde, mudanças de emprego e, talvez, um susto com a saúde. Como a sua saúde deverá estar boa, é provável que não passe mesmo de um susto. Você terá de começar a reavaliar a si mesmo, isto é, sua imagem e seu autoconceito. Será algo saudável a fazer. Isso provocará mudanças em seu estilo de se vestir e na maneira como você se apresenta ao mundo.

AGOSTO

Melhores dias: 6, 7, 14, 15, 24, 25
Dias mais tensos: 4, 5, 10, 11, 16, 17, 31
Melhores dias para o amor: 2, 3, 5, 10, 11, 14, 15, 20, 24, 25, 31
Melhores dias para o dinheiro: 8, 9, 16, 17, 26, 27
Melhores dias para a carreira: 4, 5, 12, 13, 16, 17, 21, 22, 31

Outro eclipse solar, agora no dia 11 (o terceiro deste ano), vai colocar à prova o seu casamento ou o seu relacionamento. Parece que um relacionamento será submetido a um rigoroso "teste de tensão", para que se veja até onde ele aguenta. Seja mais paciente com a pessoa amada nesse período, pois ela deverá estar sob pressão. Apenas os bons relacionamentos terão chances de se manter sob esse baque implacável. Essa é a boa notícia. Se vocês conseguirem passar por isso, provavelmente conseguirão superar qualquer coisa.

O poder planetário agora estará no lado dia do seu horóscopo. Assim, neste momento, você será uma pessoa do dia, alcançando os seus objetivos por meio da ação, isto é, dos métodos do dia. Estará dando início a um novo impulso na carreira agora. A vida profissional começará a se tornar cada vez mais significativa. Não se esqueça, porém, de que Urano continuará na sua Quarta Casa. Portanto, o lar e a família ainda serão importantíssimos e um grande interesse. Seu desafio será ter tanto uma carreira de sucesso quanto um lar e uma família de sucesso. Esse é um desafio clássico, que muitas pessoas enfrentam. Não existem regras para isso. Às vezes, você penderá para a carreira; outras vezes, para o lar. Será caso a caso.

A saúde vem precisando de mais atenção desde 22 de julho. E assim será, até o dia 22 deste mês. Você ou o cônjuge, parceiro ou interesse amoroso anual deverão se envolver em um projeto de altíssima importância. (Pode ser que filhos e enteados também se envolvam.) Essas coisas são sempre tensas e delicadas. Melhore a saúde seguindo as indicações mencionadas na "Previsão Anual". Você vai ficar ocupado, mas não se esqueça de programar alguns períodos de descanso.

A saúde voltará a melhorar no fim do mês. No dia 18, Marte sairá do seu signo. No dia 22, o Sol deixará o seu aspecto tenso.

As finanças ficarão mais tensas do dia 22 em diante. Elas não vão ser um grande problema, pois você ainda estará em um ciclo de prosperidade, no entanto, vão se tornar mais desafiadoras. Você terá de trabalhar mais.

Você estará em meio a um pico anual de amor e vida social até o dia 22. O eclipse testará o amor e, provavelmente, também as amizades. Os dias 25 e 26 trarão oportunidades românticas para os solteiros. Para quem estiver em relacionamentos complicados, isso proporcionará oportunidades de reconciliação.

SETEMBRO

Melhores dias: 2, 3, 11, 12, 20, 21, 29, 30
Dias mais tensos: 1º, 7, 13, 14, 27, 28
Melhores dias para o amor: 1º, 2, 3, 7, 9, 13, 18, 19, 22, 23, 29
Melhores dias para o dinheiro: 4, 5, 13, 14, 22, 23, 24
Melhores dias para a carreira: 1º, 9, 10, 13, 14, 18, 19, 27, 28

A saúde e a energia estarão boas nesse mês, e você vai precisar delas. É provável que fique muito ocupado nesses dias. Marte voltará para o seu signo no dia 11. Isso proporcionará coragem e vai melhorar a energia. (O excesso de atividade poderá ser um problema.) Você terá excelente desempenho em atividades atléticas e em programas de exercícios físicos. Fará as coisas com rapidez. Por outro lado, isso poderá deixá-lo belicoso e impaciente demais. Cuidado com o temperamento. Evite a afobação e a pressa — às vezes, a rapidez no curto prazo é, na verdade, o caminho mais lento no longo prazo. Dirija dentro dos limites de velocidade.

A carreira vai se tornar ainda mais proeminente. Você ainda não atingiu o pico, porém estará quase lá. Ainda será necessário conciliar a vida profissional e a vida doméstica. A boa notícia é que a família deverá apoiar a carreira. No dia 9, Vênus, seu planeta da Família, entrará na sua Décima Casa. O sucesso deverá ser como um "projeto da família", e não uma questão individual.

Os dois planetas que regem as viagens internacionais no seu mapa — Júpiter, o regente geral, e Vênus, o regente real — ocuparão, ambos, a Décima Casa a partir do dia 9. Portanto, haverá viagens neste mês. Provavelmente, serão viagens de negócios, relacionadas à carreira. Sua disposição para viajar será um fator positivo extra nesses dias. Suas habilidades sociais também deverão ser importantes. Júpiter rege os amigos, enquanto Vênus rege a vida social de modo geral. Suas habilidades profissionais vão ser importantes, mas as sociais também. Muitas vezes, nos negócios, como há pessoas com habilidades profissionais equivalentes, aquela que possui as melhores habilidades sociais é a escolhida ou a que recebe a promoção.

A vida amorosa estará boa neste mês, mas vai melhorar após o dia 22. A presença do seu planeta do Amor em Virgem até o dia 22 poderá deixá-lo muito crítico e perfeccionista no amor. Se você se proteger contra isso, as coisas poderão dar certo. Até o dia 22, o que mais importará será o magnetismo sexual. Após essa data, com o seu planeta do Amor no romântico signo de Libra, o romance vai ganhar mais importância, isto é, todas as coisas bacanas que ele tem irão se tornar importantes, e não apenas o sexo. Você será atraído por estrangeiros e tipos exóticos. As oportunidades românticas poderão acontecer em seu local de adoração ou em eventos de natureza religiosa ou educacional. Você se sentirá atraído por pessoas do tipo mentor. O magnetismo sexual ainda será importante, mas outras coisas também serão.

Se um relacionamento atual estiver problemático, uma viagem ao exterior poderá melhorar as coisas. Também será bom que vocês frequentem juntos, como casal, o local de adoração ou aulas sobre a Bíblia (ou outro tipo de Escrituras).

OUTUBRO

Melhores dias: 1º, 8, 9, 17, 18, 19, 27, 28
Dias mais tensos: 4, 5, 10, 11, 25, 26, 31
Melhores dias para o amor: 1º, 2, 3, 4, 5, 8, 9, 10, 11, 18, 19, 20, 21, 29, 30, 31
Melhores dias para o dinheiro: 2, 3, 10, 11, 20, 21, 29,30
Melhores dias para a carreira: 6, 7, 10, 11, 15, 16, 25, 26

Haverá um momento cósmico belo e oportuno ocorrendo em sua carreira. À medida que a vida profissional for se tornando mais proeminente, Plutão, o seu planeta da Carreira, começará a entrar em movimento direto. Isso vai acontecer no início do mês, no dia 2. Assim, haverá clareza em relação à vida profissional e, tão importante quanto isso, existirá empenho e ambição. Será um mês de sucesso.

Embora o seu pico profissional anual comece no dia 23, sua Décima Casa ficará poderosa o mês todo. Júpiter e Vênus (dois planetas benéficos do Zodíaco) vão estar em sua Décima Casa o mês todo. Mercúrio, outro planeta benéfico (o regente da sua Quinta Casa), entrará nela no dia 10. E no dia 23 será o Sol a fazer esse ingresso.

A carreira será o destaque em outubro e estará excelente. Você terá muito apoio cósmico. Contará com amigos em altas posições, que o ajudarão. A família e os filhos também prestarão ajuda. Após o dia 23, o cônjuge, parceiro ou interesse amoroso atual também ajudará. Você ascenderá e será reconhecido. É provável que as honras cheguem. É importante entender que o Cosmos desejará o seu sucesso.

A saúde precisará de mais atenção do dia 23 em diante. O principal problema deverá ser o excesso de trabalho. O lado negativo de todo esse sucesso é que você será mais exigido. A presença de Marte no seu signo por todo o mês poderá deixá-lo excessivamente otimista em relação ao corpo, e a tendência talvez seja forçá-lo acima dos limites. É ótimo ser bem-sucedido, mas não à custa da saúde. Melhore-a seguindo as indicações mencionadas na "Previsão Anual".

A vida amorosa também terá destaque neste mês. A entrada do Sol na sua Décima Casa indica sua importância. Ela estará no topo das suas prioridades e tenderá ao sucesso. O interesse amoroso atual será igualmente bem-sucedido. Você sentirá maior atração por pessoas bem-sucedidas e estará inclinado a socializar com elas. Conhecerá pessoas desse tipo neste mês. A presença do planeta do Amor na sua Décima Casa costuma indicar oportunidades românticas com gente de posição e status elevados, como chefes, pessoas mais velhas, figuras de autoridade. Você gravitará em torno daqueles que poderão ajudá-lo na carreira.

As finanças estarão muito bem durante todo o mês. Haverá sorte nas especulações. Você contará com o favorecimento financeiro de chefes, pessoas mais velhas e do interesse amoroso atual. Aumentos de salário (oficiais e não oficiais) serão prováveis. Embora este ainda não seja um pico financeiro anual, estará bem perto disso.

NOVEMBRO

Melhores dias: 4, 5, 14, 15, 23, 24
Dias mais tensos: 1º, 6, 7, 8, 21, 22, 27, 28
Melhores dias para o amor: 1º, 4, 5, 6, 7, 8, 14, 15, 16, 17, 23, 24, 27, 28
Melhores dias para o dinheiro: 6, 7, 8, 16, 17, 19, 25, 26, 27
Melhores dias para a carreira: 2, 3, 6, 7, 8, 11, 12, 21, 22, 29, 30

A carreira vai continuar em destaque, porém, estará perdendo importância. Até o fim do mês, sua Décima Casa ficará vazia. Vejo isso como algo bom. Você já vai ter alcançado os seus objetivos de curto prazo e desejará se concentrar em outras coisas.

Júpiter sairá da Décima Casa no dia 8 e entrará na sua Décima Primeira Casa, a dos Amigos, que é a sua Casa favorita. Mercúrio passará o mês inteiro nela. No dia 22, será o Sol a entrar na Décima Primeira Casa. Por isso, este mês vai ficar cada vez melhor para a vida social.

Aquário é o regente "natural" da Décima Primeira Casa. Assim, esses movimentos serão agradáveis para você. Eles favorecem os seus pontos fortes naturais. Você estará mais envolvido (do que o habitual) com amigos, grupos e atividades em grupo. Você sempre teve bom conhecimento tecnológico, e agora ele se tornará ainda maior. Com Júpiter na sua Décima Primeira Casa, você terá todos os novos tipos de equipamentos de alta tecnologia, isto é, equipamentos de ponta.

Os aquarianos possuem um amor natural pela Astrologia. (Eu apostaria que a maior parte dos leitores desses livros têm um signo de Aquário forte ou uma Décima Primeira Casa forte.) Agora (e pelos próximos 12 meses), o seu conhecimento aumentará. Pela minha experiência, muitas pessoas mandam fazer o seu primeiro horóscopo pessoal quando a sua Décima Primeira Casa se torna proeminente.

A saúde e a energia vão melhorar de forma constante. Você ainda precisará se manter mais atento à saúde até o dia 22, porém, as tensões estarão bem mais fracas do que no mês passado. No dia 6, Urano sairá de seu aspecto tenso. Marte deixará o seu signo no dia 16. Júpiter sairá de seu aspecto tenso no dia 8, e o Sol, no dia 22. Por volta do final do mês, não haverá NENHUM planeta em alinhamento tenso com você. Será como mágica: do frenesi e do cansaço à saúde e à energia. Talvez um terapeuta, um comprimido ou uma poção receba os créditos por isso. Mas os astrólogos sabem que se tratou apenas da virada do Universo a seu favor.

No mês passado, a vida financeira estava ótima. Neste mês, será preciso lidar com mais desafios. Os ganhos acontecerão, mas por meio de mais trabalho e esforço. Você terá de mostrar "empenho extra" para obter ganhos.

DEZEMBRO

Melhores dias: 2, 3, 11, 12, 21, 22, 29, 30
Dias mais tensos: 4, 5, 18, 19, 25, 26, 31
Melhores dias para o amor: 2, 3, 6, 7, 14, 15, 17, 23, 24, 25, 26, 27
Melhores dias para o dinheiro: 4, 5, 6, 14, 15, 16, 23, 24, 26, 31
Melhores dias para a carreira: 4, 5, 9, 10, 18, 19, 27, 28, 31

A sua Décima Primeira Casa, a dos Amigos, permanecerá forte até o dia 21. Portanto, você estará no seu ambiente natural. A atividade on-line e também nas mídias sociais aumentará. Este não será um mês muito voltado para o romance, e também para as amizades e atividades em grupo. Em novembro, você foi atraído pelo poder e pela posição. Agora, vai querer a amizade do ser amado, isto é, um relacionamento de colega. Muitas vezes, quando o planeta do Amor está na Décima Primeira Casa, alguém que sempre foi "apenas um amigo" passa a ser mais do que isso. Às vezes, os encontros românticos são planejados por amigos ou por meio das mídias sociais. Essa não é uma posição indicativa de casamento nem de compromisso. Tem mais a ver com amizade colorida, como se diz.

No dia 21, com a entrada do planeta do Amor na sua Décima Segunda Casa, a da Espiritualidade, as atitudes no amor mudarão novamente. Agora, a compatibilidade espiritual vai se tornar importante. Com ela, quase todos os problemas em um relacionamento podem ser solucionados. Sem ela, poucas coisas podem ser resolvidas, e também não por muito tempo. Este não será o momento de procurar pelo amor em clubes ou casas noturnas. O amor acontecerá quando você estiver assistindo a palestras ou a seminários espirituais, em sessões de meditação ou de *kirtans* (cantos devocionais) e em eventos de caridade. O amor vai estar bem mais idealista agora. Nada importará — nem dinheiro, nem posição, nem serviço —, apenas o sentimento de amor, unicamente o sentimento de que a relação está sancionada por um Poder Superior. Se houver problemas em relacionamentos existentes, o mapa aconselhará a entrega dos conflitos amorosos ao Divino, isto é, a entrega completa, e a permissão para que o Divino lide com eles. Se a pessoa fizer isso com sinceridade (e não apenas da boca para fora), coisas milagrosas começarão a acontecer. A mais complicada das situações se resolverá.

As finanças continuarão a exigir mais trabalho. Se você se esforçar, haverá prosperidade. Marte passará o mês na Casa do Dinheiro. Isso indica ganhos provenientes de vendas, marketing e publicidade e do bom uso da mídia. Irmãos e figuras fraternas desempenharão um papel nas finanças (sobretudo entre os dias 5 e 7). Os vizinhos também poderão desempenhar uma função nessa área. O pai, a mãe ou uma figura paterna ou materna vai prosperar muito neste mês. Ele ou ela terá mais 12 meses de prosperidade, porém este mês deverá ser especialmente forte.

A saúde e a energia estarão excelentes todo o mês. Você poderá melhorar a saúde seguindo as orientações mencionadas na "Previsão Anual".

A carreira estará ativa em dezembro e, provavelmente, com sucesso. Ela não será o seu foco principal, porém estará ativa. Vênus entrará na sua Décima Casa no dia 2 e passará o resto do mês nela. Isso indica apoio familiar para sua vida profissional, além de uma ótima relação com a família como um todo.

♓

PEIXES

OS PEIXES

Nascidos entre 19 de fevereiro e 20 de março

PERFIL PESSOAL

PEIXES EM UM RELANCE

Elemento: Água

Planeta Regente: Netuno

Planeta da Carreira: Júpiter

Planeta da Saúde: Sol

Planeta do Amor: Mercúrio

Planeta das Finanças: Marte

Planeta do Lar e da Vida Familiar: Mercúrio

Cores: verde-água, azul-turquesa

Cores que promovem o amor, o romance e a harmonia social: tons terrosos, amarelo, amarelo-ouro

Cores que propiciam ganhos: vermelho, escarlate

Pedra: diamante branco

Metal: estanho

Perfume: lótus

Qualidade: mutável (= flexibilidade)

Qualidades essenciais ao equilíbrio: estruturação, capacidade de lidar com a forma

Maiores virtudes: sensitividade psíquica, sensibilidade, abnegação, altruísmo

Necessidades mais profundas: iluminação espiritual, liberação

Características a evitar: escapismo, procura de más companhias, estados psicológicos negativos

Signos de maior compatibilidade: Câncer, Escorpião
Signos de maior incompatibilidade: Gêmeos, Virgem, Sagitário
Signo mais útil à carreira: Sagitário
Signo que fornece maior suporte emocional: Gêmeos
Signo mais prestativo em questões financeiras: Áries
Melhor signo para casamento e associações: Virgem
Signo mais útil em projetos criativos: Câncer
Melhor signo para sair e se divertir: Câncer
Signos mais úteis em assuntos espirituais: Escorpião, Aquário
Melhor dia da semana: quinta-feira

COMPREENDENDO A PERSONALIDADE PISCIANA

Se os piscianos exibem uma virtude notória, é sua capacidade de acreditar no lado espiritual, invisível ou psíquico das situações. Os bastidores da realidade são tão verdadeiros para eles quanto o chão em que pisam. Tão concretos que frequentemente ignoram os aspectos visíveis e palpáveis da realidade, a fim de concentrar-se em suas facetas invisíveis, ditas intangíveis.

Peixes é o signo zodiacal no qual as faculdades intuitivas e a emoção se acham mais desenvolvidas. Os piscianos parecem fadados a viver sob a égide delas, e esse procedimento pode tirar os outros do sério, sobretudo as pessoas dotadas de natureza materialista, científica ou técnica. Se você é daqueles que acreditam que o dinheiro, o status e o sucesso mundano são as únicas coisas na vida que valem a pena, jamais conseguirá compreender um pisciano.

Os piscianos são dotados de intelecto, mas este serve apenas para racionalizar o que já sabem intuitivamente. Para um aquariano ou geminiano, o intelecto se revela uma ferramenta valiosa na hora de adquirir conhecimentos. Para um bom pisciano, ele não passa de uma ferramenta que revela o conhecimento.

Os piscianos percebem-se como peixes nadando em um vasto oceano de pensamento e emoção. Esse oceano apresenta diversos níveis de profundidade e é perpassado por variegadas correntes e subcorrentes. Eles anseiam por águas límpidas, habitadas por criaturas boas, belas e verdadeiras, mas muitas vezes se veem subitamente arrastados a profundezas de águas turvas e lodosas. Os piscianos sentem que não criam os próprios pensamentos, apenas sintonizam ideias preexistentes, e é por isso que fazem questão de buscar águas límpidas. Essa habilidade em sintonizar com pensamentos de ordem superior presenteia-os com acentuada inspiração musical e artística.

O fato de Peixes ser tão voltado para a espiritualidade — por mais que os piscianos envolvidos com o universo empresarial tentem ocultá-lo — nos obriga a analisar esse aspecto em detalhes. Sem o qual fica quase impossível compreender a personalidade pisciana.

Existem quatro tipos de posicionamento espiritual. O primeiro deles é o ceticismo inveterado, a postura dos materialistas seculares. A segunda atitude caracteriza-se pela crença intelectual ou emocional e pela adoração da figura de um Deus distante; é a atitude da maioria dos frequentadores de igrejas. A terceira postura transcende a crença, por incluir a vivência espiritual direta; é a postura dos religiosos que renasceram misticamente de alguma forma. O quarto tipo de posicionamento é a união com o Divino, a fusão plena com o universo espiritual, que caracteriza a prática do ioga. Esse quarto tipo de atitude corresponde à mais profunda das necessidades piscianas. E os nativos do signo se acham singularmente qualificados para se dedicar a essa tarefa e obter êxito nela.

Consciente ou inconscientemente, os piscianos buscam a comunhão com o mundo espiritual. A crença em uma realidade maior os torna compreensivos e tolerantes em relação aos demais, talvez até em excesso. Haverá ocasiões em suas vidas nas quais terão de dar um basta e preparar-se para defender seus pontos de vista e até armar uma confusão para salvaguardá-los, se preciso for. Contudo, em virtude das qualidades, que exibem, será preciso pisar muito fundo em seus calos para extrair deles esse tipo de reação.

Os piscianos aspiram, basicamente, à santidade. E com esse intento trilham um caminho muito pessoal. Ninguém deve tentar impor-lhes um conceito estereotipado de santidade: eles terão de encontrá-lo por meio de sua própria busca.

FINANÇAS

O dinheiro, em geral, não é excessivamente importante para os piscianos. É claro que necessitam dele para sobreviver, tanto quanto os nativos dos demais signos, e muitos nativos de Peixes conseguem grande fortuna. Não é, porém, sua meta principal. Fazer o bem, sentirem-se satisfeitos consigo mesmos, alcançar a paz de espírito e o alívio da dor e do sofrimento são os pontos verdadeiramente cruciais para eles.

Eles ganham dinheiro de forma intuitiva e instintiva. Seguem mais suas premonições do que a lógica racional. Tendem a ser generosos e até caritativos em excesso. O menor dos infortúnios basta para que os piscianos coloquem a mão no bolso e façam doações. Embora seja uma de suas maiores virtudes, eles devem ser mais cuidadosos com as finanças. Precisam escolher bem a quem emprestam dinheiro, para que não sejam explorados. Se doarem verbas a instituições de caridade, devem acompanhar o destino que estas darão às suas doações. Mesmo quando não são ricos, os piscianos gostam de gastar dinheiro auxiliando seus semelhantes. Uma vez mais, precisam agir com cautela, aprender a dizer não algumas vezes e servir-se em primeiro lugar, vez por outra.

Talvez a maior pedra no caminho financeiro dos piscianos seja a passividade. Eles alimentam uma postura no estilo "deixe estar" que poderá fazê-los tropeçar. Apreciam mesmo é agir sem compromisso. Mas, no terreno das finanças, certa dose de agressividade é necessária. Os nativos de Peixes precisam aprender a fazer com que as coisas aconteçam, a gerar sua própria riqueza. A passividade excessiva tende a causar perda de dinheiro e de oportunidades. Simplesmente preocupar-se com a segurança financeira não trará a segurança almejada. Os piscianos precisam aprender a perseguir com maior tenacidade seus objetivos.

CARREIRA E IMAGEM PÚBLICA

Os piscianos gostam de ser publicamente vistos como pessoas prósperas (tanto espiritual quanto materialmente), generosas e propensas à filantropia. Respeitam os que demonstram coração magnânimo e empatia com a humanidade. Admiram muito os que se envolvem com empreendimentos de larga escala. Gostariam até de ocupar posições semelhantes. Em suma, gostam de se sentir ligados a organizações de porte que realizem tarefas grandiosas.

Para atingir seu pleno potencial profissional é vital que viajem mais, aprimorem sua educação e conheçam verdadeiramente o mundo. Em outras palavras, precisam do otimismo desbravador dos sagitarianos para chegar ao topo.

Devido ao seu desvelo e à sua generosidade, os piscianos costumam optar por profissões em que possam ser úteis aos seus semelhantes. É por isso que há tantos piscianos médicos, enfermeiros, assistentes sociais e professores. Pode levar bom tempo até que os piscianos descubram o tipo de atividade que desejam exercer profissionalmente, mas, tendo encontrado uma carreira que lhes desperte o interesse e que lhes permita empregar suas virtudes, eles a desempenharão primorosamente.

AMOR E RELACIONAMENTOS

Não é de surpreender que alguém tão voltado para o outro mundo como os piscianos procure parceiros práticos e de pés no chão. Eles preferem ligar-se a cônjuges que lidem bem com os detalhes, visto que eles próprios detestam fazer isso. Buscam essa qualidade tanto em seus parceiros profissionais quanto nos sentimentais. Mais do que qualquer outra coisa no mundo, isso lhes confere a sensação de estarem ancorados em terra e conectados com a realidade.

Conforme seria de esperar, esse tipo de relacionamento, embora necessário, certamente será marcado por altos e baixos. Mal-entendidos tendem a ocorrer com frequência quando polos tão opostos tentam se conciliar. Se você estiver apaixonado por um pisciano, vivenciará essas flutuações na pele e precisará ser muito paciente até as coisas se estabilizarem. Os piscianos são temperamentais, intuitivos, afetuosos e difíceis de conhecer. Somente o tempo e as atitudes corretas poderão desvendar os segredos do universo pisciano. Entretanto, se estiver apaixonado por um nativo do signo, constatará que nadar nessas correntes vale a pena, pois são pessoas boas e sensíveis, que apreciam e necessitam doar amor e afeição.

Quando apaixonados, adoram fantasiar. Para eles, a fantasia representa noventa por cento do prazer em uma relação. Tendem a idealizar o par, o que pode ser simultaneamente bom e ruim. O lado difícil para qualquer um que se apaixone por um pisciano é o de corresponder às elevadas aspirações idealizadas pelos nativos do signo.

VIDA DOMÉSTICA E FAMILIAR

Em sua vida doméstica e familiar, os piscianos precisam resistir ao impulso de querer que seu cônjuge e os familiares adivinhem seus sentimentos e estados de espírito. Não é razoável, leitor de Peixes, esperar que eles exibam o mesmo grau de intuição que você. Será preciso que você desenvolva mais a comunicação verbal. Uma troca serena de ideias e opiniões, marcada pela calma e pelo distanciamento emocional, beneficiará a todos.

Muitos piscianos apreciam a mobilidade. A estabilidade parece cercear sua liberdade. Eles detestam ficar trancafiados em um local por uma eternidade.

O signo de Gêmeos ocupa a cúspide da Sexta Casa solar pisciana, do Lar e da Vida Familiar. Isso indica que os nativos de Peixes necessitam de um ambiente doméstico que estimule seus interesses mentais e intelectuais. Tendem a tratar os vizinhos como uma extensão da família. Alguns exibem atitude ambivalente em relação ao lar e à família. Por um lado, apreciam o apoio emocional que a família fornece; mas, por outro, não se habituam às obrigações, às restrições e aos deveres que ela impõe. Encontrar o equilíbrio é, para os piscianos, a chave mestra de uma vida familiar afortunada.

PEIXES
PREVISÃO ANUAL PARA 2018

TENDÊNCIAS GERAIS

Este será um ano próspero e feliz. E também de grande sucesso. Nos últimos dois anos, Saturno esteve na sua Décima Casa, a da Carreira. Você teve de trabalhar muito duro. Os chefes eram, provavelmente, bastante exigentes, e nunca ficavam satisfeitos. Você foi "espremido" de um modo que jamais imaginou que seria. Mas, desde o mês passado, Saturno não está mais na sua Décima Casa, e sim na Décima Primeira. A tensão diminuiu. Você verá os resultados do seu trabalho árduo neste ano. Abordaremos isso em detalhes mais à frente.

Desde outubro do ano passado, Júpiter está na sua Nona Casa, onde permanecerá por quase todo o ano — até 8 de novembro. Isso indica viagens ao exterior e oportunidades profissionais em outros países. As viagens estarão relacionadas à carreira. Essa será uma excelente posição para estudantes universitários e para aqueles prestes a entrar para a universidade. Ela indica sucesso em seus estudos e esforços. Todos vocês terão ótimas oportunidades educacionais neste ano, e se elas estiverem relacionadas à carreira, deverão aceitá-las.

Nos últimos sete anos, enquanto Urano esteve na sua Casa do Dinheiro, você teve de lidar com muita insegurança financeira. Os ganhos nunca ficaram estáveis. Às vezes, eram altíssimos; outras vezes, baixíssimos. Era muito difícil ater-se a um planejamento financeiro, uma vez que as mudanças financeiras não paravam de acontecer. Boa parte disso vai se acalmar em 2018 e, sobretudo, do próximo ano em diante. Urano fará um movimento importante ao sair da sua Casa do Dinheiro no dia 16 e entrar na sua Terceira Casa, onde permanecerá até 6 de novembro. A maioria das lições financeiras que você precisava aprender foi assimilada. Você começará a vivenciar mais estabilidade e segurança. Falaremos em detalhes sobre isso mais adiante.

Plutão está na sua Décima Primeira Casa, a dos Amigos, há muitos anos, e ficará nela por vários anos ainda. Ele será um elemento fixo nessa Casa por algum tempo. Neste ano, ganhará a companhia de Saturno, que permanecerá nessa Casa pelos próximos dois anos. As amizades vêm sendo testadas há muitos anos. Em diversos casos, amigos morreram, literalmente. Na maioria das vezes, porém, isso indicou experiências ligadas à morte ou cirurgias. Talvez algumas amizades — os relacionamentos em si — também tenham tido experiências relacionadas à morte. A presença de Saturno nessa Casa vai testar ainda mais suas amizades. Abordaremos esse assunto em detalhes mais à frente.

Netuno está em seu próprio signo há alguns anos e permanecerá nele por muitos anos mais. Ele também é um elemento fixo no seu signo. Sempre espiritual, esse trânsito deixará você ainda mais espiritualizado. Sempre idealista, ele ressaltará essa característica em você. A boa notícia é que ele proporcionará grande glamour e uma "aura de mistério" à sua imagem. Abordaremos esse assunto em detalhes mais adiante.

Os seus principais interesses neste ano serão: corpo, imagem e prazer pessoal; finanças (até 16 de maio e de 6 de novembro em diante); comunicação e interesses intelectuais (de 16 de maio a 6 de novembro); viagens ao exterior, educação superior, religião e filosofia (até 8 de novembro); carreira (de 8 de novembro em diante); amigos, grupos e atividades em grupo.

Os seus caminhos de maior realização neste ano serão: viagens ao exterior, educação superior, religião e filosofia (até 8 de novembro); carreira (de 8 de novembro em diante); saúde e trabalho (até 17 de novembro); filhos, diversão e criatividade (de 17 de novembro em diante).

SAÚDE

(Trata-se de uma perspectiva astrológica sobre a saúde, não de uma visão médica. No passado, essas perspectivas eram idênticas, porém hoje podem ocorrer diferenças. Para obter uma opinião com base em diagnósticos da medicina convencional, consulte seu médico ou um profissional da saúde.)

Notamos uma melhora constante da saúde e da energia nos últimos anos. 2016 foi especialmente desafiador. 2017 também foi desafiador, mas melhor. Neste ano, a saúde deverá estar excelente. Agora que Saturno saiu de Sagitário (no final do ano passado), TODOS os planetas lentos estarão em aspecto harmonioso com você ou não o afetarão. Apenas por volta do fim do ano, a partir de 8 de novembro, haverá um planeta lento e desafiador pressionando você: Júpiter. E o impacto de Júpiter tende a ser suave.

Portanto, a saúde estará boa em 2018. Você parece ter se aprimorado no entendimento de assuntos relacionados à saúde e deverá apreciar o seu regime atual — o nodo norte da Lua vai passar a maior parte do ano na sua Sexta Casa. Você aprendeu muitas lições nos últimos dois anos, e aprenderá outras em 2018. Os seus regimes de saúde serão prazerosos agora. E vemos a necessidade de fazer muitas mudanças. Coisas que eram necessárias nos últimos anos agora não serão mais. A dinâmica será diferente e, assim, o regime de saúde também deverá mudar.

Teremos cinco eclipses neste ano (em geral, são quatro). Dos cinco, quatro, ou oitenta por cento deles, terão impacto na sua saúde. Portanto, será necessário fazer correções de rumo neste ano. (Discutiremos isso mais detalhadamente nas "Previsões Mensais".)

Sua saúde estará boa, mas você poderá melhorá-la. Dê mais atenção, ou dirija mais o seu foco, às áreas a seguir, que são as mais vulneráveis do seu mapa.

Pés. São sempre importantes para os piscianos. Massagens nos pés ou sessões de reflexologia poderão ser parte de seu regime normal de saúde. Os sapatos devem calçar bem e não atrapalhar seu equilíbrio. Mantenha os pés aquecidos no inverno. Existem diversos tipos de aparelhos baratos para massagear os pés. Alguns deles proporcionam até tratamentos de hidromassagem. Eles serão bons investimentos para os piscianos. Você poderá cuidar dos pés enquanto assiste à TV ou usa o computador.

Coração. É também sempre significativo para os piscianos. O Sol, seu planeta da Saúde, rege o coração. É muito importante liberar a preocupação e a ansiedade, as duas emoções que estressam o coração. Substitua a preocupação pela fé. A meditação ajudará.

O seu planeta da Saúde, o Sol, é rápido, como sabem os nossos leitores assíduos. Em determinado momento, ele passará por TODOS os signos e Casas do seu horóscopo. Por isso, haverá muitas tendências de saúde de curta duração que dependerão de onde o Sol vai estar e dos aspectos que receberá. Abordaremos isso em detalhes nas "Previsões Mensais".

LAR E FAMÍLIA

Sua Quarta Casa, a do Lar e da Família, não será uma Casa de poder em 2018. Portanto, essa área não será um foco importante. Não haverá nada contra fazer alterações nessa área, nada contra uma mudança, mas também não existirá nada que dê apoio a isso. A tendência é que o lar e a família permaneçam como estão. Isso indica uma satisfação básica com as coisas do jeito como elas estão, e você não terá nenhuma necessidade premente de realizar mudanças. Você terá interesses mais urgentes neste ano.

O que vemos em relação a você, observamos também em relação ao pai, à mãe ou a uma figura paterna ou materna, a irmãos e a figuras fraternas. Um ano sem alterações.

Filhos e enteados enfrentarão muitos momentos dramáticos e mudanças, porém a situação familiar também deverá permanecer inalterada. Netos, se você os tiver, vão prosperar e viajar em 2018, mas a situação familiar não apresentará mudanças. Se eles estiverem na idade apropriada, ficarão muito férteis neste ano.

Com um mapa como este, a falta de notícias deve ser considerada uma boa notícia. Isso significa que não haverá desastres também.

O pai, a mãe ou uma figura paterna ou materna será bem-sucedido no trabalho e vai ter muitas oportunidades maravilhosas de emprego. Ele ou ela terá sucesso neste ano e ajudará na sua carreira também. Essa pessoa parece apresentar um comportamento experimental em assuntos de saúde e tender para terapias alternativas, não testadas.

Irmãos e figuras fraternas vão sentir fortes anseios de liberdade neste ano. Esses anseios vão se tornar ainda mais intensos nos próximos anos. Se eles estiverem na idade apropriada, os seus casamentos ou relacionamentos amorosos serão colocados à prova. Provavelmente, viajarão muito, viverão em lugares diferentes por longos períodos, no entanto, não deverão se mudar formalmente.

O seu planeta da Família, Mercúrio, é rápido, como sabem os nossos leitores assíduos. No decorrer de um ano, ele passará por todos os signos e Casas do seu horóscopo e receberá diferentes aspectos. Às vezes, ele se moverá rapidamente; outras vezes, devagar; e algumas vezes terá um movimento retrógrado. Isso descreve sua situação familiar: fluida e em constante mudança. Assim, há muitas tendências de curto prazo com a família que serão discutidas em detalhes nas "Previsões Mensais".

Se você estiver planejando redecorar a casa (de modo superficial), um bom período será entre os dias 22 de abril e 19 de maio. Também será um bom período para adquirir objetos decorativos para o lar. Caso esteja planejando consertos ou construções de maior envergadura, um bom momento será de 2 de maio a 21 de junho.

DINHEIRO E CARREIRA

Como mencionamos, a grande notícia deste ano é a saída de Urano da Casa do Dinheiro e sua entrada na Terceira Casa. Ele permanecerá por aproximadamente metade do ano na Casa do Dinheiro e metade na Terceira Casa. O trânsito completo começará em 2019, mas você estará vendo o início dele.

Portanto, por aproximadamente metade do ano, Urano estará na Casa do Dinheiro e, na outra metade, fora dela. Muitas das tendências que discutimos nos últimos anos ainda vão estar vigorando, mas prestes a mudar. Urano favorece o mundo da alta tecnologia — computadores, softwares, a robótica, carros sem motorista e todo o mundo on-line. Ele também beneficia a mídia eletrônica, tanto o rádio quanto a TV. Todas essas áreas ainda serão interessantes como investimentos ou negócios. Seja qual for o trabalho que você estiver realizando, essas atividades serão importantes. Você gastará mais com a alta tecnologia, porém também vai ganhar com ela.

A presença de Urano no signo de Áries favorecerá as *start ups* (empresas recém-criadas), e esse é um campo em franco desenvolvimento. Todos os dias lemos sobre uma *start up* que tem uma nova sugestão sobre um problema antigo. Essas coisas também serão interessantes como investimento ou negócio.

Pessoas que atuam no mundo da alta tecnologia poderão desempenhar um papel importante em suas finanças.

Gradualmente, nos próximos anos, o mundo on-line da alta tecnologia perderá importância.

O seu planeta das Finanças é Marte, e ele é relativamente rápido. Não se deslocará por todas as suas Casas neste ano, mas por cinco delas. (Em alguns anos, ele passa por sete ou oito Casas.) Por isso, haverá muitas tendências financeiras de curto prazo que serão melhor discutidas nas "Precisões Mensais".

Neste ano, Marte permanecerá por um tempo incomum (cerca de cinco meses) na sua Décima Primeira Casa, no signo de Aquário. (Normalmente, ele passa em torno de 45 dias em uma Casa.) Isso reforça o que dissemos. Essa posição favorecerá o mundo da alta tecnologia, o mundo on-line e a mídia eletrônica.

Marte fará uma de suas raras retrogradações neste ano. Isso só acontece a cada dois anos. Ela ocorrerá de 26 de junho a 27 de agosto. Esse vai ser um momento para analisar as finanças e ver o que pode ser melhorado. Será hora de obter clareza mental sobre a vida financeira. Não vai ser um momento para grandes compras ou investimentos.

Parece-me que você vai prosperar neste ano. Júpiter em Escorpião fará ótimos aspectos com você e tenderá a melhorar as finanças.

Este será um ano importante para a carreira, porém só mais adiante. Você estará basicamente se preparando para a entrada de Júpiter na sua Décima Casa em 8 de novembro. Esse planeta se encontrará em seu próprio signo e em sua própria Casa, o que é uma posição muito poderosa. Ele vai estar em seu lar. Exercerá sua benevolência com grande força. Assim, haverá sucesso na carreira. Você ascenderá, terá reconhecimento e, talvez, receba honras. Enquanto isso, poderá melhorar a vida profissional mantendo a disposição para viajar, pois isso deverá ser importante. Você terá excelentes relacionamentos com chefes e superiores. Será favorecido por eles. Também vai ser bom aproveitar quaisquer oportunidades educacionais relacionadas à carreira. Atuar como mentor de outras pessoas será igualmente útil. As "figuras superiores" apreciarão isso.

AMOR E VIDA SOCIAL

Sua Sétima Casa, a do Amor e das Atividades Sociais, não esteve forte no ano passado, e não estará forte em 2018. O amor e o romance não deverão ser grandes destaques. Neste momento, não haverá nada no mapa contra o romance, porém também não existirá nada especial a seu favor. A tendência é que essa área permaneça como está. Os casados tenderão a ficar casados e os solteiros, a ficar solteiros. Haverá uma satisfação básica com as coisas do jeito como elas estão.

Na verdade, 2018 não será muito voltado para a vida social. Saturno estará na sua Décima Primeira Casa, a dos Amigos, durante todo o ano. Isso tende a restringir as amizades. Ah, você ainda terá amigos, e aqueles que você tiver serão bons amigos. Este não será um ano para se ter bandos de amigos indiferentes.

Saturno é um gênio para reorganizar as coisas. Ele fará com que as amizades existentes passem por um "teste de tensão", e isso se estenderá por dois anos. (Um trânsito de Saturno não é exatamente um evento, e sim um processo.) Somente por meio das tensões planejadas por ele, você saberá quem é amigo de verdade e quem não é. Às vezes, isso pode não ser agradável, mas, essencialmente, é bom.

De modo geral, o seu período mais ativo para o amor será de 23 de agosto a 22 de setembro.

O seu planeta do Amor, Mercúrio, é rápido — e errático. E isso tende a espelhar sua vida amorosa e suas atitudes e necessidades amorosas. Às vezes, ele se move rapidamente (pode passar por três signos e Casas em determinado mês). Outras vezes, se desloca devagar. Algumas vezes, não se move (faz uma parada) e, em outras ocasiões, anda para trás. Em determinado ano, pode visitar todos os signos e Casas do seu horóscopo. Ao longo de um ano, ele fará todos os aspectos possíveis com CADA um dos planetas do seu mapa — aspectos positivos e, às vezes, aspectos tensos. Assim, muitas tendências de curto prazo no amor vão depender de onde Mercúrio vai estar e dos aspectos que receberá. Essas tendências de curto prazo serão discutidas em detalhes nas "Previsões Mensais".

O pai, a mãe ou uma figura paterna ou materna terá um ano excelente para o amor por volta do fim de 2018. Se essa pessoa estiver solteira, haverá casamento ou relacionamento sério. Irmãos e figuras fraternas também terão um ano excelente para a vida social. Terão amor neste ano. A única questão será a estabilidade disso. Parecerá sólido. Filhos e enteados (que estiverem na idade apropriada) farão melhor se não se casarem. Se eles forem casados ou estiverem em um relacionamento sério, essas relações serão colocadas à prova nos próximos dois anos. Os netos (se você os tiver) de idade apropriada também farão melhor se não se casarem. É provável que tendam para uma série de casos amorosos.

Se os amigos quiserem melhorar a vida amorosa, precisarão se tornar um pouco mais calorosos. Eles vão parecer muito rigorosos e sérios.

AUTOAPRIMORAMENTO

Os piscianos são médiuns naturais. Isso é um dom que pode abençoar ou destruir. É preciso entender esse dom e lidar com ele apropriadamente. A maioria dos males que acometem as pessoas de Peixes tem origem na mediunidade não controlada. Os piscianos absorvem vibrações tóxicas, muitas vezes sem saber ou entender o que está acontecendo.

Com Netuno em seu próprio signo nos últimos anos e por muitos anos mais, essas tendências serão altamente ampliadas. Será sempre importante cercar-se de pessoas positivas e encorajadoras. Estar na companhia das pessoas erradas, apesar de sua riqueza e status, poderá ser uma coisa muito dolorosa. No entanto, mesmo quando não se está com as pessoas erradas, as vibrações do mundo, em geral, podem ser bastante prejudiciais a quem é sensível.

Será preciso aprender a proteger a aura, a bloquear energias destrutivas e criar uma aura de saúde, amor e felicidade. Vai ser necessário aprender os pontos básicos da higiene psíquica e aplicar esses princípios.

Para um pisciano, a higiene psíquica talvez seja mais importante do que a higiene física.

Esse é um assunto importante e extrapola o escopo deste livro. No entanto, você deve ler tudo o que puder sobre esse tema.*

O seu corpo físico, como mencionamos, estará se tornando espiritualizado e refinado. Haverá tendência, agora, para sentir as vibrações psíquicas exatamente no corpo físico. Na verdade, elas parecerão uma sensação física. Se não tiver cuidado, você poderá "assimilá-las" e, depois, outros problemas surgirão. Por isso, e temos escrito sobre essa questão nos últimos anos, se você estiver perto de alguém que tem um problema cardíaco, é possível que sinta palpitações ou uma compressão em seu próprio coração. Ou, caso alguém chegado a você tenha um problema no joelho, o seu próprio joelho poderá doer. Essas coisas não serão suas, mas você as sentirá como se fossem. Você estará apenas absorvendo vibrações externas.

Alguns anos atrás, eu estava no consultório médico para um exame físico de rotina e, enquanto aguardava, comecei a sentir dores no peito, algo que nunca tenho. Aquilo parecia físico. Entendi o que era — tratava-se das vibrações do consultório e das pessoas —, e quando o médico entrou para me examinar, eu não disse nada. Ao chegar em casa, fiz meia hora de meditação e as dores cessaram. Elas nunca mais voltaram. Tremo ao pensar no que poderia ter acontecido se eu tivesse mencionado as dores ao médico. Provavelmente, eu estaria na sala de emergência sendo

*O meu livro *A Technique For Meditation* (Uma técnica de meditação) é um bom ponto de partida, mas há outros livros sobre esse assunto. (*N. do A.*)

submetido a algum tipo de cirurgia — e por algo que, para começar, nunca tinha sido físico.

É disso que estamos falando. Você terá que estar no seu corpo, mas separado dele emocionalmente. Veja-o como um "dispositivo de registro", um equipamento de biometria, que registra vibrações e sensações. Mas essas coisas não são suas.

Essa atitude e esse entendimento vão evitar que muitas pessoas passem por uma aventura desnecessária.

Os piscianos entenderão o que está sendo dito aqui.

PREVISÕES MENSAIS

JANEIRO

Melhores dias: 1º, 2, 10, 11, 20, 21, 29, 30
Dias mais tensos: 5, 6, 12, 13, 14, 27, 28
Melhores dias para o amor: 3, 4, 5, 6, 15, 16, 25, 26, 27, 28
Melhores dias para o dinheiro: 1º, 2, 10, 11, 20, 21, 22, 23, 29, 30
Melhores dias para a carreira: 1º, 2, 10, 11, 12, 13, 14, 20, 21, 29, 30

Você começará o ano com a maioria dos planetas na parte do dia (a metade superior) do seu horóscopo. Até mesmo o seu planeta da Família, Mercúrio, estará acima do horizonte e na Décima Casa, a da Carreira (até o dia 11). Assim, os seus outros objetivos — a carreira — continuarão muito importantes. Você poderá deixar os assuntos do lar e da família um pouco de lado, por enquanto, e se concentrar nos objetivos externos. A família apoiará sua vida profissional, o que também vai ser bom. Um conflito a menos.

O seu pico profissional ocorreu no mês passado, mas a carreira ainda deverá ser bem-sucedida. A presença de Mercúrio na sua Décima Casa indica o favorecimento de amigos e de relações sociais (que também deverão ter sucesso) — e eles desempenharão um papel positivo em sua vida profissional. No dia 27, Marte, seu planeta das Finanças, entrará na sua Décima Casa. Isso costuma indicar aumentos de salário (oficiais ou não) e favorecimento financeiro de chefes, do pai, da mãe ou de uma figura paterna ou materna e de "figuras superiores" em sua vida. O sucesso será medido em dinheiro nesse período, e não em status e prestígio.

A saúde estará boa neste mês, ainda que um eclipse lunar no dia 31 promova mudanças no regime de saúde. Esse eclipse ocorrerá na sua Sexta Casa e anunciará mudanças de emprego e reformulações em seu local de trabalho. Se você emprega pessoas, momentos dramáticos vão acontecer na vida de funcionários e, talvez, rotatividade de pessoal. Filhos e enteados enfrentarão dramas pessoais e financeiros. Eventos causados pelo eclipse os forçarão a se redefinir de um modo melhor. As pessoas estão tendo a impressão errada a respeito dele, e isso precisará ser mudado. Essas mudanças acontecerão pelos próximos seis meses. Também será necessário que eles façam correções de rumo na vida financeira.

A saúde, como mencionamos, estará boa. Você poderá melhorá-la ainda mais por meio de massagens nas costas e nos joelhos até o dia 20. Após essa data, você responderá muito bem a técnicas de cura espiritual. Caso se sinta indisposto, consulte um terapeuta espiritual.

Este será um mês próspero. O seu planeta das Finanças, Marte, fará ótimos aspectos com você quase todo o mês. Entre os dias 4 e 9, Marte viajará com Júpiter, trazendo um belo dia de pagamento — crescimento financeiro e/ou oportunidade financeira. No dia 27, ele cruzará o seu Meio do Céu e entrará na sua Décima Casa, a da Carreira, tornando as finanças um foco importante, o que será bom. Pela lei espiritual, conseguimos aquilo em que nos concentramos.

FEVEREIRO

Melhores dias: 6, 7, 16, 17, 25, 26
Dias mais tensos: 2, 3, 9, 10, 23, 24
Melhores dias para o amor: 2, 3, 4, 5, 14, 15, 16, 25, 26
Melhores dias para o dinheiro: 6, 7, 9, 10, 16, 17, 19, 20, 25, 26, 27, 28
Melhores dias para a carreira: 6, 7, 9, 10, 16, 17, 25, 26

Um eclipse solar no dia 15 promoverá muitas mudanças e distúrbios. Ele causará impacto em diversas áreas do seu mapa, mas será, basicamente, benéfico para você. O eclipse ocorrerá na sua Décima Segunda Casa, o que indica importantes mudanças espirituais que envolverão a prática, os ensinamentos e os professores. As atitudes espirituais também se modificarão. O eclipse costuma desencadear reformulações e rompimentos em organizações espirituais ou em instituições de caridade com as quais você esteja envolvido. Alguém que tem a figura de guru na sua vida passará por dramas pessoais. Todo eclipse solar afeta o trabalho e o regime de saúde — o planeta eclipsado, o Sol, é o seu planeta da Saúde e do Trabalho. Portanto, assim como no mês passado, haverá mais mudanças de emprego, distúrbios no local de trabalho e instabilidade com funcionários. Filhos e enteados precisarão fazer mais mudanças financeiras, pois as que eles realizaram no mês passado não foram suficientes. Seu pensamento financeiro certamente não foi realista. Este não será um período para especulações. Mercúrio e Júpiter serão, ambos, impactados pelo eclipse. Assim, surgirão dramas em família, mudanças na carreira, momentos dramáticos na vida de chefes, do pai, da mãe ou de uma figura paterna ou materna, alterações no caminho e no pensamento profissional. Talvez o cônjuge, o parceiro ou o interesse amoroso atual tenha um problema de saúde ou precise modificar o regime de saúde também. Como mencionamos, você não será afetado pessoalmente. As mudanças ocorrerão ao seu redor.

Este será um mês muito espiritual. A ação acontecerá na sua Décima Segunda Casa até o dia 18. As mudanças espirituais que você fará parecem se dever a avanços espirituais e, assim, vão ser naturais e normais.

Técnicas de cura espiritual continuarão poderosas o mês todo. Até o dia 18, será bom melhorar a saúde por meio de massagens nos tornozelos e nas panturrilhas. No dia 18, quando o seu planeta da Saúde se mudar para o seu signo, massagens nos pés (que são sempre boas para você) vão se mostrar ainda mais eficazes.

Assim que a agitação do eclipse diminuir, o mês à frente será feliz. No dia 18, você dará início a um pico anual de prazer pessoal (a um deles). Será um bom momento para recompensar o corpo pela assistência que ele vem lhe prestando ao longo de todos esses anos. Seja gentil com ele. Mime-o um pouco.

MARÇO

Melhores dias: 6, 7, 15, 16, 17, 24, 25
Dias mais tensos: 1º, 2, 8, 9, 22, 23, 29, 30
Melhores dias para o amor: 1º, 2, 8, 18, 19, 26, 27, 29, 30
Melhores dias para o dinheiro: 6, 7, 8, 9, 15, 16, 17, 18, 19, 20, 24, 25, 29, 30
Melhores dias para a carreira: 6, 7, 8, 9, 15, 16, 17, 24, 25

Este será um mês próspero e feliz. O poder planetário estará em sua posição oriental máxima agora (no setor do Eu) e, assim, você terá o máximo de independência nesses dias. (O mês passado também foi do tipo independente.) Este será o momento de levar a vida à sua maneira. Se as condições o aborrecerem, você vai ter o poder de mudá-las para o que lhe agradar. Com esse poder, virá a responsabilidade. Se as suas criações forem incorretas, você pagará o preço mais tarde. Essa atitude de "primeiro eu" poderá ser considerada "egoísta" pelas pessoas, mas se trata apenas do ciclo em que você se encontrará nesse momento. O Cosmos quer que você seja feliz, quer que você pareça bem, quer que você faça as coisas do seu jeito. Se você estiver feliz, o mundo se tornará feliz na mesma medida.

O mês terá início com apenas um planeta em alinhamento tenso com você — Marte. No dia 17, ele vai começar a sair desse alinhamento tenso e passará a formar aspectos harmoniosos com você. Assim, a saúde e a energia estarão excelentes em março. (Apenas a Lua, e isso será temporário, fará aspectos tensos em diversos momentos.) Com boa saúde (talvez alguma terapia alternativa) e energia, todas as coisas que antes não pareciam possíveis agora se tornarão possíveis. A depressão pode ser definida como "falta de energia". Quando a energia está alta, não existe depressão. Os horizontes se expandem. O futuro parece auspicioso.

O seu planeta das Finanças, Marte, ainda estará na Décima Casa, a da Carreira, como no mês passado. Isso indica que você continuará contando com o favorecimento financeiro de chefes, de pessoas mais velhas, do pai, da mãe ou de uma figura paterna ou materna e de figuras de autoridade em sua vida. Tenderá a medir o sucesso em termos monetários, e não por status ou prestígio. Sua boa reputação profissional será como dinheiro no banco, e conduzirá a ganhos e a oportunidades de ganhos. No dia 17, Marte entrará na sua Décima Primeira Casa. Isso indica que contatos sociais, sobretudo amigos, ajudarão em sua vida financeira. Esse trânsito favorecerá o mundo da alta tecnologia e as atividades virtuais. No dia 20, quando o Sol entrar na sua Casa do Dinheiro, você dará início a um pico financeiro anual. Os ganhos poderão vir de diversas maneiras (a Casa do Dinheiro estará repleta de planetas neste mês). Surgirão oportunidades de trabalho — tanto para atividades extras quanto para um segundo emprego. Haverá bom apoio familiar e conjugal. Poderá ocorrer uma sociedade ou um empreendimento conjunto. Surgirão oportunidades financeiras na sua vizinhança e, talvez, por meio de vizinhos.

ABRIL

Melhores dias: 2, 3, 12, 13, 21, 22, 29
Dias mais tensos: 4, 5, 6, 18, 19, 25, 26
Melhores dias para o amor: 4, 5, 6, 7, 8, 14, 15, 16, 17, 23, 24, 25, 26, 27
Melhores dias para o dinheiro: 2, 3, 7, 8, 12, 13, 14, 15, 16, 17, 21, 22, 25, 26, 29, 30
Melhores dias para a carreira: 2, 3, 4, 5, 6, 12, 13, 21, 22, 29, 30

No dia 18 de fevereiro, o poder planetário se mudou para o lado da noite do seu mapa. E assim se manterá pelos próximos meses. Você vai ser uma pessoa da noite agora, envolvida com atividades noturnas. Será o momento para o descanso e a recuperação, para lidar com o lar, a família e o seu bem-estar emocional. Um momento para juntar as forças para o dia seguinte, isto é, para o seu próximo impulso na carreira, que acontecerá mais adiante, em agosto. O seu planeta da Carreira, Júpiter, entrou em movimento retrógrado no dia 8 de março e ficará assim por mais alguns meses. Será hora de obter clareza em relação à vida profissional. Muitos problemas nessa área não serão solucionados ainda — apenas o tempo os resolverá. Portanto, você poderá se concentrar na família.

A carreira estará ótima neste ano, mas agora trabalhe em seu foco por meio de métodos noturnos, como a meditação, os sonhos criativos e a visualização daquilo que você deseja, ou seja, posicionando-se no "estado emocional" em que você quer estar. Espere pelo melhor agora. Internamente, você é livre para pensar e fazer as visualizações que quiser. Como se diz: "Pense grande."

Você continuará em um mês próspero, em meio a um pico financeiro anual. O poder cósmico estará conspirando para sua prosperidade. O Cosmos se preocupa com essas coisas. Assim como no mês passado, oportunidades de trabalho surgirão para os piscianos desempregados. Os que estiverem empregados terão oportunidades de trabalhos extras ou paralelos. Mercúrio, o seu planeta do Amor e da Família, passará o mês na sua Casa do Dinheiro. Assim como em março, isso indica apoio familiar e envolvimento de relações familiares nas finanças. Novamente, poderá indicar uma sociedade ou um empreendimento conjunto. No entanto, haverá atrasos em relação a isso.

A saúde e a energia ainda estarão boas. Até o dia 24, não haverá planetas em alinhamento tenso com você (apenas a Lua fará isso, de vez em quando). É provável que você fique mais preocupado com a saúde financeira do que com a saúde física. Talvez gaste mais com produtos ligados à saúde neste mês, mas também poderá ganhar com eles. Será possível melhorar ainda mais a saúde por meio de massagens no couro cabeludo, no rosto e na cabeça até o dia 20. Terapias do tipo espiritual serão sempre boas para você, porém especialmente entre os dias 17 e 19. Poderão ocorrer distúrbios no ambiente de trabalho nesses dias também. Após o dia 20, melhore a saúde com massagens no pescoço.

MAIO

Melhores dias: 9, 10, 18, 19, 26, 27, 28
Dias mais tensos: 2, 3, 16, 17, 22, 23, 29, 30
Melhores dias para o amor: 2, 3, 7, 8, 13, 14, 17, 22, 23, 26, 31
Melhores dias para o dinheiro: 4, 5, 9, 10, 11, 12, 13, 15, 16, 18, 19, 24, 26, 27
Melhores dias para a carreira: 2, 3, 9, 10, 18, 19, 26, 27, 29, 30

As finanças estarão se tornando menos importantes, um foco menor neste mês. No dia 13, Mercúrio sairá da Casa do Dinheiro. No dia 16, Urano fará um movimento importante ao deixar a Casa do Dinheiro (onde esteve por sete anos). Eu sinto isso como um sinal positivo. Objetivos de curto prazo serão alcançados e você estará pronto para dirigir sua atenção para outra área. Sua Terceira Casa se tornou poderosa em 20 de abril e continuará muito poderosa até 21 de maio. Assim, o foco, agora, estará na comunicação e nos interesses intelectuais. Ler um bom livro, de um bom autor, é um dos grandes prazeres da vida. Contudo, as pessoas estão tão ocupadas que raramente têm essa oportunidade. Agora será o momento para isso. Vai ser um ótimo mês para alunos abaixo do nível universitário. Haverá concentração nos estudos, e isso tende ao sucesso. Professores, escritores, jornalistas e profissionais da mídia terão, igualmente, um mês positivo. O seu trabalho fluirá com facilidade. A mente estará mais aguçada. Profissionais de vendas e marketing também se sairão bem.

Embora Urano vá deixar a Casa do Dinheiro, atividades virtuais e de alta tecnologia deverão continuar importantes em termos financeiros. Marte permanecerá na sua Décima Primeira Casa até o dia 16 e, dessa data em diante, estará no signo de Aquário. Tanto a Décima Primeira Casa quanto Aquário estão relacionados à alta tecnologia. Você vem sendo mais experimental em assuntos financeiros nos últimos anos, e essa tendência se manterá no mês à frente. Relações sociais também deverão ser importantes.

A presença de Marte na sua Décima Segunda Casa, a da Espiritualidade, a partir do dia 16, indica a importância da intuição financeira. E, embora o seu entendimento da riqueza espiritual já seja melhor, você se aprofundará nisso. Este será um período para o dinheiro "milagroso", e não para o dinheiro "natural".

O seu planeta da Carreira permanecerá retrógrado o mês todo e a sua Quarta Casa, a do Lar e da Família, se tornará poderosa após o dia 21. Portanto, como mencionamos no mês passado, deixe que os problemas profissionais se desenrolem (ou trabalhe neles por caminhos internos, onde não haverá obstruções) e concentre-se em construir a infraestrutura para o futuro sucesso na carreira.

A saúde precisará de mais atenção neste mês, sobretudo após o dia 21. Não haverá grandes problemas nessa área, apenas baixa de energia (a doença primária). Como sempre, não deixe de descansar o suficiente. Você poderá melhorar a saúde por meio de massagens no pescoço até o dia 21 e com massagens nos braços e nos ombros após essa data. A saúde emocional também se tornará importante após o dia 21.

JUNHO

Melhores dias: 5, 6, 7, 14, 15, 23, 24
Dias mais tensos: 12, 13, 18, 19, 25, 26
Melhores dias para o amor: 3, 4, 6, 7, 14, 16, 18, 19, 23, 24
Melhores dias para o dinheiro: 3, 4, 5, 6, 7, 8, 9, 12, 13, 14, 15, 20, 21, 22, 23, 24, 30
Melhores dias para a carreira: 5, 6, 7, 14, 15, 23, 24

Como no mês passado, sua Quarta Casa, a do Lar e da Família, estará poderosa, a Décima Casa, a da Carreira, vai estar vazia e o seu planeta da Carreira estará retrógrado. Você se encontrará na meia-noite do seu ano, isto é, ligeiramente após a meia-noite. A parte mais profunda da noite. Uma hora mágica. A Quarta Casa é muitas vezes chamada de "a Casa dos términos". Um velho dia acaba e um novo dia começa. Em um mapa natal, ela indica as condições no fim da vida. No seu mapa, aponta para as condições na conclusão do seu ano, ou seja, como ele vai acabar. Isso ocorre porque a noite estabelece o tom para o dia. A condição interna tende a se exteriorizar pela lei espiritual. Você será uma celebridade na sua família. Haverá amor. Terá muita iluminação psicológica e insight.

Portanto, assim como no mês passado, concentre-se na sua condição interna e deixe que os problemas da carreira prossigam. Afinal, apenas o tempo resolverá determinadas questões.

A saúde ainda precisará de atenção até o dia 21. A alimentação correta deverá ter importância neste mês (em geral, isso não é um grande problema), por isso, não deixe de se alimentar direito. A saúde emocional vai ser importante durante todo o mês. Evite a depressão como uma praga. Use as ferramentas da meditação para manter a disposição de ânimo positiva e construtiva. Massagens nos braços e nos ombros serão eficazes até o dia 21. Após essa data, a massagem abdominal será benéfica.

É provável que as finanças não tenham destaque em junho. A Casa do Dinheiro estará basicamente vazia (apenas a Lua a visitará nos dias 8 e 9). O seu planeta das Finanças passará o mês na sua Décima Segunda Casa, a da Espiritualidade. Por isso, a intuição financeira será importantíssima. O mundo virtual e da alta tecnologia (assim como as mídias eletrônicas) deverão ser importantes nas finanças. Marte, o seu planeta das Finanças, entrará em movimento retrógrado no dia 26. Portanto, faça o melhor possível para realizar compras e investimentos de peso antes dessa data. Após o dia 26, será melhor analisar a vida financeira e trabalhar para obter clareza mental nessa área. As tendências não serão o que parecem.

O amor estará perto de casa neste mês. Até o dia 12, haverá mais entretenimento proveniente do lar e mais socialização com os membros da família. Quando a Quarta Casa está forte, existe uma tendência a se viver no passado. As lembranças começam a surgir. Passamos a nos lembrar dos "bons e velhos tempos", que podem ou não ter sido bons, embora pareçam ter sido. No amor, a tendência é recriar antigas experiências felizes. No amor você precisará estar aberto para o presente, que, se for inteiramente vivenciado, será melhor do que o passado. Também haverá a tendência de ser mal-humorado no amor. As pessoas envolvidas romanticamente com piscianos precisarão entender isso.

JULHO

Melhores dias: 3, 4, 12, 13, 20, 21, 30, 31
Dias mais tensos: 10, 11, 16, 17, 22, 23, 24
Melhores dias para o amor: 5, 6, 14, 15, 16, 17, 22, 23, 24, 25, 26
Melhores dias para o dinheiro: 1º, 5, 6, 10, 11, 12, 13, 18, 19, 20, 21, 27, 28, 29
Melhores dias para a carreira: 1º, 12, 13, 20, 21, 22, 23, 24, 27, 28, 29

Embora este seja um ano para viajar, julho não será um bom mês para isso, pois os dois planetas que regem as viagens no seu mapa estarão retrógrados. Além disso, haverá um eclipse solar no dia 15 que vai impactar Plutão, o seu planeta das Viagens. Caso você precise viajar (se isso for uma necessidade), parta para o seu destino com antecedência e evite o período do eclipse, o dia 15.

O eclipse solar do dia 15 será basicamente bom para você, mas ele ocorrerá na sua Sexta Casa, a da Saúde e do Trabalho. O planeta eclipsado, o Sol, também é o senhor dessa Casa. Assim, essa área da vida será muito afetada agora. E por isso também haverá mudanças de emprego, distúrbios ou momentos dramáticos no local de trabalho, além de alterações nas condições de trabalho. As mudanças de emprego poderão envolver tanto a empresa em que você estiver quanto qualquer outra. Se você emprega pessoas, haverá instabilidade com funcionários e provável rotatividade. (Parte disso poderá não ser culpa sua nem ter nada a ver com você, e sim acontecer em decorrência de dramas na vida dos empregados.) A indicação é de que o pensamento financeiro de filhos e enteados não será realista e precisará de mudanças. Poderão surgir momentos dramáticos na vida de tios e tias (ou de pessoas que desempenhem esses papeis em sua vida). O cônjuge, parceiro ou interesse amoroso atual vivenciará mudanças — na vida pessoal, nos ensinamentos e talvez mude de professores. Figuras com o papel de mentor na vida dessa pessoa enfrentarão dramas capazes de mudar suas vidas.

O eclipse lunar do dia 27 ocorrerá na sua Décima Segunda Casa, a da Espiritualidade, e terá impacto em seu planeta da Espiritualidade. Portanto, essa área da vida será muito afetada. Isso costuma produzir eventos "nos bastidores" que mudam a vida espiritual, os ensinamentos, os professores e a prática. O último eclipse provocou essas mudanças para a pessoa amada, e este eclipse as promoverá para você. Uma instituição de caridade ou organização espiritual com a qual você esteja envolvido poderá ficar caótica, com a ocorrência de reformulações e distúrbios. Pessoas que desempenham o papel de guru em sua vida enfrentarão dramas capazes de mudar a vida delas. O pai e a mãe ou uma figura paterna ou materna deverão ser mais prudentes ao dirigir. Se possível, deveriam se manter fora das pistas. Se tiverem de dirigir, deverão ficar mais atentos. O planeta eclipsado, a Lua, rege filhos e enteados. Por isso, eles enfrentarão dramas pessoais. Os eventos do eclipse os obrigarão, mais uma vez, a se redefinir de um modo melhor. Eles precisarão criar uma imagem mais positiva.

AGOSTO

Melhores dias: 8, 9, 16, 17, 26, 27
Dias mais tensos: 6, 7, 12, 13, 19, 20
Melhores dias para o amor: 1º, 2, 3, 5, 10, 11, 12, 13, 14, 15, 19, 20, 24, 25, 29, 30
Melhores dias para o dinheiro: 1º, 2, 3, 6, 8, 9, 13, 16, 17, 22, 26, 27, 29, 30
Melhores dias para a carreira: 8, 9, 16, 17, 19, 20, 26, 27

Este mês trará mais mudanças no trabalho e na saúde. Qualquer coisa que não tenha sido definida pelo eclipse solar de julho será definida neste mês. Teremos o terceiro eclipse solar do ano no dia 11, e ele ocorrerá na sua Sexta Casa, a da Saúde e do Trabalho. Essas áreas serão especialmente afetadas, pois o planeta eclipsado, o Sol, é também o senhor dessa Casa. Assim, ocorrerão mais momentos dramáticos no trabalho e no local de trabalho. Vai haver mais rotatividade de funcionários para aqueles que empregam pessoas. Filhos e enteados precisarão fazer mais correções de rumo nas finanças. Acontecerão dramas na vida de tios e tias (ou de pessoas que desempenhem esses papéis em sua vida).

No dia 23, o alvorecer surgirá no seu ano. Será hora de se recuperar. Será hora de prestar atenção em sua carreira e em seus objetivos externos. Será hora de trabalhar nas coisas usando os métodos diurnos, isto é, pela ação direta. Além disso — no momento perfeito e oportuno —, o seu planeta da Carreira entrou em movimento direto. Isso começou no dia 10 de julho, portanto, o caminho está sendo iluminado para o seu próximo impulso na carreira.

Haverá mais poder na sua Sexta Casa neste mês. Isso indica que você estará com disposição para trabalhar. Você vai trabalhar porque desejará isso, e não porque vai ter de fazer isso, o que o deixará mais produtivo. Também será bom para se dedicar a todas aquelas tarefas monótonas e minuciosas que você vinha adiando. Quem estiver em busca de emprego terá sorte o mês todo. Os que estiverem empregados vão ter oportunidades para realizar trabalhos extras ou atividades paralelas.

As finanças ficarão complicadas neste mês. Estarão melhores a partir do dia 13, porém, ainda não serão o que deveriam ser ou o que serão. O seu planeta das Finanças estará retrógrado, por isso, o julgamento financeiro não será o melhor. Acrescente a isso o fato de que Marte ficará "fora dos limites" durante todo o mês. A necessidade urgente de obter ganhos o fará sair do seu ambiente natural, o que poderá deixá-lo inseguro. Por outro lado, é provável que você não tenha escolha. Não haverá nenhuma solução financeira pelos caminhos tradicionais. Você terá de pensar de maneira pouco ortodoxa.

Embora você esteja fazendo mudanças no regime de saúde, ela deverá estar basicamente boa. Ainda que o eclipse provoque algum tipo de susto, não passará disso. No entanto, após o dia 22, a saúde precisará de mais atenção. Não haverá nenhum desastre nessa área, apenas um nível de energia mais baixo do que o habitual.

SETEMBRO

Melhores dias: 4, 5, 13, 14, 22, 23, 24
Dias mais tensos: 2, 3, 9, 15, 16, 29, 30
Melhores dias para o amor: 2, 3, 9, 13, 18, 19, 22, 23, 29
Melhores dias para o dinheiro: 1º, 4, 5, 10, 11, 13, 14, 20, 21, 22, 23, 24, 25, 26, 29, 30
Melhores dias para a carreira: 4, 5, 13, 14, 15, 16, 22, 23, 24

No dia 22 do mês passado, quando o Sol em entrou na sua Sétima Casa, a do Amor, você deu início a um pico anual de amor e vida social. Além disso, pouco antes dessa data, no dia 19 de agosto, o seu planeta do Amor entrou em movimento direto. Tudo isso será positivo para o amor.

O seu planeta do Amor, Mercúrio, passou o mês de agosto na sua Sexta Casa. Por isso, o local de trabalho foi mais do que um local de trabalho: foi o seu centro social. Mercúrio permanecerá na sua Sexta Casa até o dia 6 deste mês. Com o Sol, o seu planeta da Saúde e do Trabalho, na sua Sétima Casa desde 22 de agosto, o local de trabalho continuará a ser um centro social em setembro. Surgirão oportunidades românticas com colegas — romance de escritório. Às vezes, é um colega de trabalho que banca o cupido e faz as apresentações. Haverá, também, atração por profissionais da saúde e por pessoas envolvidas com a sua saúde.

A presença do planeta da Saúde na Casa do Amor poderá trazer desafios ao amor. Haverá uma tendência — assim como ocorre com os médicos — de buscar por patologias, ou imperfeições, em um relacionamento. Os motivos serão bons, isto é, você vai procurar por eles para curá-los ou aliviá-los. Além disso, essa posição pode deixar uma pessoa excessivamente crítica, isto é, torná-la uma perfeita destruidora de romances. Se você conseguir evitar essas armadilhas, o amor poderá ficar bem. Os problemas no relacionamento surgirão — não será possível escondê-los —, mas não deixe de olhar, igualmente, para os pontos positivos. Mantenha uma perspectiva equilibrada.

A vida amorosa estará mais ativa, os solteiros vão namorar mais e frequentar mais festas, porém, não é provável que haja casamento neste mês. Não existirá nada especial dando suporte a isso.

As finanças vão melhorar em setembro. Marte entrou em movimento direto no dia 28. Ele continuará "fora dos limites" até o dia 24, no entanto, você estará mais seguro em seu novo ambiente. O julgamento financeiro vai estar melhor. Marte terá a ajuda de aspectos positivos do dia 22 em diante. O mês à frente deverá ser de prosperidade. O mundo virtual e de alta tecnologia ainda deverá ser importante para as finanças. Pessoas que atuam nessas áreas também poderão desempenhar um papel significativo. E, a partir do dia 11, preste atenção na intuição. Muitas vezes, a orientação financeira virá por meio de sonhos, videntes, astrólogos, tarólogos ou canais do tipo espiritual. O Divino quer que você seja rico, mas você terá de fazer as coisas do jeito Dele.

OUTUBRO

Melhores dias: 2, 3, 10, 11, 20, 21, 29, 30
Dias mais tensos: 1º, 6, 7, 12, 13, 14, 27, 28
Melhores dias para o amor: 1º, 2, 3, 6, 7, 9, 10, 11, 17, 18, 19, 20, 21, 27, 28, 29, 30
Melhores dias para o dinheiro: 1º, 2, 3, 8, 10, 11, 17, 18, 19, 20, 21, 22, 23, 27, 28, 29,30
Melhores dias para a carreira: 2, 3, 10, 11, 12, 13, 14, 20, 21, 29, 30

Este será um mês feliz. A saúde e a energia estarão excelentes. Muitos planetas que se encontram em Escorpião farão uma série de aspectos positivos com você em outubro. Regimes de desintoxicação vão melhorar a saúde o mês todo. Boa saúde não tem a ver com adicionar coisas ao corpo, e sim livrá-lo do que não lhe é adequado. Cirurgias poderão ser recomendadas a alguns de vocês, mas tentem a desintoxicação antes. Este será um mês de atividade sexual, procure não exagerar. Ouça o corpo. Ele o avisará quando for o bastante.

Sua Nona Casa, a da Religião, Filosofia, Viagens Internacionais e Educação Superior, tem estado em evidência durante todo o ano e assim se manterá, especialmente neste mês. É provável que haja viagens internacionais, que poderão estar relacionadas ao emprego ou à carreira. Este vai ser um ótimo período para alunos de nível universitário — eles terão sucesso nos estudos.

O amor vai melhorar após o dia 10, quando o seu planeta do Amor entrar em Escorpião. As oportunidades amorosas acontecerão em universidades ou em eventos universitários ou religiosos, em outros países ou com estrangeiros. Os dias 19 e 20, bem como o período do dia 28 ao 30, serão muito bons para o amor. Não acredito que haja um casamento, porém vai ser positivo para o romance.

Marte, o seu planeta das Finanças, passará o mês em Aquário e na sua Décima Segunda Casa. Isso apenas dará continuidade a uma tendência que temos visto nos últimos tempos. Ela favorece a intuição em vez da razão — mas a intuição não é a "antirrazão", e sim uma forma mais avançada da razão. As finanças estarão melhores antes do dia 23. Após essa data, será preciso mais trabalho e mais esforço.

A presença do planeta das Finanças na Décima Segunda Casa indica alguém caridoso. Como mencionamos em meses anteriores, isso favorece o "dinheiro milagroso" em vez do "dinheiro natural". Favorece a obtenção de recursos por meio de uma provisão sobrenatural, e não de uma provisão natural.

Haverá apenas um planeta na metade inferior (o lado da noite) do seu mapa neste mês. A predominância esmagadora estará no lado do dia. Por isso, este será o momento de se concentrar na carreira e nos objetivos externos. Fazer o que é certo vai ser o caminho para que você se sinta certo. Neste momento, você servirá melhor a sua família se for bem-sucedido no mundo.

NOVEMBRO

Melhores dias: 6, 7, 8, 16, 17, 25, 26
Dias mais tensos: 2, 3, 9, 10, 23, 24, 29, 30
Melhores dias para o amor: 1º, 2, 3, 4, 5, 9, 10, 14, 15, 19, 20, 23, 24, 27, 28, 29, 30
Melhores dias para o dinheiro: 4, 5, 8, 15, 16, 19, 20, 25, 26, 27
Melhores dias para a carreira: 8, 9, 10, 19, 27

Embora você precise ficar atento à saúde e à energia neste mês, novembro trará sucesso e prosperidade.

No dia 8, Júpiter sairá da sua Nona Casa e entrará na sua Décima Casa, a da Carreira. O Sol seguirá esse exemplo no dia 22. Mercúrio vai passar todo o mês nessa Casa. Portanto, haverá ascensão, reconhecimento e honra. Uma promoção também não seria surpresa.

A presença de Júpiter em seu próprio signo e em sua própria Casa, do dia 8 em diante, tornará esse planeta muito mais poderoso a seu favor o ano todo. Ele vai estar em seu legítimo lugar. Em casa. Sua energia se expressará livremente. Os próximos 12 meses — e não apenas este mês — serão de sucesso.

Júpiter rege as publicações, as viagens internacionais, o meio acadêmico e a religião. Todos esses campos deverão ser muito interessantes no próximo ano. E, ainda que você não atue neles, pessoas dessas áreas poderão ser importantes para a sua carreira.

Marte, o seu planeta das Finanças, entrará no seu signo no dia 16. Será um trânsito financeiro maravilhoso. Trará sorte inesperada, itens pessoais caros e o sentimento e a imagem da riqueza. As pessoas o verão assim. Oportunidades financeiras o buscarão, e não o contrário.

O Sol viajará com Júpiter entre os dias 24 e 28. Isso trará oportunidades de emprego e sucesso no trabalho.

A vida amorosa também deverá estar mais em evidência e ativa neste mês. Mercúrio, o seu planeta do Amor, passará o mês na sua Décima Casa, a da Carreira. Isso contém muitas mensagens. Nesses dias, você vai ser atraído por pessoas de poder — gente da alta-roda. E vai conhecê-las. Encontrará o amor e oportunidades sociais enquanto estiver perseguindo os seus objetivos profissionais e com pessoas envolvidas em sua carreira. Acontecerá uma experiência social ou romântica feliz nos dias 27 e 28 — porém, como Mercúrio estará retrógrado, a reação poderá ser retardada. Mercúrio ficará retrógrado do dia 17 em diante. Isso não interromperá a vida social, mas deixará as coisas mais lentas. Não haverá necessidade de tomar decisões importantes no amor a partir do dia 17.

DEZEMBRO

Melhores dias: 4, 5, 14, 15, 23, 24, 31
Dias mais tensos: 6, 7, 21, 22, 27, 28
Melhores dias para o amor: 2, 3, 4, 5, 13, 14, 15, 23, 24, 27, 28
Melhores dias para o dinheiro: 4, 5, 6, 13, 16, 17, 23, 24, 26
Melhores dias para a carreira: 6, 7, 16, 26

Você ainda estará em um pico profissional anual até o dia 21. Para algumas pessoas, será o maior pico profissional da vida.

Neste momento, você ainda é uma pessoa muito do dia, portanto, concentre-se na carreira e nos objetivos externos. O lar e a família poderão ficar em segundo plano, por enquanto.

A saúde continuará precisando de atenção em dezembro. Haverá melhora após o dia 21. O principal é descansar o suficiente. Melhore a saúde por meio de massagens nas coxas até o dia 21. Isso fortalecerá a coluna lombar, que se tornará importante após essa data. Uma desintoxicação do fígado com ervas também será benéfica até o dia 21.

A presença de Marte no seu signo neste mês não apenas será boa para a prosperidade (sobretudo entre os dias 5 e 7), como também proporcionará coragem, energia e o espírito de "posso fazer". Você terá um desempenho excelente nos esportes e em programas de exercícios (será sua melhor marca pessoal). Fará as coisas com rapidez. O único problema com isso é a possibilidade de forçar o corpo além de sua capacidade. O esgotamento será o principal perigo neste mês.

É provável que haja felicidade no amor em dezembro. No dia 6, Mercúrio entrará em movimento direto (ele ficou retrógrado em 17 de novembro). Com isso, o julgamento social vai melhorar muito, assim como a confiança social. Mercúrio permanecerá na sua Nona Casa até o dia 13. Isso favorece estrangeiros, pessoas religiosas e pessoas com alto nível de instrução. Você se aproximará de pessoas com quem possa aprender. No dia 13, Mercúrio entrará na sua Décima Casa, a da Carreira, e ficará nela pelo resto do mês. Essa posição tende a proporcionar sucesso à vida social. Mercúrio vai estar no topo do seu horóscopo, indicando que essa área estará em alta. Mais uma vez, como em novembro, você vai interagir com figuras "superiores" de sua vida — gente de poder e prestígio. Grande parte dessa socialização estará relacionada à carreira, especialmente entre os dias 20 e 22. Isso trará grandes oportunidades românticas para os solteiros. A oportunidade poderá ocorrer com uma figura superior em sua empresa ou uma figura superior será o instrumento para que essa oportunidade aconteça.

Essa posição também indica a importância dos contatos sociais para a carreira. Sua capacidade de despertar simpatia talvez seja tão importante quanto suas habilidades profissionais. Você progredirá na carreira por meio das relações sociais (e de trabalho duro). Será bom frequentar ou organizar o tipo certo de reuniões ou festas.

Este livro foi composto na tipologia Minion Pro Regular, em corpo 10/13, e impresso em papel off-set 56g/m^2 no Sistema Cameron da Divisão Gráfica da Distribuidora Record.